本书的出版发行得到了"南开大学中国特色社会主义经济建设协同创新中心"、南开大学经济学院"新结构主义经济学研究"、教育部人文社会科学研究规划基金项目"全球创新保护新形势下的我国民营企业 OFDI 对策研究（批准号：19YJA790100，主持人：薛军）"的资助。

在此一并表示衷心感谢！

年度报告课题组总负责人：薛　军

课题组专家咨询委员会主任：佟家栋
课题组专家咨询委员会主要成员（按姓氏笔画为序）：
王永进　包　群　刘　杉　孙浦阳　李坤望　李飞跃　李　磊
佟家栋　严　兵　张伯伟　张　兵　何秋谷　周云波　周　申
冼国明　胡昭玲　高乐咏　盛　斌　梁　琪　曹吉云　彭支伟
葛顺奇　蒋殿春　谢娟娟　戴金平

课题组承办单位：南开大学全球经济研究中心(NK—GERC)
课题组协作单位：南开大学国际经济贸易系
　　　　　　　　南开大学国际经济研究所
　　　　　　　　南开大学跨国公司研究中心
　　　　　　　　凤凰财经研究院

课题组主要成员（按姓氏笔画为序）：
申喆良　李金永　李婉爽　苏二豆　陈晓林　张　祎　陆　琪
杨名澈　陈培如　郑毓铭　周鹏舟　季建文　罗云龙　胡英伦
郭城希　常君晓　常露露　曹　宇　解彤彤　樊　悦

中国民营企业对外直接投资指数年度报告（2021）

——创新保护与民企OFDI

Chinese Private Enterprises Outward Direct Foreign Investment Index 2021 :
Innovation Protection and Private Enterprises' OFDI

薛军　等　著

人民出版社

责任编辑:刘松弢　彭代琪格

图书在版编目(CIP)数据

中国民营企业对外直接投资指数年度报告(2021):创新保护与民企 OFDI/
　薛军 等 著. —北京:人民出版社,2022.8
ISBN 978 - 7 - 01 - 024724 - 3

Ⅰ.①中…　Ⅱ.①薛…　Ⅲ.①民营企业-海外投资-研究报告-中国-2021
　Ⅳ.①F279.245

中国版本图书馆 CIP 数据核字(2022)第 067800 号

中国民营企业对外直接投资指数年度报告(2021)
ZHONGGUO MINYING QIYE DUIWAI ZHIJIE TOUZI ZHISHU NIANDU BAOGAO(2021)
——创新保护与民企 OFDI

薛军 等 著

人 民 出 版 社 出版发行
(100706　北京市东城区隆福寺街 99 号)

中煤(北京)印务有限公司印刷　新华书店经销

2022 年 8 月第 1 版　2022 年 8 月北京第 1 次印刷
开本:710 毫米×1000 毫米 1/16　印张:35
字数:502 千字

ISBN 978 - 7 - 01 - 024724 - 3　定价:120.00 元

邮购地址　100706　北京市东城区隆福寺街 99 号
人民东方图书销售中心　电话 (010)65250042　65289539

前　言

一、回顾指数报告五年来的发展历程

这是我回国之后继 2017 年开始持续出版的第五本中国民营企业对外直接投资（以下简称 OFDI）指数年度报告。本系列指数年度报告不仅填补了我国民营企业 OFDI 研究数据不足的空白，还可以更好地系统分析整理我国民企 OFDI 的行为特点，进而为民企建立一套可持续"走出去"的长效机制提供重要依据。

五年来，本系列指数年度报告得到不断丰富和完善。2017 年版创建了"南开中国 OFDI 指数"六级指标体系的基本架构；2018 年版增加"当地就业贡献指数"和"一带一路"指数；2019 年版正式推出"OFDI 综合指数"并增加"中国企业 OFDI 与宏观经济指标的协动性分析"以及"OFDI 预测及展望"；2020 年版正式将分析对象从民企 500 强拓展到全样本（即全部民营企业）。为了更加深入探讨新形势下的我国 OFDI 现状，从 2021 年版开始，在保持原有"统计年鉴型"风格的基础上增加了专题分析篇，今年的题目聚焦"创新保护与民企 OFDI"。

本系列指数年度报告可以概况为如下三大特点。

第一，在指数指标体系架构方面，本系列指数年度报告构建了"中国民营企业对外直接投资"的六级指标体系，从并购投资和绿地投资两个维度分别分析民营企业对外直接投资在来源地、标的国（地区）和标的行业的特征。"中国民营企业对外直接投资"的六级指标体系具体为：第一级是中国民营企业对外直接投资指数；第二级为民营企业对外并购投资指数和民营企业对外绿地投资指数；第三级为民营企业对外并购投资与绿地投资按照投资方来源地、投资标的国（地区）、投资标的行业进行划分产生的指数，共有 6 个指标；第四级为基于第三级指标的拓展，包含 20 个指标；第五级为第四级指标的进一步细分，包括 56 个指标；第六级为对第五级指标的再具体化，共有 582 个指标。

第二，在界定所有制性质划分方面，吸收各界有关所有制分类的不同方法，摸索整理出一套划分标准，将我国所有 OFDI 企业的所有制性质按照所有制不同，即将企业分为民营、国有、港澳台和外资 4 种类型的所有制企业，在此基础上构建中国民营企业对外直接投资指数。

第三，在选择数据源方面，克服缺乏原始数据的困难，利用国际知名的 BvD-Zephyr 并购数据库和 fDi Markets 绿地数据库，匹配筛选出中国"走出去"的企业。关于本年度指数报告采用的 NK-GERC 数据库与商务部、国家统计局和国家外管局每年发布的《中国对外直接投资统计公报》的数据存在着一定程度的差异，我们曾经从数据涵盖范围、数据来源、统计方式以及统计口径 4 个方面对比了《中国对外直接投资统计公报》和并购数据库之间的不同，并指出了造成这一差异的主要原因。感兴趣的读者朋友可以参见 2020 年版前言的部分内容。

二、关于新增专题篇：创新保护与中国民企 OFDI

针对我国企业"走出去"新情况新特点，从今年开始本书在原有的"指数分析篇"和"协动性及预测展望篇"之外又新设了"专题分析篇"，今年的题目聚焦"全球创新保护新形势下的我国民营企业对外直接投资对策研究"，一共分为 8 章，分别从国际直接投资的创新效应和创新保护 2 个维度展开分析。

第八章《"引进来"与创新：服务业外资开放与制造业企业创新》考察了中国上游服务业外资开放对下游制造业企业创新的影响，发现服务业外资开放显著促进了下游制造业企业创新水平的提升。第九章《"走出去"与创新 I：对外直接投资如何影响中国企业创新》考察了对外直接投资对企业创新的影响。第十章《"走出去"与创新Ⅱ：对外绿地投资与中国企业创新》考察了中国对外绿地投资对国内企业创新的影响及作用机制。第十一章《"引进来"和"走出去"与创新：双向FDI对中国区域创新的影响》探究了双向FDI与中国区域创新之间的关系。第十二章《基于创新保护综合指数的问题提出及分析》从广义的角度定义创新保护体系，具体包括知识产权、产业政策及与创新有关的要素保障和制度环境三个维度，并在结合相关数据构建创新保护综合指数的基础上认为中国创新保护体系总体上在不断强化和完善。第十三章《世界主要国家创新保护体系的演化进程》从时间维度归纳总结了美国、英国、德国、日本和中国的创新保护体系演化进程。第十四章《创新保护与资源配置效率》基于企业动态演化过程探讨了知识产权保护对资源配置效率的影响及其作用机理。第十五章《全球创新保护新形势下促进我国民企OFDI健康有序发展的政策建议》提出了政府部门保障民企OFDI健康有序发展的政策建议和民营跨国企业面对全球创新保护新形势的应对策略。

三、关于全球化重塑与中国民企OFDI面临的挑战和使命

当下乃至今后十年甚至更长时间里，左右跨国公司国际直接投资的因素集中在两个焦点上，一个是"全球化重塑"和"跨国公司供应链重构"，一个是由数字经济革命引发的制造业回流老牌工业化国家。随着AI、机器人、3D打印以及机器学习等为代表的数字经济的发展，由于数字经济的"劳动替代型"效应，作为一种长期趋势，发达国家也许不需要再为寻求廉价劳动力而投资发展中国家，制造业回流也成为可能甚至必然，最终导致的结果是服务业趋于可贸易化，而制造业却变得越来越不可贸易（彭文生观点）。这里暂且不就这个问题深入讨论，我想就"全球化重塑"和"跨国公司供应链重构"问题谈谈民企OFDI面临的挑战和使命。

首先，尽管很少有人谈及，但是全球化不仅存在短期波动而且也是有长周期的。关于跨国公司OFDI与全球一体化之间的关系，尽管比较武断，但我们也许可以结合当下国际环境变化的大背景参照下边"跨国经营与全

球化浪潮"一图推断出整个世界可能正在面临着一个以全球价值链和产业链重构为特征的全球化重塑的历史巨变调整期。

目前针对全球化的解释出现了分歧。有些人认为全球化正在衰退，即所谓的"去全球化"（deglobalization）、"逆全球化"或"反全球化"，这主要是根据美国共和党的诸多逆全球化观点。也有许多人并不同意上述"去全球化"观点，也不赞成将当下局势称为"逆全球化"或者"反全球化"，并认为今后的全球化可能会朝着区域化、板块化（李稻葵语）、半全球化（石齐平语）方向发展。特朗普开启的贸易战是中国 OFDI 的分水岭。我们测算的中国企业 OFDI 综合指数也显示 2017 年达到顶点之后开始下降。按照不同所有制分类看，民营企业 OFDI 综合指数相较国企滞后一年，显示 2018 年达到顶点。这里先说明一下，很遗憾，本书 OFDI 趋势预测一章非常不准确（但我们决定仍然保留，不做删减处理），因为目前的形势已经超出我们团队预测模型设定的边界，不是因为我们事先没有预判而是因为我们低估了国内外投资环境的巨大变化带来的严重后果。鉴于此，我们接下来会修改完善预测模型。

表面上，2016 年特朗普开始推行贸易保护政策，2020 年新冠肺炎疫情全球大暴发以及 2022 年俄乌冲突和"印太经济框架"正式启动等大事件正在掣肘全球化步伐，甚至给我们一种经济去全球化的印象。更有一种观点认为，本轮经济全球化也许伴随着 2008 年金融危机的爆发就已经出现拐点，只不过其时的绝大多数中国人由于我国 OFDI 高歌猛进并未察觉而已，直到特朗普上台针对中国发动贸易战以及拜登政府实施与中国"脱钩"（Decoupling）政策之后我们才开始逐渐地认识到问题的严重性。

其次，伴随着全球化的波动甚至逆转，跨国公司国际生产和投资也具有周期性特征，中国企业特别是民营企业 OFDI 亦是。尽管按照"跨国经营与全球化浪潮"一图的作者 Geoffrey 教授（2005）的观点，相较国际贸易，现代意义上的跨国公司 OFDI 其实只有区区 140 多年的历史，并且从跨国公司跨国经营角度看，全球化也未走完 2 次完整的长周期。并且在学术上，贸易保护与贸易自由化并没有褒贬之分。但在实践中特别是回顾历

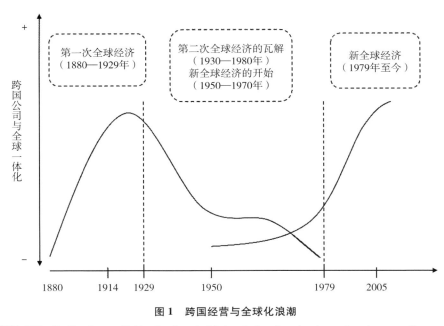

图 1　跨国经营与全球化浪潮

资料来源：Geoffrey Jones, *Multinationals and global capitalism from the nineteenth to the twenty-first century*, Oxford University Press, 2005.

史我们会发现，曾经的日不落国在希望对外输出工业品和资本以及获取海外资源时，会不惜采用坚船利炮甚至是鸦片打开中国通商大门强制推行贸易自由化政策。特朗普政府为了保持美国一贯的优势地位而采取贸易保护主义政策的情景仍然历历在目。种种迹象表明，中美脱钩貌似驶入了单行道，伴随着美国打压中国的逐步升级，我们现在必须为今后发生各种意想不到的突发事件做足预案。历史上，在从第一次世界大战到 20 世纪 70 年代这段全球化衰退期中，由于历史巨变引发的某些特殊事件导致跨国公司海外资产损失殆尽的案例比比皆是。今天，鉴于美国在俄乌冲突之后没收俄罗斯资产的表现，不排除今后美国会利用台海危机等突发事件为借口对包括民营企业 OFDI 在内的我国海外资产采取类似手段。当然，上述只是极端情况表述，但是从整体趋势来看，随着国内经济转型和跨国投资风险不断提升，预计今后一段时期内，除了制造业外迁、外商撤资甚至伪装成 OFDI 的逃资以外，包括民企在内的中国 OFDI 会遇到相当大的阻力。

最后，危与机并存，在国家困难之际，每一个"走出去"的民营企业更肩负着特殊的历史使命感。今后的若干年之内，我国 OFDI 将面临诸多挑战和艰难选择。依据目前所掌握的特征事实和数据我们并不能够判断出全球化和跨国公司经营一定会出现历史性拐点并进入下降通道，只能判断目前的波动状态对我国企业来讲的确很不乐观，即使这样，我们也不能确认目前已经"去全球化"，暂且称之为"全球化重塑"和"跨国公司供应链重构"。但是无论将 2008 年还是 2016 年视为节点，不管是对全世界还是对中国，一个不争的事实是，始于 20 世纪 80 年代的本轮经济全球化正在重塑，同时跨国公司跨国经营主导的全球价值链和产业链以及由此而推进的区域一体化也正在重构。

产业链重构并不是逆全球化问题，而是美国主导的去中国化问题（李晓语）。我们需要进一步坚定不移坚持改革开放，尽可能避免脱钩和半脱钩，这方面民营企业有其自身特点和优势，民企的海外发展有助于我国应对美国主导的去中国化政策。尽管目前的国际形势对我们极为不利，然而如果认清上述这些历史趋势，可以为我国 OFDI "顺势而为""因势利导"提供理论与实践的借鉴依据。截至目前，民营企业 OFDI 成效显著，积累了大量宝贵经验，面对严峻的新形势，民企必须未雨绸缪，调整"走出去"战略，进一步拓展海外生存空间。民企可以利用多年来积累的经验教训，发挥自身灵活性等特点，突破种种壁垒和封锁，配合国家产业政策，在"全球化重塑"和"跨国公司供应链重构"中生根发芽，为我国与世界各国互惠互赢发挥积极作用。

虽然我们的 NK-GERC 数据库在不断完善、预测模型在不断修正、专题篇内容在不断丰富，但本指数报告难免有诸多不足之处甚至错误。我们希望有关部门和学者专家等各界同仁提出宝贵意见，并给予大力支持，也希望广大读者给予批评指正！

最后，特别提醒：如您在研究成果中使用了本数据，请注明所用数据为"南开中国 OFDI 指数"，同时烦请按照以下文献引用方式引用我们的成果："薛军等著《中国民营企业对外直接投资指数年度报告（2021）》"。

目　录

第二部分　基于所有制分类对比、宏观指标协动性分析和趋势预测篇

第三部分　关于"全球创新保护新形势下的我国民营企业对外直接投资对策研究"的专题分析篇

（一）国际直接投资的创新效应专题

序　章　中国民营企业对外直接投资
指数体系的构建及说明

第一节　关于中国民营企业对外直接
投资指数的研究架构

本研究团队以中国企业对外直接投资（即"走出去"的直接投资，本文亦简称 OFDI）为研究主体，通过在 BvD-Zephyr 数据库和 fDi Markets 数据库中筛选出参与 OFDI 的中国企业，并按照企业所有制的不同将企业划分为民营、国有、港澳台和外资四种类型，整理出包含企业投资模式、投资方来源地、投资标的国（地区）、投资标的行业的全样本中国企业海外直接投资数据库（南开大学"全球经济研究中心"数据库，以下简称 NK-GERC 数据库）。

本书以 NK-GERC 数据库为基础构建出中国民营企业对外直接投资指数体系，在与其他不同所有制企业对比的基础上从全方位、多视角探究民企 OFDI 的变化特征。

一、范畴界定及数据来源

（一）不同所有制概念界定及关于民营企业定义的补充说明

1. 四种所有制分类及标准

我们将中国的所有制企业分为四种，分别是国有企业、外资企业、港澳台资企业以及民营企业①。首先，参照《企业国有资产交易监督管理办

---

① 该界定由李金永博士整理。

法（2016）》，国有企业应该包括如下内容：

（1）政府部门、机构、事业单位出资设立的国有独资企业（公司），以及上述单位、企业直接或间接合计持股为 100％的国有全资企业；

（2）本条第（1）款所列单位、企业单独或共同出资，合计拥有产（股）权比例超过 50％，且其中之一为最大股东的企业；

（3）本条第（1）、（2）款所列企业对外出资，拥有股权比例超过 50％的各级子企业；

（4）政府部门、机构、事业单位、单一国有及国有控股企业直接或间接持股比例未超过 50％，但为第一大股东，并且通过股东协议、公司章程、董事会决议或者其他协议安排能够对其实际支配的企业。

其次，有关外资企业和港澳台资企业的界定可以类比国有企业。

最后，我们参照全国工商联合会以及学术界的界定，将民营企业界定为：在中国境内除国有企业、外资企业和港澳台资企业以外的所有企业，包括个人独资企业、合伙制企业、有限责任公司和股份有限公司。

2. 关于民营企业概念界定的补充说明

民营企业是我国特有的概念。在资本主义国家中，除了部分铁路、邮政、烟草等行业属于国有之外，其他绝大多数均是私有企业。正是由于大部分企业都是民间经营的，因此国外很少提"民营企业"一词。需要特别说明的是，目前中国国内关于民营企业（或民营经济）的界定并没有统一的观点，我们将一些主流观点和界定整理如下：

（1）有的观点认为民营企业包括除国有独资、国有控股以外的其他类型的企业；有的观点认为民营企业是由民间私人投资、经营、享受投资收益、承担经营风险的法人经济实体；有的观点认为民营企业有广义和狭义之分，广义上，非国有独资企业（包括国有持股和控股企业）都是民营企业；狭义上，民营企业包括私营企业和以私营企业为主体的联营企业（胡志军，2015）。

（2）党的十五大和十六大报告中的提法是采用"非公有制经济"。

（3）国家商务部、国家统计局和国家外汇管理局三家每年联合发布的

《中国对外直接投资统计公报》中没有明确界定，只是提及"非国有企业"。而根据商务部的说明，该"非国有企业"主要是民营企业。

（4）统合中国民营企业的官方机构中华全国工商业联合会将民营企业划定为私营企业、非公有制经济成分控股的有限责任公司和股份有限公司，国有绝对控股企业和外资绝对控股企业（港澳台除外）不在此范围之内。

（5）这里需要特别说明的是，集体所有制企业作为中国特殊历史时期的产物，虽然属于中国公有制经济的一部分，但考虑到其与全民所有制企业在主体、所有权的客体以及权利取得方式上的差异，我们将集体所有制企业归类到民营企业。

（二）数据来源

本研究团队从 BvD-Zephyr 并购数据库和 fDi Markets 绿地投资数据库中筛选出中国企业"走出去"的相关数据作为统计样本，并按照企业性质界定方法对于参与 OFDI 的中国企业进行所有制的判断，形成 NK-GERC 数据库。本书的所有数据均来源于 NK-GERC 数据库。

BvD-Zephyr 数据库（即全球并购交易数据库）含有全球企业并购的相关数据，不仅包括各国境内并购，而且收录了全球跨国并购的交易案件，其更新频率以小时计算①。fDi Markets 数据库是《金融时报》所提供的专业服务，是目前市场上最全面的跨境绿地投资在线数据库②。我们可以从 BvD-Zephyr 数据库和 fDi Markets 数据库中筛选投资方与标的方企业名称、案件交易时间、标的方所属行业及国别、投资方来源地、交易金额等信息。

（三）统计时间段的选择

本书的数据统计时间段为 2005—2020 年，共计十六年的时间跨度，相对完整地体现了中国民营企业入世之后对外直接投资的发展特征，也为研

---

① BvD-Zephyr 概览，见 https：//www. bvdinfo. com/en-gb/our-products/economic-and-m-a-data/m-a-data/zephyr。

② fDi Markets 概览，见 https：//www. fdimarkets. com/。

究民企 OFDI 提供了更翔实的数据资料。

二、相关数据说明

（一）关于国内外并购数据相差较大的原因

商务部公布的数据与海外数据库商公布的海外并购投资数据相差较大，比如 2016 年商务部公布中国企业共实施对外投资并购项目数为 765 件①，而 BvD-Zephyr 数据库统计的项目数为 1309 件②。造成如此大的差距，主要在于以下四点原因。

（1）数据的涵盖范围不同。商务部公布的是已经完成交割的中国海外并购交易，而海外数据库商和媒体公布的数据不仅包括已完成交割的并购交易，还包括新宣布的但目前还处于磋商阶段的，以及交易双方基本达成交易意向但还需要通过国家政府部门审核的交易。可见，海外数据库商和媒体公布的数据范围更广③。

（2）数据采集来源不同。海外数据库商的资料来源主要是媒体报道、公司披露等，比如，BvD-Zephyr 的并购数据绝大部分都是人工采集，采集渠道为各大交易所公告信息、网上信息、企业官网公告，甚至一些传闻信息等，资料来源较为零散，比较容易夸大交易金额，也容易遗漏交易。

（3）数据统计原则不同。部分企业是通过注册在离岸金融中心的子公司进行并购交易，如果该并购交易完全在海外市场融资完成，就不在我国国内监管机构的统计范围之内，因此该笔并购投资不在商务部统计之列，但标的国（地区）仍然认为其是来自中国的投资，因此 BvD-Zephyr 之类的海外数据库商仍然将其统计在列。

---

① 中国商务部、国家统计局、国家外汇管理局：《2015 年度中国对外直接投资统计公报》，2016 年版，第 8 页。

② 此处按照 2016 年 1 月 1 日到 12 月 31 日为交易日期（含传言日期、宣布日期、完成日期）的统计口径（即"日期"的统计口径）。

③ 王碧珺、路诗佳：《中国海外并购激增，"中国买断全球"论盛行——2016 年第一季度中国对外直接投资报告》，《IIS 中国对外投资报告》2016 年第 1 期。

（4）数据的统计方法不同。海外数据库商公布的数据存在重复统计的问题。比如第一季度新宣布尚未完成的并购交易，第二季度还会统计一次，如果第三季度依旧没有完成，那么第三季度又会重复统计一次。

（二）本书数据的权威可靠性

各方数据都各有千秋。总体来讲，国外的知名数据库即时迅速，而国内政府部门的统计数据比较权威，但也有学者提出国内数据很难有效反映中国对外直接投资特征[①]，且国内政府部门公布的信息存在范围窄、数据量少、缺乏系统性的缺陷。

本书选择采用的 BvD-Zephyr 和 fDi Markets 这两个数据库均为业界公认的权威可靠的数据库。

三、"中国民营企业对外直接投资指数" 的六级指标体系和指数构成

（一）"中国民营企业对外直接投资指数" 的六级指标体系的建立

本书基于 NK-GERC 数据库，将民企对外直接投资按照投资方来源地、投资标的国（地区）、投资标的行业特征进行分类，并将民企投资模式划分为并购和绿地两种，构建"中国民营企业对外直接投资指数"指标体系（见表0-1和表0-2），从民营企业对外直接投资，并购投资和绿地投资二维度分析民企在来源地、标的国（地区）和标的行业的特征。该六级指标体系具体可表示为：

第一级是民营企业对外直接投资。

第二级是按照投资模式的不同划分为并购投资和绿地投资。

第三级有 6 个指标：分别对并购、绿地投资按照投资方来源地、投资标的国（地区）、投资标的行业进行划分。

第四级有 20 个指标，为基于第三级指标的拓展，细分规则为：

---

① 王永中、徐沛原：《中国对拉美直接投资的特征与风险》，《拉丁美洲研究》2018 年第 3 期。

（1）投资方来源地分为 5 个地区：环渤海地区、长三角地区、珠三角地区、中部地区、西部地区；

（2）投资标的国（地区）分为 3 个区域：发达经济体、发展中经济体、转型经济体；

（3）投资标的行业分为 2 类：制造业和非制造业。

第五级有 56 个指标，为在四级指标基础上的进一步细分：

（1）投资方来源地分为 10 个地区：京津冀和环渤海地区其他区域、上海和长三角地区其他区域、广东和珠三角地区其他区域、华北东北和中原华中地区、西北和西南地区；

（2）投资标的国（地区）根据《世界投资报告 2017》[①] 对国别的划分标准进一步分为 9 个区域：发达经济体划分为欧洲、北美洲和其他发达经济体，发展中经济体划分为非洲、亚洲、拉丁美洲和加勒比海地区、大洋洲，转型经济体划分为东南欧和独联体国家；

（3）投资标的行业进一步分为 9 种类别：按照 OECD 对制造业的技术划分标准将制造业划分为高技术制造业、中高技术制造业、中低技术制造业、低技术制造业，根据 2017 年国家统计局公布的《国民经济行业分类》[②] 将非制造业划分为服务业，农、林、牧、渔业，采矿业，电力、热力、燃气及水生产和供应业，建筑业；

第六级共有 582 个指标，均为对第五级指标的再具体化：投资方来源地具体至各省（直辖市），投资标的国（地区）具体至各国家（地区），投资标的行业具体至制造业 ISIC 标准的两分位行业和非制造业《国民经济行业分类》标准的两分位行业（见表 0-2）。

---

① 詹晓宁：《世界投资报告 2017》，南开大学出版社 2017 年版，第 240 页。

② 见 http://www.stats.gov.cn/tjsj/tjbz/hyflbz/201710/t20171012_1541679.html。

表 0-1　"中国民营企业对外直接投资指数"指标体系

一级指标	二级指标	三级指标	四级指标	五级指标	六级指标（具体指标见表 0-2）
民营企业对外直接投资	并购投资	投资方来源地	环渤海地区	京津冀地区	3
				环渤海地区其他区域	2
			长三角地区	上海	1
				长三角地区其他区域	2
			珠三角地区	广东	2
				珠三角地区其他区域	2
			中部地区	华北东北	4
				中原华中	5
			西部地区	西北	5
				西南	6
		投资标的国（地区）	发达经济体	欧洲	36
				北美洲	2
				其他发达经济体	14
			发展中经济体	非洲	54
				亚洲	34
				拉丁美洲和加勒比海地区	35
				大洋洲	14
			转型经济体	东南欧	5
				独联体国家	12
		投资标的行业	制造业	高技术	5
				中高技术	5
				中低技术	5
				低技术	4
			非制造业	服务业	15
				农、林、牧、渔业	5
				采矿业	7
				电力、热力、燃气及水生产和供应业	3
				建筑业	4
	绿地投资	投资方来源地	环渤海地区	京津冀地区	3
				环渤海地区其他区域	2

续表

一级指标	二级指标	三级指标	四级指标	五级指标	六级指标（具体指标见表 0-2）
民营企业对外直接投资	绿地投资	投资方来源地	长三角地区	上海	1
				长三角地区其他区域	2
			珠三角地区	广东	2
				珠三角地区其他区域	2
			中部地区	华北东北	4
				中原华中	5
			西部地区	西北	5
				西南	6
		投资标的国（地区）	发达经济体	欧洲	36
				北美洲	2
				其他发达经济体	14
			发展中经济体	非洲	54
				亚洲	34
				拉丁美洲和加勒比海地区	35
				大洋洲	14
			转型经济体	东南欧	5
				独联体国家	12
		投资标的行业	制造业	高技术	5
				中高技术	5
				中低技术	5
				低技术	4
			非制造业	服务业	15
				农、林、牧、渔业	5
				采矿业	7
				电力、热力、燃气及水生产和供应业	3
				建筑业	4

表 0-2　"中国民营企业对外直接投资指数"指标体系中
第五至第六级指标的具体内容

五级指标	六级指标
京津冀地区	北京、天津、河北
环渤海地区其他区域	辽宁、山东
上海	上海
长三角地区其他区域	江苏、浙江
广东	深圳、广东（不含深圳）
珠三角地区其他区域	福建、海南
华北东北	山西、内蒙古、黑龙江、吉林
中原华中	河南、安徽、江西、湖北、湖南
西北	陕西、甘肃、宁夏、青海、新疆
西南	四川、重庆、云南、广西、贵州、西藏
欧洲	奥地利、比利时、保加利亚、克罗地亚、塞浦路斯、捷克、丹麦、爱沙尼亚、芬兰、法国、德国、希腊、匈牙利、爱尔兰、意大利、拉脱维亚、立陶宛、卢森堡、马耳他、荷兰、波兰、葡萄牙、罗马尼亚、斯洛伐克、斯洛文尼亚、西班牙、瑞典、英国、直布罗陀、冰岛、挪威、瑞士、安道尔、摩纳哥、列支敦士登、圣马力诺
北美洲	美国、加拿大
其他发达经济体	澳大利亚、新西兰、百慕大群岛、开曼群岛、英属维尔京群岛、格陵兰、波多黎各、以色列、日本、韩国、新加坡、中国台湾地区、中国香港地区、中国澳门地区
非洲	阿尔及利亚、埃及、利比亚、摩洛哥、苏丹、突尼斯、贝宁、布基纳法索、佛得角、科特迪瓦、冈比亚、加纳、几内亚、几内亚比绍、利比里亚、马里、毛里塔尼亚、尼日尔、尼日利亚、塞内加尔、塞拉利昂、多哥、布隆迪、喀麦隆、中非共和国、乍得、刚果共和国（简称刚果、又称刚果（布））、刚果民主共和国（又称刚果（金））、赤道几内亚、加蓬、卢旺达、圣多美和普林西比、科摩罗、吉布提、厄立特里亚、埃塞俄比亚、肯尼亚、马达加斯加、毛里求斯、塞舌尔、索马里、乌干达、坦桑尼亚、安哥拉、博茨瓦纳、莱索托、马拉维、莫桑比克、纳米比亚、南非、斯威士兰、赞比亚、津巴布韦
亚洲	朝鲜、蒙古、文莱、柬埔寨、印尼、老挝、马来西亚、缅甸、菲律宾、泰国、东帝汶、越南、孟加拉国、不丹、印度、马尔代夫、尼泊尔、巴基斯坦、斯里兰卡、巴林、阿富汗、伊拉克、伊朗、约旦、科威特、黎巴嫩、阿曼、卡塔尔、沙特、巴勒斯坦、叙利亚、土耳其、阿联酋、也门

续表

五级指标	六级指标
拉丁美洲和加勒比海地区	阿根廷、玻利维亚、巴西、智利、哥伦比亚、厄瓜多尔、圭亚那、巴拉圭、秘鲁、苏里南、乌拉圭、委内瑞拉、伯利兹、哥斯达黎加、萨尔瓦多、危地马拉、洪都拉斯、墨西哥、尼加拉瓜、巴拿马、安圭拉、安提瓜和巴布达、阿鲁巴、巴哈马、巴巴多斯、库拉索岛、多米尼加岛、多米尼加共和国、格林纳达、古巴、海地、牙买加、圣基茨和尼维斯、圣卢西亚岛、圣文森特和格林纳丁斯、特立尼达和多巴哥
大洋洲	库克群岛、斐济、法属波利尼西亚、基里巴斯、马绍尔群岛、密克罗尼西亚、瑙鲁、新喀里多尼亚、帕劳群岛、巴布亚新几内亚、萨摩亚、所罗门群岛、汤加、瓦努阿图
东南欧	阿尔巴尼亚、波黑、黑山、塞尔维亚、马其顿
独联体国家	亚美尼亚、阿塞拜疆、白俄罗斯、哈萨克、吉尔吉斯、摩尔多瓦、俄罗斯、塔吉克、土库曼、乌克兰、乌兹别克、格鲁吉亚
高技术	航空航天
	医药制造
	办公、会计和计算机设备
	广播、电视和通信设备
	医疗器械、精密仪器和光学仪器、钟表
中高技术	其他电气机械和设备
	汽车、挂车和半挂车
	化学品及化学制品（不含制药）
	其他铁道设备和运输设备
	其他机械设备
中低技术	船舶制造和修理
	橡胶和塑料制品
	焦炭、精炼石油产品及核燃料
	其他非金属矿物制品
	基本金属和金属制品

续表

五级指标	六级指标
低技术	其他制造业和再生产品
	木材、纸浆、纸张、纸制品、印刷及出版
	食品、饮料和烟草
	纺织、纺织品、皮革及制鞋
服务业	批发和零售业
	交通运输、仓储和邮政业
	住宿和餐饮业
	信息传输、软件和信息技术服务业
	金融业
	房地产业
	租赁和商务服务业
	科学研究和技术服务业
	水利、环境和公共设施管理业
	居民服务、修理和其他服务业
	教育
	卫生和社会工作
	文化、体育和娱乐业
	公共管理、社会保障和社会组织
	国际组织
农、林、牧、渔业	农业
	林业
	畜牧业
	渔业
	农、林、牧、渔专业及辅助性活动

续表

五级指标	六级指标
采矿业	煤炭开采和洗选业
	石油和天然气开采业
	黑色金属矿采选业
	有色金属矿采选业
	非金属矿采选业
	开采专业及辅助性活动
	其他采矿业
电力、热力、燃气及水生产和供应业	电力、热力生产和供应业
	燃气生产和供应业
	水生产和供应业
建筑业	房屋建筑业
	土木工程建筑业
	建筑安装业
	建筑装饰、装修和其他建筑业

（二）"中国民营企业对外直接投资指数" 的构成

1. 基本指数

按照上述构建的"中国民营企业对外直接投资指数"六级指标体系的划分标准，以 2011—2015 年民企海外投资项目数量或金额的算术平均数为基期值①，测算出与各指标相对应的项目数量和金额指数，具体内容如下：

（1）根据一级指标的划分标准测算了民营企业对外直接投资指数②；

（2）根据二级指标的划分标准测算了民营企业对外并购投资指数和绿

---

① 选取 2011 年到 2015 年的算术平均数为基期值，一是因为这五年期间中国民营资本海外"走出去"又进入了一个由低谷到高峰的快速增长时期，2011 年可以称为是中国民营企业"走出去"的"元年"；二是在计算指数时可以确保避免我国企业海外直接投资初期的绝大部分基期值为 0 的问题，从而使指数走势更加平滑。

② 每一指数均可分为投资项目数量和金额指数两类。

地投资指数；

（3）根据三级指标的划分标准分别测算出民企对外投资总体、并购投资和绿地投资三种分类下的民营企业投资方来源地别指数、投资标的国（地区）别指数、投资标的行业别指数；

（4）根据四级指标的划分标准测算出民营企业在投资方来源地的 5 个地区、投资标的国（地区）的 3 个区域、投资标的行业的 2 种分类下的指数；

（5）根据五级指标的划分标准进一步测算了民营企业投资方来源地对应的 10 个地区、投资标的国（地区）对应的的 9 个大洲（区域）、投资标的行业对应的 9 种分类下的指数；

（6）根据六级指标的划分标准分别测算了各省市、各国别（地区）、各行业的指数。

2. 民营企业"一带一路"对外直接投资指数

为分析中国企业对"一带一路"沿线国家的海外直接投资特征，本书从 NK-GERC 数据库中筛选出对"一带一路"国家进行投资的民营企业，测算出民营企业"一带一路"海外直接投资指数、"一带一路"海外并购投资指数和绿地投资指数，所有的指数均包含项目数量和金额两方面，指数测算方法与基本指数的测算方法一致。

3. OFDI 综合指数

为综合考虑投资项目数量和金额特征，更全面分析民营企业 OFDI 的发展变化，本书以基本指数为基础，使用主成分分析法对民营企业海外直接投资项目数量指数和金额指数赋予相应的权重，融合海外投资项目数量指数和金额指数，最终得到民营企业 OFDI 综合指数。在本书第二章第五节，我们还使用同样方法测算了中国民营企业"一带一路"OFDI 综合指数[①]。

---

①　根据测算，不论是中国企业还是四种所有制分类下的企业，为得到综合指数所赋予项目数量指数和金额指数的权重均为 0.5，即可用公式表示为：OFDI 综合指数 = 0.5 项目数量指数+0.5 金额指数。其中，以 2005—2019 年企业海外直接投资项目数量和金额指数进行主成分分析所得的累计贡献率如下：中国企业样本（82.57%）、民营企业样本（92.33%）、国

第二节　关于本书的统计原则和若干说明

本书中所使用的 NK-GERC 数据库是在 BvD-Zephyr 并购数据库和 fDi Markets 绿地投资数据库直接检索返回的数据基础上通过进一步筛选和整理而生成的，因此为了准确、全面地进行统计，我们制定了筛选数据源的统计原则。

一、统计原则

（一）基本的界定

（1）关于年份：每个年度期限都表示该年度 1 月 1 日到 12 月 31 日。

（2）关于货币转换与计价原则：本书所有案件金额主要以百万美元作为货币单位（部分图表因统计需求将百万美元转换成了亿美元）。

（3）关于来源地别的数据筛选原则：①以 BvD-Zephyr 数据库和 fDi Markets 数据库中所列出的企业投资来源地为准；②若原始数据库中投资来源地未显示，则根据投资企业的注册地为标准。

（4）关于标的行业别的数据筛选原则：由于 BvD-Zephyr 数据库和 fDi Markets 数据库所列行业杂乱无章，无法总结出规律性特征。本书根据原始数据库对于标的行业的表述，在制造业上按照 ISIC Rev.3 中详述的制造业划分细则对原始数据库的制造业重新进行了行业划分，在非制造业上按照 GB/T 4574—2017《国民经济行业分类标准》中详述的非制造业划分细则对非制造业重新进行了行业划分。另外，本书进一步根据 OECD 制造业技

有企业样本（73.80%）、港澳台资企业样本（94.12%）、外资企业样本（89.91%）、中国企业"一带一路"投资样本（84.82%）、民营企业"一带一路"投资样本（96.32%）、国有企业"一带一路"投资样本（72.56%）、港澳台资企业"一带一路"投资样本（70.66%）和外资企业"一带一路"投资样本（84.41%）。主成分分析法的使用，一方面保证了综合指数的科学性和客观性；另一方面根据主成分分析法的原理，所得到的项目数量指数和金额指数的权重 0.5 不会随年份的增加而变化，从而保证了综合指数的跨年可比性。另外，使用项目数量和金额指数合成综合指数的原因在于指数可以有效地解决项目数量、金额量纲不一致的问题。

术划分标准，将制造业划分为高技术、中高技术、中低技术和低技术制造业（见表0-3）。

表 0-3　OECD 制造业技术划分标准

高技术	中高技术	中低技术	低技术
航空航天	其他电气机械和设备	船舶制造和修理	其他制造业和再生产品
医药制造	汽车、挂车和半挂车	橡胶和塑料制品	木材、纸浆、纸张、纸制品、印刷及出版
办公、会计和计算机设备	化学品及化学制品（不含制药）	焦炭、精炼石油产品及核燃料	食品、饮料和烟草
广播、电视和通信设备	其他铁道设备和运输设备	其他非金属矿物制品	纺织、纺织品、皮革及制鞋
医疗器械、精密仪器和光学仪器、钟表	其他机械设备	基本金属和金属制品	

资料来源：根据《OECD 科学、技术、行业 2011 报告》绘制。

（二）关于统计口径设定的原则

BvD-Zephyr 数据库可自由筛选出某年度内交易宣布、完成、传言①的任意组合下的所有交易项目，交易日期分别与宣布日期、传言日期、完成日期相对应。不同方式筛选出的交易案件不同。如表0-4列出了四种统计口径，第四种为前三种的并集②。

为减少因为样本遗漏所导致的统计误差，本书对并购数据的统计均按照"日期"进行统计。

表 0-4　BvD-Zephyr 不同统计口径下筛选出的并购案件数量

宣布日期（年）	全国并购案件数量（件）	传言日期（年）	全国并购案件数量（件）	完成日期（年）	全国并购案件数量（件）	日期（年）	全国并购案件数量（件）
2005	132	2005	167	2005	69	2005	227

①　传言是指未被证实的消息。
②　并集是指宣布日期、传言日期或完成日期三者中只要有一个是在 Y 年，该交易即会被计入 Y 年的并购交易项目之中。

续表

宣布日期（年）	全国并购案件数量（件）	传言日期（年）	全国并购案件数量（件）	完成日期（年）	全国并购案件数量（件）	日期（年）	全国并购案件数量（件）
2006	175	2006	196	2006	85	2006	275
2007	206	2007	246	2007	128	2007	331
2008	282	2008	328	2008	210	2008	421
2009	293	2009	378	2009	181	2009	474
2010	283	2010	352	2010	175	2010	439
2011	326	2011	384	2011	175	2011	519
2012	282	2012	371	2012	156	2012	506
2013	284	2013	372	2013	173	2013	535
2014	425	2014	546	2014	267	2014	726
2015	716	2015	875	2015	362	2015	1019
2016	941	2016	1105	2016	475	2016	1332
2017	877	2017	968	2017	430	2017	1287
2018	824	2018	943	2018	479	2018	1403
2019	601	2019	683	2019	359	2019	1118
2020	512	2020	533	2020	337	2020	2581

二、其他若干补充说明

（1）由于 BvD-Zephyr 数据库和 fDi Markets 数据库中投资方企业名称均用英文表示，没有直接对应的中文名称，因此存在部分企业无法匹配到中文名称的情况，本研究团队对于这种情况采取模糊判断法划分企业所有制①，这可能引起企业所有制划分的偏误。

（2）由于资料来源较为零散，BvD-Zephyr 数据库对并购交易的统计以及 fDi Markets 数据库对绿地交易的统计可能存在遗漏。

（3）BvD-Zephyr 数据库和 fDi Markets 数据库均按交易案件对每年的企

---

① 在 NK-GERC 数据库中，2005—2019 年内使用模糊判断法进行所有制判断的企业在全部企业中约占 3.41%。

业对外投资活动进行统计，无法从数据库中直接得到投资存量的数据，若进行估算则需要结合企业对外投资的资本折旧率、资本变卖率和利润汇回率，估算得出的结果将存在较大误差，因此本书所使用的投资项目数量和金额均为流量概念。

（4）本研究团队还会通过实地考察、发放调查问卷等方式不断对 NK-GERC 数据库进行补充和完善。

（5）由于本系列书是国内首次针对民营全样本企业 OFDI 的报告，出于学术目的我们尝试性地通过对大数据进行筛选，并对企业所有制进行界定，构建出关于中国企业对外直接投资活动的数据库（NK-GERC 数据库），统计测算了不同所有制企业在投资方来源地、投资标的国（地区）、投资标的行业等方面的指标，但在此过程中不可避免地受到原始数据库统计缺失、企业信息获取不易、企业所有制形式判定复杂度高等困难的影响，因此，无论是在数据来源获得还是样本整理方面本书可能存在误差、遗漏问题。对于本书中所存在的不足，本研究团队将持续完善改进，也敬请各位读者不吝指正。

第一部分

指数分析篇

第一章 中国企业的对外直接投资指数

本章旨在描述 2005—2020 年中国企业对外直接投资的发展变化，分别从总体、不同所有制企业、不同投资分类方式测算中国企业对外直接投资指数①，全面剖析中国企业对外直接投资的特征。

第一节 中国企业 OFDI 综合指数

本节通过构建中国企业 OFDI 综合指数、中国企业对外直接投资的项目数量指数和金额指数，对 2005—2020 年中国企业对外直接投资进行整体上的描述性统计分析。

一、中国企业对外直接投资概况

2005—2020 年间，中国企业 OFDI 项目数量和金额呈波动上升态势，且二者的波幅并不完全同步，比如 2015 年项目数量同比增长 36.05%，而项目金额却同比下降 40.76%。从项目数量上看，中国企业 OFDI 在经历 2012 年、2013 年的连续下跌后，2014 年实现 28.82% 的同比增长，项目数量达到 1104 件，随后除 2017 年在政府对非理性海外直接投资限制的影响下出现 5.1% 的下降外，OFDI 项目数量持续增长，2018 年达到峰值 2245

---

① 中国企业对外直接投资指数体系与序章第一节中的中国民营企业对外直接投资体系的构建方法一致，只需要将统计样本由民营转化为全部中国企业即可，因此本书后续关于中国企业 OFDI 综合指数、中国企业对外直接投资项目数量和金额指数等一系列指数的测算方法均可参照序章第一节中的指数测算方法。

件；从金额上看，2014年中国企业OFDI金额实现306.43%的跳跃式增长，但2015年投资金额回落，2016年至2017年间保持8.88%的平均增长水平。2018年OFDI金额大幅下降37.02%至3000.86亿美元。在国际局势变化多端、国际贸易环境不确定性较高的2019年，国内经济下行给企业融资约束带来压力，国外复杂的投资环境抑制了企业海外投资的积极性，中国企业OFDI项目数量和金额分别同比下降20.45%、24.41%。

2020年，由于新冠肺炎疫情在全球蔓延，国家间产品、资本和人员的流动受到影响，海内外企业经营生产面临困难，大多数国内企业延缓海外投资进度。极少数国家持续推行单边主义政策，阻碍了价值链、产业链和供应链的国际化进程，扰乱了跨境投资等正常经济金融交往。中国企业OFDI项目数量和金额分别跌至1295件、1997.40亿美元，分别同比下降27.49%、11.94%。

表1-1-1　2005—2020年中国企业对外直接投资项目数量和金额汇总表

年份	项目数量（件）	同比增长（%）	金额（亿美元）	同比增长（%）
2005	353	—	237.16	—
2006	398	12.75	505.48	113.14
2007	551	38.44	935.00	84.97
2008	697	26.50	925.65	−1.00
2009	814	16.79	1239.66	33.92
2010	793	−2.58	1195.10	−3.59
2011	949	19.67	1624.83	35.96
2012	859	−9.48	1183.38	−27.17
2013	857	−0.23	1671.33	41.23
2014	1104	28.82	6792.73	306.43
2015	1502	36.05	4023.78	−40.76
2016	1964	30.76	4232.59	5.19
2017	1863	−5.14	4764.58	12.57

续表

年份	项目数量（件）	同比增长（%）	金额（亿美元）	同比增长（%）
2018	2245	20.50	3000.86	-37.02
2019	1786	-20.45	2268.24	-24.41
2020	1295	-27.49	1997.40	-11.94
合计	18030	—	36597.77	—

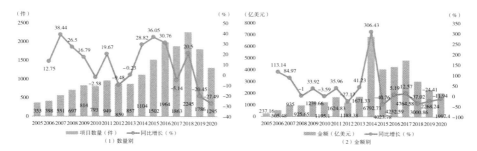

图 1-1-1　2005—2020 年中国企业对外直接投资项目数量和金额的增长变化图

二、中国企业 OFDI 综合指数

中国企业 OFDI 综合指数包含企业对外直接投资项目数量和金额两方面信息，相对综合地描述了中国企业"走出去"的变化。从整体趋势上看，2005—2020 年中国企业 OFDI 综合指数呈上升趋势，其中 2005—2013 年稳步提高，2014 年在政府对企业"走出去"的大力支持以及全球经济逐步复苏的影响下，中国企业 OFDI 综合指数较 2013 年同比跳跃式增长了 140.4%，之后呈现上下波动的走向。特别是受 2017 年政府限制性投资政策的出台以及以中美贸易战为代表的贸易保护主义盛行等诸多不确定因素的影响，中国企业 OFDI 综合指数在 2017 年达到峰值水平后，近 3 年一直处于持续下降的状态，2018 年、2019 年、2020 年分别同比下降 6.44%、21.7%、22.76%。

表 1-1-2　2005—2020 年中国企业 OFDI 综合指数及其同比增长率

年份	中国企业 OFDI 综合指数	同比增长（%）
2005	20.62	—
2006	27.14	31.62
2007	41.42	52.61
2008	48.19	16.35
2009	58.87	22.17
2010	57.14	−2.93
2011	71.57	25.24
2012	60.08	−16.05
2013	67.96	13.12
2014	163.38	140.40
2015	137.00	−16.15
2016	162.33	18.48
2017	166.23	2.41
2018	155.53	−6.44
2019	121.78	−21.70
2020	94.07	−22.76

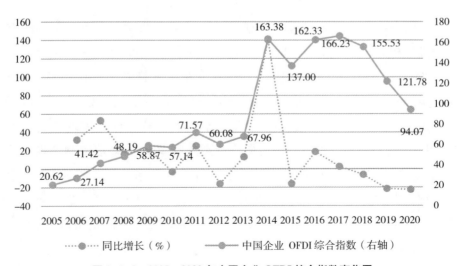

图 1-1-2　2005—2020 年中国企业 OFDI 综合指数变化图

三、中国企业对外直接投资项目数量指数和金额指数

从中国企业 OFDI 项目数量指数和金额指数在 2005—2020 年的变化中可看出，2017 年前 OFDI 数量和金额指数呈现出较快的增长趋势，但在经历了 2017 年的投资政策限制后，OFDI 规模在数量（2018 年）和金额上（2017 年）上均出现一定程度的缩减。2019 年世界经济增长动能放缓，部分发达经济体试图通过经贸摩擦、竞争中性、国家安全审查等新手段重塑全球贸易投资规则[①]，中国企业"走出去"的过程面临着更为严格的审查，在国内外经济环境变动的影响下，中国企业 OFDI 的项目数量指数和金额指数都较 2018 年有大幅下降。2020 年，受逆全球化和贸易保护主义的影响，叠加新冠肺炎疫情的冲击，全球投资环境恶化，我国对外直接投资遭受负面冲击，中国企业 OFDI 项目数量指数和金额指数分别同比下降 27.49%、11.94%。

表 1-1-3　2005—2020 年中国企业对外直接投资项目数量和金额指数

年份	项目数量指数	金额指数
2005	33.49	7.75
2006	37.75	16.52
2007	52.27	30.56
2008	66.12	30.26
2009	77.21	40.52
2010	75.22	39.07
2011	90.02	53.11
2012	81.48	38.68
2013	81.29	54.63
2014	104.72	222.04
2015	142.48	131.53

---

① 杨挺、陈兆源、韩向童：《2019 年中国对外直接投资特征、趋势与展望》，《国际经济合作》2020 年第 1 期。

续表

年份	项目数量指数	金额指数
2016	186. 30	138. 36
2017	176. 72	155. 75
2018	212. 96	98. 09
2019	169. 42	74. 14
2020	122. 84	65. 29

图 1-1-3　2005—2020 年中国企业对外直接投资项目数量及金额指数变化图

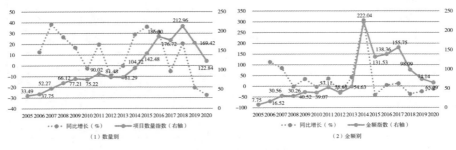

图 1-1-4　2005—2020 年中国企业对外直接投资项目数量和
金额指数及其同比增长率变化图

第二节　中国不同所有制企业对外
直接投资综合指数

本节将参与海外直接投资的企业按照所有制的不同划分为国有、民营、港澳台和外资四种类型，通过测算不同所有制企业 OFDI 综合指数及其对应的项目数量指数、金额指数，从所有制角度分析中国企业海外直接投资的特征①。

一、中国不同所有制企业 OFDI 综合指数

在 2005—2013 年间，四种不同所有制企业的 OFDI 综合指数变化趋势大致相同，稳中有小幅上升。2014 年后国有企业与其他所有制走势出现分化，国有企业 OFDI 综合指数在 2014 年达到峰值水平后呈现下降趋势，2015—2018 年综合指数变化方向与其他综合指数相反；民营企业、港澳台资企业和外资企业均在 2014 年后开启快速增长模式，并于 2016 年达到峰值，之后波动下降。从不同所有制企业 OFDI 综合指数的变化图中我们发现 2017 年政府出台针对民企非理性 OFDI 的限制政策后，国企及港澳台和外资企业的海外投资活动也出现了同步下降趋势；2018 年虽然除了国有企业之外的三类所有制企业均出现了不同程度的反弹，但并未能阻止 2019 年下降趋势，2019 年四种所有制企业 OFDI 综合指数同步下降。2020 年，港澳台资企业和外资企业 OFDI 综合指数均开始回升，分别同比上升 30.80%、6.27%；民营企业和国有企业 OFDI 综合指数持续下降。

---

① 中国国有、港澳台、外资企业海外直接投资指数体系与序章第一节中的中国民营企业海外直接投资指数体系的构建方法一致，只需要将统计样本由民营分别转化为其他三种形式的企业即可，因此本书后续关于其他所有制企业 OFDI 综合指数、项目数量和金额指数等一系列指数的测算方法均可参照序章第一节中的指数测算方法。

表 1-2-1　2005—2020 年中国不同所有制企业 OFDI 综合指数

年份	OFDI 综合指数			
	民营企业	国有企业	港澳台资企业	外资企业
2005	14.96	24.57	41.57	19.29
2006	18.89	33.77	30.02	79.93
2007	32.16	47.85	47.75	36.66
2008	38.37	56.28	67.94	40.60
2009	32.56	74.12	139.68	45.56
2010	48.31	58.72	100.93	193.89
2011	53.99	83.32	90.96	70.51
2012	50.48	63.90	68.85	51.74
2013	77.90	63.01	58.12	93.96
2014	117.84	176.76	76.32	104.75
2015	199.78	113.01	205.75	179.04
2016	252.42	105.39	372.46	281.13
2017	204.78	126.76	200.07	190.62
2018	214.61	99.41	270.08	233.64
2019	174.53	72.85	157.10	176.04
2020	148.93	48.73	205.48	187.07

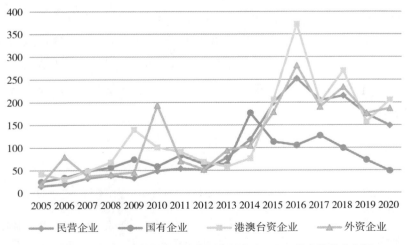

图 1-2-1　2005—2020 年中国不同所有制企业 OFDI 综合指数变化图

二、中国不同所有制企业对外直接投资项目数量指数和金额指数

从 OFDI 项目数量指数的变化可看出，四种所有制企业 OFDI 项目数量指数变化趋势基本一致，总体上都呈现波动上升态势，其中民企 OFDI 项目数量指数在经历 2014—2016 年持续高速增长后，2017—2019 年显著高于其他所有制企业。不同于项目数量指数，四种所有制企业的 OFDI 金额指数的变化趋势自 2014 年后呈现出明显的差异：国企投资金额指数在经历 2014 年的高幅增长后开始波动下降；其余三种所有制企业投资金额指数在 2015—2016 年间先出现快速扩张后才逐步回落，其中港澳台资企业投资金额指数在 2015 年和 2016 年分别同比增长 427.90% 和 94.23%，外资企业在这两年中同比增长 160.07%、71.94%，两类企业的投资金额指数增幅均高于民企 OFDI 金额指数。

2020 年国企 OFDI 金额指数持续下降，其他三种所有制企业投资金额指数开始出现不同程度的回升。中国的一些重要合作伙伴如德国、法国等欧洲发达国家跟随美国步伐，对中国企业的投资更加谨慎，收紧了对中国投资项目尤其是涉及关键技术的项目的审查政策，国有企业投资发达国家的阻力增大。从项目数量指数看，在 2020 年总体投资项目数量下降的背景下，国有、民营、外资企业 OFDI 项目数量指数都降低，港澳台资企业 OFDI 项目数量指数实现 21.25% 的同比增长。

表 1-2-2　2005—2020 年中国不同所有制企业对外
直接投资项目数量指数汇总表

年份	对外直接投资项目数量指数			
	民营企业	国有企业	港澳台资企业	外资企业
2005	25.48	40.81	61.71	31.25
2006	28.71	50.00	44.30	50.78
2007	42.47	63.78	66.46	56.64
2008	57.59	80.27	68.04	50.78

续表

年份	对外直接投资项目数量指数			
	民营企业	国有企业	港澳台资企业	外资企业
2009	59.12	98.11	118.67	74.22
2010	67.96	80.27	88.61	99.61
2011	75.60	109.19	104.43	85.94
2012	78.83	84.86	85.44	74.22
2013	82.23	78.11	83.86	78.13
2014	106.86	99.19	98.10	123.05
2015	156.47	128.65	128.16	138.67
2016	226.30	129.19	185.13	175.78
2017	214.41	123.51	161.39	150.39
2018	267.41	135.68	208.86	171.88
2019	217.64	100.81	126.58	181.64
2020	153.75	69.73	153.48	134.77

表 1-2-3　2005—2020 年中国不同所有制企业对外直接投资金额指数汇总表

年份	对外直接投资金额指数			
	民营企业	国有企业	港澳台资企业	外资企业
2005	4.44	8.33	21.42	7.33
2006	9.07	17.55	15.73	109.08
2007	21.85	31.91	29.04	16.67
2008	19.14	32.30	67.84	30.42
2009	5.99	50.13	160.69	16.91
2010	28.66	37.17	113.26	288.17
2011	32.38	57.45	77.48	55.08
2012	22.14	42.94	52.26	29.26
2013	73.57	47.91	32.38	109.79
2014	128.82	254.34	54.54	86.46
2015	243.10	97.36	283.34	219.40
2016	278.54	81.59	559.79	386.48

续表

年份	对外直接投资金额指数			
	民营企业	国有企业	港澳台资企业	外资企业
2017	195.16	130.01	238.75	230.85
2018	161.80	63.14	331.31	295.40
2019	131.43	44.88	187.63	170.43
2020	144.11	27.72	257.48	239.37

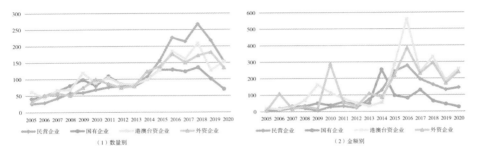

图 1-2-2　2005—2020 年中国不同所有制企业对外直接投资项目数量和金额指数变化图

第三节　不同视角下的中国企业对外直接投资指数

本节从投资模式、投资方来源地、投资标的区域和投资标的行业四个视角分析中国企业海外直接投资特征。

一、不同投资模式下中国企业对外直接投资指数

本节按照企业海外直接投资模式的不同将中国企业海外直接投资划分为并购投资和绿地投资两种类型。

在中国企业的海外并购投资中，企业 OFDI 并购项目数量指数和金额指数在 2005—2013 年间稳步上升，变化趋势较为一致，从 2014 年起两个指数出现显著分化：并购金额指数在 2014 年较上年增长 306.21%，达到峰

值后开始逐步回落，2020 年跌至 56.47，接近 2013 年的水平；并购数量指数从 2014 年开始大幅增长，2018 年达到峰值，2019—2020 年持续大幅下降。

相较于并购投资而言，中国企业绿地投资项目数量指数和金额指数变化基本一致，整体呈现波动上升的趋势，绿地金额指数于 2016 年达到峰值，数量指数于 2018 年达到峰值。2016 年年底以来，我国政府收紧对外投资政策、加强对企业对外投资的合规性审查，2017 年绿地投资项目数量和金额均出现不同程度的下滑，2020 年受变幻莫测的国际经济局势影响，绿地数量指数下降至 97.91，金额指数下降至 135.58。

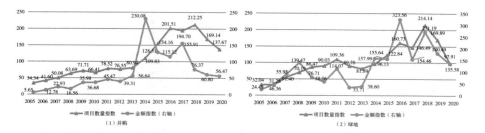

图 1-3-1　2005—2020 年中国企业对外并购和绿地投资项目数量及金额指数变化图

表 1-3-1　2005—2020 年不同模式下中国企业对外
直接投资项目数量和金额指数汇总表

年份	项目数量指数		金额指数	
	并购投资 项目数量指数	绿地投资 项目数量指数	并购投资 金额指数	绿地投资 金额指数
2005	34.34	32.04	5.65	24.49
2006	41.60	31.28	12.78	46.36
2007	50.08	55.95	22.93	91.40
2008	63.69	70.19	16.56	139.47
2009	71.71	86.47	35.98	76.71
2010	66.41	90.03	36.68	58.06
2011	78.52	109.36	45.47	114.07
2012	76.55	89.78	39.31	33.71

续表

年份	项目数量指数		金额指数	
	并购投资 项目数量指数	绿地投资 项目数量指数	并购投资 金额指数	绿地投资 金额指数
2013	80.94	81.89	56.64	38.60
2014	109.83	96.13	230.08	157.99
2015	154.16	122.84	128.51	155.64
2016	201.51	160.73	115.12	323.56
2017	194.70	146.49	155.91	154.46
2018	212.25	214.14	76.37	271.19
2019	169.14	169.89	60.80	180.49
2020	137.67	97.91	56.47	135.58

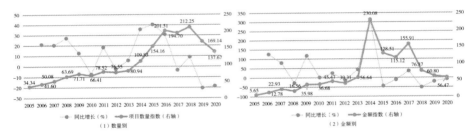

图 1-3-2 2005—2020 年中国企业对外并购投资项目数量、金额指数及同比增长率变化图

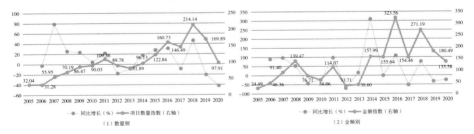

图 1-3-3 2005—2020 年中国企业对外绿地投资项目数量、金额指数及同比增长率变化图

二、不同投资方来源地企业对外直接投资指数

本书按投资方来源地的不同将中国企业对外直接投资划分为环渤海地区投资、长三角地区投资、珠三角地区投资、中部地区投资和西部地区投资五类。

从项目数量角度来看，2005—2018 年环渤海地区一直是五大区域中进行对外投资最多的区域，但自 2014 年起以上海为核心的长三角地区企业参与对外投资活动的积极性出现显著提高，2019 年反超环渤海地区，成为当年度投资项目数量最多的区域。长三角地区企业较高的投资潜力还可以从企业投资项目数量指数变化图中看出，2014 年后长三角地区数量指数增幅显著高于环渤海地区，并于 2018 年达到峰值。尽管珠三角地区的 OFDI 项目数量还不及环渤海和长三角地区，但珠三角地区项目数量占比较高的增长趋势表明珠三角地区企业"走出去"的活跃度日益增强，未来在项目数量上可能出现环渤海、长三角、珠三角"三足鼎立"的局面。

从金额角度来看，在五大投资方来源地中，在 2019 年之前环渤海地区投资金额规模凭借首都优势始终位居第一位，远超其他四个地区；长三角地区排名第二，近年来波动剧烈，在 2019 年反超环渤海地区，投资金额规模同比上升 132.67%；珠三角地区虽然排名第三，但 2015—2020 年的波动平稳。

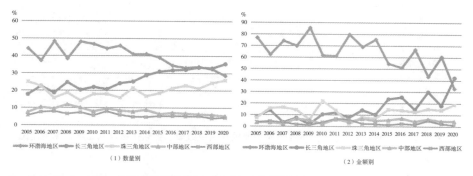

（1）数量别　　　　　　　　　　（2）金额别

图 1-3-4　2005—2020 年不同投资方来源地对外直接投资项目数量、金额占比变化图

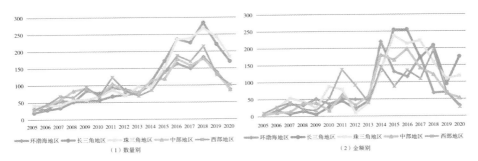

图 1-3-5　2005—2020 年不同投资方来源地对外直接投资项目数量指数、金额指数变化图

表 1-3-2　2005—2020 年中国不同投资方来源地对外直接
投资项目数量指数汇总表

年份	项目数量									
	环渤海地区		长三角地区		珠三角地区		中部地区		西部地区	
	占比（%）	指数	占比（%）	指数	占比（%）	指数	占比（%）	指数	占比（%）	指数
2005	44.17	31.14	17.67	19.49	25.09	41.04	7.42	27.42	5.65	29.63
2006	37.19	29.65	22.50	28.06	22.50	41.62	10.31	43.08	7.50	44.44
2007	48.39	56.30	18.63	33.90	15.63	42.20	9.42	57.44	7.92	68.52
2008	38.29	51.32	24.72	51.83	18.59	57.80	11.90	83.55	6.51	64.81
2009	48.14	83.71	20.34	55.34	14.18	57.23	10.03	91.38	7.31	94.44
2010	46.75	76.98	21.94	56.51	17.85	68.21	7.87	67.89	5.60	68.52
2011	44.13	92.68	20.64	67.81	17.79	86.71	9.49	104.44	7.95	124.07
2012	45.82	87.44	24.15	72.10	15.80	69.94	8.36	83.55	5.87	83.33
2013	40.96	78.97	25.19	75.99	21.32	95.38	7.75	78.33	4.78	68.52
2014	41.10	102.39	28.80	112.24	16.70	96.53	8.80	114.88	4.60	85.19
2015	39.02	138.52	30.95	171.86	18.39	151.45	6.39	118.80	5.26	138.89
2016	34.44	163.43	31.76	235.78	21.36	235.26	7.14	177.55	5.30	187.04
2017	33.19	148.98	32.13	225.64	22.86	238.15	6.71	157.96	5.11	170.37
2018	33.72	183.36	33.44	284.49	21.26	268.21	6.28	178.85	5.31	214.81
2019	32.48	139.01	33.00	220.97	24.45	242.77	6.00	134.46	4.07	129.63
2020	28.68	87.94	35.50	170.30	26.00	184.97	5.36	86.16	4.47	101.85

表 1-3-3　　2005—2020 年中国不同投资方来源地对外直接投资金额指数汇总表

年份	金额									
	环渤海地区		长三角地区		珠三角地区		中部地区		西部地区	
	占比(%)	指数	占比(%)	指数	占比(%)	指数	占比(%)	指数	占比(%)	指数
2005	76.83	8.28	8.45	4.06	7.51	5.44	3.51	4.70	3.70	9.74
2006	62.34	15.76	14.03	15.83	15.73	26.76	3.41	10.72	4.49	27.80
2007	74.30	35.76	3.56	7.65	16.50	53.42	2.20	13.13	3.44	40.55
2008	69.83	32.20	7.36	15.14	14.32	44.43	6.67	38.21	1.82	20.51
2009	85.49	51.17	2.01	5.37	6.04	24.32	5.31	39.53	1.15	16.83
2010	61.59	36.16	10.42	27.30	22.08	87.22	2.28	16.65	3.62	52.01
2011	61.08	50.99	12.11	45.10	14.00	78.65	6.10	63.26	6.72	137.30
2012	79.89	49.23	7.67	21.08	2.27	9.41	4.13	31.66	6.04	91.14
2013	69.05	49.47	14.11	45.12	7.89	38.03	6.67	59.40	2.29	40.08
2014	75.62	219.72	10.36	134.32	7.00	136.84	4.99	180.19	2.03	144.50
2015	54.48	130.58	23.78	254.37	14.70	237.07	5.56	165.48	1.48	86.98
2016	51.15	115.62	25.33	255.46	14.05	213.73	7.04	197.80	2.43	134.38
2017	66.73	175.28	14.62	171.33	12.60	222.65	4.35	141.89	1.70	109.58
2018	43.44	67.59	29.98	208.17	15.19	159.00	6.31	122.10	5.07	193.09
2019	60.58	70.02	18.21	93.90	14.16	110.09	4.61	66.24	2.44	69.09
2020	32.92	30.51	42.37	175.25	18.96	118.22	4.58	52.81	1.16	26.37

三、中国企业在不同标的区域的对外直接投资指数

不论从项目数量角度还是金额角度看，发达经济体都是中国企业海外直接投资的最主要的投资标的区域。

从项目数量角度看，中国 OFDI 的标的区域主要集中于发达经济体，2005 年至 2020 年间平均占比 73.39%，发展中经济体次之，转型经济体占比最少。在 2019 年以前，三个标的区域的项目数量指数长期均呈现大幅上升态势。2019 年、2020 年均出现不同程度的下降。特别是在 2020 年，发达经济体、发展中经济体、转型经济体的项目数量指数分别同比下降

19.63%、42.92%、56.79%。

从金额角度看，自 2014 年中国企业对发达经济体的投资金额达到峰值以后，2015—2019 年持续下降。2020 年，发达经济体海外直接投资金额指数从 50.68 提升至 57.08。与此同时，2015—2017 年发展中经济体、转型经济体投资金额指数大幅增长，与对发达经济体的投资趋势相反。中国企业对发展中经济体的投资项目数量指数和金额指数上的变化，反映了在中国经济结构优化升级、"一带一路"倡议影响下，中国企业在发展中国家（地区）的投资活动日益增多，中国企业的境外投资有向发展中经济体转移的趋势。

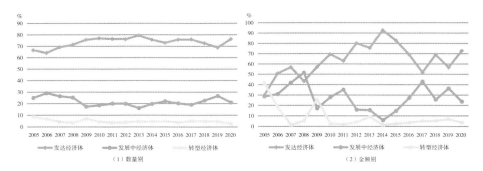

图 1-3-6　2005—2020 年不同标的区域对外直接投资项目数量、金额占比变化图

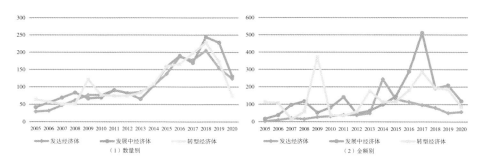

图 1-3-7　2005—2020 年不同标的区域对外直接投资项目数量指数、金额指数变化图

表 1-3-4　2005—2020 年中国不同标的区域对外
直接投资项目数量指数汇总表

年份	项目数量					
	发达经济体		发展中经济体		转型经济体	
	占比（%）	指数	占比（%）	指数	占比（%）	指数
2005	66.57	29.25	24.93	41.79	8.50	63.83
2006	64.16	31.86	29.07	55.08	6.77	57.45
2007	69.20	47.55	26.45	69.33	4.35	51.06
2008	71.35	61.99	25.21	83.57	3.44	51.06
2009	75.71	76.80	17.30	66.95	6.99	121.28
2010	76.95	76.05	18.51	69.80	4.53	76.60
2011	76.36	90.86	19.98	90.69	3.66	74.47
2012	76.12	82.15	19.84	81.67	4.04	74.47
2013	79.44	85.14	16.03	65.53	4.53	82.98
2014	75.70	104.31	19.69	103.51	4.61	108.51
2015	72.99	137.54	22.06	158.59	4.95	159.57
2016	75.88	187.20	20.18	189.93	3.94	165.96
2017	76.01	177.50	19.03	169.52	4.96	197.87
2018	72.62	205.00	22.66	244.06	4.72	227.66
2019	68.82	154.10	26.68	227.92	4.50	172.34
2020	76.30	123.85	21.01	130.10	2.68	74.47

表 1-3-5　2005—2020 年中国不同标的区域对外直接投资金额指数汇总表

年份	金额					
	发达经济体		发展中经济体		转型经济体	
	占比（%）	指数	占比（%）	指数	占比（%）	指数
2005	29.95	2.74	28.62	16.77	41.43	114.18
2006	50.82	9.89	30.89	38.57	18.30	107.49
2007	56.84	20.51	41.78	96.70	1.37	14.96
2008	43.17	15.39	51.47	117.68	5.36	57.71
2009	57.00	27.22	17.11	52.40	25.89	373.05
2010	69.43	31.97	27.78	82.04	2.79	38.75
2011	62.99	39.58	35.14	141.59	1.87	35.46

年份	金额					
	发达经济体		发展中经济体		转型经济体	
	占比（%）	指数	占比（%）	指数	占比（%）	指数
2012	80.16	38.24	15.82	48.40	4.02	57.84
2013	75.62	49.06	15.35	63.86	9.03	176.85
2014	92.68	244.21	5.90	99.66	1.43	113.46
2015	82.84	128.92	14.68	146.49	2.48	116.38
2016	69.11	113.84	27.26	288.00	3.63	180.67
2017	51.91	96.28	42.97	511.14	5.12	286.64
2018	68.94	80.83	25.59	192.48	5.47	193.48
2019	56.74	50.68	36.40	208.56	6.86	184.80
2020	72.75	57.08	23.61	118.82	3.63	86.03

四、中国企业在不同标的行业的对外直接投资指数

中国作为新兴的发展中大国，对外直接投资活动仍以对非制造业的投资为主。如图1-3-8显示，非制造业在中国企业OFDI项目数量和金额中的占比常年高于制造业，其中企业在两种行业的投资项目数量比例大约为7∶3，投资金额比例有向6∶4变动的趋势。

如图1-3-9显示，从项目数量角度看，制造业和非制造业的走势几乎保持同步，2014年开始加速上涨，2018年达到峰值，2019年、2020年均呈现大幅下降趋势。然而从金额角度看，虽然都是从2014年开始加速上涨，但两者走势波动较大，其中非制造业在2018年和2019年降幅均高于制造业。2019年，受经济环境影响，中国企业对非制造业的投资规模显著缩减，数量指数和金额指数分别同比下降22.59%、32.15%，缩减幅度超过制造业，其中以对电力、热力、燃气及水生产和供应业的投资项目数量和金额的下降幅度最为突出。2020年，中国企业对制造业的投资规模开始大幅回升，投资金额指数同比上升47.44%；对非制造业的投资规模持续

下降，投资金额指数同比下降 41.13%。

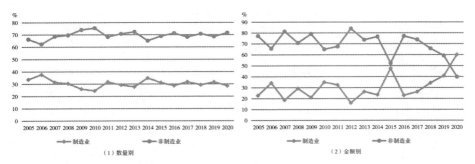

（1）数量别　　　　　　　　　　　（2）金额别

图 1-3-8　2005—2020 年不同标的行业对外直接投资项目数量、金额占比变化图

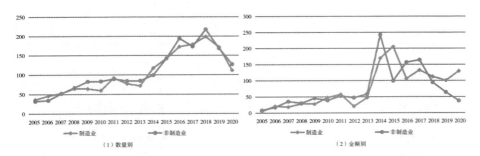

（1）数量别　　　　　　　　　　　（2）金额别

图 1-3-9　2005—2020 年不同标的行业对外直接投资项目数量指数、金额指数变化图

表 1-3-6　2005—2020 年中国不同标的行业对外
直接投资项目数量指数汇总表

年份	项目数量			
	制造业		非制造业	
	占比（%）	指数	占比（%）	指数
2005	33.71	36.30	66.29	32.29
2006	37.66	46.06	62.34	34.50
2007	31.45	52.78	68.55	52.03
2008	30.37	64.67	69.63	67.07
2009	25.96	64.06	74.04	82.67
2010	24.50	59.79	75.50	83.36
2011	31.75	91.82	68.25	89.29

年份	项目数量			
	制造业		非制造业	
	占比（%）	指数	占比（%）	指数
2012	29.23	76.88	70.77	84.18
2013	27.68	71.69	72.32	84.74
2014	34.87	117.45	65.13	99.23
2015	31.09	142.16	68.91	142.56
2016	28.67	172.67	71.33	194.31
2017	31.81	178.77	68.19	173.34
2018	29.26	198.90	70.74	217.50
2019	31.54	171.45	68.46	168.37
2020	28.43	111.35	71.57	126.83

表 1-3-7 2005—2020 年中国不同标的行业对外直接投资金额指数汇总表

年份	金额			
	制造业		非制造业	
	占比（%）	指数	占比（%）	指数
2005	22.80	5.74	77.20	8.54
2006	34.31	21.08	65.69	17.74
2007	18.63	18.52	81.37	35.56
2008	29.20	28.69	70.80	30.57
2009	20.95	27.57	79.05	45.71
2010	35.02	47.83	64.98	39.00
2011	32.45	57.63	67.55	52.74
2012	16.01	20.53	83.99	47.32
2013	26.33	47.36	73.67	58.25
2014	23.46	169.12	76.54	242.48
2015	47.64	205.37	52.36	99.21
2016	22.92	105.92	77.08	156.56
2017	26.18	132.51	73.82	164.18

续表

年份	金额			
	制造业		非制造业	
	占比（%）	指数	占比（%）	指数
2018	34.29	112.08	65.71	94.39
2019	40.81	100.45	59.19	64.04
2020	60.17	129.59	39.83	37.70

本章小结

一、中国企业 OFDI 综合指数在 2014 年高速增长后增幅有所回落

从总体上看，在 2005—2017 年间中国企业 OFDI 综合指数呈上升趋势，在 2017 年达到峰值水平后，开始呈现 2018—2020 年连续 3 年下降的颓势。2014 年是企业境外投资规模扩张的重要转折点：2014 年以前企业 OFDI 综合指数以年均 17.77% 的同比增长率稳步提高，伴随着"一带一路"倡议的推进和政府对企业"走出去"的鼓励，2014 年中国企业 OFDI 综合指数较 2013 年跳跃式增长 140.4%，且主要体现在中国企业海外直接投资金额的高速增长上。之后，OFDI 综合指数增长趋于平缓，增幅较以前有所回落。另外，2014 年后的中国企业对外直接投资项目数量指数和金额指数的走势开始逐渐分化。

二、2020 年中国企业对外投资规模显著下降，且在不同视角均有体现

为保持经济发展的动能，2020 年中国经济结构继续深入调整，经济增速放缓，企业面临着中国经济下行的压力，同时由于新冠肺炎疫情在全球蔓延，国家间产品、资本和人员的流动受到影响，海内外企业经营生产面

临困难，大多数国内企业延缓了对外投资进度。极少数国家持续推行单边主义政策，阻碍了价值链、产业链和供应链的国际化进程，扰乱了跨境投资等正常的经济金融交往。2020 年国内外经济环境的变化导致中国企业对外直接投资规模显著下降，投资项目数量由 2018 年的 1786 件同比下降 27.49% 至 1295 件，投资金额同比下降 11.94% 至 1997.40 亿美元。

2020 年中国企业境外投资规模的下降在不同投资视角下均有明显体现。其中，从不同所有制角度看，民营企业和国有企业的 OFDI 综合指数持续下降；从不同投资模式角度看，企业绿地投资项目数量和金额规模的缩减较并购投资更明显；在不同投资来源地视角下，环渤海地区企业对外直接投资项目数量的降幅达到 36.74%，西部地区企业对外直接投资项目数量的降幅达到 61.83%；从不同投资标的区域视角看，中国企业对转型经济体的投资显著下降，对发达经济体的投资项目数量降幅较小，为 19.63%，投资金额还出现 12.63% 的同比增长；从不同投资标的行业角度看，中国企业对外投资规模的下降主要体现在对非制造业的投资上。

第二章　中国民营企业对外直接投资指数：综合分析

本章以民营企业海外直接投资活动为研究主体，基于中国民营企业海外直接投资六级指标体系，分别从总投资、投资方来源地、投资标的国（地区）、投资标的行业角度测算中国企业海外直接投资指数，本章最后一节还以"一带一路"沿线国家为主测算出民营企业"一带一路"海外直接投资指数，从多角度描述 2005—2020 年民营企业海外直接投资的发展特征。

第一节　民营企业 OFDI 综合指数

一、民营企业对外直接投资与全国对外直接投资的比较

自加入 WTO 以来，在"走出去"的指引下，越来越多的中国企业选择走向海外市场，企业海外直接投资飞速发展，投资规模不断扩大，2005—2020 年间总体呈上升趋势，其中作为市场经济运行重要载体的民营企业在全国企业海外直接投资活动中发挥了关键作用。

根据 2005—2020 年中国民营企业 OFDI 数量和金额表显示，2020 年，我国民营企业对外直接投资项目数量为 905 件，同比下降 29.35%；对外直接投资项目金额为 1343.29 亿美元，同比增长 9.65%。整体来看，我国民营企业对外直接投资在 2005 年至 2020 年呈现增长趋势。对外直接投资项目数量从 2005 年的 150 件增长到 2020 年的 905 件，并在 2018 年出现峰值 1574 件；对外投资项目金额从 2005 年的 41.4 亿美元增长到 2020 年的 1343.29 亿美元，并在 2016 年达到最大规模 2596.32 亿美元。

从表2-1-1和图2-1-1中可看出，自统计年份以来民营企业海外直接投资项目数量持续在中国企业海外投资活动中占据较高比例，2012年后达到50%以上，统计显示2020年69.88%海外直接投资项目数量都来源于民营企业。在金额方面，民企海外投资金额的波动相对全国企业而言较为平缓，波动幅度低于全国企业，近年来伴随着民企投资项目数量的提高，民企投资金额逐步赶超其他类型企业投资，全国企业海外投资金额的波动受民企海外投资金额变化的影响逐渐凸显。2020年民企海外直接投资金额占全国企业的约67.25%。

表 2-1-1 2005—2020 年中国民营企业对外直接投资项目数量和
金额汇总及与全国对外投资的比较

年份	中国民营企业海外直接投资				全国海外直接投资			
	项目数量（件）	同比增长（%）	金额（亿美元）	同比增长（%）	项目数量（件）	同比增长（%）	金额（亿美元）	同比增长（%）
2005	150	—	41.40	—	353	—	237.16	—
2006	169	12.67	84.59	104.30	398	12.75	505.48	113.14
2007	250	47.93	203.69	140.80	551	38.44	935.00	84.97
2008	339	35.60	178.38	−12.43	697	26.50	925.65	−1.00
2009	348	2.65	55.88	−68.67	814	16.79	1239.66	33.92
2010	400	14.94	267.12	378.02	793	−2.58	1195.10	−3.59
2011	445	11.25	301.78	12.98	949	19.67	1624.83	35.96
2012	464	4.27	206.34	−31.63	859	−9.48	1183.38	−27.17
2013	484	4.31	685.78	232.36	857	−0.23	1671.33	41.23
2014	629	29.96	1200.74	75.09	1104	28.82	6792.73	306.43
2015	921	46.42	2265.92	88.71	1502	36.05	4023.78	−40.76
2016	1332	44.63	2596.32	14.58	1964	30.76	4232.59	5.19
2017	1262	−5.26	1819.06	−29.94	1863	−5.14	4764.58	12.57
2018	1574	24.72	1508.20	−17.09	2245	20.50	3000.86	−37.02
2019	1281	−18.61	1225.09	−18.77	1786	−20.45	2268.24	−24.41
2020	905	−29.35	1343.29	9.65	1295	−27.49	1997.40	−11.94
合计	10953	—	13983.57	—	18030	—	36597.77	—

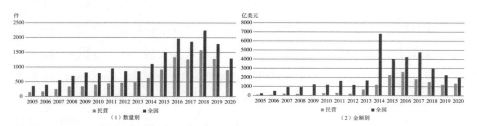

图 2-1-1 2005—2020 年民营企业与全国企业对外直接投资项目数量、金额对比变化图

结合表 2-1-2 民企不同模式下的海外直接投资情况看，民企投资规模的大幅变化主要体现在并购投资规模的变化上，不论从投资项目数量还是投资金额上看，民企绿地投资都较并购投资波动幅度小。

表 2-1-2 2005—2020 年中国民营企业对外直接投资项目数量与金额汇总表

年份	项目数量（件）					金额（亿美元）				
	并购	同比增长（%）	绿地	同比增长（%）	合计	并购	同比增长（%）	绿地	同比增长（%）	合计
2005	98	—	52	—	150	22.86	—	18.55	—	41.40
2006	123	25.51	46	-11.54	169	47.29	106.88	37.30	101.12	84.59
2007	143	16.26	107	132.61	250	153.18	223.92	50.51	35.42	203.69
2008	216	51.05	123	14.95	339	104.26	-31.94	74.12	46.74	178.38
2009	190	-12.04	158	28.46	348	31.67	-69.63	24.21	-67.33	55.88
2010	227	19.47	173	9.49	400	199.71	530.68	67.41	178.38	267.12
2011	251	10.57	194	12.14	445	170.39	-14.68	131.39	94.92	301.78
2012	279	11.16	185	-4.64	464	138.32	-18.82	68.02	-48.23	206.34
2013	311	11.47	173	-6.49	484	642.05	364.17	43.73	-35.71	685.78
2014	435	39.87	194	12.14	629	969.67	51.03	231.07	428.40	1200.74
2015	673	54.71	248	27.84	921	1997.83	106.03	268.09	16.02	2265.92
2016	966	43.54	366	47.58	1332	2002.69	0.24	593.64	121.44	2596.32
2017	921	-4.66	341	-6.83	1262	1573.24	-21.44	245.82	-58.59	1819.06
2018	1040	12.92	534	56.60	1574	1110.65	-29.40	397.55	61.72	1508.20
2019	825	-20.67	456	-14.61	1281	803.34	-27.67	421.76	6.09	1225.09
2020	655	-20.61	250	-45.18	905	1032.61	28.54	310.68	-26.34	1343.29

续表

年份	项目数量（件）					金额（亿美元）				
	并购	同比增长（%）	绿地	同比增长（%）	合计	并购	同比增长（%）	绿地	同比增长（%）	合计
合计	7353	—	3600	—	10953	10999.74	—	2983.83	—	13983.57

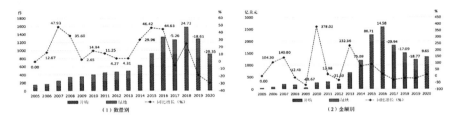

图 2-1-2　2005—2020 年中国民营企业对外直接投资项目数量和金额的增长变化图

二、民营企业 OFDI 综合指数

为便于综合分析中国民营企业海外直接投资的发展特征，本书使用主成分分析法对民营企业海外直接投资项目数量指数和金额指数进行融合，构建民营企业 OFDI 综合指数①。

在 2005—2016 年间，中国民营企业 OFDI 综合指数的上升趋势较为强劲，但 2017 年民营企业海外直接投资增长趋势变缓，较 2016 年同比下降 18.87%；2018 年指数小幅回升，2019 年民营企业 OFDI 综合指数出现 18.67% 的下降，而 2020 年再次下降 14.67%。由此可见，自 2018 年起在全球贸易投资保护主义不断升级、经济下行风险不断增长、国际环境愈加复杂多变，再加上疫情的影响下，尽管民营企业自身实力的增强和战略调整有效改善了其应对政策冲击的能力，民企海外投资活动仍然受到明显的冲击。

---

① OFDI 综合指数构建方法详见本书序章第一节。

表 2-1-3 2005—2020 年中国民营企业 OFDI 综合指数及其同比增长率

年份	民营企业 OFDI 综合指数	同比增长率（%）
2005	14.96	—
2006	18.89	26.27
2007	32.16	70.23
2008	38.37	19.28
2009	32.56	−15.13
2010	48.31	48.37
2011	53.99	11.76
2012	50.48	−6.49
2013	77.90	54.31
2014	117.84	51.27
2015	199.78	69.54
2016	252.42	26.35
2017	204.78	−18.87
2018	214.61	4.80
2019	174.53	−18.67
2020	148.93	−14.67

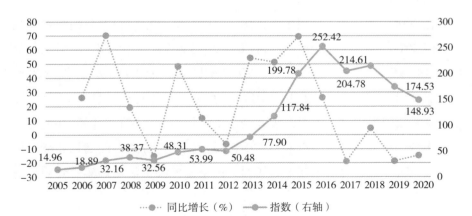

图 2-1-3 2005—2020 年中国民营企业 OFDI 综合指数变化图

三、民营企业对外直接投资项目数量指数和金额指数

从2005—2020年中国民营企业海外直接投资项目的数量和金额指数的变化可以看出，中国民营企业海外直接投资项目数量和金额规模总体呈增长的趋势，但自2017年以来两指数分化加剧，民企投资项目数量指数增长趋势变缓，投资金额指数持续下降，到2020年项目数量指数和金额指数则差距缩小。

在项目数量指数上，2020年项目数量指数出现大幅下跌。相对于民企项目数量指数的变化而言，民企海外投资金额指数在2017—2019年内连续三年下跌，2020年则回升至144.11。

表2-1-4　2005—2020年中国民营企业对外直接投资项目数量和金额指数

年份	项目数量指数	金额指数
2005	25.48	4.44
2006	28.71	9.07
2007	42.47	21.85
2008	57.59	19.14
2009	59.12	5.99
2010	67.96	28.66
2011	75.6	32.38
2012	78.83	22.14
2013	82.23	73.57
2014	106.86	128.82
2015	156.47	243.1
2016	226.3	278.54
2017	214.41	195.16
2018	267.41	161.8
2019	217.64	131.43
2020	153.75	144.11
2011—2015年均值	100	100

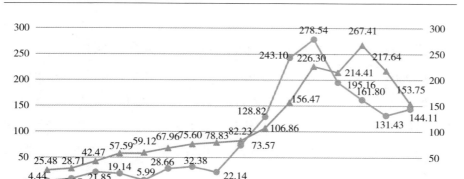

图 2-1-4　2005—2020 年中国民营企业对外直接投资项目数量和金额指数变化图

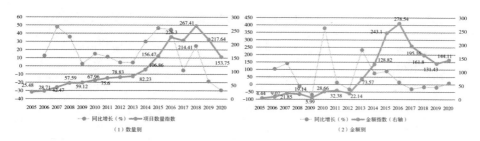

**图 2-1-5　2005—2020 年中国民营企业对外直接投资项目数量和
金额指数及其同比增长率变化图**

第二节　民营企业对外直接投资方来源地别指数

　　本节对民营企业海外直接投资的项目数量与金额按照投资方来源地进行统计分析，主要划分为环渤海地区、长三角地区、珠三角地区、中部地区与西部地区五大区域。同时按照各区域特点进一步细分，其中环渤海地区包括京津冀地区和环渤海地区其他区域（辽宁和山东），长三角地区包括上海和长三角地区其他区域（江苏和浙江），珠三角地区包括深圳、广东（不含深圳）与珠三角地区其他区域（福建和海南），中部地区包括华北东北地区和中原华中地区，西部地区包括西北地区和西南地区，涵盖 31

个省（区、市）和深圳经济特区①。

一、民营企业对外直接投资项目数量在不同投资方来源地的分布

如 2005—2020 年中国民营企业 OFDI 数量表所示，为了进一步明晰我国民营企业对外直接投资活动的来源地特征，本书将对外直接投资活动来源地分为环渤海地区、长三角地区、珠三角地区、中部地区、西部地区。按照 OFDI 项目数量累积量排名，我国民营企业对外直接投资活动主要集中在环渤海地区，累计海外直接投资项目数量为 2271 件，占比 35.06%；排在第二的是长三角地区，累计海外直接投资项目数量为 2058 件，占比 31.77%；排在第三的是珠三角地区，累计海外直接投资项目数量为 1691 件，占比 26.11%；排在第四的是西部地区，累计海外直接投资项目数量为 236 件，占比 3.64%；排在最后的是中部地区，累计海外直接投资项目数量为 221 件，占比 3.41%。

表 2-2-1　2005—2020 年中国民营企业对外直接投资项目数量在
不同投资方来源地的分布及指数汇总表

（单位：件）

年份	环渤海地区											
	京津冀				其他				小计			
	项目数	同比增长（%）	占比（%）	指数	项目数	同比增长（%）	占比（%）	指数	项目数	同比增长（%）	占比（%）	指数
2005	19	—	61.29	17.37	12	—	38.71	57.69	31	—	0.42	23.81
2006	11	-42.11	78.57	10.05	3	-75.00	21.43	14.42	14	-54.84	0.19	10.75
2007	34	209.09	75.56	31.08	11	266.67	24.44	52.88	45	221.43	0.32	34.56
2008	23	-32.35	88.46	21.02	3	-72.73	11.54	14.42	26	-42.22	0.17	19.97
2009	42	82.61	71.19	38.39	17	466.67	28.81	81.73	59	126.92	0.32	45.31
2010	60	42.86	81.08	54.84	14	-17.65	18.92	67.31	74	25.42	0.35	56.84

①　详见序章第一节关于中国民营企业对外直接投资指数六级指标体系和指数的构成。

续表

年份	环渤海地区											
	京津冀				其他				小计			
	项目数	同比增长（%）	占比（%）	指数	项目数	同比增长（%）	占比（%）	指数	项目数	同比增长（%）	占比（%）	指数
2011	61	1.67	76.25	55.76	19	35.71	23.75	91.35	80	8.11	0.32	61.44
2012	76	24.59	78.35	69.47	21	10.53	21.65	100.96	97	21.25	0.38	74.50
2013	88	15.79	88.00	80.44	12	-42.86	12.00	57.69	100	3.09	0.37	76.80
2014	116	31.82	79.45	106.03	30	150.00	20.55	144.23	146	46.00	0.39	112.14
2015	206	77.59	90.35	188.30	22	-26.67	9.65	105.77	228	56.16	0.40	175.12
2016	256	24.27	92.42	234.00	21	-4.55	7.58	100.96	277	21.49	0.34	212.75
2017	249	-2.73	90.88	227.61	25	19.05	9.12	120.19	274	-1.08	0.36	210.45
2018	339	36.14	91.87	309.87	30	20.00	8.13	144.23	369	34.67	0.36	283.41
2019	244	-28.02	89.71	223.03	28	-6.67	10.29	134.62	272	-26.29	0.34	208.91
2020	169	-30.74	94.41	154.48	10	-64.29	5.59	48.08	179	-34.19	0.33	137.48
合计	1993	—	87.76	—	278	—	12.24	—	2271	—	0.35	—
2011—2015年均值	109.4	—	—	100.00	20.8	—	—	100.00	130.2	—	—	100.00

年份	长三角地区											
	上海				其他				小计			
	项目数	同比增长（%）	占比（%）	指数	项目数	同比增长（%）	占比（%）	指数	项目数	同比增长（%）	占比（%）	指数
2005	8	—	61.54	12.62	5	—	38.46	10.87	13	—	0.18	11.88
2006	15	87.50	68.18	23.66	7	40.00	31.82	15.22	22	69.23	0.30	20.11
2007	14	-6.67	31.11	22.08	31	342.86	68.89	67.39	45	104.55	0.32	41.13
2008	14	0.00	22.22	22.08	49	58.06	77.78	106.52	63	40.00	0.41	57.59
2009	18	28.57	32.73	28.39	37	-24.49	67.27	80.43	55	-12.70	0.30	50.27
2010	23	27.78	35.94	36.28	41	10.81	64.06	89.13	64	16.36	0.30	58.50
2011	27	17.39	38.03	42.59	44	7.32	61.97	95.65	71	10.94	0.29	64.90
2012	43	59.26	51.81	67.82	40	-9.09	48.19	86.96	83	16.90	0.33	75.87
2013	34	-20.93	48.57	53.63	36	-10.00	51.43	78.26	70	-15.66	0.26	63.99

续表

年份	长三角地区											
	上海				其他				小计			
	项目数	同比增长（%）	占比（%）	指数	项目数	同比增长（%）	占比（%）	指数	项目数	同比增长（%）	占比（%）	指数
2014	81	138.24	69.23	127.76	36	0.00	30.77	78.26	117	67.14	0.31	106.95
2015	132	62.96	64.08	208.20	74	105.56	35.92	160.87	206	76.07	0.36	188.30
2016	190	43.94	73.93	299.68	67	-9.46	26.07	145.65	257	24.76	0.32	234.92
2017	165	-13.16	67.90	260.25	78	16.42	32.10	169.57	243	-5.45	0.32	222.12
2018	202	22.42	60.48	318.61	132	69.23	39.52	286.96	334	37.45	0.33	305.30
2019	159	-21.29	65.70	250.79	83	-37.12	34.30	180.43	242	-27.54	0.30	221.21
2020	116	-27.04	67.05	182.97	57	-31.33	32.95	123.91	173	-28.51	0.32	158.14
合计	1241	—	60.30	—	817	—	39.70	—	2058	—	0.32	—
2011—2015年均值	63.4	—	—	100.00	46	—	—	100.00	109.4	—	—	100.00

年份	珠三角地区											
	广东				其他				小计			
	项目数	同比增长（%）	占比（%）	指数	项目数	同比增长（%）	占比（%）	指数	项目数	同比增长（%）	占比（%）	指数
2005	24	—	96.00	31.58	1	—	4.00	31.25	25	—	0.34	31.57
2006	26	8.33	89.66	34.21	3	200.00	10.34	93.75	29	16.00	0.39	36.62
2007	39	50.00	97.50	51.32	1	-66.67	2.50	31.25	40	37.93	0.29	50.51
2008	36	-7.69	94.74	47.37	2	100.00	5.26	62.50	38	-5.00	0.25	47.98
2009	45	25.00	95.74	59.21	2	0.00	4.26	62.50	47	23.68	0.25	59.34
2010	56	24.44	96.55	73.68	2	0.00	3.45	62.50	58	23.40	0.27	73.23
2011	63	12.50	95.45	82.89	3	50.00	4.55	93.75	66	13.79	0.27	83.33
2012	48	-23.81	94.12	63.16	3	0.00	5.88	93.75	51	-22.73	0.20	64.39
2013	85	77.08	96.59	111.84	3	0.00	3.41	93.75	88	72.55	0.33	111.11
2014	83	-2.35	97.65	109.21	2	-33.33	2.35	62.50	85	-3.41	0.23	107.32
2015	101	21.69	95.28	132.89	5	150.00	4.72	156.25	106	24.71	0.18	133.84

续表

年份	珠三角地区											
	广东				其他				小计			
	项目数	同比增长（%）	占比（%）	指数	项目数	同比增长（%）	占比（%）	指数	项目数	同比增长（%）	占比（%）	指数
2016	208	105.94	97.20	273.68	6	20.00	2.80	187.50	214	101.89	0.26	270.20
2017	182	-12.50	92.86	239.47	14	133.33	7.14	437.50	196	-8.41	0.26	247.47
2018	221	21.43	94.85	290.79	12	-14.29	5.15	375.00	233	18.88	0.23	294.19
2019	234	5.88	92.49	307.89	19	58.33	7.51	593.75	253	8.58	0.32	319.44
2020	149	-36.32	91.98	196.05	13	-31.58	8.02	406.25	162	-35.97	0.30	204.55
合计	1600	—	94.62	—	91	—	5.38	—	1691	—	0.26	—
2011—2015年均值	76	—	—	100.00	3.2	—	—	100.00	79.2	—	—	100.00

年份	中部地区											
	华北东北				中原华中				小计			
	项目数	同比增长（%）	占比（%）	指数	项目数	同比增长（%）	占比（%）	指数	项目数	同比增长（%）	占比（%）	指数
2005	1	—	50.00	29.41	1	—	50.00	10.00	2	—	0.03	14.93
2006	0	-100.00	0.00	0.00	2	100.00	100.00	20.00	2	0.00	0.03	14.93
2007	2	—	33.33	58.82	4	100.00	66.67	40.00	6	200.00	0.04	44.78
2008	2	0.00	11.11	58.82	16	300.00	88.89	160.00	18	200.00	0.12	134.33
2009	2	0.00	25.00	58.82	6	-62.50	75.00	60.00	8	-55.56	0.04	59.70
2010	2	0.00	15.38	58.82	11	83.33	84.62	110.00	13	62.50	0.06	97.01
2011	3	50.00	23.08	88.24	10	-9.09	76.92	100.00	13	0.00	0.05	97.01
2012	3	0.00	23.08	88.24	10	0.00	76.92	100.00	13	0.00	0.05	97.01
2013	2	-33.33	33.33	58.82	4	-60.00	66.67	40.00	6	-53.85	0.02	44.78
2014	5	150.00	29.41	147.06	12	200.00	70.59	120.00	17	183.33	0.05	126.87
2015	4	-20.00	22.22	117.65	14	16.67	77.78	140.00	18	5.88	0.03	134.33

续表

年份	中部地区											
	华北东北				中原华中				小计			
	项目数	同比增长（％）	占比（％）	指数	项目数	同比增长（％）	占比（％）	指数	项目数	同比增长（％）	占比（％）	指数
2016	3	−25.00	12.00	88.24	22	57.14	88.00	220.00	25	38.89	0.03	186.57
2017	3	0.00	15.79	88.24	16	−27.27	84.21	160.00	19	−24.00	0.03	141.79
2018	7	133.33	20.00	205.88	28	75.00	80.00	280.00	35	84.21	0.03	261.19
2019	3	−57.14	21.43	88.24	11	−60.71	78.57	110.00	14	−60.00	0.02	104.48
2020	1	−66.67	8.33	29.41	11	0.00	91.67	110.00	12	−14.29	0.02	89.55
合计	43	—	19.46	—	178	—	80.54	—	221	—	0.03	—
2011—2015年均值	3.4	—	—	100.00	10	—	—	100.00	13.4	—	—	100.00

年份	西部地区											
	西北				西南				合计			
	项目数	同比增长（％）	占比（％）	指数	项目数	同比增长（％）	占比（％）	指数	项目数	同比增长（％）	占比（％）	指数
2005	2	—	100.00	90.91	0	—	0.00	0.00	2	—	0.03	16.39
2006	1	−50.00	14.29	45.45	6	—	85.71	60.00	7	250.00	0.09	57.38
2007	0	−100.00	0.00	0.00	4	−33.33	100.00	40.00	4	−42.86	0.03	32.79
2008	1	—	10.00	45.45	9	125.00	90.00	90.00	10	150.00	0.06	81.97
2009	4	300.00	25.00	181.82	12	33.33	75.00	120.00	16	60.00	0.09	131.15
2010	0	−100.00	0.00	0.00	4	−66.67	100.00	40.00	4	−75.00	0.02	32.79
2011	3	—	15.79	136.36	16	300.00	84.21	160.00	19	375.00	0.08	155.74
2012	2	−33.33	20.00	90.91	8	−50.00	80.00	80.00	10	−47.37	0.04	81.97
2013	1	−50.00	16.67	45.45	5	−37.50	83.33	50.00	6	−40.00	0.02	49.18
2014	1	0.00	10.00	45.45	9	80.00	90.00	90.00	10	66.67	0.03	81.97
2015	4	300.00	25.00	181.82	12	33.33	75.00	120.00	16	60.00	0.03	131.15

续表

年份	西部地区											
	西北				西南				合计			
	项目数	同比增长（%）	占比（%）	指数	项目数	同比增长（%）	占比（%）	指数	项目数	同比增长（%）	占比（%）	指数
2016	10	150.00	25.64	454.55	29	141.67	74.36	290.00	39	143.75	0.05	319.67
2017	3	−70.00	13.04	136.36	20	−31.03	86.96	200.00	23	−41.03	0.03	188.52
2018	14	366.67	32.56	636.36	29	45.00	67.44	290.00	43	86.96	0.04	352.46
2019	3	−78.57	21.43	136.36	11	−62.07	78.57	110.00	14	−67.44	0.02	114.75
2020	2	−33.33	15.38	90.91	11	0.00	84.62	110.00	13	−7.14	0.02	106.56
合计	51	—	21.61	—	185	—	78.39	—	236	—	0.04	—
2011—2015 年均值	2.2	—	—	100.00	10	—	—	100.00	12.2	—	—	100.00

年份	总计			
	项目数	同比增长（%）	占比（%）	指数
2005	73	—	100.00	21.20
2006	74	1.37	100.00	21.49
2007	140	89.19	100.00	40.65
2008	155	10.71	100.00	45.01
2009	185	19.35	100.00	53.72
2010	213	15.14	100.00	61.85
2011	249	16.90	100.00	72.30
2012	254	2.01	100.00	73.75
2013	270	6.30	100.00	78.40
2014	375	38.89	100.00	108.89
2015	574	53.07	100.00	166.67
2016	812	41.46	100.00	235.77
2017	755	−7.02	100.00	219.22
2018	1014	34.30	100.00	294.43
2019	795	−21.60	100.00	230.84

续表

年份	总计			
	项目数	同比增长（%）	占比（%）	指数
2020	539	−32.20	100.00	156.50
合计	6477	—	100.00	—
2011—2015 年均值	344.4	—	—	100.00

注：此处存在重复统计问题，故总计部分与表 2-1-1、表 2-1-2 所示不一致。①

二、民营企业对外直接投资金额在不同投资方来源地的分布

根据 2005—2020 年中国民营企业 OFDI 金额表显示，从 OFDI 项目金额看，在 2005 年至 2020 年间，我国民营企业对外直接投资活动主要集中在环渤海地区，累计海外直接投资项目金额为 3482.65 亿美元，占比 45.17%；其次是长三角地区，累计海外直接投资项目金额为 2320.37 亿美元，占比 30.09%；再次是珠三角地区，累计海外直接投资项目金额为 1461.65 亿美元，占比 18.96%；复次是中部地区，累计海外直接投资项目金额为 248.07 亿美元，占比 3.22%；最后是西部地区，累计海外直接投资项目金额为 197.71 亿美元，占比 2.56%。

①　在本书所使用的 BvD-Zephyr 数据库中，一件并购交易可能存在多个并购投资方，若这些投资方所在地位于不同省份或者投资标的国（地区）不同、投资标的行业不同，本书在对投资方来源地、标的国（地区）、标的行业进行分类的时候会重复统计这件交易。譬如现有一件并购交易是由两家企业共同出资完成，但两个企业分别位于北京和河北，那么当对投资方来源地进行划分的时候，这件交易将会既被统计到来源地为北京的并购投资交易中，又会在河北类别中再被统计一次。投资标的国（地区）、投资标的行业出现重复统计的原因及处理办法与投资方来源地的处理一致。另外，此处还需要说明的是，在本书的表 2-1-1、表 2-1-2、表 3-1-1、表 3-1-2 所示总计数据以及第四章绿地投资部分数据不存在重复统计问题，重复统计只出现在第二章、第三章分类别汇总表中。

表 2-2-2　2005—2020 年中国民营企业对外直接投资金额在不同投资方来源地的分布及指数汇总表

（单位：百万美元）

年份	环渤海地区											
	京津冀				其他				小计			
	金额	同比增长（%）	占比（%）	指数	金额	同比增长（%）	占比（%）	指数	金额	同比增长（%）	占比（%）	指数
2005	248.73	—	70.96	1.00	101.80	—	29.04	3.28	350.53	—	0.26	1.25
2006	970.53	290.19	95.21	3.89	48.80	-52.06	4.79	1.57	1019.33	190.80	0.16	3.63
2007	1146.46	18.13	87.25	4.60	167.50	243.24	12.75	5.40	1313.96	28.90	0.07	4.69
2008	3543.23	209.06	99.72	14.21	10.10	-93.97	0.28	0.33	3553.33	170.43	0.27	12.67
2009	994.27	-71.94	56.68	3.99	760.05	7425.25	43.32	24.49	1754.32	-50.63	0.52	6.26
2010	1745.76	75.58	66.10	7.00	895.35	17.80	33.90	28.85	2641.11	50.55	0.12	9.42
2011	5108.15	192.60	81.46	20.48	1162.62	29.85	18.54	37.46	6270.77	137.43	0.33	22.36
2012	6844.11	33.98	92.16	27.44	582.52	-49.90	7.84	18.77	7426.63	18.43	0.56	26.48
2013	15169.94	121.65	92.40	60.82	1247.78	114.20	7.60	40.20	16417.72	121.07	0.52	58.54
2014	31649.36	108.63	77.59	126.90	9142.78	632.72	22.41	294.57	40792.15	148.46	0.65	145.45
2015	65933.50	108.32	95.12	264.36	3383.14	-63.00	4.88	109.00	69316.64	69.93	0.63	247.16
2016	78927.05	19.71	93.43	316.45	5553.24	64.14	6.57	178.92	84480.29	21.88	0.55	301.23
2017	34845.39	-55.85	88.78	139.71	4405.90	-20.66	11.22	141.95	39251.29	-53.54	0.42	139.96
2018	26992.46	-22.54	86.60	108.23	4175.82	-5.22	13.40	134.54	31168.28	-20.59	0.32	111.14
2019	35905.75	33.02	98.03	143.96	723.10	-82.68	1.97	23.30	36628.85	17.52	0.45	130.61
2020	5555.20	-84.53	94.48	22.27	324.74	-55.09	5.52	10.46	5879.94	-83.95	0.14	20.97
合计	315579.90	—	90.61	—	32685.25	—	9.39	—	348265.14	—	0.45	—
2011—2015年均值	24941.01	—	—	100.00	3103.77	—	—	100.00	28044.78	—	—	100.00

年份	长三角地区											
	上海				其他				小计			
	金额	同比增长（%）	占比（%）	指数	金额	同比增长（%）	占比（%）	指数	金额	同比增长（%）	占比（%）	指数
2005	56.10	—	38.34	0.64	90.22	—	61.66	2.15	146.32	—	0.11	1.14
2006	228.05	306.51	34.58	2.62	431.40	378.16	65.42	10.30	659.45	350.69	0.10	5.12
2007	906.14	297.34	33.08	10.41	1833.40	324.99	66.92	43.76	2739.54	315.43	0.15	21.25

续表

年份	长三角地区											
	上海				其他				小计			
	金额	同比增长(%)	占比(%)	指数	金额	同比增长(%)	占比(%)	指数	金额	同比增长(%)	占比(%)	指数
2008	705.31	-22.16	32.16	8.11	1487.86	-18.85	67.84	35.51	2193.17	-19.94	0.16	17.01
2009	143.81	-79.61	31.19	1.65	317.32	-78.67	68.81	7.57	461.13	-78.97	0.14	3.58
2010	332.48	131.19	20.90	3.82	1258.40	296.57	79.10	30.04	1590.88	244.99	0.08	12.34
2011	2713.78	716.22	32.04	31.19	5757.01	357.49	67.96	137.41	8470.79	432.46	0.44	65.72
2012	850.02	-68.68	37.79	9.77	1399.07	-75.70	62.21	33.39	2249.09	-73.45	0.17	17.45
2013	9062.13	966.11	96.43	104.16	335.45	-76.02	3.57	8.01	9397.57	317.84	0.30	72.91
2014	12323.14	35.99	78.66	141.64	3342.30	896.38	21.34	79.77	15665.44	66.70	0.25	121.53
2015	18553.02	50.55	64.72	213.24	10114.54	202.62	35.28	241.42	28667.56	83.00	0.26	222.40
2016	37020.48	99.54	90.96	425.50	3679.93	-63.62	9.04	87.83	40700.41	41.97	0.26	315.75
2017	33618.14	-9.19	92.56	386.40	2702.40	-26.57	7.44	64.50	36320.54	-10.76	0.39	281.77
2018	25122.71	-25.27	66.75	288.75	12511.99	363.00	33.25	298.64	37634.70	3.62	0.39	291.97
2019	16722.03	-33.44	80.18	192.20	4132.70	-66.97	19.82	98.64	20854.72	-44.59	0.26	161.79
2020	6222.25	-62.79	25.62	71.52	18063.19	337.08	74.38	431.14	24285.44	16.45	0.56	188.40
合计	164579.59	—	70.93	—	67457.17	—	29.07	—	232036.75	—	0.30	—
2011—2015年均值	8700.42	—	—	100.00	4189.67	—	—	100.00	12890.09	—	—	100.00

年份	珠三角地区											
	广东				其他				小计			
	金额	同比增长(%)	占比(%)	指数	金额	同比增长(%)	占比(%)	指数	金额	同比增长(%)	占比(%)	指数
2005	321.05	—	99.69	8.30	1.00	—	0.31	0.29	322.05	—	0.24	7.66
2006	4183.33	1203.02	98.14	108.16	79.30	7830.00	1.86	23.38	4262.63	1223.59	0.67	101.33
2007	14374.01	243.60	100.00	371.65	0.40	-99.50	0.00	0.12	14374.41	237.22	0.76	341.70
2008	5945.12	-58.64	95.10	153.72	306.15	76437.50	4.90	90.27	6251.27	-56.51	0.47	148.60
2009	662.04	-88.86	98.28	17.12	11.60	-96.21	1.72	3.42	673.64	-89.22	0.20	16.01
2010	15995.95	2316.16	99.86	413.59	21.70	87.07	0.14	6.40	16017.65	2277.78	0.76	380.76

续表

年份	珠三角地区											
	广东				其他				小计			
	金额	同比增长（%）	占比（%）	指数	金额	同比增长（%）	占比（%）	指数	金额	同比增长（%）	占比（%）	指数
2011	3215.94	-79.90	93.69	83.15	216.60	898.16	6.31	63.87	3432.54	-78.57	0.18	81.60
2012	993.64	-69.10	99.97	25.69	0.32	-99.85	0.03	0.09	993.96	-71.04	0.08	23.63
2013	5090.77	412.34	95.43	131.63	243.80	76087.50	4.57	71.89	5334.57	436.70	0.17	126.81
2014	4132.88	-18.82	99.46	106.86	22.30	-90.85	0.54	6.58	4155.18	-22.11	0.07	98.77
2015	5904.68	42.87	82.96	152.67	1212.70	5338.12	17.04	357.58	7117.38	71.29	0.06	169.19
2016	16932.14	186.76	97.24	437.80	480.40	-60.39	2.76	141.65	17412.54	144.65	0.11	413.92
2017	12826.59	-24.25	97.37	331.64	346.20	-27.94	2.63	102.08	13172.79	-24.35	0.14	313.14
2018	20397.24	59.02	95.43	527.39	976.11	181.95	4.57	287.82	21373.35	62.25	0.22	508.08
2019	16550.93	-18.86	86.78	427.94	2521.31	158.30	13.22	743.43	19072.24	-10.77	0.23	453.37
2020	6606.14	-60.09	54.16	170.81	5592.30	121.80	45.84	1648.95	12198.44	-36.04	0.28	289.97
合计	134132.46	—	91.77	—	12032.19	—	8.23	—	146164.65	—	0.19	—
2011—2015年均值	3867.58	—	—	100.00	339.14	—	—	100.00	4206.73	—	—	100.00

年份	中部地区											
	华北东北				中原华中				小计			
	金额	同比增长（%）	占比（%）	指数	金额	同比增长（%）	占比（%）	指数	金额	同比增长（%）	占比（%）	指数
2005	250.00	—	99.88	95.93	0.30	—	0.12	0.03	250.30	—	0.18	18.08
2006	0.00	-100.00	0.00	0.00	130.00	43233.33	100.00	11.57	130.00	-48.06	0.02	9.39
2007	26.20	—	15.68	10.05	140.90	8.38	84.32	12.54	167.10	28.54	0.01	12.07
2008	20.30	-22.52	8.47	7.79	219.31	55.65	91.53	19.52	239.61	43.39	0.02	17.31
2009	5.92	-70.84	3.79	2.27	150.10	-31.56	96.21	13.36	156.02	-34.88	0.05	11.27
2010	3.24	-45.27	0.58	1.24	559.72	272.89	99.42	49.81	562.96	260.82	0.03	40.67
2011	177.35	5373.77	60.07	68.06	117.89	-78.94	39.93	10.49	295.24	-47.56	0.02	21.33
2012	51.55	-70.93	11.11	19.78	412.38	249.80	88.89	36.70	463.93	57.14	0.04	33.51
2013	0.27	-99.47	0.08	0.10	329.53	-20.09	99.92	29.33	329.81	-28.91	0.01	23.82

续表

年份	中部地区											
	华北东北				中原华中				小计			
	金额	同比增长(%)	占比(%)	指数	金额	同比增长(%)	占比(%)	指数	金额	同比增长(%)	占比(%)	指数
2014	974.21	356753.48	55.77	373.84	772.58	134.45	44.23	68.75	1746.79	429.64	0.03	126.19
2015	99.60	-89.78	2.44	38.22	3986.08	415.94	97.56	354.73	4085.68	133.90	0.04	295.15
2016	1025.43	929.55	13.28	393.50	6694.54	67.95	86.72	595.76	7719.97	88.95	0.05	557.68
2017	4.52	-99.56	0.13	1.73	3445.00	-48.54	99.87	306.58	3449.52	-55.32	0.04	249.19
2018	171.70	3698.67	7.76	65.89	2040.73	-40.76	92.24	181.61	2212.43	-35.86	0.02	159.82
2019	2020.80	1076.94	81.89	775.45	446.77	-78.11	18.11	39.76	2467.57	11.53	0.03	178.26
2020	55.08	-97.27	10.38	21.14	475.39	6.41	89.62	42.31	530.47	-78.50	0.01	38.32
合计	4886.18	—	19.70	—	19921.23	—	80.30	—	24807.41	—	0.03	—
2011—2015年均值	260.60	—	—	100.00	1123.69	—	—	100.00	1384.29	—	—	100.00

年份	西部地区											
	西北				西南				小计			
	金额	同比增长(%)	占比(%)	指数	金额	同比增长(%)	占比(%)	指数	金额	同比增长(%)	占比(%)	指数
2005	285.30	—	100.00	215.94	0.00	—	0.00	0.00	285.30	—	0.21	27.80
2006	185.80	-34.88	75.40	140.63	60.62	—	24.60	6.78	246.42	-13.63	0.04	24.01
2007	0.00	-100.00	0.00	0.00	231.63	282.10	100.00	25.91	231.63	-6.00	0.01	22.57
2008	17.40	—	1.60	13.17	1070.00	361.94	98.40	119.67	1087.40	369.46	0.08	105.96
2009	100.30	476.44	31.44	75.92	218.70	-79.56	68.56	24.46	319.00	-70.66	0.09	31.08
2010	0.00	-100.00	0.00	0.00	338.00	54.55	100.00	37.80	338.00	5.96	0.02	32.94
2011	177.43	—	22.80	134.30	600.86	77.77	77.20	67.20	778.29	130.26	0.04	75.84
2012	19.74	-88.87	0.98	14.94	2001.25	233.06	99.02	223.82	2020.99	159.67	0.15	196.93
2013	0.00	-100.00	0.00	0.00	23.05	-98.85	100.00	2.58	23.05	-98.86	0.00	2.25
2014	100.00	—	13.12	75.69	661.92	2771.93	86.88	74.03	761.92	3205.81	0.01	74.24
2015	363.42	263.42	23.49	275.07	1183.54	78.80	76.51	132.37	1546.96	103.03	0.01	150.74
2016	797.32	119.39	23.11	603.49	2652.28	124.10	76.89	296.63	3449.60	122.99	0.02	336.14
2017	553.00	-30.64	57.14	418.57	414.88	-84.36	42.86	46.40	967.88	-71.94	0.01	94.31

续表

年份	西部地区											
	西北				西南				小计			
	金额	同比增长（%）	占比（%）	指数	金额	同比增长（%）	占比（%）	指数	金额	同比增长（%）	占比（%）	指数
2018	3449.20	523.73	73.80	2610.70	1224.26	195.09	26.20	136.92	4673.46	382.86	0.05	455.40
2019	2511.72	−27.18	92.23	1901.12	211.46	−82.73	7.77	23.65	2723.18	−41.73	0.03	265.35
2020	109.60	−95.64	34.45	82.96	208.52	−1.39	65.55	23.32	318.12	−88.32	0.01	31.00
合计	8670.23	—	43.85	—	11100.97	—	56.15	—	19771.20	—	0.03	—
2011—2015 年均值	132.12	—	—	100.00	894.12	—	—	100.00	1026.24	—	—	100.00

年份	总计			
	金额	同比增长（%）	占比（%）	指数
2005	1354.50	—	100.00	2.85
2006	6317.83	366.43	100.00	13.29
2007	18826.64	197.99	100.00	39.59
2008	13324.77	−29.22	100.00	28.02
2009	3364.12	−74.75	100.00	7.07
2010	21150.60	528.71	100.00	44.48
2011	19247.63	−9.00	100.00	40.48
2012	13154.60	−31.66	100.00	27.66
2013	31502.73	139.48	100.00	66.25
2014	63121.48	100.37	100.00	132.74
2015	110734.22	75.43	100.00	232.87
2016	153762.81	38.86	100.00	323.36
2017	93162.02	−39.41	100.00	195.92
2018	97062.22	4.19	100.00	204.12
2019	81746.57	−15.78	100.00	171.91
2020	43212.41	−47.14	100.00	90.87
合计	771045.15	—	100.00	—
2011—2015 年均值	47552.13	—	—	100.00

注：此处存在重复统计问题，故总计部分与表 2-1-1、表 2-1-2 所示不一致，重复统计的处理方式与投资项目数量的处理一致，详见表 2-2-1 脚注。

对应以上数据表格，将其制成如下折线图。

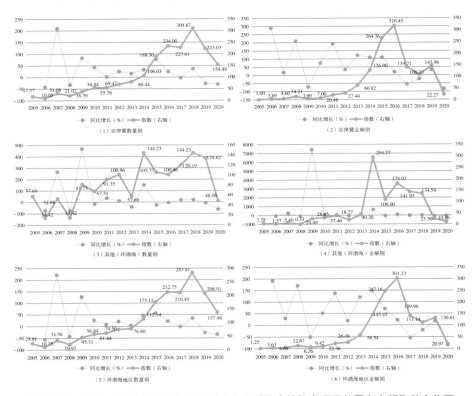

图 2-2-1　2005—2020 年环渤海地区民营企业对外直接投资项目数量和金额指数变化图

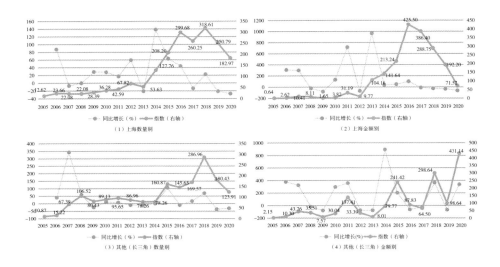

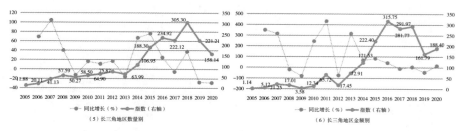

（5）长三角地区数量别　　　　　　　（6）长三角地区金额别

图 2-2-2　2005—2020 年长三角地区民营企业对外直接投资项目数量和金额指数变化图

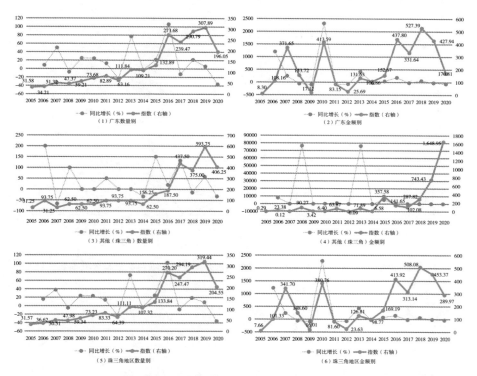

（1）广东数量别　　　　　　　　　　（2）广东金额别

（3）其他（珠三角）数量别　　　　　　（4）其他（珠三角）金额别

（5）珠三角地区数量别　　　　　　　（6）珠三角地区金额别

图 2-2-3　2005—2020 年珠三角地区民营企业对外直接投资项目数量和金额指数变化图

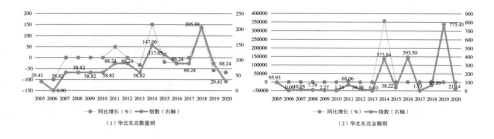

（1）华北东北数量别　　　　　　　　（2）华北东北金额别

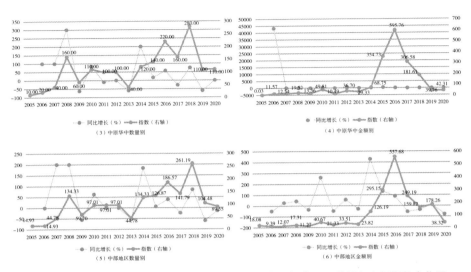

图 2-2-4 2005—2020 年中部地区民营企业对外直接投资项目数量和金额指数变化图

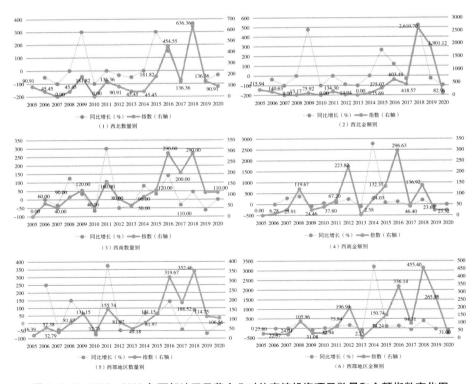

图 2-2-5 2005—2020 年西部地区民营企业对外直接投资项目数量和金额指数变化图

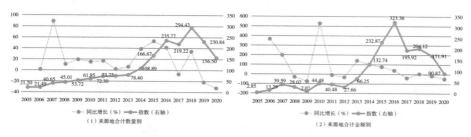

图 2-2-6　2005—2020 年来源地民营企业对外直接投资项目数量和金额指数变化图

如 2005—2020 年中国民营企业 OFDI 数量来源地别图表所示，来自珠三角地区中的广东的 OFDI 数量在 2016 年出现最显著的增长，从 101 件增长到 208 件。来自珠三角地区中的广东的 OFDI 在 2018 年至 2020 年实现了民营企业海外直接投资项目数量连续 1 年的下降。来自环渤海地区中的京津冀的 OFDI 在 2018 年至 2020 年实现了民营企业海外直接投资项目数量连续 1 年的下降。来自环渤海地区中的其他的 OFDI 在 2011 年至 2013 年实现了民营企业海外直接投资项目数量连续 1 年的下降。来自长三角地区中的上海的 OFDI 在 2018 年至 2020 年实现了民营企业海外直接投资项目数量连续 1 年的下降。来自长三角地区中的其他的 OFDI 在 2018 年至 2020 年实现了民营企业海外直接投资项目数量连续 1 年的下降。来自中部地区中的华北东北的 OFDI 在 2018 年至 2020 年实现了民营企业海外直接投资项目数量连续 1 年的下降。来自中部地区中的中原华中的 OFDI 在 2018 年至 2020 年实现了民营企业海外直接投资项目数量连续 1 年的下降。来自西部地区中的西北的 OFDI 在 2005 年至 2007 年实现了民营企业海外直接投资项目数量连续 1 年的下降。来自西部地区中的西北的 OFDI 在 2018 年至 2020 年实现了民营企业海外直接投资项目数量连续 1 年的下降。来自西部地区中的西南的 OFDI 在 2018 年至 2020 年实现了民营企业海外直接投资项目数量连续 1 年的下降。总体来看，来自长三角地区的民营企业海外直接投资数量集中来自上海，2005 年至 2020 年的平均占比为 60.30%，来自西部地区的民营企业海外直接投资数量集中来自西南地区，2005 年至 2020 年的平均占比为 78.39%。

从 2005—2020 年中国民营企业 OFDI 金额来源地别图表可以看出，在

2005 年至 2020 年，来自长三角地区中的其他的 OFDI 项目金额增长最为显著，从 2005 年的 1.46 亿美元增加到 242.85 亿美元，复合增长率为年均 37.61%；来自环渤海地区的京津冀的 OFDI 金额在 2015 年出现最显著的增长，从 316.49 亿美元增长到 659.33 亿美元。总体来看，来自环渤海地区的民营企业海外直接投资金额集中来自京津冀地区，2005 年至 2020 年的平均占比为 90.61%，来自西部地区的民营企业海外直接投资金额集中来自西南地区，2005 年至 2020 年的平均占比为 56.15%。

第三节　民营企业对外直接投资标的国（地区）别指数

本节对中国民营企业海外直接投资项目数量与金额规模按照投资标的国（地区）进行划分，其中根据标的国（地区）的经济发展水平不同，将标的国（地区）分为发达经济体、发展中经济体和转型经济体三大类型。

一、民营企业对外直接投资项目数量在不同经济体的分布

根据 2005—2020 年中国民营企业 OFDI 数量表显示，从 OFDI 项目数量看，在 2005 年至 2020 年间，我国民营企业对外直接投资活动主要集中在发达经济体，累计海外直接投资项目数量为 8599 件，占比 77.93%；其次是发展中经济体，累计海外直接投资项目数量为 2075 件，占比 18.81%；再次是转型经济体，累计海外直接投资项目数量为 360 件，占比 3.26%。

表 2-3-1　2005—2020 年中国民营企业对外直接投资项目数量在不同经济体的分布及其指数汇总表

（单位：件）

年份	发达经济体							
	欧洲				北美洲			
	项目数	同比增长（%）	占比（%）	指数	项目数	同比增长（%）	占比（%）	指数
2005	38	—	35.51	25.50	11	—	10.28	10.74

续表

年份	发达经济体							
	欧洲				北美洲			
	项目数	同比增长（%）	占比（%）	指数	项目数	同比增长（%）	占比（%）	指数
2006	22	-42.11	18.18	14.77	23	109.09	19.01	22.46
2007	59	168.18	31.55	39.60	34	47.83	18.18	33.20
2008	68	15.25	25.56	45.64	26	-23.53	9.77	25.39
2009	101	48.53	34.71	67.79	39	50.00	13.40	38.09
2010	102	0.99	30.36	68.46	43	10.26	12.80	41.99
2011	133	30.39	35.85	89.26	60	39.53	16.17	58.59
2012	149	12.03	38.90	100.00	62	3.33	16.19	60.55
2013	142	-4.70	33.73	95.30	77	24.19	18.29	75.20
2014	143	0.70	28.43	95.97	142	84.42	28.23	138.67
2015	178	24.48	24.59	119.46	171	20.42	23.62	166.99
2016	273	53.37	25.47	183.22	261	52.63	24.35	254.88
2017	261	-4.40	26.00	175.17	223	-14.56	22.21	217.77
2018	296	13.41	24.69	198.66	272	21.97	22.69	265.63
2019	250	-15.54	27.81	167.79	177	-34.93	19.69	172.85
2020	173	-30.80	24.20	116.11	153	-13.56	21.40	149.41
合计	2388	—	27.77	—	1774	—	20.63	—
2011—2015年均值	149	—	—	100.00	102.4	—	—	100.00

年份	发达经济体							
	其他发达经济体				小计			
	项目数	同比增长（%）	占比（%）	指数	项目数	同比增长（%）	占比（%）	指数
2005	58	—	54.21	25.33	107	—	0.71	22.27
2006	76	31.03	62.81	33.19	121	13.08	0.71	25.19
2007	94	23.68	50.27	41.05	187	54.55	0.75	38.93
2008	172	82.98	64.66	75.11	266	42.25	0.78	55.37
2009	151	-12.21	51.89	65.94	291	9.40	0.84	60.57
2010	191	26.49	56.85	83.41	336	15.46	0.84	69.94

续表

年份	发达经济体							
	其他发达经济体				小计			
	项目数	同比增长（%）	占比（%）	指数	项目数	同比增长（%）	占比（%）	指数
2011	178	-6.81	47.98	77.73	371	10.42	0.82	77.23
2012	172	-3.37	44.91	75.11	383	3.23	0.82	79.73
2013	202	17.44	47.98	88.21	421	9.92	0.87	87.64
2014	218	7.92	43.34	95.20	503	19.48	0.80	104.70
2015	375	72.02	51.80	163.76	724	43.94	0.78	150.71
2016	538	43.47	50.19	234.93	1072	48.07	0.80	223.15
2017	520	-3.35	51.79	227.07	1004	-6.34	0.79	208.99
2018	631	21.35	52.63	275.55	1199	19.42	0.75	249.58
2019	472	-25.20	52.50	206.11	899	-25.02	0.70	187.14
2020	389	-17.58	54.41	169.87	715	-20.47	0.78	148.83
合计	4437	—	51.60	—	8599	—	0.78	—
2011—2015年均值	229	—	—	100.00	480.4	—	—	100.00

年份	发展中经济体							
	非洲				亚洲			
	项目数	同比增长（%）	占比（%）	指数	项目数	同比增长（%）	占比（%）	指数
2005	4	—	13.33	28.17	21	—	70.00	37.50
2006	7	75.00	18.42	49.30	25	19.05	65.79	44.64
2007	10	42.86	17.86	70.42	33	32.00	58.93	58.93
2008	16	60.00	23.88	112.68	41	24.24	61.19	73.21
2009	8	-50.00	20.00	56.34	24	-41.46	60.00	42.86
2010	9	12.50	17.65	63.38	26	8.33	50.98	46.43
2011	8	-11.11	12.90	56.34	34	30.77	54.84	60.71
2012	14	75.00	19.18	98.59	40	17.65	54.79	71.43
2013	8	-42.86	16.67	56.34	28	-30.00	58.33	50.00
2014	19	137.50	17.27	133.80	65	132.14	59.09	116.07
2015	22	15.79	13.02	154.93	113	73.85	66.86	201.79

续表

年份	发展中经济体							
	非洲				亚洲			
	项目数	同比增长（%）	占比（%）	指数	项目数	同比增长（%）	占比（%）	指数
2016	46	109.09	19.25	323.94	154	36.28	64.44	275.00
2017	43	−6.52	19.28	302.82	142	−7.79	63.68	253.57
2018	62	44.19	17.97	436.62	228	60.56	66.09	407.14
2019	53	−14.52	15.54	373.24	207	−9.21	60.70	369.64
2020	31	−41.51	16.94	218.31	115	−44.44	62.84	205.36
合计	360	—	17.35	—	1296		62.46	—
2011—2015年均值	14.2	—	—	100.00	56	—	—	100.00

年份	发展中经济体											
	拉丁美洲和加勒比海地区				大洋洲				小计			
	项目数	同比增长（%）	占比（%）	指数	项目数	同比增长（%）	占比（%）	指数	项目数	同比增长（%）	占比（%）	指数
2005	4	—	13.33	19.05	1	—	3.33	83.33	30	—	0.20	32.47
2006	6	50.00	15.79	28.57	0	−100.00	0.00	0.00	38	26.67	0.22	41.13
2007	12	100.00	21.43	57.14	1	—	1.79	83.33	56	47.37	0.22	60.61
2008	10	−16.67	14.93	47.62	0	−100.00	0.00	0.00	67	19.64	0.20	72.51
2009	8	−20.00	20.00	38.10	0		0.00	0.00	40	−40.30	0.11	43.29
2010	13	62.50	25.49	61.90	3	—	5.88	250.00	51	27.50	0.13	55.19
2011	20	53.85	32.26	95.24	0	−100.00	0.00	0.00	62	21.57	0.14	67.10
2012	16	−20.00	21.92	76.19	3	—	4.11	250.00	73	17.74	0.16	79.00
2013	12	−25.00	25.00	57.14	0	−100.00	0.00	0.00	48	−34.25	0.10	51.95
2014	25	108.33	22.73	119.05	1	—	0.91	83.33	110	129.17	0.17	119.05
2015	32	28.00	18.93	152.38	2	100.00	1.18	166.67	169	53.64	0.18	182.90
2016	36	12.50	15.06	171.43	3	50.00	1.26	250.00	239	41.42	0.18	258.66
2017	35	−2.78	15.70	166.67	3	0.00	1.35	250.00	223	−6.69	0.18	241.34
2018	50	42.86	14.49	238.10	5	66.67	1.45	416.67	345	54.71	0.22	373.38

续表

年份	发展中经济体											
	拉丁美洲和加勒比海地区				大洋洲				小计			
	项目数	同比增长（%）	占比（%）	指数	项目数	同比增长（%）	占比（%）	指数	项目数	同比增长（%）	占比（%）	指数
2019	81	62.00	23.75	385.71	0	-100.00	0.00	0.00	341	-1.16	0.26	369.05
2020	31	-61.73	16.94	147.62	6	—	3.28	500.00	183	-46.33	0.20	198.05
合计	391	—	18.84	—	28	—	1.35	—	2075	—	0.19	—
2011—2015年均值	21	—	—	100.00	1.2	—	—	100.00	92.4	—	—	100.00

年份	转型经济体											
	东南欧				独联体国家				小计			
	项目数	同比增长（%）	占比（%）	指数	项目数	同比增长（%）	占比（%）	指数	项目数	同比增长（%）	占比（%）	指数
2005	0	—	0.00	0.00	13	—	100.00	72.22	13	—	0.09	67.01
2006	0	—	0.00	0.00	11	-15.38	100.00	61.11	11	-15.38	0.06	56.70
2007	0	—	0.00	0.00	7	-36.36	100.00	38.89	7	-36.36	0.03	36.08
2008	0	—	0.00	0.00	6	-14.29	100.00	33.33	6	-14.29	0.02	30.93
2009	2	—	11.76	142.86	15	150.00	88.24	83.33	17	183.33	0.05	87.63
2010	1	-50.00	7.69	71.43	12	-20.00	92.31	66.67	13	-23.53	0.03	67.01
2011	1	0.00	5.56	71.43	17	41.67	94.44	94.44	18	38.46	0.04	92.78
2012	1	0.00	7.69	71.43	12	-29.41	92.31	66.67	13	-27.78	0.03	67.01
2013	1	0.00	6.67	71.43	14	16.67	93.33	77.78	15	15.38	0.03	77.32
2014	3	200.00	17.65	214.29	14	0.00	82.35	77.78	17	13.33	0.03	87.63
2015	1	-66.67	2.94	71.43	33	135.71	97.06	183.33	34	100.00	0.04	175.26
2016	2	100.00	5.71	142.86	33	0.00	94.29	183.33	35	2.94	0.03	180.41
2017	4	100.00	8.70	285.71	42	27.27	91.30	233.33	46	31.43	0.04	237.11
2018	5	25.00	10.00	357.14	45	7.14	90.00	250.00	50	8.70	0.03	257.73
2019	13	160.00	27.08	928.57	35	-22.22	72.92	194.44	48	-4.00	0.04	247.42
2020	1	-92.31	5.88	71.43	16	-54.29	94.12	88.89	17	-64.58	0.02	87.63

续表

| 年份 | 转型经济体 | | | | | | | | | | | |
| | 东南欧 | | | | 独联体国家 | | | | 小计 | | | |
	项目数	同比增长（%）	占比（%）	指数	项目数	同比增长（%）	占比（%）	指数	项目数	同比增长（%）	占比（%）	指数
合计	35	—	9.72	—	325	—	90.28	—	360	—	0.03	—
2011—2015 年均值	1.4	—	—	100.00	18	—	—	100.00	19.4	—	—	100.00

| 年份 | 总计 | | | |
	项目数	同比增长（%）	占比（%）	指数
2005	150	—	100.00	25.33
2006	170	13.33	100.00	28.71
2007	250	47.06	100.00	42.22
2008	339	35.60	100.00	57.24
2009	348	2.65	100.00	58.76
2010	400	14.94	100.00	67.54
2011	451	12.75	100.00	76.16
2012	469	3.99	100.00	79.20
2013	484	3.20	100.00	81.73
2014	630	30.17	100.00	106.38
2015	927	47.14	100.00	156.53
2016	1346	45.20	100.00	227.29
2017	1273	−5.42	100.00	214.96
2018	1594	25.22	100.00	269.17
2019	1288	−19.20	100.00	217.49
2020	915	−28.96	100.00	154.51
合计	11034	—	100.00	—
2011—2015 年均值	592.2	—	—	100.00

注：此处存在重复统计问题，故总计部分与表 2-1-1、表 2-1-2 所示不一致，重复统计的处理方式与投资方来源地部分的处理一致，详见表 2-2-1 脚注。

二、民营企业对外直接投资金额在不同经济体的分布

如 2005—2020 年中国民营企业 OFDI 金额表所示，为了进一步明晰中国民营企业对外直接投资活动的来源地特征，本书将对外直接投资活动标的国（地区）分为发达经济体、发展中经济体、转型经济体。按照 OFDI 金额累积量排名，我国民营企业对外直接投资活动主要集中在发达经济体，累计海外直接投资项目金额为 11022.22 亿美元，占比 77.93%；排在第二的是发展中经济体，累计海外直接投资项目金额为 2559.77 亿美元，占比 18.1%；排在第三的是转型经济体，累计海外直接投资项目金额为 562.15 亿美元，占比 3.97%。

表 2-3-2　2005—2020 年中国民营企业对外直接投资金额在
不同经济体的分布及其指数汇总表

（单位：百万美元）

年份	发达经济体							
	欧洲				北美洲			
	金额	同比增长（%）	占比（%）	指数	金额	同比增长（%）	占比（%）	指数
2005	990.78	—	41.05	2.79	29.25	—	1.21	0.20
2006	1347.50	36.00	26.43	3.79	2942.12	9958.53	57.70	20.42
2007	11719.51	769.72	73.84	32.98	2663.30	-9.48	16.78	18.49
2008	8176.04	-30.24	79.44	23.01	503.01	-81.11	4.89	3.49
2009	724.89	-91.13	18.59	2.04	718.73	42.89	18.43	4.99
2010	16485.56	2174.23	79.68	46.39	886.04	23.28	4.28	6.15
2011	8014.60	-51.38	42.09	22.55	3778.96	326.50	19.84	26.23
2012	4679.06	-41.62	29.23	13.17	5854.93	54.93	36.58	40.64
2013	22301.05	376.61	37.09	62.75	7952.48	35.83	13.22	55.20
2014	65994.89	195.93	61.79	185.70	9762.20	22.76	9.14	67.76
2015	76704.01	16.23	39.21	215.83	44684.51	357.73	22.84	310.17
2016	88681.12	15.61	43.90	249.53	45420.16	1.65	22.48	315.27
2017	68944.57	-22.26	49.32	194.00	28153.63	-38.02	20.14	195.42
2018	29500.41	-57.21	25.95	83.01	16577.51	-41.12	14.58	115.07

续表

年份	发达经济体							
	欧洲				北美洲			
	金额	同比增长（%）	占比（%）	指数	金额	同比增长（%）	占比（%）	指数
2019	16358.77	-44.55	19.38	46.03	18180.97	9.67	21.54	126.20
2020	77501.67	373.76	72.78	218.08	6353.89	-65.05	5.97	44.10
合计	498124.44	—	45.19	—	194461.69	—	17.64	—
2011—2015年均值	35538.72	—	—	100.00	14406.62	—	—	100.00

年份	发达经济体							
	其他发达经济体				小计			
	金额	同比增长（%）	占比（%）	指数	金额	同比增长（%）	占比（%）	指数
2005	1393.39	—	57.74	4.71	2413.42	—	0.58	3.03
2006	808.98	-41.94	15.87	2.74	5098.60	111.26	0.60	6.41
2007	1488.77	84.03	9.38	5.03	15871.58	211.29	0.78	19.96
2008	1613.63	8.39	15.68	5.46	10292.68	-35.15	0.58	12.94
2009	2455.85	52.19	62.98	8.30	3899.47	-62.11	0.70	4.90
2010	3317.27	35.08	16.03	11.22	20688.87	430.56	0.77	26.02
2011	7249.84	118.55	38.07	24.51	19043.40	-7.95	0.62	23.95
2012	5472.27	-24.52	34.19	18.50	16006.26	-15.95	0.75	20.13
2013	29880.50	446.03	49.69	101.03	60134.03	275.69	0.88	75.62
2014	31048.97	3.91	29.07	104.98	106806.06	77.61	0.89	134.31
2015	74230.55	139.08	37.95	250.98	195619.07	83.15	0.86	245.99
2016	67908.30	-8.52	33.62	229.60	202009.58	3.27	0.77	254.03
2017	42685.67	-37.14	30.54	144.32	139783.87	-30.80	0.75	175.78
2018	67591.15	58.35	59.46	228.53	113669.06	-18.68	0.74	142.94
2019	49864.15	-26.23	59.08	168.59	84403.89	-25.75	0.68	106.14
2020	22626.61	-54.62	21.25	76.50	106482.17	26.16	0.77	133.90
合计	409635.89	—	37.16	—	1102222.02	—	0.78	—
2011—2015年均值	29576.43	—	—	100.00	79521.76	—	—	100.00

续表

年份	发展中经济体							
	非洲				亚洲			
	金额	同比增长（%）	占比（%）	指数	金额	同比增长（%）	占比（%）	指数
2005	22.90	—	5.50	4.44	377.90	—	90.75	4.90
2006	1530.00	6581.22	76.14	296.91	382.44	1.20	19.03	4.96
2007	1330.35	-13.05	33.88	258.16	2181.59	470.44	55.55	28.31
2008	3611.66	171.48	48.82	700.87	1768.87	-18.92	23.91	22.96
2009	303.91	-91.59	24.10	58.98	808.13	-54.31	64.08	10.49
2010	466.50	53.50	8.80	90.53	3620.80	348.05	68.32	46.99
2011	140.70	-69.84	1.43	27.30	8874.71	145.10	89.89	115.18
2012	238.26	69.34	5.14	46.24	3694.53	-58.37	79.67	47.95
2013	161.97	-32.02	16.22	31.43	421.51	-88.59	42.22	5.47
2014	1329.35	720.74	13.65	257.97	3739.30	787.12	38.39	48.53
2015	706.27	-46.87	2.45	137.06	21794.97	482.86	75.71	282.87
2016	23438.13	3218.58	40.68	4548.35	27469.52	26.04	47.68	356.52
2017	3985.08	-83.00	13.40	773.34	17147.32	-37.58	57.65	222.55
2018	6853.94	71.99	18.23	1330.06	21539.49	25.61	57.28	279.55
2019	7819.57	14.09	29.95	1517.45	13148.91	-38.95	50.36	170.65
2020	934.99	-88.04	3.06	181.44	23422.32	78.13	76.66	303.99
合计	52873.58	—	20.66	—	150392.31	—	58.75	—
2011—2015年均值	515.31	—	100.00	—	7705.01	—	—	100.00

年份	发展中经济体											
	拉丁美洲和加勒比海地区				大洋洲				小计			
	金额	同比增长（%）	占比（%）	指数	金额	同比增长（%）	占比（%）	指数	金额	同比增长（%）	占比（%）	指数
2005	14.60	—	3.51	0.56	1.00	—	0.24	102.67	416.40	—	0.10	3.85
2006	96.89	563.63	4.82	3.75	0.00	-100.00	0.00	0.00	2009.33	382.55	0.24	18.59
2007	414.54	327.85	10.56	16.03	0.48	—	0.01	49.28	3926.96	95.44	0.19	36.34
2008	2017.99	386.80	27.28	78.03	0.00	-100.00	0.00	0.00	7398.52	88.40	0.41	68.46
2009	149.14	-92.61	11.83	5.77	0.00	—	0.00	0.00	1261.18	-82.95	0.23	11.67

续表

| 年份 | 发展中经济体 | | | | | | | | | | | |
| | 拉丁美洲和加勒比海地区 | | | | 大洋洲 | | | | 小计 | | | |
	金额	同比增长（%）	占比（%）	指数	金额	同比增长（%）	占比（%）	指数	金额	同比增长（%）	占比（%）	指数
2010	1200.32	704.83	22.65	46.42	11.95	—	0.23	1226.90	5299.57	320.21	0.20	49.04
2011	857.70	-28.54	8.69	33.17	0.00	-100.00	0.00	0.00	9873.11	86.30	0.32	91.36
2012	700.40	-18.34	15.10	27.08	4.10	—	0.09	420.94	4637.29	-53.03	0.22	42.91
2013	414.90	-40.76	41.56	16.04	0.00	-100.00	0.00	0.00	998.38	-78.47	0.01	9.24
2014	4671.11	1025.84	47.96	180.63	0.77	—	0.01	79.06	9740.53	875.63	0.08	90.13
2015	6286.05	34.57	21.84	243.08	0.00	-100.00	0.00	0.00	28787.29	195.54	0.13	266.37
2016	6587.98	4.80	11.43	254.75	120.33	—	0.21	12354.21	57615.96	100.14	0.22	533.12
2017	8601.77	30.57	28.92	332.62	8.40	-93.02	0.03	862.42	29742.57	-48.38	0.16	275.21
2018	9075.63	5.51	24.13	350.95	137.27	1534.17	0.37	14093.43	37606.33	26.44	0.24	347.97
2019	5140.03	-43.36	19.69	198.76	0.00	-100.00	0.00	0.00	26108.50	-30.57	0.21	241.58
2020	3116.36	-39.37	10.20	120.51	3081.00	—	10.08	316324.44	30554.67	17.03	0.22	282.72
合计	49345.40	—	19.28	—	3365.30	—	1.31	—	255976.60	—	0.18	—
2011—2015年均值	2586.03	—	—	100.00	0.97	—	—	100.00	10807.32	—	—	100.00

| 年份 | 转型经济体 | | | | | | | | | | | |
| | 东南欧 | | | | 独联体国家 | | | | 小计 | | | |
	金额	同比增长（%）	占比（%）	指数	金额	同比增长（%）	占比（%）	指数	金额	同比增长（%）	占比（%）	指数
2005	0.00	—	0.00	0.00	1310.55	—	100.00	43.70	1310.55	—	0.32	40.74
2006	0.00	—	0.00	0.00	1355.00	3.39	100.00	45.18	1355.00	3.39	0.16	42.12
2007	0.00	—	0.00	0.00	570.16	-57.92	100.00	19.01	570.16	-57.92	0.03	17.72
2008	0.00	—	0.00	0.00	146.30	-74.34	100.00	4.88	146.30	-74.34	0.01	4.55
2009	0.00	—	0.00	0.00	427.30	192.07	100.00	14.25	427.30	192.07	0.08	13.28
2010	0.00	—	0.00	0.00	723.10	69.23	100.00	24.11	723.10	69.23	0.03	22.48
2011	0.00	—	0.00	0.00	1892.84	161.77	100.00	63.12	1892.84	161.77	0.06	58.84
2012	0.00	—	0.00	0.00	596.50	-68.49	100.00	19.89	596.50	-68.49	0.03	18.54

续表

年份	转型经济体											
	东南欧				独联体国家				小计			
	金额	同比增长（%）	占比（%）	指数	金额	同比增长（%）	占比（%）	指数	金额	同比增长（%）	占比（%）	指数
2013	0.00	—	0.00	0.00	7445.45	1148.19	100.00	248.27	7445.45	1148.19	0.11	231.46
2014	1035.59	—	29.36	475.36	2491.87	-66.53	70.64	83.09	3527.46	-52.62	0.03	109.66
2015	53.67	-94.82	2.05	24.64	2567.84	3.05	97.95	85.63	2621.51	-25.68	0.01	81.50
2016	55.15	2.76	2.54	25.32	2115.04	-17.63	97.46	70.53	2170.19	-17.22	0.01	67.47
2017	128.93	133.78	0.77	59.18	16583.73	684.08	99.23	552.99	16712.66	670.10	0.09	519.55
2018	1080.15	737.78	34.62	495.82	2039.69	-87.70	65.38	68.01	3119.84	-81.33	0.02	96.99
2019	441.26	-59.15	3.41	202.55	12507.53	513.21	96.59	417.07	12948.79	315.05	0.10	402.54
2020	0.54	-99.88	0.08	0.25	647.22	-94.83	99.92	21.58	647.76	-95.00	0.00	20.14
合计	2795.29	—	4.97	—	53420.12	—	95.03	—	56215.42	—	0.04	—
2011—2015年均值	217.85	—	—	100.00	2998.90	—	—	100.00	3216.75	—	—	100.00

年份	总计			
	金额	同比增长（%）	占比（%）	指数
2005	4140.37	—	100.00	4.43
2006	8462.93	104.40	100.00	9.05
2007	20368.70	140.68	100.00	21.77
2008	17837.50	-12.43	100.00	19.07
2009	5587.95	-68.67	100.00	5.97
2010	26711.54	378.02	100.00	28.55
2011	30809.35	15.34	100.00	32.94
2012	21240.05	-31.06	100.00	22.71
2013	68577.86	222.87	100.00	73.31
2014	120074.05	75.09	100.00	128.36
2015	227027.87	89.07	100.00	242.69
2016	261795.73	15.31	100.00	279.86
2017	186239.10	-28.86	100.00	199.09
2018	154395.24	-17.10	100.00	165.05

续表

年份	总计			
	金额	同比增长（%）	占比（%）	指数
2019	123461.19	-20.04	100.00	131.98
2020	137684.60	11.52	100.00	147.18
合计	1414414.03	—	100.00	1512.00
2011—2015 年均值	93545.84	—		100.00

注：此处存在重复统计问题，故总计部分与表 2-1-1、表 2-1-2 所示不一致，重复统计的处理方
式与投资方来源地部分的处理一致，详见表 2-2-1 脚注。

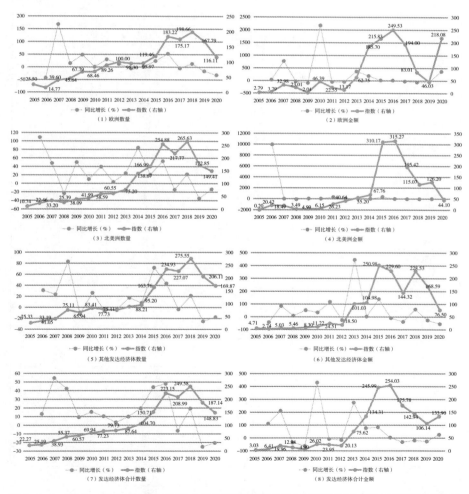

图 2-3-1　2005—2020 年中国民营企业对外直接投资发达经济体项目数量和金额指数变化图

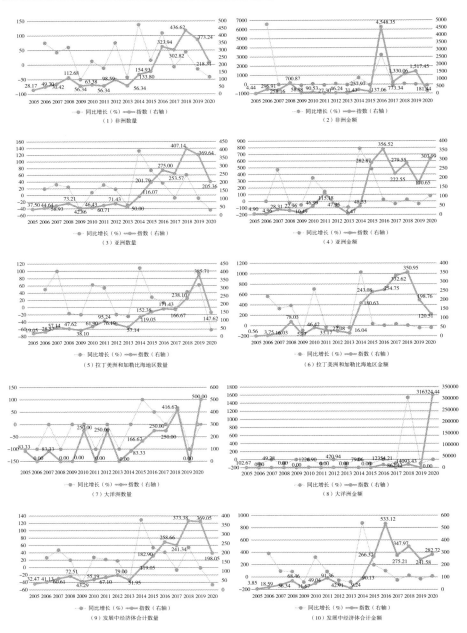

图 2-3-2　2005—2020 年中国民营企业对外直接投资发展中
经济体项目数量和金额指数变化图

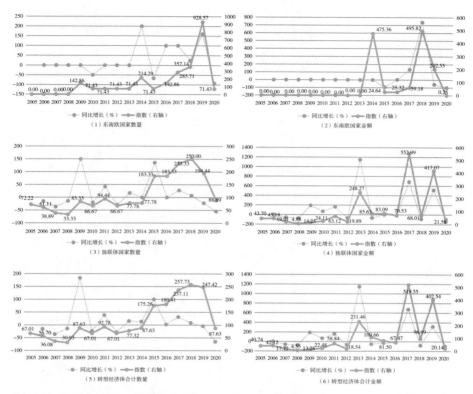

图 2-3-3　2005—2020 年中国民营企业对外直接投资转型经济体项目数量和金额指数变化图

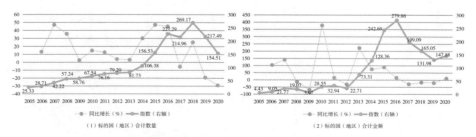

图 2-3-4　2005—2020 年中国民营企业对外直接投资标的国（地区）
项目数量和金额指数变化图

　　根据 2005—2020 年中国民营企业 OFDI 数量标的国（地区）图表显示，流向发达经济体中的其他发达经济体的 OFDI 数量在 2016 年出现最显著的增长，从 375 件增长到 538 件；流向转型经济体中的独联体国家的

OFDI 在 2005 年至 2008 年实现了民营企业海外直接投资项目数量连续 2 年的下降。总体来看，流向发达经济体的民营企业海外直接投资数量主要集中在其他发达经济体地区，2005 年至 2020 年的平均占比为 51.6%，流向发展中经济体的民营企业海外直接投资数量主要集中在亚洲地区，2005 年至 2020 年的平均占比为 62.46%。

如 2005—2020 年中国民营企业 OFDI 金额标的国（地区）图表所示，在 2005 年至 2020 年，流向发达经济体中的欧洲的 OFDI 项目金额增长最为显著，从 2005 年的 9.91 亿美元增加到 775.02 亿美元，复合增长率为年均 33.73%；流向发达经济体的欧洲的 OFDI 金额在 2018 年出现最显著的缩减，从 689.45 亿美元缩减到 295 亿美元。总体来看，流向发达经济体的民营企业海外直接投资金额主要集中在欧洲地区，2005 年至 2020 年的平均占比为 45.19%。流向转型经济体的民营企业海外直接投资金额主要集中在独联体国家地区，2005 年至 2020 年的平均占比为 95.03%。

第四节　民营企业对外直接投资标的行业别指数

本节按照投资标的行业的不同对中国民营企业海外直接投资项目数量和金额分布情况进行分析，将投资标的行业分为制造业和非制造业两大部分。其中制造业按照 OECD 技术划分标准分为 4 大类，分别是高技术、中高技术、中低技术和低技术制造业；非制造业则划分为服务业，农、林、牧、渔业，采矿业，电力、热力、燃气及水生产和供应业，建筑业五大部类。

一、民营企业对外直接投资项目数量在标的行业的分布

如 2005—2020 年中国民营企业 OFDI 数量表所示，为了进一步明晰我国民营企业对外直接投资活动的来源地特征，本书将对外直接投资活动行业分为制造业、非制造业。按照 OFDI 项目数量累积量排名，我国民营企业对外直接投资活动主要集中在非制造业，累计海外直接投资项目数量为

7613件，占比69.81%；其次是制造业，累计海外直接投资项目数量为3292件，占比30.19%。

表2-4-1　2005—2020年中国民营企业对外直接投资项目数量
在标的行业的分布及指数汇总表

（单位：件）

| 年份 | 制造业 | | | | | | | | | | | |
| | 高技术 | | | | 中高技术 | | | | 中低技术 | | | |
	项目数	同比增长（%）	占比（%）	指数	项目数	同比增长（%）	占比（%）	指数	项目数	同比增长（%）	占比（%）	指数
2005	13	—	24.07	23.47	20	—	37.04	29.07	8	—	14.81	26.14
2006	17	30.77	28.33	30.69	28	40.00	46.67	40.70	6	-25.00	10.00	19.61
2007	17	0.00	20.00	30.69	37	32.14	43.53	53.78	13	116.67	15.29	42.48
2008	8	-52.94	8.16	14.44	43	16.22	43.88	62.50	16	23.08	16.33	52.29
2009	17	112.50	18.48	30.69	39	-9.30	42.39	56.69	12	-25.00	13.04	39.22
2010	22	29.41	23.40	39.71	43	10.26	45.74	62.50	13	8.33	13.83	42.48
2011	37	68.18	26.81	66.79	61	41.86	44.20	88.66	27	107.69	19.57	88.24
2012	34	-8.11	24.46	61.37	53	-13.11	38.13	77.03	27	0.00	19.42	88.24
2013	50	47.06	40.65	90.25	36	-32.08	29.27	52.33	13	-51.85	10.57	42.48
2014	63	26.00	28.25	113.72	81	125.00	36.32	117.73	38	192.31	17.04	124.18
2015	93	47.62	31.10	167.87	113	39.51	37.79	164.24	48	26.32	16.05	156.86
2016	122	31.18	31.77	220.22	153	35.40	39.84	222.38	53	10.42	13.80	173.20
2017	110	-9.84	28.06	198.56	168	9.80	42.86	244.19	55	3.77	14.03	179.74
2018	145	31.82	32.08	261.73	158	-5.95	34.96	229.65	70	27.27	15.49	228.76
2019	114	-21.38	29.31	205.78	142	-10.13	36.50	206.40	56	-20.00	14.40	183.01
2020	89	-21.93	32.96	160.65	90	-36.62	33.33	130.81	44	-21.43	16.30	143.79
合计	951	—	28.89	—	1265	—	38.43	—	499	—	15.16	—
2011—2015年均值	55.4	—	—	100.00	68.8	—	—	100.00	30.6	—	—	100.00

年份	制造业							
	低技术				小计			
	项目数	同比增长（%）	占比（%）	指数	项目数	同比增长（%）	占比（%）	指数
2005	13	—	24.07	43.92	54	—	0.36	29.28
2006	9	−30.77	15.00	30.41	60	11.11	0.36	32.54
2007	18	100.00	21.18	60.81	85	41.67	0.34	46.10
2008	31	72.22	31.63	104.73	98	15.29	0.29	53.15
2009	24	−22.58	26.09	81.08	92	−6.12	0.27	49.89
2010	16	−33.33	17.02	54.05	94	2.17	0.23	50.98
2011	13	−18.75	9.42	43.92	138	46.81	0.31	74.84
2012	25	92.31	17.99	84.46	139	0.72	0.30	75.38
2013	24	−4.00	19.51	81.08	123	−11.51	0.26	66.70
2014	41	70.83	18.39	138.51	223	81.30	0.36	120.93
2015	45	9.76	15.05	152.03	299	34.08	0.32	162.15
2016	56	24.44	14.58	189.19	384	28.43	0.29	208.24
2017	59	5.36	15.05	199.32	392	2.08	0.31	212.58
2018	79	33.90	17.48	266.89	452	15.31	0.29	245.12
2019	77	−2.53	19.79	260.14	389	−13.94	0.31	210.95
2020	47	−38.96	17.41	158.78	270	−30.59	0.30	146.42
合计	577	—	17.53	—	3292	—	0.30	—
2011—2015年均值	29.6	—	—	100.00	184.4	—	—	100.00

年份	非制造业							
	服务业				农、林、牧、渔业			
	项目数	同比增长（%）	占比（%）	指数	项目数	同比增长（%）	占比（%）	指数
2005	88	—	91.67	25.21	1	—	1.04	21.74
2006	95	7.95	87.96	27.22	0	−100.00	0.00	0.00
2007	145	52.63	88.41	41.55	1	—	0.61	21.74
2008	211	45.52	87.55	60.46	0	−100.00	0.00	0.00

续表

年份	非制造业							
	服务业				农、林、牧、渔业			
	项目数	同比增长（%）	占比（%）	指数	项目数	同比增长（%）	占比（%）	指数
2009	221	4.74	87.01	63.32	3	—	1.18	65.22
2010	271	22.62	88.27	77.65	1	-66.67	0.33	21.74
2011	271	0.00	88.85	77.65	1	0.00	0.33	21.74
2012	277	2.21	86.29	79.37	3	200.00	0.93	65.22
2013	301	8.66	85.03	86.25	1	-66.67	0.28	21.74
2014	343	13.95	84.69	98.28	13	1200.00	3.21	282.61
2015	553	61.22	87.36	158.45	5	-61.54	0.79	108.70
2016	851	53.89	89.30	243.84	11	120.00	1.15	239.13
2017	794	-6.70	91.90	227.51	8	-27.27	0.93	173.91
2018	1011	27.33	91.58	289.68	9	12.50	0.82	195.65
2019	818	-19.09	92.53	234.38	7	-22.22	0.79	152.17
2020	578	-29.34	93.23	165.62	5	-28.57	0.81	108.70
合计	6828	—	89.69	—	69	—	0.91	—
2011—2015 年均值	349	—	—	100.00	4.6	—	—	100.00

年份	非制造业							
	采矿业				电力、热力、燃气及水生产和供应业			
	项目数	同比增长（%）	占比（%）	指数	项目数	同比增长（%）	占比（%）	指数
2005	1	—	1.04	4.67	3	—	3.13	16.48
2006	9	800.00	8.33	42.06	0	-100.00	0.00	0.00
2007	11	22.22	6.71	51.40	3	—	1.83	16.48
2008	16	45.45	6.64	74.77	11	266.67	4.56	60.44
2009	19	18.75	7.48	88.79	7	-36.36	2.76	38.46
2010	25	31.58	8.14	116.82	5	-28.57	1.63	27.47
2011	16	-36.00	5.25	74.77	14	180.00	4.59	76.92
2012	25	56.25	7.79	116.82	9	-35.71	2.80	49.45

续表

年份	非制造业							
	采矿业				电力、热力、燃气及水生产和供应业			
	项目数	同比增长（%）	占比（%）	指数	项目数	同比增长（%）	占比（%）	指数
2013	24	-4.00	6.78	112.15	19	111.11	5.37	104.40
2014	13	-45.83	3.21	60.75	22	15.79	5.43	120.88
2015	29	123.08	4.58	135.51	27	22.73	4.27	148.35
2016	24	-17.24	2.52	112.15	30	11.11	3.15	164.84
2017	27	12.50	3.13	126.17	21	-30.00	2.43	115.38
2018	28	3.70	2.54	130.84	27	28.57	2.45	148.35
2019	22	-21.43	2.49	102.80	9	-66.67	1.02	49.45
2020	15	-31.82	2.42	70.09	11	22.22	1.77	60.44
合计	304	—	3.99	—	218	—	2.86	—
2011—2015年均值	21.4	—	—	100.00	18.2	—	—	100.00

年份	非制造业											
	建筑业				小计				总计			
	项目数	同比增长（%）	占比（%）	指数	项目数	同比增长（%）	占比（%）	指数	项目数	同比增长（%）	占比（%）	指数
2005	3	—	3.13	28.85	96	—	0.64	23.79	150	—	100.00	25.51
2006	4	33.33	3.70	38.46	108	12.50	0.64	26.76	168	12.00	100.00	28.57
2007	4	0.00	2.44	38.46	164	51.85	0.66	40.63	249	48.21	100.00	42.35
2008	3	-25.00	1.24	28.85	241	46.95	0.71	59.71	339	36.14	100.00	57.65
2009	4	33.33	1.57	38.46	254	5.39	0.73	62.93	346	2.06	100.00	58.84
2010	5	25.00	1.63	48.08	307	20.87	0.77	76.07	401	15.90	100.00	68.20
2011	3	-40.00	0.98	28.85	305	-0.65	0.69	75.57	443	10.47	100.00	75.34
2012	7	133.33	2.18	67.31	321	5.25	0.70	79.53	460	3.84	100.00	78.23
2013	9	28.57	2.54	86.54	354	10.28	0.74	87.71	477	3.70	100.00	81.12
2014	14	55.56	3.46	134.62	405	14.41	0.64	100.35	628	31.66	100.00	106.80

续表

年份	非制造业								总计			
	建筑业				小计							
	项目数	同比增长（%）	占比（%）	指数	项目数	同比增长（%）	占比（%）	指数	项目数	同比增长（%）	占比（%）	指数
2015	19	35.71	3.00	182.69	633	56.30	0.68	156.84	932	48.41	100.00	158.50
2016	37	94.74	3.88	355.77	953	50.55	0.71	236.12	1337	43.45	100.00	227.38
2017	14	-62.16	1.62	134.62	864	-9.34	0.69	214.07	1256	-6.06	100.00	213.61
2018	29	107.14	2.63	278.85	1104	27.78	0.71	273.54	1556	23.89	100.00	264.63
2019	28	-3.45	3.17	269.23	884	-19.93	0.69	219.03	1273	-18.19	100.00	216.50
2020	11	-60.71	1.77	105.77	620	-29.86	0.70	153.62	890	-30.09	100.00	151.36
合计	194	—	2.55	—	7613	—	0.70	—	10905	—	100.00	—
2011—2015年均值	10.4	—	—	100.00	403.6	—	—	100.00	588	—	—	100.00

二、民营企业对外直接投资金额在标的行业的分布

根据 2005—2020 年中国民营企业 OFDI 金额表显示，从 OFDI 项目金额看，在 2005 年至 2020 年间，我国民营企业对外直接投资活动主要集中在非制造业，累计海外直接投资项目金额为 8339.13 亿美元，占比 59%；其次是制造业，累计海外直接投资项目金额为 5795.08 亿美元，占比 41%。

表 2-4-2　2005—2020 年中国民营企业对外直接投资金额
在标的行业的分布及指数汇总表

（单位：百万美元）

年份	制造业											
	高技术				中高技术				中低技术			
	金额	同比增长（%）	占比（%）	指数	金额	同比增长（%）	占比（%）	指数	金额	同比增长（%）	占比（%）	指数
2005	127.19	—	8.97	0.84	284.43	—	20.06	3.11	313.82	—	22.14	5.57

年份	制造业											
	高技术				中高技术				中低技术			
	金额	同比增长（%）	占比（%）	指数	金额	同比增长（%）	占比（%）	指数	金额	同比增长（%）	占比（%）	指数
2006	418.94	229.38	25.35	2.77	1171.04	311.71	70.86	12.79	23.16	-92.62	1.40	0.41
2007	220.63	-47.34	5.02	1.46	1364.19	16.49	31.04	14.90	2517.87	10771.63	57.30	44.72
2008	114.97	-47.89	2.58	0.76	1926.94	41.25	43.22	21.05	2079.58	-17.41	46.64	36.93
2009	317.68	176.32	11.82	2.10	1838.24	-4.60	68.39	20.08	210.00	-89.90	7.81	3.73
2010	641.65	101.98	8.62	4.24	6373.26	246.70	85.60	69.63	202.59	-3.53	2.72	3.60
2011	2556.26	298.39	16.56	16.89	3587.16	-43.72	23.24	39.19	9095.24	4389.48	58.93	161.53
2012	512.40	-79.96	6.91	3.38	3691.36	2.90	49.77	40.33	2495.65	-72.56	33.65	44.32
2013	5054.09	886.36	24.30	33.39	1114.96	-69.80	5.36	12.18	741.84	-70.27	3.57	13.17
2014	13863.26	174.30	33.07	91.58	6374.73	471.74	15.21	69.65	3091.04	316.67	7.37	54.90
2015	53706.41	287.40	53.32	354.77	30996.12	386.23	30.77	338.65	12729.97	311.83	12.64	226.08
2016	21624.56	-59.74	37.83	142.84	22790.14	-26.47	39.87	248.99	5885.58	-53.77	10.30	104.53
2017	11979.89	-44.60	14.03	79.14	59764.61	162.24	69.99	652.96	7321.81	24.40	8.57	130.03
2018	15845.10	32.26	24.33	104.67	25407.08	-57.49	39.00	277.59	18543.81	153.27	28.47	329.33
2019	15882.13	0.23	28.83	104.91	18727.23	-26.29	34.00	204.61	14570.39	-21.43	26.45	258.76
2020	2912.44	-81.66	2.69	19.24	87350.90	366.44	80.60	954.36	16410.45	12.63	15.14	291.44
合计	145777.60	—	25.16	—	272762.39	—	47.07	—	96232.80	—	16.61	—
2011—2015年均值	15138.48	—	—	100.00	9152.87	—	—	100.00	5630.75	—	—	100.00

年份	制造业							
	低技术				小计			
	金额	同比增长（%）	占比（%）	指数	金额	同比增长（%）	占比（%）	指数
2005	692.22	—	48.83	9.43	1417.66	—	0.34	3.80
2006	39.36	-94.31	2.38	0.54	1652.50	16.57	0.20	4.44
2007	291.67	641.03	6.64	3.98	4394.36	165.92	0.22	11.79
2008	337.38	15.67	7.57	4.60	4458.87	1.47	0.25	11.97

续表

| 年份 | 制造业 | | | | | | | |
| | 低技术 | | | | 小计 | | | |
	金额	同比增长（%）	占比（%）	指数	金额	同比增长（%）	占比（%）	指数
2009	322.01	-4.56	11.98	4.39	2687.93	-39.72	0.48	7.21
2010	228.19	-29.14	3.06	3.11	7445.69	177.00	0.28	19.98
2011	194.65	-14.70	1.26	2.65	15433.31	107.28	0.51	41.42
2012	717.70	268.71	9.68	9.78	7417.11	-51.94	0.37	19.91
2013	13890.48	1835.42	66.78	189.32	20801.37	180.45	0.30	55.83
2014	18593.70	33.86	44.35	253.43	41922.73	101.54	0.35	112.52
2015	3288.24	-82.32	3.26	44.82	100720.74	140.25	0.44	270.33
2016	6867.47	108.85	12.01	93.60	57167.75	-43.24	0.22	153.43
2017	6324.09	-7.91	7.41	86.20	85390.40	49.37	0.47	229.18
2018	5342.08	-15.53	8.20	72.81	65138.07	-23.72	0.41	174.82
2019	5905.25	10.54	10.72	80.49	55084.99	-15.43	0.44	147.84
2020	1700.84	-71.20	1.57	23.18	108374.63	96.74	0.80	290.87
合计	64735.33	—	11.17	—	579508.11	—	0.41	—
2011—2015年均值	7336.95	—	—	100.00	37259.05	—	—	100.00

| 年份 | 非制造业 | | | | | | | |
| | 服务业 | | | | 农、林、牧、渔业 | | | |
	金额	同比增长（%）	占比（%）	指数	金额	同比增长（%）	占比（%）	指数
2005	1667.71	—	61.25	3.69	0.00	—	0.00	0.00
2006	5312.35	218.54	79.25	11.77	0.00	—	0.00	0.00
2007	15196.89	186.07	95.21	33.66	0.19	—	0.00	0.05
2008	7750.67	-49.00	57.93	17.17	0.00	-100.00	0.00	0.00
2009	2151.35	-72.24	74.18	4.76	14.97	—	0.52	3.67
2010	18446.19	757.43	95.74	40.85	4.29	-71.34	0.02	1.05
2011	12412.10	-32.71	83.60	27.49	10.49	144.52	0.07	2.57
2012	8239.49	-33.62	64.81	18.25	500.00	4666.44	3.93	122.51

续表

年份	非制造业							
	服务业				农、林、牧、渔业			
	金额	同比增长（%）	占比（%）	指数	金额	同比增长（%）	占比（%）	指数
2013	29576.66	258.96	62.08	65.51	50.00	−90.00	0.10	12.25
2014	66740.44	125.65	86.03	147.81	1364.04	2628.08	1.76	334.20
2015	108789.01	63.00	85.66	240.94	116.20	−91.48	0.09	28.47
2016	149658.85	37.57	72.36	331.46	202.81	74.54	0.10	49.69
2017	76754.90	−48.71	79.50	169.99	253.33	24.91	0.26	62.07
2018	73843.60	−3.79	79.50	163.55	152.05	−39.98	0.16	37.25
2019	49215.32	−33.35	70.11	109.00	304.69	100.39	0.43	74.65
2020	25405.98	−48.38	95.08	56.27	42.18	−86.16	0.16	10.33
合计	651161.51	—	78.09	—	3015.24	—	0.36	—
2011—2015年均值	45151.54	—	—	100.00	408.15	—	—	100.00

年份	非制造业							
	采矿业				电力、热力、燃气及水生产和供应业			
	金额	同比增长（%）	占比（%）	指数	金额	同比增长（%）	占比（%）	指数
2005	4.00	—	0.15	0.15	800.34	—	29.39	16.74
2006	954.78	23769.50	14.24	36.59	0.00	−100.00	0.00	0.00
2007	651.82	−31.73	4.08	24.98	47.15	—	0.30	0.99
2008	4812.46	638.31	35.97	184.44	614.73	1203.78	4.59	12.86
2009	597.50	−87.58	20.60	22.90	85.89	−86.03	2.96	1.80
2010	345.91	−42.11	1.80	13.26	190.75	122.09	0.99	3.99
2011	932.00	169.43	6.28	35.72	1441.29	655.59	9.71	30.15
2012	1291.37	38.56	10.16	49.49	1887.94	30.99	14.85	39.49
2013	5270.26	308.11	11.06	201.99	8292.85	339.25	17.41	173.47
2014	532.40	−89.90	0.69	20.40	2929.43	−64.68	3.78	61.28
2015	5019.86	842.87	3.95	192.39	9350.77	219.20	7.36	195.60
2016	7910.03	57.57	3.82	303.16	5586.11	−40.26	2.70	116.85

续表

年份	非制造业							
	采矿业				电力、热力、燃气及水生产和供应业			
	金额	同比增长(%)	占比(%)	指数	金额	同比增长(%)	占比(%)	指数
2017	2659.29	-66.38	2.75	101.92	14912.75	166.96	15.45	311.95
2018	4438.95	66.92	4.78	170.13	6171.65	-58.61	6.64	129.10
2019	11672.63	162.96	16.63	447.37	4114.76	-33.33	5.86	86.07
2020	84.51	-99.28	0.32	3.24	939.67	-77.16	3.52	19.66
合计	47177.77	—	5.66		57366.08	—	6.88	
2011—2015年均值	2609.18	—	—	100.00	4780.46	—	—	100.00

年份	非制造业											
	建筑业				小计				总计			
	金额	同比增长(%)	占比(%)	指数	金额	同比增长(%)	占比(%)	指数	金额	同比增长(%)	占比(%)	指数
2005	250.66	—	9.21	8.33	2722.71	—	0.66	4.87	4140.37	—	100.00	4.44
2006	435.80	73.86	6.50	14.49	6702.93	146.19	0.80	11.98	8355.43	101.80	100.00	8.96
2007	66.04	-84.85	0.41	2.20	15962.09	138.14	0.78	28.53	20356.45	143.63	100.00	21.84
2008	200.77	204.01	1.50	6.67	13378.63	-16.18	0.75	23.91	17837.50	-12.37	100.00	19.14
2009	50.31	-74.94	1.73	1.67	2900.02	-78.32	0.52	5.18	5587.95	-68.67	100.00	5.99
2010	280.26	457.07	1.45	9.32	19267.40	564.39	0.72	34.43	26713.09	378.05	100.00	28.66
2011	50.44	-82.00	0.34	1.68	14846.32	-22.95	0.49	26.53	30279.63	13.35	100.00	32.48
2012	794.62	1475.38	6.25	26.42	12713.42	-14.37	0.63	22.72	20130.53	-33.52	100.00	21.60
2013	4451.98	460.26	9.34	148.01	47641.75	274.74	0.70	85.14	68443.12	240.00	100.00	73.42
2014	6012.59	35.05	7.75	199.89	77578.90	62.84	0.65	138.64	119501.62	74.60	100.00	128.20
2015	3729.91	-37.97	2.94	124.00	127005.75	63.71	0.56	226.97	227726.49	90.56	100.00	244.30
2016	43478.62	1065.67	21.02	1445.48	206836.42	62.86	0.78	369.63	264004.17	15.93	100.00	283.22
2017	1970.87	-95.47	2.04	65.52	96551.14	-53.32	0.53	172.54	181941.54	-31.08	100.00	195.18
2018	8280.72	320.16	8.91	275.30	92886.97	-3.80	0.59	166.00	158025.04	-13.15	100.00	169.53

续表

年份	非制造业											
	建筑业				小计				总计			
	金额	同比增长(%)	占比(%)	指数	金额	同比增长(%)	占比(%)	指数	金额	同比增长(%)	占比(%)	指数
2019	4889.16	-40.96	6.96	162.54	70196.56	-24.43	0.56	125.45	125281.56	-20.72	100.00	134.40
2020	249.33	-94.90	0.93	8.29	26721.67	-61.93	0.20	47.75	135096.30	7.83	100.00	144.93
合计	75192.08	—	9.02	—	833912.68	—	0.59	—	1413420.79	—	100.00	—
2011—2015年均值	3007.91	—	—	100.00	55957.23	—	—	100.00	93216.28	—	—	100.00

注：此处存在重复统计问题，故总计部分与表2-1-1、表2-1-2所示不一致，重复统计的处理方式与投资方来源地部分的处理一致，详见表2-2-1脚注。

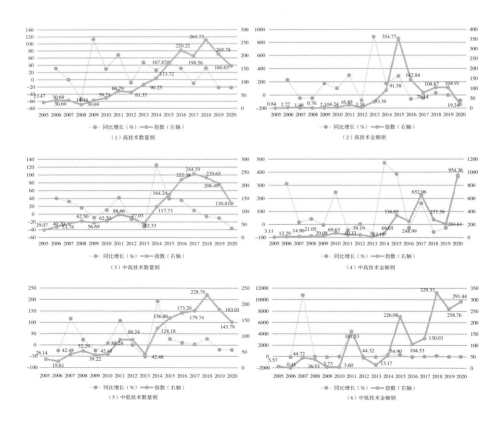

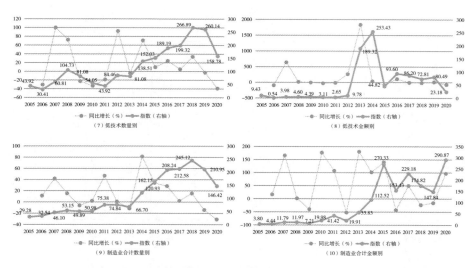

图 2-4-1　2005—2020 年中国民营企业对外直接投资制造业项目数量和金额指数变化图

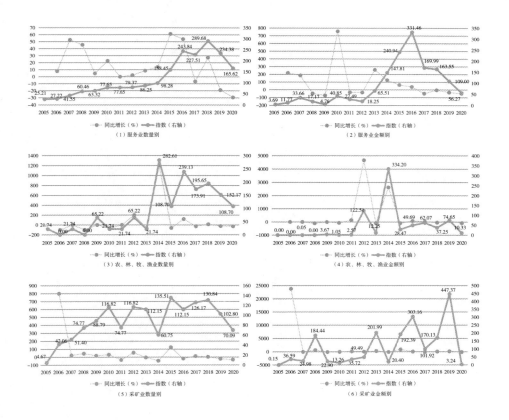

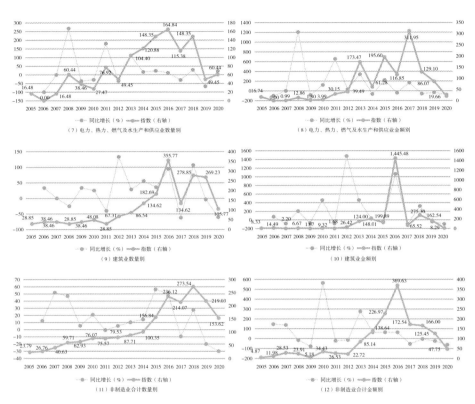

图 2-4-2 2005—2020 年中国民营企业对外直接投资非制造业项目数量和金额指数变化图

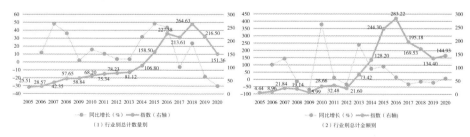

图 2-4-3 2005—2020 年中国民营企业对外直接投资行业别项目数量和金额指数变化图

根据 2005—2020 年中国民营企业 OFDI 数量行业别图表显示，流向非制造业的服务业的 OFDI 数量在 2020 年出现最显著的缩减，从 818 件缩减到 578 件；流向非制造业中的服务业的 OFDI 在 2005 年至 2020 年 16 年间民营企业海外直接投资项目数量指数波动程度最大。总体来看，流向制造业的民营企业海外直接投资数量主要集中在中高技术，2005 年至 2020 年的平均占比为 38.43%，流向非制造业的民营企业海外直接投资数量主要集中在服务业，2005 年至 2020 年的平均占比为 89.69%。

从 2005—2020 年中国民营企业 OFDI 金额行业别图表可以看出，在 2005 年至 2020 年，流向制造业中的中高技术的 OFDI 项目金额增长最为显著，从 2005 年的 2.84 亿美元增加到 873.51 亿美元，复合增长率为年均 46.51%；流向非制造业中的服务业的 OFDI 在 2012 年至 2016 年实现了民营企业海外直接投资项目金额连续 3 年的增长。流向非制造业中的电力、热力、燃气及水生产和供应业的 OFDI 在 2009 年至 2013 年实现了民营企业海外直接投资项目金额连续 3 年的增长。总体来看，流向制造业的民营企业海外直接投资金额主要集中在中高技术，2005 年至 2020 年的平均占比为 47.07%。

第五节　民营企业"一带一路"投资指数

本节以对"一带一路"沿线国家进行海外直接投资的民营企业为样本，通过将"一带一路"沿线国家划分为东北亚、东南亚、南亚、西亚北非、中东欧和中亚 6 个地区，对民企在"一带一路"沿线国家的投资特征进行统计描述。

一、"一带一路"沿线国家的区域划分标准

本节中所列举的"一带一路"沿线国家来自中国"一带一路"官方网站①，依据网站基础数据的划分标准将区域分布主要按照国家地理位置、经济体制以及其发展状况进行划分，"一带一路"沿线共 64 个国家，本书涉及的"一带一路"标的国家共计 54 个，具体情况如下表所示：

---

① 来自中国"一带一路"网：https：//www．yidaiyilu．gov．cn/，最后查询日期 2020年 5 月 24 日。

表 2-5-1　中国民营企业对外直接投资所涉及"一带一路"沿线国家区域划分

所属区域	"一带一路"沿线所涉及国家	本书所涉及国家	本书国家个数
东北亚	蒙古、俄罗斯	蒙古、俄罗斯	2
东南亚	新加坡、印尼、马来西亚、泰国、越南、菲律宾、柬埔寨、缅甸、老挝、文莱、东帝汶	新加坡、印尼、马来西亚、泰国、越南、菲律宾、柬埔寨、缅甸、老挝、文莱	10
南亚	印度、巴基斯坦、斯里兰卡、孟加拉国、尼泊尔、马尔代夫、不丹	印度、巴基斯坦、斯里兰卡、孟加拉国、尼泊尔、马尔代夫	6
西亚北非	阿联酋、科威特、土耳其、卡塔尔、阿曼、黎巴嫩、沙特、巴林、以色列、也门、埃及、伊朗、约旦、叙利亚、伊拉克、阿富汗、巴勒斯坦、阿塞拜疆、格鲁吉亚、亚美尼亚	阿联酋、科威特、土耳其、卡塔尔、阿曼、黎巴嫩、沙特、巴林、以色列、埃及、伊朗、约旦、伊拉克、阿塞拜疆、格鲁吉亚、亚美尼亚	16
中东欧	波兰、阿尔巴尼亚、爱沙尼亚、立陶宛、斯洛维尼亚、保加利亚、捷克、匈牙利、马其顿、塞尔维亚、罗马尼亚、斯洛伐克、克罗地亚、拉脱维亚、波黑、黑山、乌克兰、白俄罗斯、摩尔多瓦	波兰、阿尔巴尼亚、爱沙尼亚、立陶宛、斯洛维尼亚、保加利亚、捷克、匈牙利、马其顿、塞尔维亚、罗马尼亚、斯洛伐克、克罗地亚、拉脱维亚、波黑、乌克兰、白俄罗斯	17
中亚	哈萨克、吉尔吉斯、土库曼、塔吉克、乌兹别克	哈萨克、吉尔吉斯、塔吉克、乌兹别克	4

资料来源："一带一路"沿线所涉及国家根据中国"一带一路"网：https://www.yidaiyilu.gov.cn/整理。

二、民营企业在"一带一路"沿线国家投资概况

自"一带一路"倡议提出以来，中国民营企业与"一带一路"沿线国家的投资合作愈发紧密，民企对"一带一路"国家的投资无论是项目数量还是金额都在其总投资中占有重要地位。总体占比呈现出上升趋势，其中项目数量占比由 2013 年的 16.12%增长至 2019 年的 26.46 %，投资金额占比由 2013 年的12.66%增长至 2019 年的 33.96%。受新冠肺炎疫情影响，2020 年民企对"一带一路"沿线国家的投资项目数量和金额都出现了较大幅度的缩减。在 2014—

2020 年的七年中，全国企业对"一带一路"沿线国家的投资项目数量 50% 以上来自于民企，民企逐步成为中国"一带一路"投资活动中的主力军。

表 2-5-2　2005—2020 年中国民营企业"一带一路"投资项目数量、金额及占比汇总表

年份	民企"一带一路"投资项目数量			民企"一带一路"投资金额		
	项目数量（件）	在"一带一路"总投资中占比（%）	在民企总投资中占比（%）	金额（亿美元）	在"一带一路"总投资中占比（%）	在民企总投资中占比（%）
2005	50	42.74	33.33	18.61	12.29	44.95
2006	45	38.14	26.63	18.33	8.56	21.67
2007	51	35.17	20.40	27.35	10.32	13.43
2008	62	39.49	18.29	25.27	8.82	14.17
2009	63	36.21	18.10	14.68	3.06	26.27
2010	73	43.20	18.25	49.40	24.52	18.49
2011	73	39.25	16.40	108.70	36.80	36.02
2012	81	48.21	17.46	43.91	40.11	21.28
2013	78	44.83	16.12	86.79	33.53	12.66
2014	122	53.74	19.40	85.90	27.10	7.15
2015	217	57.11	23.56	296.31	40.58	13.08
2016	295	61.08	22.15	549.33	50.29	21.16
2017	292	66.97	23.14	408.10	18.89	22.43
2018	399	64.25	25.35	359.48	40.47	23.84
2019	339	69.04	26.46	416.10	69.17	33.96
2020	197	70.11	21.77	263.69	64.27	19.63
合计	2437	56.32	22.25	2771.95	32.76	19.82

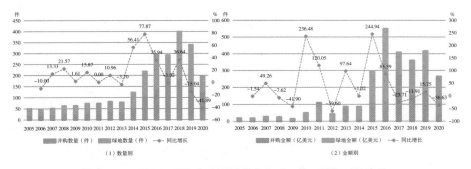

图 2-5-1　2005—2020 年中国民营企业"一带一路"对外直接

投资项目数量和金额增长变化图

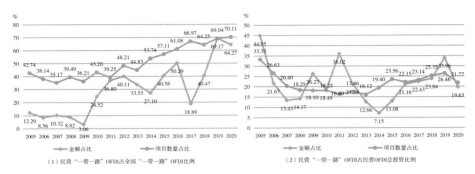

（1）民营"一带一路"OFDI占全国"一带一路"OFDI比例　　　（2）民营"一带一路"OFDI占民营OFDI总投资比例

图 2-5-2　2005—2020 年中国民营企业"一带一路"对外直接投资在全国企业
"一带一路"总投资、民企总投资的占比变化图

在民企对"一带一路"投资项目数量和金额分布中，并购投资和绿地投资规模相差不大，且民企"一带一路"绿地投资规模呈现出高于并购的情况。绿地投资在民企开展"一带一路"海外投资活动中发挥重要作用，尤其是在投资金额方面，2019 年其金额达到 245.41 亿美元，在当年度全国企业"一带一路"投资中贡献了 40.80%。2020 年绿地投资项目数量大幅减少，而金额方面则是并购投资下降幅度更大。

表 2-5-3　2005—2020 年不同投资模式下中国民营企业"一带一路"
项目数量、金额及占比汇总表

年份	民企"一带一路"并购投资				民企"一带一路"绿地投资			
	并购数量（件）	在"一带一路"总投资中占比（%）	并购金额（亿美元）	在"一带一路"总投资中占比（%）	绿地数量（件）	在"一带一路"总投资中占比（%）	绿地金额（亿美元）	在"一带一路"总投资中占比（%）
2005	23	19.66	1.59	1.05	27	23.08	17.02	11.24
2006	27	22.88	1.60	0.75	18	15.25	16.73	7.82
2007	27	18.62	4.91	1.85	24	16.55	22.44	8.47
2008	27	17.20	12.82	4.47	35	22.29	12.45	4.34
2009	32	18.39	3.64	0.76	31	17.82	11.04	2.30
2010	30	17.75	9.07	4.50	43	25.44	40.32	20.02

续表

年份	民企"一带一路"并购投资				民企"一带一路"绿地投资			
	并购数量（件）	在"一带一路"总投资中占比（%）	并购金额（亿美元）	在"一带一路"总投资中占比（%）	绿地数量（件）	在"一带一路"总投资中占比（%）	绿地金额（亿美元）	在"一带一路"总投资中占比（%）
2011	27	14.52	13.21	4.47	46	24.73	95.49	32.33
2012	39	23.21	9.15	8.35	42	25.00	34.77	31.76
2013	39	22.41	81.32	31.42	39	22.41	5.47	2.11
2014	58	25.55	14.37	4.53	64	28.19	71.53	22.57
2015	110	28.95	115.10	15.76	107	28.16	181.20	24.82
2016	143	29.61	119.37	10.93	152	31.47	429.96	39.36
2017	189	43.35	278.14	12.88	103	23.62	129.96	6.02
2018	186	29.95	160.98	18.12	213	34.30	198.50	22.35
2019	157	31.98	170.68	28.37	182	37.07	245.41	40.80
2020	126	44.84	48.32	11.78	71	25.27	215.37	52.50
合计	1240	28.66	10.44	0.12	1197	27.66	17.28	0.20

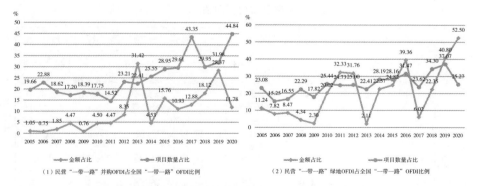

（1）民营"一带一路"并购OFDI占全国"一带一路"OFDI比例　　（2）民营"一带一路"绿地OFDI占全国"一带一路"OFDI比例

图 2-5-3　中国民营企业"一带一路"并购、绿地投资在"一带一路"总投资的占比变化图

三、民营企业"一带一路"对外直接投资指数

从民营企业"一带一路"海外直接投资项目数量和金额指数变化来看，自2013年"一带一路"倡议提出以来，项目数量和金额指数总体呈现上升趋势，尤其在2014—2016年间表现突出。但是自2017年以来，项目数量和金额指数均波动下降，尤其是2020年民企"一带一路"海外直接投资项目数量指数同比下降41.89%，金额指数同比下降36.63%。

表2-5-4　2005—2020年中国民营企业"一带一路"对外
直接投资项目数量、金额汇总表

年份	民企"一带一路"海外直接投资项目数量指数	同比增长（%）	民企"一带一路"海外直接投资金额指数	同比增长（%）
2005	43.78		14.97	
2006	39.40	-10.00	14.74	-1.54
2007	44.66	13.33	22.00	49.26
2008	54.29	21.57	20.33	-7.62
2009	55.17	1.61	11.81	-41.90
2010	63.92	15.87	39.73	236.48
2011	63.92	0.00	87.43	120.05
2012	70.93	10.96	35.32	-59.60
2013	68.30	-3.70	69.81	97.64
2014	106.83	56.41	69.10	-1.02
2015	190.02	77.87	238.34	244.94
2016	258.32	35.94	441.86	85.39
2017	255.69	-1.02	328.26	-25.71
2018	349.39	36.64	289.15	-11.91
2019	296.85	-15.04	334.69	15.75
2020	172.50	-41.89	212.10	-36.63

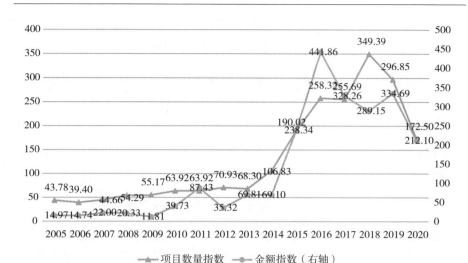

图 2-5-4　2005—2020 年中国民营企业"一带一路"对外直接
投资项目数量和金额指数变化图

民企"一带一路"并购投资、绿地投资项目数量的增长变化相对一致，自 2013 年呈现出高速增长趋势，直到 2017 年民企"一带一路"并购投资继续高速增长达到十五年来的峰值水平，但绿地投资项目数量却大幅下降。综合民企"一带一路"并购、绿地投资规模（表 2-5-3）和指数变化（表 2-5-5）来看，尽管绿地是民企在"一带一路"沿线国家投资主要模式，但是近年来在外部政策和国际经济局势变动的影响下，并购较绿地增长更为稳定。2020 年受新冠肺炎疫情影响，并购金额指数出现 71.69%的同比下降，而绿地项目数量指数同比下降 60.99%。

表 2-5-5　2005—2020 年中国民营企业"一带一路"对外并购
投资指数、绿地投资指数汇总表

年份	民企"一带一路"对外并购投资				民企"一带一路"对外绿地投资			
	并购数量指数	同比增长（%）	并购金额指数	同比增长（%）	绿地数量指数	同比增长（%）	绿地金额指数	同比增长（%）
2005	42.12		3.41		45.30		21.91	
2006	49.45	17.39	3.43	0.48	30.20	−33.33	21.53	−1.73

续表

年份	民企"一带一路"对外并购投资				民企"一带一路"对外绿地投资			
	并购数量指数	同比增长（％）	并购金额指数	同比增长（％）	绿地数量指数	同比增长（％）	绿地金额指数	同比增长（％）
2007	49.45	0.00	10.53	207.44	40.27	33.33	28.89	34.16
2008	49.45	0.00	27.50	161.12	58.72	45.83	16.02	−44.54
2009	58.61	18.52	7.81	−71.58	52.01	−11.43	14.21	−11.33
2010	54.95	−6.25	19.46	149.00	72.15	38.71	51.90	265.36
2011	49.45	−10.00	28.33	45.59	77.18	6.98	122.91	136.80
2012	71.43	44.44	19.61	−30.77	70.47	−8.70	44.75	−63.59
2013	71.43	0.00	174.40	789.25	65.44	−7.14	7.04	−84.28
2014	106.23	48.72	30.81	−82.33	107.38	64.10	92.07	1208.56
2015	201.47	89.66	246.84	701.06	179.53	67.19	233.23	153.32
2016	261.90	30.00	255.99	3.71	255.03	42.06	553.42	137.28
2017	346.15	32.17	596.48	133.01	172.82	−32.24	167.28	−69.77
2018	340.66	−1.59	345.23	−42.12	357.38	106.80	255.49	52.74
2019	287.55	−15.59	366.04	6.03	305.37	−14.55	315.88	23.63
2020	230.77	−19.75	103.61	−71.69	119.13	−60.99	277.22	−12.24

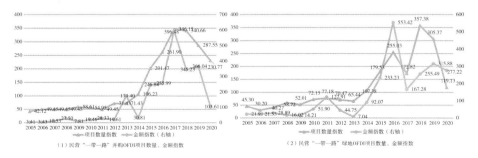

（1）民营"一带一路"并购OFDI项目数量、金额指数　　　　　（2）民营"一带一路"绿地OFDI项目数量、金额指数

图 2-5-5　2005—2020 年中国民营企业"一带一路"对外并购、
绿地投资项目数量和金额指数变化图

四、民营企业对外直接投资项目数量和金额在"一带一路"沿线国家的区域分布

从民营企业对"一带一路"沿线国家的整体投资情况来看，自"一带一路"倡议提出以来，民企投资项目数量和金额增长明显。民企在地域选择上更青睐东南亚地区，其次是南亚和西亚北非地区。

民企对"一带一路"沿线国家投资的项目数量以东南亚和南亚为主，在 2005—2020 年间，民企在两地区的投资项目数量在"一带一路"总投资项目数量中的占比达到 62.17%。其中，东南亚地区投资项目数量在"一带一路"总投资中的占比远高于其他地区，2018 年达到峰值水平 181 件，2020 年则为 113 件。

民企在"一带一路"沿线国家的投资金额以东北亚、东南亚、南亚和西亚北非四个地区为主，分布较为均匀。总体来看，民企投资金额分布最多的"一带一路"沿线区域仍然是东南亚，2005—2020 年间其在"一带一路"总投资金额中占比为 39.21%。

表 2-5-6　2005—2020 年中国民营企业对外直接投资"一带一路"
标的区域的项目数量及指数汇总表

（单位：件）

年份		东北亚	东南亚	南亚	西亚北非	中东欧	中亚	合计
2005	数量	8	17	8	7	7	3	50
	比例（%）	16.00	34.00	16.00	14.00	14.00	6.00	100.00
	指数	102.56	37.61	41.24	45.45	36.84	40.54	43.78
2006	数量	10	16	7	8	2	2	45
	比例（%）	22.22	35.56	15.56	17.78	4.44	4.44	100.00
	指数	128.21	35.40	36.08	51.95	10.53	27.03	39.40
2007	数量	5	27	8	4	6	1	51
	比例（%）	9.80	52.94	15.69	7.84	11.76	1.96	100.00
	指数	64.10	59.73	41.24	25.97	31.58	13.51	44.66

续表

年份		东北亚	东南亚	南亚	西亚北非	中东欧	中亚	合计
2008	数量	6	29	12	10	5	0	62
	比例（%）	9.68	46.77	19.35	16.13	8.06	0.00	100.00
	指数	76.92	64.16	61.86	64.94	26.32	0.00	54.29
2009	数量	5	35	3	4	9	7	63
	比例（%）	7.94	55.56	4.76	6.35	14.29	11.11	100.00
	指数	64.10	77.43	15.46	25.97	47.37	94.59	55.17
2010	数量	8	33	11	7	13	1	73
	比例（%）	10.96	45.21	15.07	9.59	17.81	1.37	100.00
	指数	102.56	73.01	56.70	45.45	68.42	13.51	63.92
2011	数量	6	30	9	5	18	5	73
	比例（%）	8.22	41.10	12.33	6.85	24.66	6.85	100.00
	指数	76.92	66.37	46.39	32.47	94.74	67.57	63.92
2012	数量	5	36	10	11	16	3	81
	比例（%）	6.17	44.44	12.35	13.58	19.75	3.70	100.00
	指数	64.10	79.65	51.55	71.43	84.21	40.54	70.93
2013	数量	7	35	7	7	16	6	78
	比例（%）	8.97	44.87	8.97	8.97	20.51	7.69	100.00
	指数	89.74	77.43	36.08	45.45	84.21	81.08	68.30
2014	数量	6	50	18	24	18	6	122
	比例（%）	4.92	40.98	14.75	19.67	14.75	4.92	100.00
	指数	76.92	110.62	92.78	155.84	94.74	81.08	106.83
2015	数量	15	75	53	30	27	17	217
	比例（%）	6.91	34.56	24.42	13.82	12.44	7.83	100.00
	指数	192.31	165.93	273.20	194.81	142.11	229.73	190.02
2016	数量	15	108	70	57	33	12	295
	比例（%）	5.08	36.61	23.73	19.32	11.19	4.07	100.00
	指数	192.31	238.94	360.82	370.13	173.68	162.16	258.32

续表

年份		东北亚	东南亚	南亚	西亚北非	中东欧	中亚	合计
2017	数量	25	119	58	50	30	10	292
	比例（%）	8.56	40.75	19.86	17.12	10.27	3.42	100.00
	指数	320.51	263.27	298.97	324.68	157.89	135.14	255.69
2018	数量	18	181	89	54	37	20	399
	比例（%）	4.51	45.36	22.31	13.53	9.27	5.01	100.00
	指数	230.77	400.44	458.76	350.65	194.74	270.27	349.39
2019	数量	24	137	88	40	40	10	339
	比例（%）	7.08	40.41	25.96	11.80	11.80	2.95	100.00
	指数	307.69	303.10	453.61	259.74	210.53	135.14	296.85
2020	数量	12	113	23	33	14	2	197
	比例（%）	6.09	57.36	11.68	16.75	7.11	1.02	100.00
	指数	153.85	250.00	118.56	214.29	73.68	27.03	172.50
合计	数量	175	1041	474	351	291	105	2437
	比例（%）	7.18	42.72	19.45	14.40	11.94	4.31	100.00
2011—2015 年均值		7.80	45.20	19.40	15.40	19.00	7.40	114.20

表 2-5-7　2005—2020 年中国民营企业对外直接投资"一带一路"
标的区域的金额及指数汇总表

（单位：百万美元）

年份		东北亚	东南亚	南亚	西亚北非	中东欧	中亚	合计
2005	金额	1026.82	259.26	122.65	113.03	55.90	283.60	1861.26
	比例（%）	55.17	13.93	6.59	6.07	3.00	15.24	100.00
	指数	46.77	5.42	4.82	10.38	5.52	34.96	14.97
2006	金额	1367.32	112.09	185.20	109.50	56.20	2.30	1832.61
	比例（%）	74.61	6.12	10.11	5.98	3.07	0.13	100.00
	指数	62.28	2.34	7.28	10.06	5.55	0.28	14.74

续表

年份		东北亚	东南亚	南亚	西亚北非	中东欧	中亚	合计
2007	金额	570.16	1871.56	104.90	73.49	115.20	0.00	2735.31
	比例（%）	20.84	68.42	3.84	2.69	4.21	0.00	100.00
	指数	25.97	39.14	4.13	6.75	11.37	0.00	22.00
2008	金额	121.22	821.20	965.38	73.40	545.70	0.00	2526.90
	比例（%）	4.80	32.50	38.20	2.90	21.60	0.00	100.00
	指数	5.52	17.17	37.97	6.74	53.88	0.00	20.33
2009	金额	324.10	711.79	30.00	42.70	262.01	97.50	1468.10
	比例（%）	22.08	48.48	2.04	2.91	17.85	6.64	100.00
	指数	14.76	14.88	1.18	3.92	25.87	12.02	11.81
2010	金额	456.70	1210.47	2501.70	368.50	402.45	0.00	4939.82
	比例（%）	9.25	24.50	50.64	7.46	8.15	0.00	100.00
	指数	20.80	25.31	98.40	33.86	39.74	0.00	39.73
2011	金额	800.30	6410.86	532.93	1812.70	329.31	983.84	10869.94
	比例（%）	7.36	58.98	4.90	16.68	3.03	9.05	100.00
	指数	36.45	134.06	20.96	166.55	32.52	121.27	87.43
2012	金额	18.45	1436.74	1187.78	805.57	474.74	468.04	4391.32
	比例（%）	0.42	32.72	27.05	18.34	10.81	10.66	100.00
	指数	0.84	30.04	46.72	74.01	46.88	57.69	35.32
2013	金额	6173.95	938.00	70.71	51.55	172.85	1271.78	8678.84
	比例（%）	71.14	10.81	0.81	0.59	1.99	14.65	100.00
	指数	281.23	19.61	2.78	4.74	17.07	156.77	69.81
2014	金额	2270.00	4004.79	552.47	268.82	1272.18	221.86	8590.12
	比例（%）	26.43	46.62	6.43	3.13	14.81	2.58	100.00
	指数	103.40	83.75	21.73	24.70	125.62	27.35	69.10
2015	金额	1713.97	11120.08	10367.75	2503.41	2814.72	1110.78	29630.71
	比例（%）	5.78	37.53	34.99	8.45	9.50	3.75	100.00
	指数	78.07	232.54	407.81	230.01	277.93	136.92	238.34

续表

年份		东北亚	东南亚	南亚	西亚北非	中东欧	中亚	合计
2016	金额	1206.48	11739.84	14205.74	24942.25	2443.41	395.36	54933.08
	比例（%）	2.20	21.37	25.86	45.40	4.45	0.72	100.00
	指数	54.96	245.50	558.77	2291.62	241.26	48.73	441.86
2017	金额	14810.77	10683.27	8193.80	4221.62	1723.93	1176.76	40810.15
	比例（%）	36.29	26.18	20.08	10.34	4.22	2.88	100.00
	指数	674.65	223.40	322.29	387.87	170.22	145.05	328.26
2018	金额	435.49	20564.44	6366.20	4875.01	2192.46	1514.40	35948.00
	比例（%）	1.21	57.21	17.71	13.56	6.10	4.21	100.00
	指数	19.84	430.03	250.41	447.90	216.48	186.67	289.15
2019	金额	12278.48	14936.63	6062.14	4764.50	3343.01	224.77	41609.53
	比例（%）	29.51	35.90	14.57	11.45	8.03	0.54	100.00
	指数	559.30	312.34	238.45	437.75	330.09	27.71	334.69
2020	金额	589.77	21868.11	1216.41	2264.15	375.47	55.00	26368.91
	比例（%）	2.24	82.93	4.61	8.59	1.42	0.21	100.00
	指数	26.86	457.29	47.85	208.02	37.07	6.78	212.10
合计	金额	44163.98	108689.13	52665.77	47290.20	16579.54	7805.99	277194.61
	比例（%）	15.93	39.21	19.00	17.06	5.98	2.82	100.00
2011—2015 年均值		2195.33	4782.09	2542.33	1088.41	1012.76	811.26	12432.19

民营企业对"一带一路"沿线国家并购投资项目数量最多的是东南亚，2020 年占比达到 67.46%；其次是西亚北非、南亚和中东欧，并且在"一带一路"倡议提出后有较大幅度的增长；东北亚和中亚则占比较小，增幅不明显。并购投资金额则在区域分布上相对平均，2013 年后各个区域投资金额都有明显的增长。综上可见，民营企业对"一带一路"沿线国家的并购投资项目数量和金额在 2005—2020 年间都有较大幅度的增长，东南亚地区优势明显，但其他地区的占比也在逐步提升中。

表 2-5-8　2005—2020 年中国民营企业并购投资"一带一路"标的区域的项目数量及指数汇总表

（单位：件）

年份		东北亚	东南亚	南亚	西亚北非	中东欧	中亚	合计
2005	数量	0	12	4	3	2	2	23
	比例（%）	0.00	52.17	17.39	13.04	8.70	8.70	100.00
	指数	0.00	48.00	71.43	34.88	25.00	38.46	42.12
2006	数量	4	12	3	5	1	2	27
	比例（%）	14.81	44.44	11.11	18.52	3.70	7.41	100.00
	指数	181.82	48.00	53.57	58.14	12.50	38.46	49.45
2007	数量	2	17	4	2	1	1	27
	比例（%）	7.41	62.96	14.81	7.41	3.70	3.70	100.00
	指数	90.91	68.00	71.43	23.26	12.50	19.23	49.45
2008	数量	3	13	5	3	3	0	27
	比例（%）	11.11	48.15	18.52	11.11	11.11	0.00	100.00
	指数	136.36	52.00	89.29	34.88	37.50	0.00	49.45
2009	数量	0	18	1	2	5	6	32
	比例（%）	0.00	56.25	3.13	6.25	15.63	18.75	100.00
	指数	0.00	72.00	17.86	23.26	62.50	115.38	58.61
2010	数量	1	20	2	3	3	1	30
	比例（%）	3.33	66.67	6.67	10.00	10.00	3.33	100.00
	指数	45.45	80.00	35.71	34.88	37.50	19.23	54.95
2011	数量	2	13	2	2	3	5	27
	比例（%）	7.41	48.15	7.41	7.41	11.11	18.52	100.00
	指数	90.91	52.00	35.71	23.26	37.50	96.15	49.45
2012	数量	1	26	1	5	3	3	39
	比例（%）	2.56	66.67	2.56	12.82	7.69	7.69	100.00
	指数	45.45	104.00	17.86	58.14	37.50	57.69	71.43
2013	数量	3	20	4	4	5	3	39
	比例（%）	7.69	51.28	10.26	10.26	12.82	7.69	100.00
	指数	136.36	80.00	71.43	46.51	62.50	57.69	71.43

续表

年份		东北亚	东南亚	南亚	西亚北非	中东欧	中亚	合计
2014	数量	2	28	4	11	8	5	58
	比例（%）	3.45	48.28	6.90	18.97	13.79	8.62	100.00
	指数	90.91	112.00	71.43	127.91	100.00	96.15	106.23
2015	数量	3	38	17	21	21	10	110
	比例（%）	2.73	34.55	15.45	19.09	19.09	9.09	100.00
	指数	136.36	152.00	303.57	244.19	262.50	192.31	201.47
2016	数量	1	59	28	31	16	8	143
	比例（%）	0.70	41.26	19.58	21.68	11.19	5.59	100.00
	指数	45.45	236.00	500.00	360.47	200.00	153.85	261.90
2017	数量	10	82	36	35	17	9	189
	比例（%）	5.29	43.39	19.05	18.52	8.99	4.76	100.00
	指数	454.55	328.00	642.86	406.98	212.50	173.08	346.15
2018	数量	2	102	42	27	9	4	186
	比例（%）	1.08	54.84	22.58	14.52	4.84	2.15	100.00
	指数	90.91	408.00	750.00	313.95	112.50	76.92	340.66
2019	数量	4	85	32	18	12	6	157
	比例（%）	2.55	54.14	20.38	11.46	7.64	3.82	100.00
	指数	181.82	340.00	571.43	209.30	150.00	115.38	287.55
2020	数量	3	85	15	19	4	0	126
	比例（%）	2.38	67.46	11.90	15.08	3.17	0.00	100.00
	指数	136.36	340.00	267.86	220.93	50.00	0.00	230.77
合计	数量	41	630	200	191	113	65	1240
	比例（%）	3.31	50.81	16.13	15.40	9.11	5.24	100.00
2011—2015 年均值		2.20	25.00	5.60	8.60	8.00	5.20	54.60

表 2-5-9　2005—2020 年中国民营企业并购投资"一带一路"
标的区域的金额及指数汇总表

（单位：百万美元）

年份		东北亚	东南亚	南亚	西亚北非	中东欧	中亚	合计
2005	金额	0.00	146.26	12.55	0.13	0.00	0.00	158.94
	比例（%）	0.00	92.02	7.90	0.08	0.00	0.00	100.00
	指数	0.00	16.23	2.40	0.03	0.00	0.00	3.41
2006	金额	84.62	41.79	0.00	31.00	0.00	2.30	159.71
	比例（%）	52.98	26.17	0.00	19.41	0.00	1.44	100.00
	指数	5.60	4.64	0.00	6.84	0.00	0.33	3.43
2007	金额	154.96	306.06	0.00	30.00	0.00	0.00	491.02
	比例（%）	31.56	62.33	0.00	6.11	0.00	0.00	100.00
	指数	10.26	33.95	0.00	6.62	0.00	0.00	10.53
2008	金额	14.62	117.08	720.43	30.00	400.00	0.00	1282.13
	比例（%）	1.14	9.13	56.19	2.34	31.20	0.00	100.00
	指数	0.97	12.99	137.67	6.62	70.42	0.00	27.50
2009	金额	0.00	116.67	0.00	30.00	150.23	67.50	364.40
	比例（%）	0.00	32.02	0.00	8.23	41.23	18.52	100.00
	指数	0.00	12.94	0.00	6.62	26.45	9.56	7.81
2010	金额	0.00	72.47	754.90	80.00	0.00	0.00	907.37
	比例（%）	0.00	7.99	83.20	8.82	0.00	0.00	100.00
	指数	0.00	8.04	144.25	17.65	0.00	0.00	19.46
2011	金额	0.00	287.77	49.43	0.00	0.00	983.84	1321.04
	比例（%）	0.00	21.78	3.74	0.00	0.00	74.47	100.00
	指数	0.00	31.92	9.45	0.00	0.00	139.35	28.33
2012	金额	0.00	213.04	0.00	122.87	110.55	468.04	914.50
	比例（%）	0.00	23.30	0.00	13.44	12.09	51.18	100.00
	指数	0.00	23.63	0.00	27.11	19.46	66.29	19.61
2013	金额	6173.95	611.00	70.71	31.55	0.00	1244.98	8132.19
	比例（%）	75.92	7.51	0.87	0.39	0.00	15.31	100.00
	指数	408.61	67.78	13.51	6.96	0.00	176.33	174.40

续表

年份		东北亚	东南亚	南亚	西亚北非	中东欧	中亚	合计
2014	金额	0.00	1029.80	38.52	210.87	5.84	151.86	1436.89
	比例（%）	0.00	71.67	2.68	14.68	0.41	10.57	100.00
	指数	0.00	114.24	7.36	46.53	1.03	21.51	30.81
2015	金额	1380.81	2365.57	2457.93	1900.71	2723.85	681.45	11510.32
	比例（%）	12.00	20.55	21.35	16.51	23.66	5.92	100.00
	指数	91.39	262.42	469.68	419.40	479.51	96.52	246.84
2016	金额	886.90	3730.52	3012.54	2410.44	1660.72	235.76	11936.88
	比例（%）	7.43	31.25	25.24	20.19	13.91	1.98	100.00
	指数	58.70	413.84	575.66	531.87	292.36	33.39	255.99
2017	金额	13247.87	5862.57	5441.57	1301.12	1055.90	904.86	27813.89
	比例（%）	47.63	21.08	19.56	4.68	3.80	3.25	100.00
	指数	876.79	650.36	1039.82	287.10	185.88	128.16	596.48
2018	金额	5.10	8998.90	3115.39	3360.24	517.39	101.10	16098.12
	比例（%）	0.03	55.90	19.35	20.87	3.21	0.63	100.00
	指数	0.34	998.28	595.31	741.45	91.08	14.32	345.23
2019	金额	41.87	10785.85	2646.46	912.55	2595.81	85.67	17068.21
	比例（%）	0.25	63.19	15.51	5.35	15.21	0.50	100.00
	指数	2.77	1196.52	505.71	201.36	456.97	12.13	366.04
2020	金额	15.60	2105.00	910.01	1539.75	261.14	0.00	4831.50
	比例（%）	0.32	43.57	18.83	31.87	5.40	0.00	100.00
	指数	1.03	233.52	173.89	339.75	45.97	0.00	103.61
合计	金额	22006.30	36790.35	19230.44	11991.23	9481.43	4927.36	104427.11
	比例（%）	21.07	35.23	18.42	11.48	9.08	4.72	100.00
2011—2015 年均值		1510.95	901.44	523.32	453.20	568.05	706.03	4662.99

绿地投资项目数量则以东南亚和南亚为首，自 2013 年"一带一路"倡议提出以来，东南亚和南亚增长态势明显，2005 年至 2020 年间共计占比为 57.23%。其余四个地区投资项目数量占比较小，但 2013 年后波动上

涨。从绿地投资金额角度来看，东南亚、南亚和西亚北非在2013年后呈现波动上升的趋势，中东欧和中亚稳定中小幅上升。2020年民企对"一带一路"沿线地区绿地投资深受疫情影响，投资金额大幅减少，但东南亚地区却出现显著增长，同比2019年增长了376.13%。综合可见，民企"一带一路"绿地投资项目数量和金额都有增长，金额的地域分布相对分散，除了中东欧和中亚的增势不太明显外，其余地区都有较大的增长潜力。

表 2-5-10　2005—2020 年中国民营企业绿地投资"一带一路"
标的区域的项目数量及指数汇总表

（单位：件）

年份		东北亚	东南亚	南亚	西亚北非	中东欧	中亚	合计
2005	数量	8	5	4	4	5	1	27
	比例（%）	29.63	18.52	14.81	14.81	18.52	3.70	100.00
	指数	142.86	24.75	28.99	58.82	45.45	45.45	45.30
2006	数量	6	4	4	3	1	0	18
	比例（%）	33.33	22.22	22.22	16.67	5.56	0.00	100.00
	指数	107.14	19.80	28.99	44.12	9.09	0.00	30.20
2007	数量	3	10	4	2	5	0	24
	比例（%）	12.50	41.67	16.67	8.33	20.83	0.00	100.00
	指数	53.57	49.50	28.99	29.41	45.45	0.00	40.27
2008	数量	3	16	7	7	2	0	35
	比例（%）	8.57	45.71	20.00	20.00	5.71	0.00	100.00
	指数	53.57	79.21	50.72	102.94	18.18	0.00	58.72
2009	数量	5	17	2	2	4	1	31
	比例（%）	16.13	54.84	6.45	6.45	12.90	3.23	100.00
	指数	89.29	84.16	14.49	29.41	36.36	45.45	52.01
2010	数量	7	13	9	4	10	0	43
	比例（%）	16.28	30.23	20.93	9.30	23.26	0.00	100.00
	指数	125.00	64.36	65.22	58.82	90.91	0.00	72.15

续表

年份		东北亚	东南亚	南亚	西亚北非	中东欧	中亚	合计
2011	数量	4	17	7	3	15	0	46
	比例（%）	8.70	36.96	15.22	6.52	32.61	0.00	100.00
	指数	71.43	84.16	50.72	44.12	136.36	0.00	77.18
2012	数量	4	10	9	6	13	0	42
	比例（%）	9.52	23.81	21.43	14.29	30.95	0.00	100.00
	指数	71.43	49.50	65.22	88.24	118.18	0.00	70.47
2013	数量	4	15	3	3	11	3	39
	比例（%）	10.26	38.46	7.69	7.69	28.21	7.69	100.00
	指数	71.43	74.26	21.74	44.12	100.00	136.36	65.44
2014	数量	4	22	14	13	10	1	64
	比例（%）	6.25	34.38	21.88	20.31	15.63	1.56	100.00
	指数	71.43	108.91	101.45	191.18	90.91	45.45	107.38
2015	数量	12	37	36	9	6	7	107
	比例（%）	11.21	34.58	33.64	8.41	5.61	6.54	100.00
	指数	214.29	183.17	260.87	132.35	54.55	318.18	179.53
2016	数量	14	49	42	26	17	4	152
	比例（%）	9.21	32.24	27.63	17.11	11.18	2.63	100.00
	指数	250.00	242.57	304.35	382.35	154.55	181.82	255.03
2017	数量	15	37	22	15	13	1	103
	比例（%）	14.56	35.92	21.36	14.56	12.62	0.97	100.00
	指数	267.86	183.17	159.42	220.59	118.18	45.45	172.82
2018	数量	16	79	47	27	28	16	213
	比例（%）	7.51	37.09	22.07	12.68	13.15	7.51	100.00
	指数	285.71	391.09	340.58	397.06	254.55	727.27	357.38
2019	数量	20	52	56	22	28	4	182
	比例（%）	10.99	28.57	30.77	12.09	15.38	2.20	100.00
	指数	357.14	257.43	405.80	323.53	254.55	181.82	305.37

续表

年份		东北亚	东南亚	南亚	西亚北非	中东欧	中亚	合计
2020	数量	9	28	8	14	10	2	71
	比例（%）	12.68	39.44	11.27	19.72	14.08	2.82	100.00
	指数	160.71	138.61	57.97	205.88	90.91	90.91	119.13
合计	数量	134	411	274	160	178	40	1197
	比例（%）	11.19	34.34	22.89	13.37	14.87	3.34	100.00
2011—2015 年均值		5.60	20.20	13.80	6.80	11.00	2.20	59.60

表 2-5-11   2005—2020 年中国民营企业绿地投资"一带一路"
标的区域的金额及指数汇总表

（单位：百万美元）

年份		东北亚	东南亚	南亚	西亚北非	中东欧	中亚	合计
2005	金额	1026.82	113.00	110.10	112.90	55.90	283.60	1702.32
	比例（%）	60.32	6.64	6.47	6.63	3.28	16.66	100.00
	指数	150.04	2.91	5.45	17.77	12.57	269.52	21.91
2006	金额	1282.70	70.30	185.20	78.50	56.20	0.00	1672.90
	比例（%）	76.68	4.20	11.07	4.69	3.36	0.00	100.00
	指数	187.42	1.81	9.17	12.36	12.64	0.00	21.53
2007	金额	415.20	1565.50	104.90	43.49	115.20	0.00	2244.29
	比例（%）	18.50	69.75	4.67	1.94	5.13	0.00	100.00
	指数	60.67	40.34	5.20	6.85	25.90	0.00	28.89
2008	金额	106.60	704.12	244.95	43.40	145.70	0.00	1244.77
	比例（%）	8.56	56.57	19.68	3.49	11.70	0.00	100.00
	指数	15.58	18.14	12.13	6.83	32.76	0.00	16.02
2009	金额	324.10	595.12	30.00	12.70	111.78	30.00	1103.70
	比例（%）	29.36	53.92	2.72	1.15	10.13	2.72	100.00
	指数	47.36	15.34	1.49	2.00	25.14	28.51	14.21

年份		东北亚	东南亚	南亚	西亚北非	中东欧	中亚	合计
2010	金额	456.70	1138.00	1746.80	288.50	402.45	0.00	4032.45
	比例（%）	11.33	28.22	43.32	7.15	9.98	0.00	100.00
	指数	66.73	29.32	86.52	45.42	90.50	0.00	51.90
2011	金额	800.30	6123.09	483.50	1812.70	329.31	0.00	9548.90
	比例（%）	8.38	64.12	5.06	18.98	3.45	0.00	100.00
	指数	116.94	157.78	23.95	285.37	74.05	0.00	122.91
2012	金额	18.45	1223.70	1187.78	682.70	364.19	0.00	3476.82
	比例（%）	0.53	35.20	34.16	19.64	10.47	0.00	100.00
	指数	2.70	31.53	58.83	107.48	81.89	0.00	44.75
2013	金额	0.00	327.00	0.00	20.00	172.85	26.80	546.65
	比例（%）	0.00	59.82	0.00	3.66	31.62	4.90	100.00
	指数	0.00	8.43	0.00	3.15	38.87	25.47	7.04
2014	金额	2270.00	2974.99	513.95	57.95	1266.34	70.00	7153.23
	比例（%）	31.73	41.59	7.18	0.81	17.70	0.98	100.00
	指数	331.69	76.66	25.46	9.12	284.75	66.52	92.07
2015	金额	333.16	8754.51	7909.82	602.70	90.87	429.33	18120.39
	比例（%）	1.84	48.31	43.65	3.33	0.50	2.37	100.00
	指数	48.68	225.59	391.77	94.88	20.43	408.01	233.23
2016	金额	319.58	8009.32	11193.20	22531.81	782.69	159.60	42996.20
	比例（%）	0.74	18.63	26.03	52.40	1.82	0.37	100.00
	指数	46.70	206.39	554.39	3547.14	176.00	151.67	553.42
2017	金额	1562.90	4820.70	2752.23	2920.50	668.03	271.90	12996.26
	比例（%）	12.03	37.09	21.18	22.47	5.14	2.09	100.00
	指数	228.37	124.22	136.32	459.77	150.22	258.40	167.28
2018	金额	430.39	11565.54	3250.81	1514.77	1675.07	1413.30	19849.88
	比例（%）	2.17	58.27	16.38	7.63	8.44	7.12	100.00
	指数	62.89	298.03	161.01	238.47	376.66	1343.11	255.49

续表

年份		东北亚	东南亚	南亚	西亚北非	中东欧	中亚	合计
2019	金额	12236.61	4150.78	3415.68	3851.95	747.20	139.10	24541.32
	比例（%）	49.86	16.91	13.92	15.70	3.04	0.57	100.00
	指数	1787.98	106.96	169.18	606.41	168.02	132.19	315.88
2020	金额	574.17	19763.11	306.40	724.40	114.33	55.00	21537.41
	比例（%）	2.67	91.76	1.42	3.36	0.53	0.26	100.00
	指数	83.90	509.27	15.18	114.04	25.71	52.27	277.22
合计	金额	22157.68	71898.78	33435.33	35298.97	7098.11	2878.63	172767.50
	比例（%）	12.83	41.62	19.35	20.43	4.11	1.67	100.00
2011—2015年均值		684.38	3880.66	2019.01	635.21	444.71	105.23	7769.20

本章小结

一、受新冠肺炎疫情影响，2020 年民企对外直接投资活动受到冲击

2019 年民营企业 OFDI 综合指数出现 18.67% 的下降，而 2020 年再次下降 14.67%。2020 年，我国民营企业对外直接投资项目数量为 905 件，同比下降 29.35%；对外直接投资项目金额为 1343.29 亿美元，同比增长 9.65%。由此可见，经济下行风险不断提升，国际环境愈加复杂多变，再加上疫情的影响，民企海外投资活动受到明显的冲击。

二、环渤海地区民企对外直接投资仍占据重要地位

按照累积量排名，我国民营企业对外直接投资活动主要集中在环渤海地区，累计海外直接投资项目数量为 2271 件，占比 35.06%，累计海外直接投资项目金额为 3482.65 亿美元，占比 45.17%。

三、民企对外直接投资重点投向发达经济体

在 2005 年至 2020 年间，我国民营企业对外直接投资活动主要集中在发达经济体，累计海外直接投资项目数量为 8599 件，占比 77.93%；累计海外直接投资项目金额为 11022.22 亿美元，占比 77.93%。

四、民企对外直接投资集中分布于非制造业

从民企对制造业和非制造业的海外直接投资规模分布来看，2005—2020 年非制造业的海外直接投资项目数量始终领先于制造业，并基本维持在 7∶3 的比例；投资金额也主要集中于非制造业，2005—2020 年间民企对非制造业的投资金额在民企总投资中占比达到 59%。

五、在"一带一路"沿线国家，民企更倾向于绿地投资，但近年来增长较为波动

绿地投资在民企开展"一带一路"海外投资活动中发挥重要作用，尤其是在投资金额方面，2019 年其金额达到 245.41 亿美元，当年占比 40.80%。而 2020 年绿地投资项目数量大幅减少，而金额方面则是并购投资下降幅度更大。尽管绿地投资是民企在"一带一路"沿线国家投资主要模式，但是近年来在外部政策和国际经济局势变动的影响下，并购投资较绿地投资增长更为稳定。

第三章　中国民营企业对外直接投资指数：并购投资分析

本章以民营企业海外并购投资活动为研究主体，基于中国民营企业海外直接投资六级指标体系，分别从总投资、投资方来源地、投资标的国（地区）、投资标的行业角度测算中国企业海外并购投资指数，从多角度描述2005—2020年民营企业海外并购投资的发展特征。

第一节　民营企业对外并购投资指数

本节对民营企业海外并购投资作总体分析。

一、民营企业对外并购投资与全国对外并购投资的比较

根据2005—2020年中国民营企业并购OFDI数量和金额表显示，2005年至2020年我国民营企业并购对外直接投资活动整体呈现增长趋势。并购对外直接投资项目数量从2005年的98件增长到2020年的655件，并购对外投资项目金额从2005年的22.86亿美元增长到2020年的1032.61亿美元。其中，2020年，我国民营企业并购OFDI项目数量为910件，同比下降18.60%；并购OFDI项目金额为1032.61亿美元，同比增长28.54%。

民营企业与全国海外并购投资在2005—2020年间呈现大体相同的发展趋势。受新冠肺炎疫情影响，2020年全国海外并购投资金额仅为1535.02亿美元，同比下降7.12%，项目数量为910件，同比下降18.60%。但2020年民企并购投资项目数量占全国并购投资的71.98%，金额则占比

67.27%。可见，民营企业在全国海外并购投资中占据重要的地位。

表 3-1-1　2005—2020 年中国民营企业对外并购投资项目数量和
金额汇总及与全国对外并购的比较

年份	民营企业海外并购投资				全国海外并购投资			
	项目数量（件）	同比增长（%）	金额（亿美元）	同比增长（%）	项目数量（件）	同比增长（%）	金额（亿美元）	同比增长（%）
2005	98	—	22.86		227	—	153.65	
2006	123	25.51	47.29	106.88	275	21.15	347.37	126.09
2007	143	16.26	153.18	223.92	331	20.36	623.30	79.43
2008	216	51.05	104.26	−31.94	421	27.19	450.02	−27.80
2009	190	−12.04	31.67	−69.63	474	12.59	978.04	117.33
2010	227	19.47	199.71	530.68	439	−7.38	997.10	1.95
2011	251	10.57	170.39	−14.68	519	18.22	1235.83	23.94
2012	279	11.16	138.32	−18.82	506	−2.50	1068.42	−13.55
2013	311	11.47	642.05	364.17	535	5.73	1539.70	44.11
2014	435	39.87	969.67	51.03	726	35.70	6253.94	306.18
2015	673	54.71	1997.83	106.03	1019	40.36	3493.01	−44.15
2016	966	43.54	2002.69	0.24	1332	30.72	3129.13	−10.42
2017	921	−4.66	1573.24	−21.44	1287	−3.38	4237.81	35.43
2018	1040	12.92	1110.65	−29.40	1403	9.01	2076.00	−51.01
2019	825	−20.67	803.34	−27.67	1118	−20.31	1652.70	−20.39
2020	655	−20.61	1032.61	28.54	910	−18.60	1535.02	−7.12
合计	7353		10999.74		11522		29771.04	

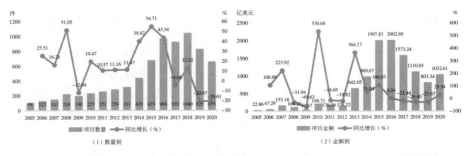

（1）数量别　　　　　　　　　（2）金额别

图 3-1-1　2005—2020 年中国民营企业对外并购投资项目数量和金额的增长变化图

二、民营企业对外并购项目数量指数和金额指数

由表 3-1-2 和图 3-1-2 可以看出，近年来民营企业海外并购投资项目数量指数与金额指数变化趋势呈现出显著差异，2020 年这种差异有所缓解。其中，民营企业海外并购投资项目数量指数在 2018 年前逐步提升并达到历史最高值 266.80，随后出现较大幅度下降至 2020 年的 168.03；并购投资金额指数在 2016 年达到峰值 255.56 后即出现持续下降的态势，至2020 年并购投资金额指数下降至 131.77。综合来看，民营企业海外并购投资项目数量指数增长趋缓，并购投资金额指数大幅下降，可见近年来受国内外政策调整、投资环境变动以及新冠肺炎疫情的影响，民营企业对于海外并购投资更加理性。

表 3-1-2　2005—2020 年中国民营企业对外并购投资项目数量及金额指数

年份	项目数量指数	金额指数
2005	25.14	2.92
2006	31.55	6.03
2007	36.69	19.55
2008	55.41	13.30
2009	48.74	4.04
2010	58.23	25.48
2011	64.39	21.74
2012	71.58	17.65
2013	79.78	81.93
2014	111.60	123.74
2015	172.65	254.94
2016	247.82	255.56
2017	236.28	200.76
2018	266.80	141.73
2019	211.65	102.51

续表

年份	项目数量指数	金额指数
2020	168.03	131.77

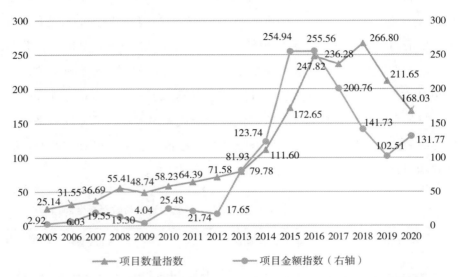

图 3-1-2　2005—2020 年中国民营企业对外并购投资项目数量及金额指数变化图

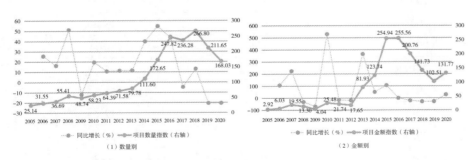

（1）数量别　　　　　　　　　　（2）金额别

图 3-1-3　2005—2020 年中国民营企业对外并购投资项目数量和
金额指数及同比增长率变化图

第二节 民营企业对外并购投资方来源地别指数

本节对民营企业海外并购投资的项目数量与金额按照投资方来源地进行统计分析，主要划分为环渤海地区、长三角地区、珠三角地区、中部地区与西部地区五大区域。

一、民营企业对外并购投资项目数量在不同投资方来源地的分布

按照并购 OFDI 项目数量累积量排名，我国民营企业对外直接投资活动主要集中在长三角地区，累计海外直接投资项目数量为 2109 件，占比35.09%；排在第二的是环渤海地区，累计海外直接投资项目数量为 1797件，占比 29.9%；排在第三的是珠三角地区，累计海外直接投资项目数量为 1363 件，占比 22.68%；排在第四的是中部地区，累计海外直接投资项目数量为 405 件，占比 6.74%；排在第五的是西部地区，累计海外直接投资项目数量为 336 件，占比 5.59%。

从 2005—2020 年中国民营企业并购 OFDI 数量来源地别图表可以看出，在 2005 年至 2020 年，来自长三角地区中的其他的并购 OFDI 项目数量增长最为显著，从 2005 年的 5 件增加到 2020 年的 94 件，复合增长率为年均 24.07%。来自环渤海地区的京津冀的 OFDI 数量在 2019 年出现最显著的缩减，从 219 件缩减到 142 件。总体来看，来自珠三角地区的民营企业海外直接投资数量集中来自广东地区，2005 年至 2020 年的平均占比为77.4%，来自中部地区的民营企业海外直接投资数量集中来自中原华中地区，2005 年至 2020 年的平均占比为 77.78%。

表 3-2-1　2005—2020 年中国民营企业并购投资项目数量在
不同投资方来源地的分布及指数汇总表

（单位：件）

| 年份 | 环渤海地区 | | | | | | | | | | | |
| | 京津冀 | | | | 其他 | | | | 小计 | | | |
	项目数	同比增长（%）	占比（%）	指数	项目数	同比增长（%）	占比（%）	指数	项目数	同比增长（%）	占比（%）	指数
2005	12	—	70.59	15.04	5	—	29.41	19.69	17	—	32.69	16.16
2006	8	-33.33	53.33	10.03	7	40.00	46.67	27.56	15	-11.76	24.59	14.26
2007	26	225.00	74.29	32.58	9	28.57	25.71	35.43	35	133.33	43.21	33.27
2008	14	-46.15	70.00	17.54	6	-33.33	30.00	23.62	20	-42.86	28.57	19.01
2009	19	35.71	45.24	23.81	23	283.33	54.76	90.55	42	110.00	39.62	39.92
2010	25	31.58	69.44	31.33	11	-52.17	30.56	43.31	36	-14.29	31.58	34.22
2011	33	32.00	57.89	41.35	24	118.18	42.11	94.49	57	58.33	35.19	54.18
2012	41	24.24	66.13	51.38	21	-12.50	33.87	82.68	62	8.77	32.63	58.94
2013	60	46.34	71.43	75.19	24	14.29	28.57	94.49	84	35.48	35.59	79.85
2014	96	60.00	79.34	120.30	25	4.17	20.66	98.43	121	44.05	37.00	115.02
2015	169	76.04	83.66	211.78	33	32.00	16.34	129.92	202	66.94	34.59	192.02
2016	214	26.63	81.99	268.17	47	42.42	18.01	185.04	261	29.21	29.49	248.10
2017	191	-10.75	77.64	239.35	55	17.02	22.36	216.54	246	-5.75	29.01	233.84
2018	219	14.66	83.91	274.44	42	-23.64	16.09	165.35	261	6.10	27.10	248.10
2019	142	-35.16	74.35	177.94	49	16.67	25.65	192.91	191	-26.82	25.74	181.56
2020	120	-15.49	81.63	150.38	27	-44.90	18.37	106.30	147	-23.04	24.96	139.73
合计	1389	—	77.30	—	408	—	22.70	—	1797	—	29.90	—
2011—2015年均值	79.8	—	—	100.00	25.4	—	—	100.00	105.2	—	—	100.00

| 年份 | 长三角地区 | | | | | | | | | | | |
| | 上海 | | | | 其他 | | | | 小计 | | | |
	项目数	同比增长（%）	占比（%）	指数	项目数	同比增长（%）	占比（%）	指数	项目数	同比增长（%）	占比（%）	指数
2005	5	—	50.00	11.21	5	—	50.00	9.88	10	—	19.23	10.50
2006	11	120.00	64.71	24.66	6	20.00	35.29	11.86	17	70.00	27.87	17.86

年份	长三角地区											
	上海				其他				小计			
	项目数	同比增长（%）	占比（%）	指数	项目数	同比增长（%）	占比（%）	指数	项目数	同比增长（%）	占比（%）	指数
2007	5	−54.55	38.46	11.21	8	33.33	61.54	15.81	13	−23.53	16.05	13.66
2008	5	0.00	27.78	11.21	13	62.50	72.22	25.69	18	38.46	25.71	18.91
2009	6	20.00	21.43	13.45	22	69.23	78.57	43.48	28	55.56	26.42	29.41
2010	9	50.00	28.13	20.18	23	4.55	71.88	45.45	32	14.29	28.07	33.61
2011	16	77.78	34.04	35.87	31	34.78	65.96	61.26	47	46.88	29.01	49.37
2012	16	0.00	30.19	35.87	37	19.35	69.81	73.12	53	12.77	27.89	55.67
2013	20	25.00	29.85	44.84	47	27.03	70.15	92.89	67	26.42	28.39	70.38
2014	58	190.00	55.77	130.04	46	−2.13	44.23	90.91	104	55.22	31.80	109.24
2015	113	94.83	55.12	253.36	92	100.00	44.88	181.82	205	97.12	35.10	215.34
2016	152	34.51	46.63	340.81	174	89.13	53.37	343.87	326	59.02	36.84	342.44
2017	135	−11.18	44.41	302.69	169	−2.87	55.59	333.99	304	−6.75	35.85	319.33
2018	169	25.19	46.17	378.92	197	16.57	53.83	389.33	366	20.39	38.01	384.45
2019	122	−27.81	40.94	273.54	176	−10.66	59.06	347.83	298	−18.58	40.16	313.03
2020	94	−22.95	42.53	210.76	127	−27.84	57.47	250.99	221	−25.84	37.52	232.14
合计	936	—	44.38	—	1173	—	55.62	—	2109	—	35.09	—
2011—2015年均值	44.6	—	—	100.00	50.6	—	—	100.00	95.2	—	—	100.00

年份	珠三角地区											
	广东				其他				小计			
	项目数	同比增长（%）	占比（%）	指数	项目数	同比增长（%）	占比（%）	指数	项目数	同比增长（%）	占比（%）	指数
2005	11	—	73.33	23.91	4	—	26.67	23.26	15	—	28.85	23.73
2006	15	36.36	88.24	32.61	2	−50.00	11.76	11.63	17	13.33	27.87	26.90
2007	12	−20.00	63.16	26.09	7	250.00	36.84	40.70	19	11.76	23.46	30.06
2008	17	41.67	94.44	36.96	1	−85.71	5.56	5.81	18	−5.26	25.71	28.48

续表

| 年份 | 珠三角地区 | | | | | | | | | | | |
| | 广东 | | | | 其他 | | | | 小计 | | | |
	项目数	同比增长（%）	占比（%）	指数	项目数	同比增长（%）	占比（%）	指数	项目数	同比增长（%）	占比（%）	指数
2009	8	-52.94	50.00	17.39	8	700.00	50.00	46.51	16	-11.11	15.09	25.32
2010	21	162.50	72.41	45.65	8	0.00	27.59	46.51	29	81.25	25.44	45.89
2011	21	0.00	58.33	45.65	15	87.50	41.67	87.21	36	24.14	22.22	56.96
2012	29	38.10	74.36	63.04	10	-33.33	25.64	58.14	39	8.33	20.53	61.71
2013	41	41.38	68.33	89.13	19	90.00	31.67	110.47	60	53.85	25.42	94.94
2014	50	21.95	79.37	108.70	13	-31.58	20.63	75.58	63	5.00	19.27	99.68
2015	89	78.00	75.42	193.48	29	123.08	24.58	168.60	118	87.30	20.21	186.71
2016	140	57.30	74.47	304.35	48	65.52	25.53	279.07	188	59.32	21.24	297.47
2017	155	10.71	82.89	336.96	32	-33.33	17.11	186.05	187	-0.53	22.05	295.89
2018	175	12.90	78.13	380.43	49	53.13	21.88	284.88	224	19.79	23.26	354.43
2019	143	-18.29	83.63	310.87	28	-42.86	16.37	162.79	171	-23.66	23.05	270.57
2020	128	-10.49	78.53	278.26	35	25.00	21.47	203.49	163	-4.68	27.67	257.91
合计	1055	—	77.40	—	308	—	22.60	—	1363	—	22.68	—
2011—2015年均值	46	—	—	100.00	17.2	—	—	100.00	63.2	—	—	100.00

| 年份 | 中部地区 | | | | | | | | | | | |
| | 华北东北 | | | | 中原华中 | | | | 小计 | | | |
	项目数	同比增长（%）	占比（%）	指数	项目数	同比增长（%）	占比（%）	指数	项目数	同比增长（%）	占比（%）	指数
2005	1	—	16.67	22.73	5	—	83.33	29.41	6	—	11.54	28.04
2006	1	0.00	25.00	22.73	3	-40.00	75.00	17.65	4	-33.33	6.56	18.69
2007	3	200.00	30.00	68.18	7	133.33	70.00	41.18	10	150.00	12.35	46.73
2008	2	-33.33	40.00	45.45	3	-57.14	60.00	17.65	5	-50.00	7.14	23.36
2009	2	0.00	25.00	45.45	6	100.00	75.00	35.29	8	60.00	7.55	37.38
2010	4	100.00	40.00	90.91	6	0.00	60.00	35.29	10	25.00	8.77	46.73

续表

年份	中部地区											
	华北东北				中原华中				小计			
	项目数	同比增长（%）	占比（%）	指数	项目数	同比增长（%）	占比（%）	指数	项目数	同比增长（%）	占比（%）	指数
2011	0	-100.00	0.00	0.00	10	66.67	100.00	58.82	10	0.00	6.17	46.73
2012	9	—	34.62	204.55	17	70.00	65.38	100.00	26	160.00	13.68	121.50
2013	4	-55.56	33.33	90.91	8	-52.94	66.67	47.06	12	-53.85	5.08	56.07
2014	3	-25.00	11.11	68.18	24	200.00	88.89	141.18	27	125.00	8.26	126.17
2015	6	100.00	18.75	136.36	26	8.33	81.25	152.94	32	18.52	5.48	149.53
2016	17	183.33	25.76	386.36	49	88.46	74.24	288.24	66	106.25	7.46	308.41
2017	13	-23.53	21.31	295.45	48	-2.04	78.69	282.35	61	-7.58	7.19	285.05
2018	15	15.38	25.00	340.91	45	-6.25	75.00	264.71	60	-1.64	6.23	280.37
2019	7	-53.33	15.91	159.09	37	-17.78	84.09	217.65	44	-26.67	5.93	205.61
2020	3	-57.14	12.50	68.18	21	-43.24	87.50	123.53	24	-45.45	4.07	112.15
合计	90	—	22.22		315	—	77.78	—	405	—	6.74	—
2011—2015年均值	4.4	—	—	100.00	17	—	—	100.00	21.4	—	—	100.00

年份	西部地区											
	西北				西南				小计			
	项目数	同比增长（%）	占比（%）	指数	项目数	同比增长（%）	占比（%）	指数	项目数	同比增长（%）	占比（%）	指数
2005	2	—	50.00	38.46	2	—	50.00	20.83	4	—	7.69	27.03
2006	1	-50.00	12.50	19.23	7	250.00	87.50	72.92	8	100.00	13.11	54.05
2007	0	-100.00	0.00	0.00	4	-42.86	100.00	41.67	4	-50.00	4.94	27.03
2008	2	—	22.22	38.46	7	75.00	77.78	72.92	9	125.00	12.86	60.81
2009	4	100.00	33.33	76.92	8	14.29	66.67	83.33	12	33.33	11.32	81.08
2010	0	-100.00	0.00	0.00	7	-12.50	100.00	72.92	7	-41.67	6.14	47.30
2011	4	—	33.33	76.92	8	14.29	66.67	83.33	12	71.43	7.41	81.08
2012	3	-25.00	30.00	57.69	7	-12.50	70.00	72.92	10	-16.67	5.26	67.57

续表

年份	西部地区											
	西北				西南				小计			
	项目数	同比增长（%）	占比（%）	指数	项目数	同比增长（%）	占比（%）	指数	项目数	同比增长（%）	占比（%）	指数
2013	4	33.33	30.77	76.92	9	28.57	69.23	93.75	13	30.00	5.51	87.84
2014	5	25.00	41.67	96.15	7	−22.22	58.33	72.92	12	−7.69	3.67	81.08
2015	10	100.00	37.04	192.31	17	142.86	62.96	177.08	27	125.00	4.62	182.43
2016	16	60.00	36.36	307.69	28	64.71	63.64	291.67	44	62.96	4.97	297.30
2017	18	12.50	36.00	346.15	32	14.29	64.00	333.33	50	13.64	5.90	337.84
2018	14	−22.22	26.92	269.23	38	18.75	73.08	395.83	52	4.00	5.40	351.35
2019	9	−35.71	23.68	173.08	29	−23.68	76.32	302.08	38	−26.92	5.12	256.76
2020	8	−11.11	23.53	153.85	26	−10.34	76.47	270.83	34	−10.53	5.77	229.73
合计	100	—	29.76	—	236	—	70.24	—	336	—	5.59	—
2011—2015年均值	5.2	—	—	100.00	9.6	—	—	100.00	14.8	—	—	100.00

年份	总计			
	项目数	同比增长（%）	占比（%）	指数
2005	52		100.00	17.34
2006	61	17.31	100.00	20.35
2007	81	32.79	100.00	27.02
2008	70	−13.58	100.00	23.35
2009	106	51.43	100.00	35.36
2010	114	7.55	100.00	38.03
2011	162	42.11	100.00	54.04
2012	190	17.28	100.00	63.38
2013	236	24.21	100.00	78.72
2014	327	38.56	100.00	109.07
2015	584	78.59	100.00	194.80
2016	885	51.54	100.00	295.20

续表

年份	总计			
	项目数	同比增长（%）	占比（%）	指数
2017	848	−4.18	100.00	282.86
2018	963	13.56	100.00	321.21
2019	742	−22.95	100.00	247.50
2020	589	−20.62	100.00	196.46
合计	6010	——	100.00	——

注：此处存在重复统计问题，故总计部分与表 3-1-1、表 3-1-2 所示不一致，重复统计的处理方式与第二章相应部分的处理一致，详见表 2-2-1 脚注。

二、民营企业对外并购投资金额在不同投资方来源地的分布

根据 2005—2020 年中国民营企业并购 OFDI 金额表显示，从并购 OFDI 项目金额看，在 2005 年至 2020 年间，我国民营企业对外并购直接投资活动主要集中在环渤海地区，累计海外直接投资项目金额为 3503.59 亿美元，占比 37.09%；其次是长三角地区，累计海外直接投资项目金额为 3120.08 亿美元，占比 33.03%；再次是珠三角地区，累计海外直接投资项目金额为 2121.30 亿美元，占比 22.46%；复次是中部地区，累计海外直接投资项目金额为 424.95 亿美元，占比 4.5%；最后是西部地区，累计海外直接投资项目金额为 275.83 亿美元，占比 2.92%。

在 2005 年至 2020 年间，来自长三角地区中的其他的并购 OFDI 项目金额增长最为显著，从 2005 年的 0.04 亿美元增加到 369.79 亿美元，复合增长率为年均 83.82%。来自环渤海地区的京津冀的 OFDI 金额在 2015 年出现最显著的增长，从 275.23 亿美元增长到 847.4 亿美元。总体来看，来自环渤海地区的民营企业海外直接投资金额集中来自京津冀地区，2005 年至 2020 年的平均占比为 86.71%，来自珠三角地区的民营企业海外直接投资金额集中来自广东地区，2005 年至 2020 年的平均占比为 65.02%。

表 3-2-2　2005—2020 年中国民营企业并购投资金额在
不同投资方来源地的分布及指数汇总表

（单位：百万美元）

年份	环渤海地区											
	京津冀				其他				小计			
	金额	同比增长（%）	占比（%）	指数	金额	同比增长（%）	占比（%）	指数	金额	同比增长（%）	占比（%）	指数
2005	101.82	—	99.36	0.38	0.66	—	0.64	0.05	102.48	—	45.42	0.36
2006	895.23	779.23	96.71	3.32	30.50	4521.21	3.29	2.20	925.73	803.33	26.15	3.26
2007	542.35	-39.42	51.22	2.01	516.58	1593.70	48.78	37.33	1058.93	14.39	7.12	3.73
2008	424.82	-21.67	45.89	1.57	500.83	-3.05	54.11	36.19	925.65	-12.59	12.94	3.26
2009	791.23	86.25	61.26	2.93	500.42	-0.08	38.74	36.16	1291.65	39.54	49.53	4.55
2010	486.94	-38.46	48.30	1.81	521.32	4.18	51.70	37.67	1008.26	-21.94	5.75	3.56
2011	4556.60	835.76	87.59	16.89	645.73	23.86	12.41	46.66	5202.33	415.97	33.95	18.35
2012	4733.62	3.88	83.70	17.55	921.72	42.74	16.30	66.61	5655.34	8.71	51.75	19.94
2013	13316.12	181.31	98.19	49.37	245.77	-73.34	1.81	17.76	13561.89	139.81	35.77	47.82
2014	27523.17	106.69	95.67	102.04	1244.32	406.29	4.33	89.92	28767.49	112.12	36.22	101.44
2015	84740.14	207.89	95.64	314.16	3861.73	210.35	4.36	279.06	88601.87	207.99	50.29	312.44
2016	52024.05	-38.61	90.64	192.87	5374.51	39.17	9.36	388.37	57398.56	-35.22	34.72	202.41
2017	61950.59	19.08	91.04	229.67	6093.51	13.38	8.96	440.33	68044.10	18.55	42.44	239.95
2018	23122.93	-62.68	80.62	85.72	5557.49	-8.80	19.38	401.60	28680.42	-57.85	26.98	101.14
2019	23989.29	3.75	75.72	88.94	7690.75	38.39	24.28	555.75	31680.04	10.46	46.56	111.72
2020	4608.04	-80.79	26.40	17.08	12845.96	67.03	73.60	928.27	17454.00	-44.91	22.13	61.55
合计	303806.94	—	86.71	—	46551.80	—	13.29	—	350358.74	—	37.09	—
2011—2015 年均值	26973.93	—	—	100.00	1383.85	—	—	100.00	28357.78	—	—	100.00

续表

年份	长三角地区											
	上海				其他				小计			
	金额	同比增长(%)	占比(%)	指数	金额	同比增长(%)	占比(%)	指数	金额	同比增长(%)	占比(%)	指数
2005	0.00	—	0.00	0.00	4.00	—	100.00	0.04	4.00	—	1.77	0.02
2006	85.85	—	92.57	1.08	6.89	72.25	7.43	0.07	92.74	2218.50	2.62	0.54
2007	26.50	-69.13	14.60	0.33	155.02	2149.93	85.40	1.69	181.52	95.73	1.22	1.06
2008	38.56	45.51	9.67	0.49	360.39	132.48	90.33	3.92	398.95	119.78	5.58	2.33
2009	62.23	61.38	11.37	0.78	485.32	34.67	88.63	5.28	547.55	37.25	21.00	3.19
2010	157.52	153.13	7.35	1.98	1986.56	309.33	92.65	21.60	2144.08	291.58	12.22	12.50
2011	2658.45	1587.69	58.62	33.44	1876.98	-5.52	41.38	20.41	4535.43	111.53	29.60	26.45
2012	800.19	-69.90	27.22	10.07	2139.71	14.00	72.78	23.26	2939.90	-35.18	26.90	17.14
2013	9040.43	1029.79	62.75	113.72	5366.99	150.83	37.25	58.35	14407.42	390.06	38.00	84.02
2014	11984.14	32.56	77.58	150.75	3462.74	-35.48	22.42	37.64	15446.88	7.21	19.45	90.08
2015	15266.39	27.39	31.53	192.03	33146.65	857.24	68.47	360.34	48413.04	213.42	27.48	282.32
2016	31723.23	107.80	53.60	399.04	27463.90	-17.14	46.40	298.57	59187.13	22.25	35.80	345.14
2017	32726.44	3.16	61.45	411.66	20530.52	-25.25	38.55	223.19	53256.96	-10.02	33.22	310.56
2018	23365.59	-28.60	51.41	293.91	22081.00	7.55	48.59	240.05	45446.59	-14.67	42.75	265.02
2019	14806.38	-36.63	63.55	186.25	8493.95	-61.53	36.45	92.34	23300.33	-48.73	34.24	135.87
2020	4726.70	-68.08	11.33	59.46	36978.67	335.35	88.67	402.00	41705.37	78.99	52.88	243.20
合计	147468.60	—	47.26	—	164539.29	—	52.74	—	312007.89	—	33.03	—
2011—2015年均值	7949.92	—	—	100.00	9198.61	—	—	100.00	17148.53	—	—	100.00

年份	珠三角地区											
	广东				其他				小计			
	金额	同比增长(%)	占比(%)	指数	金额	同比增长(%)	占比(%)	指数	金额	同比增长(%)	占比(%)	指数
2005	27.61	—	100.00	0.37	0.00	—	0.00	0.00	27.61	—	12.24	0.19
2006	2441.53	8742.92	100.00	32.70	0.00	—	0.00	0.00	2441.53	8742.92	68.97	16.82
2007	13383.21	448.15	100.00	179.25	0.00	—	0.00	0.00	13383.21	448.15	90.00	92.22

续表

年份	珠三角地区											
	广东				其他				小计			
	金额	同比增长（%）	占比（%）	指数	金额	同比增长（%）	占比（%）	指数	金额	同比增长（%）	占比（%）	指数
2008	5487.17	-59.00	100.00	73.49	0.00	—	0.00	0.00	5487.17	-59.00	76.70	37.81
2009	290.79	-94.70	85.52	3.89	49.22	—	14.48	0.70	340.01	-93.80	13.04	2.34
2010	14040.44	4728.38	99.43	188.05	80.80	64.16	0.57	1.15	14121.24	4053.18	80.47	97.30
2011	369.16	-97.37	7.28	4.94	4699.08	5715.69	92.72	66.68	5068.24	-64.11	33.08	34.92
2012	608.57	64.85	77.09	8.15	180.82	-96.15	22.91	2.57	789.39	-84.42	7.22	5.44
2013	5521.84	807.35	60.24	73.96	3644.40	1915.49	39.76	51.72	9166.24	1061.18	24.18	63.16
2014	4755.15	-13.88	19.45	63.69	19694.11	440.39	80.55	279.48	24449.26	166.73	30.79	168.46
2015	26076.31	448.38	78.80	349.26	7015.61	-64.38	21.20	99.56	33091.92	35.35	18.78	228.02
2016	13885.02	-46.75	40.01	185.97	20817.18	196.73	59.99	295.41	34702.20	4.87	20.99	239.11
2017	10230.33	-26.32	45.72	137.02	12143.30	-41.67	54.28	172.32	22373.63	-35.53	13.96	154.16
2018	15494.27	51.45	82.62	207.53	3259.71	-73.16	17.38	46.26	18753.98	-16.18	17.64	129.22
2019	9235.08	-40.40	93.16	123.69	678.38	-79.19	6.84	9.63	9913.46	-47.14	14.57	68.31
2020	16081.59	74.14	89.24	215.39	1938.86	185.81	10.76	27.51	18020.45	81.78	22.85	124.17
合计	137928.07	—	65.02	—	74201.47	—	34.98	—	212129.54	—	22.46	—
2011—2015年均值	7466.21	—	—	100.00	7046.80	—	—	100.00	14513.01	—	—	100.00

年份	中部地区											
	华北东北				中原华中				小计			
	金额	同比增长（%）	占比（%）	指数	金额	同比增长（%）	占比（%）	指数	金额	同比增长（%）	占比（%）	指数
2005	0.00	—	0.00	0.00	64.56	—	100.00	4.69	64.56	—	28.61	4.05
2006	6.70	—	100.00	3.04	0.00	-100.00	0.00	0.00	6.70	-89.62	0.19	0.42
2007	27.68	313.13	11.83	12.56	206.26	—	88.17	15.00	233.94	3391.64	1.57	14.66
2008	16.01	-42.16	13.52	7.27	102.45	-50.33	86.48	7.45	118.46	-49.36	1.66	7.42
2009	15.00	-6.31	14.83	6.81	86.18	-15.88	85.17	6.27	101.18	-14.59	3.88	6.34

续表

年份	中部地区											
	华北东北				中原华中				小计			
	金额	同比增长（%）	占比（%）	指数	金额	同比增长（%）	占比（%）	指数	金额	同比增长（%）	占比（%）	指数
2010	43.43	189.53	31.07	19.71	96.33	11.78	68.93	7.00	139.76	38.13	0.80	8.76
2011	0.00	-100.00	0.00	0.00	157.16	63.15	100.00	11.43	157.16	12.45	1.03	9.85
2012	673.45	—	83.20	305.69	136.00	-13.46	16.80	9.89	809.45	415.05	7.41	50.73
2013	256.76	-61.87	62.36	116.55	154.98	13.96	37.64	11.27	411.74	-49.13	1.09	25.80
2014	9.75	-96.20	0.74	4.43	1301.91	740.05	99.26	94.67	1311.66	218.57	1.65	82.21
2015	161.57	1557.13	3.06	73.34	5126.35	293.76	96.94	372.75	5287.92	303.15	3.00	331.41
2016	4474.65	2669.48	38.14	2031.11	7257.30	41.57	61.86	527.70	11731.95	121.86	7.10	735.28
2017	1650.16	-63.12	14.49	749.03	9734.41	34.13	85.51	707.81	11384.57	-2.96	7.10	713.50
2018	1835.59	11.24	25.46	833.20	5374.41	-44.79	74.54	390.79	7210.00	-36.67	6.78	451.87
2019	114.05	-93.79	4.29	51.77	2541.47	-52.71	95.71	184.80	2655.52	-63.17	3.90	166.43
2020	265.88	133.13	30.55	120.69	604.53	-76.21	69.45	43.96	870.41	-67.22	1.10	54.55
合计	9550.68	—	22.47	—	32944.30	—	77.53	—	42494.98	—	4.50	—
2011—2015年均值	220.31	—	—	100.00	1375.28	—	—	100.00	1595.59	—	—	100.00

年份	西部地区											
	西北				西南				小计			
	金额	同比增长（%）	占比（%）	指数	金额	同比增长（%）	占比（%）	指数	金额	同比增长（%）	占比（%）	指数
2005	13.59	—	50.37	6.42	13.39	—	49.63	0.63	26.98	—	11.96	1.15
2006	0.00	-100.00	0.00	0.00	73.14	446.23	100.00	3.43	73.14	171.09	2.07	3.12
2007	0.00	—	0.00	0.00	13.39	-81.69	100.00	0.63	13.39	-81.69	0.09	0.57
2008	0.00	—	0.00	0.00	223.58	1569.75	100.00	10.50	223.58	1569.75	3.13	9.55
2009	58.12	—	17.74	27.44	269.47	20.53	82.26	12.65	327.59	46.52	12.56	13.99
2010	0.00	-100.00	0.00	0.00	135.63	-49.67	100.00	6.37	135.63	-58.60	0.77	5.79
2011	272.04	—	75.72	128.44	87.24	-35.68	24.28	4.10	359.28	164.90	2.34	15.35

续表

年份	西部地区											
	西北				西南				小计			
	金额	同比增长（%）	占比（%）	指数	金额	同比增长（%）	占比（%）	指数	金额	同比增长（%）	占比（%）	指数
2012	100.89	-62.91	13.75	47.63	633.09	625.69	86.25	29.73	733.98	104.29	6.72	31.35
2013	78.34	-22.35	21.28	36.99	289.85	-54.22	78.72	13.61	368.19	-49.84	0.97	15.73
2014	51.43	-34.35	0.54	24.28	9392.07	3140.32	99.46	441.07	9443.50	2464.84	11.89	403.37
2015	556.31	981.68	69.46	262.66	244.55	-97.40	30.54	11.48	800.86	-91.52	0.45	34.21
2016	367.55	-33.93	16.06	173.53	1921.45	685.71	83.94	90.24	2289.00	185.82	1.38	97.77
2017	386.56	5.17	7.35	182.51	4874.72	153.70	92.65	228.93	5261.28	129.85	3.28	224.73
2018	669.15	73.10	10.76	315.93	5548.10	13.81	89.24	260.55	6217.25	18.17	5.85	265.56
2019	209.73	-68.66	42.67	99.02	281.84	-94.92	57.33	13.24	491.57	-92.09	0.72	21.00
2020	113.59	-45.84	13.88	53.63	704.49	149.96	86.12	33.08	818.08	66.42	1.04	34.94
合计	2877.30	—	10.43	—	24706.00	—	89.57	—	27583.30	—	2.92	—
2011—2015年均值	211.80	—	—	100.00	2129.36	—	—	100.00	2341.16	—	—	100.00

年份	总计			
	金额	同比增长（%）	占比（%）	指数
2005	225.63	—	100.00	0.35
2006	3539.84	1468.87	100.00	5.53
2007	14870.99	320.10	100.00	23.25
2008	7153.81	-51.89	100.00	11.19
2009	2607.98	-63.54	100.00	4.08
2010	17548.97	572.90	100.00	27.44
2011	15322.44	-12.69	100.00	23.96
2012	10928.06	-28.68	100.00	17.09
2013	37915.48	246.96	100.00	59.28
2014	79418.79	109.46	100.00	124.18
2015	176195.61	121.86	100.00	275.49
2016	165308.84	-6.18	100.00	258.47
2017	160320.54	-3.02	100.00	250.67

续表

年份	总计			
	金额	同比增长（%）	占比（%）	指数
2018	106308.24	-33.69	100.00	166.22
2019	68040.92	-36.00	100.00	106.39
2020	78868.31	15.91	100.00	123.32
合计	944574.45	—	100.00	—
2011—2015年均值	63956.08	—	—	100.00

注：此处存在重复统计问题，故总计部分与表3-1-1、表3-1-2所示不一致，重复统计的处理方式与第二章相应部分的处理一致，详见表2-2-1脚注。

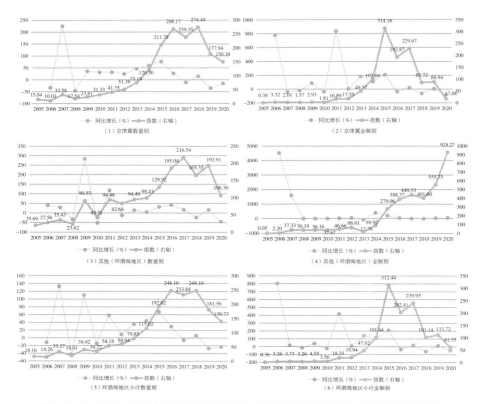

图3-2-1　2005—2020年环渤海地区民营企业并购投资项目数量和金额指数变化图

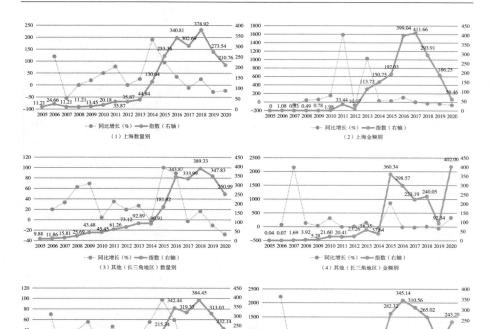

图 3-2-2　2005—2020 年长三角地区民营企业并购投资项目数量和金额指数变化图

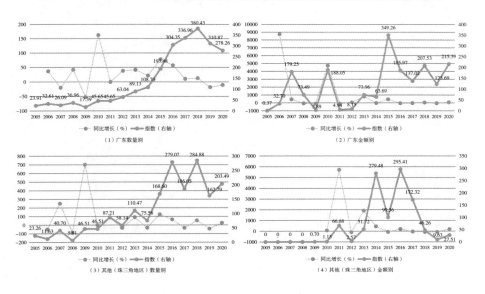

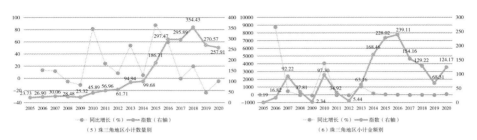

图 3-2-3　2005—2020 年珠三角地区民营企业并购投资项目数量和金额指数变化图

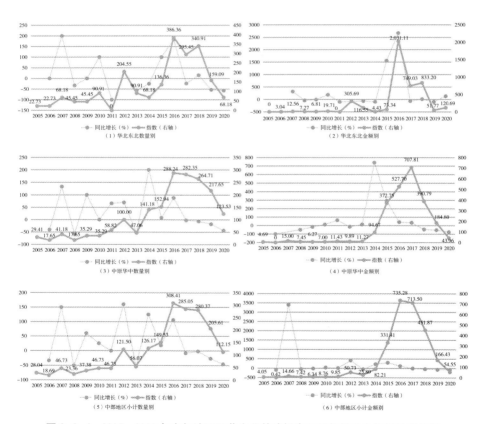

图 3-2-4　2005—2020 年中部地区民营企业并购投资项目数量和金额指数变化图

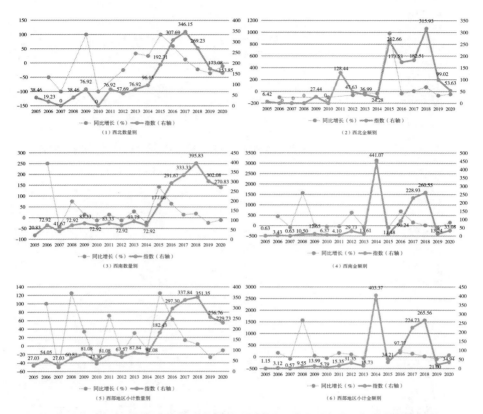

图 3-2-5　2005—2020 年西部地区民营企业并购投资项目数量和金额指数变化图

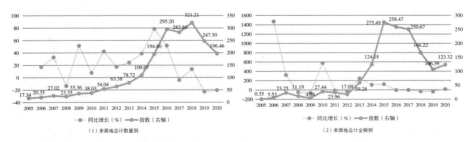

图 3-2-6　2005—2020 年来源地民营企业并购投资项目数量和金额指数变化图

第三节　民营企业对外并购投资
标的国（地区）别指数

本节对中国民营企业海外并购投资项目数量与金额规模按照投资标的国（地区）进行划分，其中根据标的国（地区）的经济发展水平不同，将标的国（地区）分为发达经济体、发展中经济体和转型经济体三大类型。

一、民营企业对外并购投资项目数量在不同经济体的分布

如 2005—2020 年中国民营企业并购 OFDI 数量表所示，为了进一步明晰我国民营企业对外并购直接投资活动的来源地特征，本书将对外并购直接投资活动标的国（地区）分为发达经济体、发展中经济体、转型经济体。按照并购 OFDI 项目数量累积量排名，我国民营企业对外直接投资活动主要集中在发达经济体，累计海外直接投资项目数量为 6392 件，占比 85.98%；其次是发展中经济体，累计海外直接投资项目数量为 904 件，占比 12.16%；再次是转型经济体，累计海外直接投资项目数量为 138 件，占比 1.86%。

表 3-3-1　2005—2020 年中国民营企业并购投资项目数量在不同经济体的分布及指数汇总表

（单位：件）

年份	发达经济体							
	欧洲				北美洲			
	项目数	同比增长（%）	占比（%）	指数	项目数	同比增长（%）	占比（%）	指数
2005	16	—	20.78	20.94	7	—	9.09	9.92
2006	10	-37.50	10.42	13.09	17	142.86	17.71	24.08
2007	14	40.00	11.86	18.32	21	23.53	17.80	29.75
2008	21	50.00	11.05	27.49	14	-33.33	7.37	19.83
2009	18	-14.29	10.98	23.56	20	42.86	12.20	28.33

续表

年份	发达经济体							
	欧洲				北美洲			
	项目数	同比增长（%）	占比（%）	指数	项目数	同比增长（%）	占比（%）	指数
2010	14	−22.22	6.73	18.32	25	25.00	12.02	35.41
2011	36	157.14	16.07	47.12	34	36.00	15.18	48.16
2012	63	75.00	25.82	82.46	40	17.65	16.39	56.66
2013	60	−4.76	21.20	78.53	51	27.50	18.02	72.24
2014	96	60.00	24.49	125.65	101	98.04	25.77	143.06
2015	127	32.29	21.24	166.23	127	25.74	21.24	179.89
2016	178	40.16	20.48	232.98	199	56.69	22.90	281.87
2017	160	−10.11	20.36	209.42	170	−14.57	21.63	240.79
2018	149	−6.88	16.67	195.03	196	15.29	21.92	277.62
2019	128	−14.09	18.44	167.54	131	−33.16	18.88	185.55
2020	86	−32.81	15.50	112.57	106	−19.08	19.10	150.14
合计	1176	—	18.40	—	1259	—	19.70	—
2011—2015 年均值	76.4	—	—	100.00	70.6	—	—	100.00

年份	发达经济体							
	其他发达经济体				小计			
	项目数	同比增长（%）	占比（%）	指数	项目数	同比增长（%）	占比（%）	指数
2005	54	—	70.13	26.84	77	—	78.57	22.11
2006	69	27.78	71.88	34.29	96	24.68	77.42	27.57
2007	83	20.29	70.34	41.25	118	22.92	82.52	33.89
2008	155	86.75	81.58	77.04	190	61.02	87.96	54.57
2009	126	−18.71	76.83	62.62	164	−13.68	86.32	47.10
2010	169	34.13	81.25	84.00	208	26.83	91.63	59.74
2011	154	−8.88	68.75	76.54	224	7.69	87.16	64.33
2012	141	−8.44	57.79	70.08	244	8.93	85.92	70.07

年份	发达经济体							
	其他发达经济体				小计			
	项目数	同比增长（%）	占比（%）	指数	项目数	同比增长（%）	占比（%）	指数
2013	172	21.99	60.78	85.49	283	15.98	91.00	81.28
2014	195	13.37	49.74	96.92	392	38.52	89.91	112.58
2015	344	76.41	57.53	170.97	598	52.55	88.07	171.74
2016	492	43.02	56.62	244.53	869	45.32	88.67	249.57
2017	456	−7.32	58.02	226.64	786	−9.55	84.33	225.73
2018	549	20.39	61.41	272.86	894	13.74	84.34	256.75
2019	435	−20.77	62.68	216.20	694	−22.37	83.41	199.31
2020	363	−16.55	65.41	180.42	555	−20.03	83.46	159.39
合计	3957	—	61.91	—	6392	—	85.98	—
2011—2015年均值	201.2	—	—	100.00	348.2	—	—	100.00

年份	发展中经济体							
	非洲				亚洲			
	项目数	同比增长（%）	占比（%）	指数	项目数	同比增长（%）	占比（%）	指数
2005	2	—	11.76	28.57	11	—	64.71	53.40
2006	6	200.00	26.09	85.71	14	27.27	60.87	67.96
2007	1	−83.33	4.76	14.29	15	7.14	71.43	72.82
2008	7	600.00	29.17	100.00	14	−6.67	58.33	67.96
2009	1	−85.71	6.25	14.29	8	−42.86	50.00	38.83
2010	4	300.00	26.67	57.14	4	−50.00	26.67	19.42
2011	4	0.00	17.39	57.14	12	200.00	52.17	58.25
2012	4	0.00	12.50	57.14	21	75.00	65.63	101.94
2013	3	−25.00	14.29	42.86	12	−42.86	57.14	58.25
2014	10	233.33	29.41	142.86	19	58.33	55.88	92.23
2015	14	40.00	20.59	200.00	39	105.26	57.35	189.32

续表

年份	发展中经济体							
	非洲				亚洲			
	项目数	同比增长（%）	占比（%）	指数	项目数	同比增长（%）	占比（%）	指数
2016	15	7.14	14.85	214.29	64	64.10	63.37	310.68
2017	17	13.33	13.82	242.86	90	40.63	73.17	436.89
2018	22	29.41	14.10	314.29	105	16.67	67.31	509.71
2019	16	−27.27	12.80	228.57	91	−13.33	72.80	441.75
2020	13	−18.75	12.38	185.71	76	−16.48	72.38	368.93
合计	139	—	15.38	—	595	—	65.82	—
2011—2015年均值	7	—	—	100.00	20.6	—	—	100.00

年份	发展中经济体											
	拉丁美洲和加勒比海地区				大洋洲				小计			
	项目数	同比增长（%）	占比（%）	指数	项目数	同比增长（%）	占比（%）	指数	项目数	同比增长（%）	占比（%）	指数
2005	3	—	17.65	44.12	1	—	5.88	83.33	17	—	17.35	47.75
2006	3	0.00	13.04	44.12	0	−100.00	0.00	0.00	23	35.29	18.55	64.61
2007	4	33.33	19.05	58.82	1	—	4.76	83.33	21	−8.70	14.69	58.99
2008	3	−25.00	12.50	44.12	0	−100.00	0.00	0.00	24	14.29	11.11	67.42
2009	7	133.33	43.75	102.94	0		0.00	0.00	16	−33.33	8.42	44.94
2010	4	−42.86	26.67	58.82	3	—	20.00	250.00	15	−6.25	6.61	42.13
2011	7	75.00	30.43	102.94	0	−100.00	0.00	0.00	23	53.33	8.95	64.61
2012	4	−42.86	12.50	58.82	3		9.38	250.00	32	39.13	11.27	89.89
2013	6	50.00	28.57	88.24	0	−100.00	0.00	0.00	21	−34.38	6.75	58.99
2014	4	−33.33	11.76	58.82	1	—	2.94	83.33	34	61.90	7.80	95.51
2015	13	225.00	19.12	191.18	2	100.00	2.94	166.67	68	100.00	10.01	191.01
2016	19	46.15	18.81	279.41	3	50.00	2.97	250.00	101	48.53	10.31	283.71
2017	14	−26.32	11.38	205.88	2	−33.33	1.63	166.67	123	21.78	13.20	345.51

年份	发展中经济体											
	拉丁美洲和加勒比海地区				大洋洲				小计			
	项目数	同比增长（%）	占比（%）	指数	项目数	同比增长（%）	占比（%）	指数	项目数	同比增长（%）	占比（%）	指数
2018	24	71.43	15.38	352.94	5	150.00	3.21	416.67	156	26.83	14.72	438.20
2019	18	−25.00	14.40	264.71	0	−100.00	0.00	0.00	125	−19.87	15.02	351.12
2020	10	−44.44	9.52	147.06	6	—	5.71	500.00	105	−16.00	15.19	294.94
合计	143	—	15.82	—	27	—	2.99	—	904	—	12.16	—
2011—2015年均值	6.8	—	—	100.00	1.2	—	—	100.00	35.6	—	—	100.00

年份	转型经济体											
	东南欧				独联体国家				小计			
	项目数	同比增长（%）	占比（%）	指数	项目数	同比增长（%）	占比（%）	指数	项目数	同比增长（%）	占比（%）	指数
2005	0	—	0.00	0.00	4	—	100.00	44.44	4	—	4.08	41.67
2006	0		0.00	0.00	5	25.00	100.00	55.56	5	25.00	4.03	52.08
2007	0		0.00	0.00	4	−20.00	100.00	44.44	4	−20.00	2.80	41.67
2008	0		0.00	0.00	2	−50.00	100.00	22.22	2	−50.00	0.93	20.83
2009	2	—	20.00	333.33	8	300.00	80.00	88.89	10	400.00	5.26	104.17
2010	1	−50.00	25.00	166.67	3	−62.50	75.00	33.33	4	−60.00	1.76	41.67
2011	0	−100.00	0.00	0.00	10	233.33	100.00	111.11	10	150.00	3.89	104.17
2012	1	—	12.50	166.67	7	−30.00	87.50	77.78	8	−20.00	2.82	83.33
2013	1	0.00	14.29	166.67	6	−14.29	85.71	66.67	7	−12.50	2.25	72.92
2014	1	0.00	10.00	166.67	9	50.00	90.00	100.00	10	42.86	2.29	104.17
2015	0	−100.00	0.00	0.00	13	44.44	100.00	144.44	13	30.00	1.91	135.42
2016	1	—	10.00	166.67	9	−30.77	90.00	100.00	10	−23.08	1.02	104.17
2017	1	0.00	4.35	166.67	22	144.44	95.65	244.44	23	130.00	2.47	239.58
2018	1	0.00	10.00	166.67	9	−59.09	90.00	100.00	10	−56.52	0.94	104.17
2019	3	200.00	23.08	500.00	10	11.11	76.92	111.11	13	30.00	1.56	135.42
2020	1	−66.67	20.00	166.67	4	−60.00	80.00	44.44	5	−61.54	0.75	52.08

年份	转型经济体											
	东南欧				独联体国家				小计			
	项目数	同比增长（%）	占比（%）	指数	项目数	同比增长（%）	占比（%）	指数	项目数	同比增长（%）	占比（%）	指数
合计	13	—	9.42	—	125	—	90.58	—	138	—	1.80	—
2011—2015 年均值	0.6	—	—	100.00	9	—	—	100.00	9.6	—	—	100.00

年份	总计			
	项目数	同比增长（%）	占比（%）	指数
2005	98	—	100.00	24.91
2006	124	26.53	100.00	31.52
2007	143	15.32	100.00	36.35
2008	216	51.05	100.00	54.91
2009	190	−12.04	100.00	48.30
2010	227	19.47	100.00	57.70
2011	257	13.22	100.00	65.33
2012	284	10.51	100.00	72.19
2013	311	9.51	100.00	79.05
2014	436	40.19	100.00	110.83
2015	679	55.73	100.00	172.60
2016	980	44.33	100.00	249.11
2017	932	−4.90	100.00	236.91
2018	1060	13.73	100.00	269.45
2019	832	−21.51	100.00	211.49
2020	665	−20.07	100.00	169.04
合计	7434	—	100.00	—
2011—2015 年均值	393.4	—	—	100.00

注：此处存在重复统计问题，故总计部分与表 3-1-1、表 3-1-2 所示不一致，重复统计的处理方式与第二章相应部分的处理一致，详见表 2-2-1 脚注。

二、民营企业对外并购投资金额在不同经济体的分布

根据 2005—2020 年中国民营企业并购 OFDI 金额表显示，从并购 OFDI 项目金额看，在 2005 年至 2020 年间，我国民营企业对外并购直接投资活动主要集中在发达经济体，累计海外直接投资项目金额为 10162.23 亿美元，占比 91.06%；其次是发展中经济体，累计海外直接投资项目金额为 730.03 亿美元，占比 6.54%；再次是转型经济体，累计海外直接投资项目金额为 268.04 亿美元，占比 2.4%。

表 3-3-2　2005—2020 年中国民营企业并购投资金额在不同经济体的分布及指数汇总表

（单位：百万美元）

年份	发达经济体							
	欧洲				北美洲			
	金额	同比增长（%）	占比（%）	指数	金额	同比增长（%）	占比（%）	指数
2005	843.98	—	38.28	2.46	17.55	—	0.80	0.15
2006	1039.10	23.12	22.93	3.03	2829.32	16021.48	62.42	24.94
2007	11207.53	978.58	75.08	32.64	2498.40	-11.70	16.74	22.02
2008	6970.75	-37.80	78.47	20.30	406.51	-83.73	4.58	3.58
2009	298.62	-95.72	10.10	0.87	478.02	17.59	16.17	4.21
2010	15411.22	5060.81	82.68	44.88	362.34	-24.20	1.94	3.19
2011	6735.59	-56.29	42.40	19.61	2410.59	565.28	15.17	21.25
2012	4077.04	-39.47	31.09	11.87	4008.93	66.30	30.57	35.34
2013	20721.94	408.26	36.69	60.34	5944.88	48.29	10.53	52.41
2014	63906.67	208.40	66.51	186.09	2810.10	-52.73	2.92	24.77
2015	76264.10	19.34	40.22	222.08	41543.24	1378.35	21.91	366.23
2016	80717.20	5.84	43.05	235.05	42035.96	1.19	22.42	370.57
2017	65923.67	-18.33	49.86	191.97	25586.52	-39.13	19.35	225.56
2018	25560.28	-61.23	25.90	74.43	11944.56	-53.32	12.10	105.30

续表

年份	发达经济体							
	欧洲				北美洲			
	金额	同比增长（%）	占比（%）	指数	金额	同比增长（%）	占比（%）	指数
2019	12316.76	-51.81	16.08	35.87	15191.37	27.18	19.84	133.92
2020	71877.52	483.57	73.42	209.30	4653.29	-69.37	4.75	41.02
合计	463871.97	—	45.65	—	162721.58	—	16.01	—
2011—2015 年均值	34341.07	—	—	100.00	11343.55	—	—	100.00

年份	发达经济体							
	其他发达经济体				小计			
	金额	同比增长（%）	占比（%）	指数	金额	同比增长（%）	占比（%）	指数
2005	1342.99	—	60.92	4.70	2204.52	—	96.44	2.97
2006	664.18	-50.54	14.65	2.33	4532.60	105.60	95.77	6.11
2007	1221.47	83.91	8.18	4.28	14927.40	229.33	97.45	20.11
2008	1505.65	23.27	16.95	5.27	8882.91	-40.49	85.20	11.97
2009	2179.95	44.78	73.73	7.64	2956.59	-66.72	93.37	3.98
2010	2866.02	31.47	15.38	10.04	18639.58	530.44	93.33	25.11
2011	6740.47	135.19	42.43	23.61	15886.65	-14.77	89.91	21.40
2012	5026.47	-25.43	38.33	17.61	13112.44	-17.46	90.82	17.66
2013	29806.89	493.00	52.78	104.40	56473.71	330.69	87.96	76.08
2014	29376.06	-1.45	30.57	102.90	96092.83	70.15	99.10	129.45
2015	71797.05	144.41	37.87	251.48	189604.39	97.31	94.70	255.41
2016	64755.85	-9.81	34.53	226.82	187509.01	-1.11	92.63	252.59
2017	40704.87	-37.14	30.79	142.58	132215.06	-29.49	81.79	178.11
2018	61196.07	50.34	62.00	214.35	98700.91	-25.35	86.10	132.96
2019	49071.57	-19.81	64.08	171.88	76579.70	-22.41	94.21	103.16
2020	21374.01	-56.44	21.83	74.87	97904.82	27.85	91.83	131.89
合计	389629.57	—	38.34	—	1016223.12	—	91.06	—
2011—2015 年均值	28549.39	—	—	100.00	74234.00	—	—	100.00

年份	发展中经济体							
	非洲				亚洲			
	金额	同比增长（%）	占比（%）	指数	金额	同比增长（%）	占比（%）	指数
2005	0.00	—	0.00	0.00	80.20	—	98.77	6.26
2006	30.00	—	23.41	14.17	48.44	-39.60	37.81	3.78
2007	0.00	-100.00	0.00	0.00	221.70	357.68	94.21	17.30
2008	346.15	—	22.44	163.46	788.10	255.48	51.09	61.50
2009	0.00	-100.00	0.00	0.00	53.31	-93.24	37.42	4.16
2010	125.00	—	9.39	59.03	789.90	1381.71	59.34	61.64
2011	1.50	-98.80	0.19	0.71	744.32	-5.77	93.08	58.08
2012	66.36	4324.00	8.76	31.34	683.45	-8.18	90.17	53.33
2013	143.05	115.57	45.78	67.55	94.51	-86.17	30.25	7.38
2014	458.13	220.26	63.42	216.34	213.91	126.34	29.61	16.69
2015	389.77	-14.92	4.41	184.06	4671.24	2083.74	52.88	364.52
2016	230.92	-40.75	1.68	109.05	8128.69	74.02	59.08	634.32
2017	116.18	-49.69	0.76	54.86	7443.89	-8.42	48.70	580.88
2018	262.90	126.29	1.66	124.15	7248.14	-2.63	45.84	565.60
2019	541.23	105.87	11.86	255.58	3755.10	-48.19	82.25	293.03
2020	205.29	-62.07	2.36	96.94	3125.31	-16.77	35.94	243.88
合计	2916.48	—	4.00	—	38090.21	—	52.18	—
2011—2015年均值	211.76	—	—	100.00	1281.49	—	—	100.00

年份	发展中经济体											
	拉丁美洲和加勒比海地区				大洋洲				小计			
	金额	同比增长（%）	占比（%）	指数	金额	同比增长（%）	占比（%）	指数	金额	同比增长（%）	占比（%）	指数
2005	0.00	—	0.00	0.00	1.00	—	1.23	102.67	81.20	—	3.55	3.55
2006	49.69	—	38.78	6.28	0.00	-100.00	0.00	0.00	128.13	57.80	2.71	5.61
2007	13.14	-73.56	5.58	1.66	0.48	—	0.20	49.28	235.32	83.66	1.54	10.30
2008	408.39	3007.99	26.47	51.63	0.00	-100.00	0.00	0.00	1542.64	555.55	14.80	67.51

续表

年份	发展中经济体											
	拉丁美洲和加勒比海地区				大洋洲				小计			
	金额	同比增长(%)	占比(%)	指数	金额	同比增长(%)	占比(%)	指数	金额	同比增长(%)	占比(%)	指数
2009	89.14	-78.17	62.58	11.27	0.00	—	0.00	0.00	142.45	-90.77	4.50	6.23
2010	404.39	353.66	30.38	51.13	11.95	—	0.90	1226.90	1331.24	834.53	6.67	58.26
2011	53.80	-86.70	6.73	6.80	0.00	-100.00	0.00	0.00	799.62	-39.93	4.53	34.99
2012	4.05	-92.47	0.53	0.51	4.10	—	0.54	420.94	757.96	-5.21	5.25	33.17
2013	74.90	1749.38	23.97	9.47	0.00	-100.00	0.00	0.00	312.46	-58.78	0.49	13.67
2014	49.54	-33.86	6.86	6.26	0.77	—	0.11	79.06	722.35	131.18	0.74	31.61
2015	3772.38	7514.82	42.71	476.95	0.00	-100.00	0.00	0.00	8833.39	1122.87	4.41	386.56
2016	5278.18	39.92	38.36	667.34	120.33	—	0.87	12354.21	13758.12	55.75	6.80	602.06
2017	7725.98	46.38	50.54	976.82	0.00	-100.00	0.00	0.00	15286.05	11.11	9.46	668.93
2018	8163.44	5.66	51.63	1032.13	137.27	—	0.87	14093.43	15811.75	3.44	13.79	691.93
2019	268.96	-96.71	5.89	34.01	0.00	-100.00	0.00	0.00	4565.29	-71.13	5.62	199.78
2020	2283.56	749.03	26.26	288.72	3081.00	—	35.43	316324.44	8695.16	90.46	8.16	380.51
合计	28639.54	—	39.23	—	3356.90	—	4.60	—	73003.13	—	6.54	—
2011—2015年均值	790.93	—	—	100.00	0.97	—	—	100.00	2285.16	—	—	100.00

年份	转型经济体											
	东南欧				独联体国家				小计			
	金额	同比增长(%)	占比(%)	指数	金额	同比增长(%)	占比(%)	指数	金额	同比增长(%)	占比(%)	指数
2005	0.00	—	0.00	—	0.13	—	100.00	0.01	0.13	—	0.01	0.01
2006	0.00	—	0.00	—	72.30	55515.38	100.00	3.32	72.30	55515.38	1.53	3.32
2007	0.00	—	0.00	—	154.96	114.33	100.00	7.11	154.96	114.33	1.01	7.11
2008	0.00	—	—	—	0.00	-100.00	—	0.00	0.00	-100.00	0.00	0.00
2009	0.00	—	0.00	—	67.50	—	100.00	3.10	67.50	—	2.13	3.10
2010	0.00	—	—	—	0.00	-100.00	—	0.00	0.00	-100.00	0.00	0.00

续表

年份	转型经济体											
	东南欧				独联体国家				小计			
	金额	同比增长(%)	占比(%)	指数	金额	同比增长(%)	占比(%)	指数	金额	同比增长(%)	占比(%)	指数
2011	0.00	—	0.00	—	983.84	—	100.00	45.11	983.84	—	5.57	45.11
2012	0.00	—	0.00	—	568.05	-42.26	100.00	26.05	568.05	-42.26	3.93	26.05
2013	0.00	—	0.00	—	7418.65	1205.99	100.00	340.18	7418.65	1205.99	11.55	340.18
2014	0.00	—	0.00	—	151.87	-97.95	100.00	6.96	151.87	-97.95	0.16	6.96
2015	0.00	—	0.00	—	1781.45	1073.01	100.00	81.69	1781.45	1073.01	0.89	81.69
2016	42.15	—	3.62	—	1122.66	-36.98	96.38	51.48	1164.81	-34.61	0.58	53.41
2017	3.30	-92.17	0.02	—	14152.73	1160.64	99.98	648.98	14156.03	1115.31	8.76	649.13
2018	20.84	531.52	16.33	—	106.80	-99.25	83.67	4.90	127.64	-99.10	0.11	5.85
2019	14.02	-32.73	9.98	—	126.52	18.46	90.02	5.80	140.54	10.11	0.17	6.44
2020	0.54	-96.15	3.25	—	16.05	-87.31	96.75	0.74	16.59	-88.20	0.02	0.76
合计	80.85	—	0.30	—	26723.51	—	99.70	—	26804.36	—	2.40	—
2011—2015年均值	0.00	—	—	100.00	2180.77	—	—	100.00	2180.77	—	—	100.00

年份	总计			
	项目数	同比增长(%)	占比(%)	指数
2005	2285.85	—	100.00	2.90
2006	4733.03	107.06	100.00	6.01
2007	15317.68	223.63	100.00	19.46
2008	10425.55	-31.94	100.00	13.25
2009	3166.54	-69.63	100.00	4.02
2010	19970.82	530.68	100.00	25.38
2011	17670.11	-11.52	100.00	22.45
2012	14438.45	-18.29	100.00	18.35
2013	64204.82	344.68	100.00	81.58
2014	96967.05	51.03	100.00	123.21
2015	200219.23	106.48	100.00	254.41
2016	202431.94	1.11	100.00	257.22

续表

年份	总计			
	项目数	同比增长（%）	占比（%）	指数
2017	161657.14	-20.14	100.00	205.41
2018	114640.30	-29.08	100.00	145.67
2019	81285.53	-29.10	100.00	103.29
2020	106616.57	31.16	100.00	135.47
合计	1116030.61	—	100.00	—
2011—2015 年均值	78699.93	—	—	100.00

注：此处存在重复统计问题，故总计部分与表 3-1-1、表 3-1-2 所示不一致，重复统计的处理方式与第二章相应部分的处理一致，详见表 2-2-1 脚注。

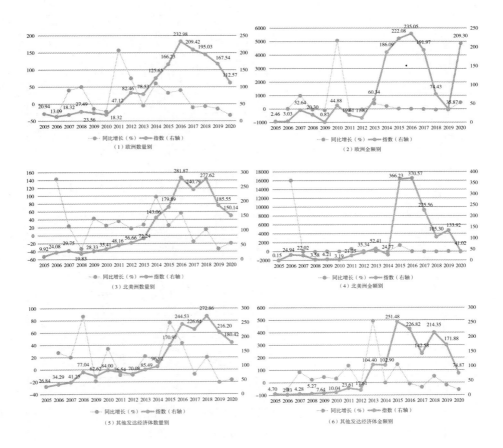

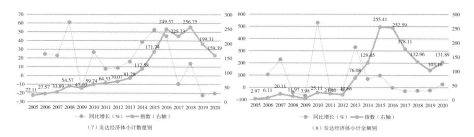

图 3-3-1　2005—2020 年中国民营企业并购投资发达经济体项目数量与金额指数变化图

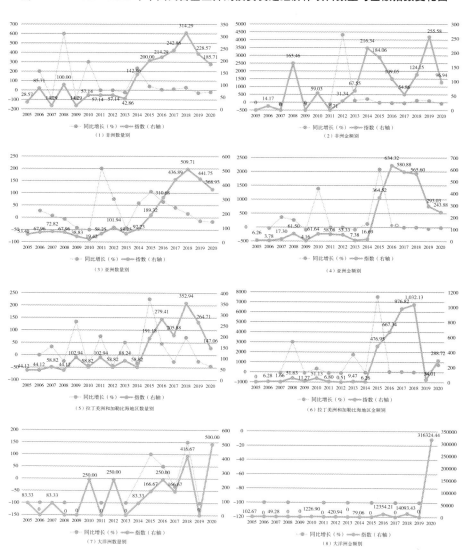

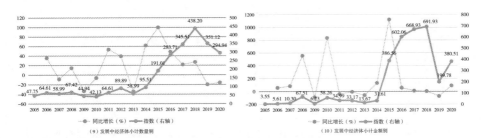

图 3-3-2　2005—2020 年中国民营企业并购投资发展中经济体项目数量与金额指数变化图

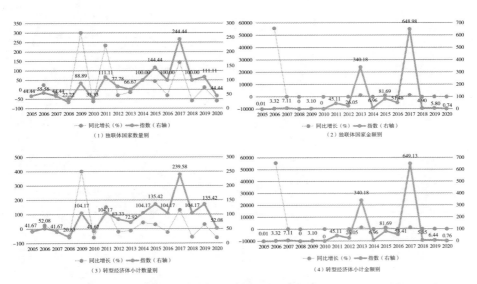

图 3-3-3　2005—2020 年中国民营企业并购投资转型经济体项目数量与金额指数变化图

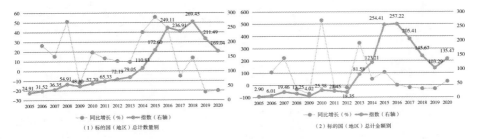

图 3-3-4　2005—2020 年中国民营企业并购投资标的国（地区）项目数量与金额指数变化图

从 2005—2020 年中国民营企业并购 OFDI 数量标的国（地区）别图表可以看出，在 2005 年至 2020 年，流向发达经济体中的其他发达经济体的并购 OFDI 项目数量增长最为显著，从 2005 年的 54 件增加到 363 件，复合增长率为年均 13.54%，流向发达经济体中的其他发达经济体的 OFDI 数量在 2015 年出现最显著的增长，从 195 件增长到 344 件。总体来看，流向发达经济体的民营企业海外直接投资数量主要集中在其他发达经济体地区，2005 年至 2020 年的平均占比为 61.91%，流向发展中经济体的民营企业海外直接投资数量主要集中在亚洲地区，2005 年至 2020 年的平均占比为 65.82%。

如 2005—2020 年中国民营企业并购 OFDI 金额标的国（地区）别图表所示，流向发达经济体的欧洲的 OFDI 金额在 2018 年出现最显著的缩减，从 659.24 亿美元缩减到 255.6 亿美元，流向转型经济体中的东南欧的 OFDI 在 2005 年至 2016 年实现了民营企业海外直接投资项目金额连续 10 年的增长。总体来看，流向发达经济体的民营企业海外直接投资金额主要集中在欧洲地区，2005 年至 2020 年的平均占比为 45.65%，流向发展中经济体的民营企业海外直接投资金额主要集中在亚洲地区，2005 年至 2020 年的平均占比为 52.18%。

第四节 民营企业对外并购投资行业别指数

本节按照投资标的行业的不同对中国民营企业海外并购投资项目数量和金额分布情况进行分析，将投资标的行业分为制造业和非制造业两大部分。其中制造业按照 OECD 技术划分标准分为四大类，分别是高技术、中高技术、中低技术和低技术制造业；非制造业则划分为服务业，农、林、牧、渔业，采矿业，电力、热力、燃气及水生产和供应业，建筑业五大部类。

一、民营企业对外并购投资项目数量在标的行业的分布

根据 2005—2020 年中国民营企业并购 OFDI 数量表显示，从并购 OFDI

项目数量看，在 2005 年至 2020 年间，我国民营企业对外并购直接投资活动主要集中在非制造业，累计海外直接投资项目数量为 4929 件，占比 67.47%；其次是制造业，累计海外直接投资项目数量为 2376 件，占比 32.53%。

根据 2005—2020 年中国民营企业并购 OFDI 数量行业别图表显示，流向非制造业的服务业的 OFDI 数量在 2016 年出现最显著的增长，从 418 件增长到 628 件，流向非制造业中的服务业的 OFDI 在 2005 年至 2020 年的 16 年间民营企业海外直接投资项目数量指数波动程度最大。总体来看，流向制造业的民营企业海外直接投资数量主要集中在中高技术，2005 年至 2020 年的平均占比为 35.48%，流向非制造业的民营企业海外直接投资数量主要集中在服务业，2005 年至 2020 年的平均占比为 88.62%。

表 3-4-1　2005—2020 年中国民营企业并购投资项目数量在标的行业的分布及指数汇总表

（单位：件）

年份	制造业											
	高技术				中高技术				中低技术			
	项目数	同比增长（%）	占比（%）	指数	项目数	同比增长（%）	占比（%）	指数	项目数	同比增长（%）	占比（%）	指数
2005	9	—	23.08	18.52	13	—	33.33	27.66	6	—	15.38	33.71
2006	11	22.22	25.58	22.63	18	38.46	41.86	38.30	5	-16.67	11.63	28.09
2007	12	9.09	24.49	24.69	21	16.67	42.86	44.68	5	0.00	10.20	28.09
2008	8	-33.33	11.27	16.46	29	38.10	40.85	61.70	6	20.00	8.45	33.71
2009	12	50.00	18.18	24.69	24	-17.24	36.36	51.06	11	83.33	16.67	61.80
2010	17	41.67	30.36	34.98	13	-45.83	23.21	27.66	11	0.00	19.64	61.80
2011	33	94.12	35.48	67.90	44	238.46	47.31	93.62	10	-9.09	10.75	56.18
2012	29	-12.12	28.71	59.67	36	-18.18	35.64	76.60	14	40.00	13.86	78.65
2013	45	55.17	45.45	92.59	27	-25.00	27.27	57.45	11	-21.43	11.11	61.80
2014	58	28.89	35.15	119.34	52	92.59	31.52	110.64	29	163.64	17.58	162.92
2015	78	34.48	37.14	160.49	76	46.15	36.19	161.70	25	-13.79	11.90	140.45

续表

年份	制造业											
	高技术				中高技术				中低技术			
	项目数	同比增长（％）	占比（％）	指数	项目数	同比增长（％）	占比（％）	指数	项目数	同比增长（％）	占比（％）	指数
2016	105	34.62	36.71	216.05	106	39.47	37.06	225.53	36	44.00	12.59	202.25
2017	100	-4.76	33.33	205.76	120	13.21	40.00	255.32	35	-2.78	11.67	196.63
2018	123	23.00	37.96	253.09	109	-9.17	33.64	231.91	43	22.86	13.27	241.57
2019	91	-26.02	34.34	187.24	88	-19.27	33.21	187.23	40	-6.98	15.09	224.72
2020	78	-14.29	37.32	160.49	67	-23.86	32.06	142.55	27	-32.50	12.92	151.69
合计	809	—	34.05	—	843	—	35.48	—	314	—	13.22	—
2011—2015年均值	48.6	—	—	100.00	47	—	—	100.00	17.8	—	—	100.00

年份	制造业							
	低技术				小计			
	项目数	同比增长（％）	占比（％）	指数	项目数	同比增长（％）	占比（％）	指数
2005	11	—	28.21	54.46	39	—	39.80	29.19
2006	9	-18.18	20.93	44.55	43	10.26	35.25	32.19
2007	11	22.22	22.45	54.46	49	13.95	34.51	36.68
2008	28	154.55	39.44	138.61	71	44.90	32.87	53.14
2009	19	-32.14	28.79	94.06	66	-7.04	35.11	49.40
2010	15	-21.05	26.79	74.26	56	-15.15	24.56	41.92
2011	6	-60.00	6.45	29.70	93	66.07	37.35	69.61
2012	22	266.67	21.78	108.91	101	8.60	36.73	75.60
2013	16	-27.27	16.16	79.21	99	-1.98	32.57	74.10
2014	26	62.50	15.76	128.71	165	66.67	38.02	123.50
2015	31	19.23	14.76	153.47	210	27.27	30.70	157.19
2016	39	25.81	13.64	193.07	286	36.19	29.45	214.07
2017	45	15.38	15.00	222.77	300	4.90	32.79	224.55
2018	49	8.89	15.12	242.57	324	8.00	31.70	242.51

续表

年份	制造业							
	低技术				小计			
	项目数	同比增长（%）	占比（%）	指数	项目数	同比增长（%）	占比（%）	指数
2019	46	−6.12	17.36	227.72	265	−18.21	32.44	198.35
2020	37	−19.57	17.70	183.17	209	−21.13	32.66	156.44
合计	410	—	17.26	—	2376	—	32.53	—
2011—2015 年均值	20.2	—	—	100.00	133.6	—	—	100.00

年份	非制造业							
	服务业				农、林、牧、渔业			
	项目数	同比增长（%）	占比（%）	指数	项目数	同比增长（%）	占比（%）	指数
2005	52	—	88.14	23.99	1	—	1.69	21.74
2006	70	34.62	88.61	32.29	0	−100.00	0.00	0.00
2007	79	12.86	84.95	36.44	1	—	1.08	21.74
2008	124	56.96	85.52	57.20	0	−100.00	0.00	0.00
2009	95	−23.39	77.87	43.82	3	—	2.46	65.22
2010	138	45.26	80.23	63.65	1	−66.67	0.58	21.74
2011	132	−4.35	84.62	60.89	1	0.00	0.64	21.74
2012	140	6.06	80.46	64.58	3	200.00	1.72	65.22
2013	167	19.29	81.46	77.03	1	−66.67	0.49	21.74
2014	227	35.93	84.39	104.70	13	1200.00	4.83	282.61
2015	418	84.14	88.19	192.80	5	−61.54	1.05	108.70
2016	628	50.24	91.68	289.67	11	120.00	1.61	239.13
2017	557	−11.31	90.57	256.92	8	−27.27	1.30	173.91
2018	643	15.44	92.12	296.59	9	12.50	1.29	195.65
2019	501	−22.08	90.76	231.09	7	−22.22	1.27	152.17
2020	397	−20.76	92.11	183.12	5	−28.57	1.16	108.70
合计	4368	—	88.62	—	69	—	1.40	—
2011—2015 年均值	216.8	—	—	100.00	4.6	—	—	100.00

续表

年份	非制造业							
	采矿业				电力、热力、燃气及水生产和供应业			
	项目数	同比增长（%）	占比（%）	指数	项目数	同比增长（%）	占比（%）	指数
2005	1	—	1.69	4.95	3	—	5.08	34.09
2006	7	600.00	8.86	34.65	0	−100.00	0.00	0.00
2007	7	0.00	7.53	34.65	3	—	3.23	34.09
2008	15	114.29	10.34	74.26	4	33.33	2.76	45.45
2009	17	13.33	13.93	84.16	4	0.00	3.28	45.45
2010	25	47.06	14.53	123.76	4	0.00	2.33	45.45
2011	16	−36.00	10.26	79.21	5	25.00	3.21	56.82
2012	24	50.00	13.79	118.81	3	−40.00	1.72	34.09
2013	22	−8.33	10.73	108.91	11	266.67	5.37	125.00
2014	12	−45.45	4.46	59.41	11	0.00	4.09	125.00
2015	27	125.00	5.70	133.66	14	27.27	2.95	159.09
2016	22	−18.52	3.21	108.91	15	7.14	2.19	170.45
2017	27	22.73	4.39	133.66	14	−6.67	2.28	159.09
2018	23	−14.81	3.30	113.86	10	−28.57	1.43	113.64
2019	21	−8.70	3.80	103.96	4	−60.00	0.72	45.45
2020	15	−28.57	3.48	74.26	4	0.00	0.93	45.45
合计	281	—	5.70	—	109	—	2.21	—
2011—2015年均值	20.00			100.00	8.60			100.00

年份	非制造业								总计			
	建筑业				小计							
	项目数	同比增长（%）	占比（%）	指数	项目数	同比增长（%）	占比（%）	指数	项目数	同比增长（%）	占比（%）	指数
2005	2	—	3.39	38.46	59	—	60.20	23.08	98	—	100.00	25.18
2006	2	0.00	2.53	38.46	79	33.90	64.75	30.91	122	24.49	100.00	31.35
2007	3	50.00	3.23	57.69	93	17.72	65.49	36.38	142	16.39	100.00	36.49

中国民营企业对外直接投资指数年度报告（2021）
——创新保护与民企 OFDI

续表

| 年份 | 非制造业 | | | | | | | | 总计 | | | |
| | 建筑业 | | | | 小计 | | | | | | | |
	项目数	同比增长（%）	占比（%）	指数	项目数	同比增长（%）	占比（%）	指数	项目数	同比增长（%）	占比（%）	指数
2008	2	-33.33	1.38	38.46	145	55.91	67.13	56.73	216	52.11	100.00	55.50
2009	3	50.00	2.46	57.69	122	-15.86	64.89	47.73	188	-12.96	100.00	48.30
2010	4	33.33	2.33	76.92	172	40.98	75.44	67.29	228	21.28	100.00	58.58
2011	2	-50.00	1.28	38.46	156	-9.30	62.65	61.03	249	9.21	100.00	63.98
2012	4	100.00	2.30	76.92	174	11.54	63.27	68.08	275	10.44	100.00	70.66
2013	4	0.00	1.95	76.92	205	17.82	67.43	80.20	304	10.55	100.00	78.11
2014	6	50.00	2.23	115.38	269	31.22	61.98	105.24	434	42.76	100.00	111.51
2015	10	66.67	2.11	192.31	474	76.21	69.30	185.45	684	57.60	100.00	175.75
2016	9	-10.00	1.31	173.08	685	44.51	70.55	268.00	971	41.96	100.00	249.49
2017	9	0.00	1.46	173.08	615	-10.22	67.21	240.61	915	-5.77	100.00	235.10
2018	13	44.44	1.86	250.00	698	13.50	68.30	273.08	1022	11.69	100.00	262.59
2019	19	46.15	3.44	365.38	552	-20.92	67.56	215.96	817	-20.06	100.00	209.92
2020	10	-47.37	2.32	192.31	431	-21.92	67.34	168.62	640	-21.66	100.00	164.44
合计	102	—	2.07	—	4929	—	67.47	—	7305	—	100.00	—
2011—2015 年均值	5.2	—	—	100.00	255.6	—	—	100.00	389.2	—	100.00	

注：此处存在重复统计问题，故总计部分与表3-1-1、表3-1-2所示不一致，重复统计的处理方式与第二章相应部分的处理一致，详见表2-2-1脚注。

二、民营企业对外并购投资金额在标的行业的分布

根据 2005—2020 年中国民营企业并购 OFDI 金额表显示，从并购 OFDI 项目金额看，在 2005 年至 2020 年间，我国民营企业对外并购直接投资活动主要集中在非制造业，累计海外直接投资项目金额为 6826.46 亿美元，占比 61.22%；其次是制造业，累计海外直接投资项目金额为 4323.92 亿美

元，占比 38.78%。

如 2005—2020 年中国民营企业并购 OFDI 金额行业别图表所示，流向非制造业的服务业的 OFDI 金额在 2017 年出现最显著的缩减，从 1444.04 亿美元缩减到 723.39 亿美元，流向非制造业中的服务业的 OFDI 在 2005 年至 2020 年的 16 年间民营企业海外直接投资项目金额指数波动程度最大。总体来看，流向制造业的民营企业海外直接投资金额主要集中在中高技术，2005 年至 2020 年的平均占比为 49.94%，流向非制造业的民营企业海外直接投资金额主要集中在服务业，2005 年至 2020 年的平均占比为 88.83%。

表 3-4-2　2005—2020 年中国民营企业并购投资金额在标的行业的分布及指数汇总表

（单位：百万美元）

| 年份 | 制造业 | | | | | | | | | | | |
| | 高技术 | | | | 中高技术 | | | | 中低技术 | | | |
	金额	同比增长（%）	占比（%）	指数	金额	同比增长（%）	占比（%）	指数	金额	同比增长（%）	占比（%）	指数
2005	22.59	—	14.94	0.15	48.93	—	32.35	0.73	29.92	—	19.78	2.26
2006	248.74	1001.11	54.66	1.67	154.04	214.82	33.85	2.29	12.96	-56.68	2.85	0.98
2007	115.33	-53.63	17.41	0.77	240.10	55.87	36.23	3.57	119.52	822.22	18.04	9.05
2008	114.97	-0.31	10.14	0.77	736.68	206.82	65.00	10.94	1.34	-98.88	0.12	0.10
2009	123.95	7.81	8.62	0.83	1006.39	36.61	69.99	14.95	175.00	12959.70	12.17	13.24
2010	129.80	4.72	4.23	0.87	2600.66	158.41	84.69	38.63	179.19	2.39	5.84	13.56
2011	2420.96	1765.15	44.70	16.26	2155.42	-17.12	39.80	32.02	827.59	361.85	15.28	62.64
2012	434.30	-82.06	12.31	2.92	1758.03	-18.44	49.85	26.12	713.64	-13.77	20.23	54.01
2013	5040.06	1060.50	25.54	33.86	697.27	-60.34	3.53	10.36	536.61	-24.81	2.72	40.61
2014	13703.46	171.89	45.79	92.06	1252.54	79.63	4.19	18.61	656.54	22.35	2.19	49.69
2015	52828.02	285.51	61.43	354.90	27795.17	2119.10	32.32	412.90	3871.93	489.75	4.50	293.05
2016	20289.00	-61.59	44.57	136.30	16773.37	-39.65	36.85	249.17	3010.09	-22.26	6.61	227.82
2017	11664.66	-42.51	16.88	78.36	52898.27	215.37	76.55	785.81	2149.01	-28.61	3.11	162.65
2018	14941.59	28.09	30.90	100.38	21631.67	-59.11	44.74	321.34	8771.90	308.18	18.14	663.90

续表

年份	制造业											
	高技术				中高技术				中低技术			
	金额	同比增长（%）	占比（%）	指数	金额	同比增长（%）	占比（%）	指数	金额	同比增长（%）	占比（%）	指数
2019	13745.75	-8.00	39.67	92.34	8193.43	-62.12	23.65	121.71	11075.76	26.26	31.96	838.27
2020	2395.98	-82.57	2.88	16.10	77994.76	851.92	93.68	1158.62	1898.86	-82.86	2.28	143.72
合计	138219.16	—	31.97	—	215936.73	—	49.94	—	34029.86	—	7.87	—
2011—2015 年均值	14885.36	—	—	100.00	6731.69	—	—	100.00	1321.26	—	—	100.00

年份	制造业							
	低技术				小计			
	金额	同比增长（%）	占比（%）	指数	金额	同比增长（%）	占比（%）	指数
2005	49.80	—	32.93	0.83	151.24	—	6.62	0.52
2006	39.36	-20.96	8.65	0.66	455.10	200.91	9.84	1.57
2007	187.67	376.80	28.32	3.14	662.62	45.60	4.33	2.29
2008	280.38	49.40	24.74	4.69	1133.37	71.04	10.87	3.92
2009	132.66	-52.69	9.23	2.22	1438.00	26.88	45.41	4.97
2010	161.19	21.51	5.25	2.69	3070.84	113.55	15.38	10.62
2011	12.29	-92.38	0.23	0.21	5416.26	76.38	31.60	18.73
2012	620.95	4952.48	17.61	10.38	3526.92	-34.88	26.46	12.20
2013	13458.48	2067.40	68.20	224.97	19732.42	459.48	30.80	68.23
2014	14314.83	6.36	47.83	239.29	29927.37	51.67	31.05	103.48
2015	1504.51	-89.49	1.75	25.15	85999.63	187.36	42.80	297.37
2016	5446.55	262.01	11.97	91.05	45519.01	-47.07	22.24	157.39
2017	2389.34	-56.13	3.46	39.94	69101.28	51.81	43.91	238.94
2018	3008.09	25.90	6.22	50.28	48353.25	-30.03	40.88	167.19
2019	1636.81	-45.59	4.72	27.36	34651.75	-28.34	41.70	119.82
2020	962.85	-41.18	1.16	16.10	83252.45	140.25	80.03	287.87
合计	44205.76	—	10.22	—	432391.51	—	38.78	—
2011—2015 年均值	5982.21	—	—	100.00	28920.52	—	—	100.00

续表

年份	非制造业							
	服务业				农、林、牧、渔业			
	金额	同比增长 (%)	占比 (%)	指数	金额	同比增长 (%)	占比 (%)	指数
2005	1329.61	—	62.29	3.07	0.00	—	0.00	0.00
2006	3312.55	149.14	79.43	7.64	0.00	—	0.00	0.00
2007	14555.15	339.39	99.40	33.58	0.19	—	0.00	0.05
2008	7056.77	−51.52	75.94	16.28	0.00	−100.00	0.00	0.00
2009	1339.44	−81.02	77.49	3.09	14.97	—	0.87	3.67
2010	16328.22	1119.03	96.61	37.68	4.29	−71.34	0.03	1.05
2011	10420.84	−36.18	88.88	24.04	10.49	144.52	0.09	2.57
2012	7745.98	−25.67	79.02	17.87	500.00	4666.44	5.10	122.51
2013	29089.88	275.55	65.61	67.12	50.00	−90.00	0.11	12.25
2014	63144.57	117.07	95.00	145.70	1364.04	2628.08	2.05	334.20
2015	106296.00	68.34	92.50	245.26	116.20	−91.48	0.10	28.47
2016	144403.86	35.85	90.75	333.19	202.81	74.54	0.13	49.69
2017	72338.96	−49.91	81.96	166.91	253.33	24.91	0.29	62.07
2018	65169.69	−9.91	93.21	150.37	152.05	−39.98	0.22	37.25
2019	43424.79	−33.37	89.62	100.20	304.69	100.39	0.63	74.65
2020	20449.02	−52.91	98.43	47.18	42.18	−86.16	0.20	10.33
合计	606405.33	—	88.83	—	3015.24	—	0.44	—
2011—2015 年均值	43339.45	—	—	100.00	408.15	—	—	100.00

年份	非制造业							
	采矿业				电力、热力、燃气及水生产和供应业			
	金额	同比增长 (%)	占比 (%)	指数	金额	同比增长 (%)	占比 (%)	指数
2005	4.00	—	0.19	0.15	800.34	—	37.49	32.20
2006	857.88	21347.00	20.57	33.09	0.00	−100.00	0.00	0.00
2007	24.08	−97.19	0.16	0.93	47.15	—	0.32	1.90
2008	2212.46	9087.96	23.81	85.33	22.18	−52.96	0.24	0.89

续表

年份	非制造业							
	采矿业				电力、热力、燃气及水生产和供应业			
	金额	同比增长（%）	占比（%）	指数	金额	同比增长（%）	占比（%）	指数
2009	289.80	-86.90	16.77	11.18	54.02	143.55	3.13	2.17
2010	345.91	19.36	2.05	13.34	35.25	-34.75	0.21	1.42
2011	932.00	169.43	7.95	35.95	360.36	922.30	3.07	14.50
2012	1291.37	38.56	13.17	49.81	7.84	-97.82	0.08	0.32
2013	5270.26	308.11	11.89	203.27	8193.08	104403.57	18.48	329.68
2014	532.40	-89.90	0.80	20.53	569.73	-93.05	0.86	22.92
2015	4937.44	827.39	4.30	190.44	3294.95	478.34	2.87	132.58
2016	7820.93	58.40	4.92	301.65	3098.39	-5.97	1.95	124.67
2017	2659.29	-66.00	3.01	102.57	12727.45	310.78	14.42	512.13
2018	2677.50	0.68	3.83	103.27	1548.13	-87.84	2.21	62.29
2019	572.63	-78.61	1.18	22.09	3636.52	134.90	7.51	146.33
2020	84.51	-85.24	0.41	3.26	10.88	-99.70	0.05	0.44
合计	30512.46	—	4.47	—	34406.27	—	5.04	—
2011—2015年均值	2592.69	—	—	100.00	2485.19	—	—	100.00

年份	非制造业								总计			
	建筑业				小计							
	金额	同比增长（%）	占比（%）	指数	金额	同比增长（%）	占比（%）	指数	金额	同比增长（%）	占比（%）	指数
2005	0.66	—	0.03	0.11	2134.61	—	93.38	4.32	2285.85	—	100.00	2.92
2006	0.00	-100.00	0.00	0.00	4170.43	95.37	90.16	8.43	4625.53	102.35	100.00	5.90
2007	16.24	—	0.11	2.60	14642.81	251.11	95.67	29.61	15305.43	230.89	100.00	19.53
2008	0.77	-95.26	0.01	0.12	9292.18	-36.54	89.13	18.79	10425.55	-31.88	100.00	13.30
2009	30.31	3836.36	1.75	4.85	1728.54	-81.40	54.59	3.50	3166.54	-69.63	100.00	4.04
2010	187.86	519.80	1.11	30.09	16901.53	877.79	84.62	34.18	19972.37	530.73	100.00	25.48
2011	0.44	-99.77	0.00	0.07	11724.13	-30.63	68.40	23.71	17140.39	-14.18	100.00	21.87
2012	256.82	58268.18	2.62	41.13	9802.01	-16.39	73.54	19.82	13328.93	-22.24	100.00	17.01
2013	1734.44	575.35	3.91	277.79	44337.66	352.33	69.20	89.66	64070.08	380.68	100.00	81.75

续表

| 年份 | 非制造业 | | | | | | | | 总计 | | | |
| | 建筑业 | | | | 小计 | | | | | | | |
	金额	同比增长（%）	占比（%）	指数	金额	同比增长（%）	占比（%）	指数	金额	同比增长（%）	占比（%）	指数
2014	856.51	-50.62	1.29	137.18	66467.25	49.91	68.95	134.41	96394.62	50.45	100.00	123.00
2015	273.63	-68.05	0.24	43.83	114918.22	72.89	57.20	232.39	200917.85	108.43	100.00	256.37
2016	3595.38	1213.96	2.26	575.84	159121.37	38.46	77.76	321.78	204640.38	1.85	100.00	261.12
2017	279.27	-92.23	0.32	44.73	88258.30	-44.53	56.09	178.48	157359.58	-23.10	100.00	200.79
2018	369.48	32.30	0.53	59.18	69916.85	-20.78	59.12	141.39	118270.10	-24.84	100.00	150.91
2019	515.52	39.53	1.06	82.57	48454.15	-30.70	58.30	97.99	83105.90	-29.73	100.00	106.04
2020	189.23	-63.29	0.91	30.31	20775.82	-57.12	19.97	42.01	104028.27	25.18	100.00	132.74
合计	8306.56	—	1.22	—	682645.86	—	61.22	—	1115037.37	—	100.00	—
2011—2015年均值	624.37	—	—	100.00	49449.85	—	—	100.00	78370.37	—	—	100.00

注：此处存在重复统计问题，故总计部分与表3-1-1、表3-1-2所示不一致，重复统计的处理方式与第二章相应部分的处理一致，详见表2-2-1脚注。

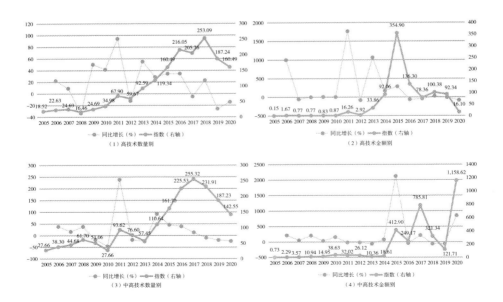

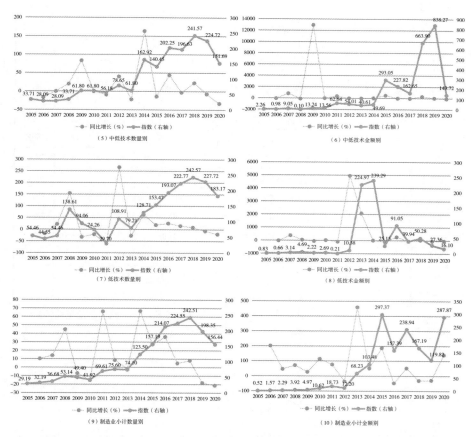

（5）中低技术数量别

（6）中低技术金额别

（7）低技术数量别

（8）低技术金额别

（9）制造业小计数量别

（10）制造业小计金额别

图 3-4-1　2005—2020 年中国民营企业对外并购投资制造业项目数量和金额指数变化图

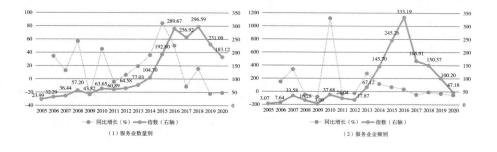

（1）服务业数量别

（2）服务业金额别

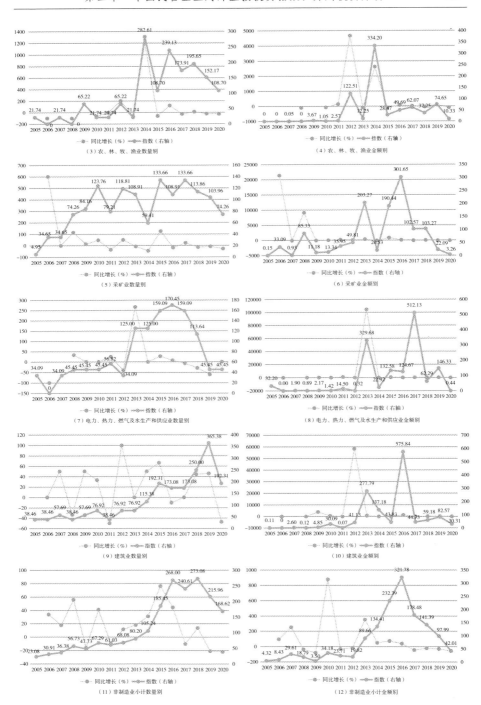

图 3-4-2　2005—2020 年中国民营企业对外并购投资非制造业项目数量和金额指数变化图

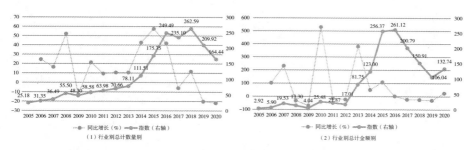

图 3-4-3　2005—2020 年中国民营企业对外并购投资行业别项目数量和金额指数变化图

第五节　民营企业对外并购投资融资模式别指数

本节筛选中国民营企业海外直接投资的并购部分的融资渠道相关数据，分析中国民营企业海外并购融资模式。

按照并购投资时的两种融资类型，本节计算了单一融资渠道指数和多种融资渠道指数，以及包含其中的各种具体融资渠道的指数。

一、中国民营企业对外并购融资渠道的总体情况

表 3-5-1　2005—2020 年中国民营企业对外并购投资的融资渠道汇总

融资模式	并购项目 （件）	并购金额 （百万美元）	并购金额涉及的 并购项目（件）
天使投资	277	8.8	248
增资	1813	1	1785
增资—可转债	86	3.74	84
增资—卖方配售	206	33.33	173
注资	1738	1	1722
增资—发行可转债	52	30.93	50
企业风险投资	678	13	605
众筹	2	2	2
开发资金	459	109.16	356
开发资金—第 1 轮-第 8 轮	827	51	741

续表

融资模式	并购项目（件）	并购金额（百万美元）	并购金额涉及的并购项目（件）
开发资金—种子轮	187	15	151
家族办公室	28	498.59	25
对冲基金	25	97	25
杠杆	34	1800	33
杠杆收购	30	2643.3	27
夹层融资	2	316.61	1
新银行信贷便利	114	0	106
通道融资	84	19.4	83
增资—配售	88	7.18	85
私募股权	904	146.16	768
增资—私人配售	1857	1314.69	1761
增资—公募	10	430.36	10
增资—新股发行	22	20	22
风险资本	899	16	748
总计	10422	7578.25	9611

注：存在重复统计的情况，处理方式和行业别统计一致。

　　海外并购融资渠道，按照国内大多数研究采用的标准，分为内源融资和外源融资，而外源融资又可以分为四类，债务融资方式、股权融资方式、混合融资方式和特殊融资方式[①]。为了保证数据的一致性，本书采用了 BvD-Zephyr 数据库的分类标准，将海外并购融资渠道分为 24 种，分别为：天使投资（Angel Investment）、增资（Capital Increase）、增资—可转债（Capital Increase—Converted Debt）、增资—卖方配售（Capital Increase—Vendor Placing）、注资（Capital Injection）、增资—发行可转债（Convertible Bonds）、企业风险投资（Corporate Venturing）、众筹（Crowd Funding）、开发资金（Development Capital）、开发资金—第 1 轮-第 8 轮

---

① 刘坪：《不同类型中国企业的海外并购融资方式研究》，硕士学位论文，北京交通大学，2014 年。

（Development Capital-1st Round-8th Round）、开发资金—种子轮（Development Capital-Seed）、家族办公室（Family Office）、对冲基金（Hedge Fund）、杠杆（Leveraged）、杠杆收购（Leveraged Buy Out）、夹层融资（Mezzanine）、新银行信贷便利（New Bank Facilities）、通道融资（Pipe）、增资—配售（Placing）、私募股权（Private Equity）、增资—私人配售（Private Placing）、增资—公募（Public Offer）、增资—新股发行（Rights Issue）、风险资本（Venture Capital）。按照这个标准，本节统计了 BvD-Zephyr 数据库中有明确融资渠道信息的中国民营海外并购交易样本，共10422 件。

通过这些民营企业数据可以看出，中国民营企业海外并购融资模式有三个显著的特征：第一，从并购投资项目数量上看，以增资、注资、私募股权和私人配售四种融资方式为主；第二，从并购投资项目金额上看，杠杆收购、杠杆和私人配售三个融资渠道涉及的资金明显大于其他几种融资渠道；第三，随着国内金融市场的发展，对冲基金、杠杆收购、杠杆、家族办公室、众筹和夹层融资等融资模式开始出现。另一方面，相较于 2017年及其之前的融资模式①，2020 年出现了两个新现象：一是对冲基金的使用频率明显提高；二是除此之外的很多融资模式都有不同程度的下降。

表 3-5-2　2005—2020 年中国民营企业对外并购融资渠道的数量分布

（单位：件、%）

年份	天使投资				增资				增资—可转债			
	数量	同比增长（%）	占比（%）	指数	数量	同比增长（%）	占比（%）	指数	数量	同比增长（%）	占比（%）	指数
2005	0	—	0.00	0.00	2	—	3.64	2.94	2	—	3.64	58.82
2006	1	—	0.90	6.67	8	300.00	7.21	11.76	1	-50.00	0.90	29.41
2007	1	0.00	0.72	6.67	4	-50.00	2.90	5.88	3	200.00	2.17	88.24

———————

①　详细数据见薛军等：《中国民营企业海外直接投资指数 2018 年度报告——基于中国民营企业 500 强的指数分析》，人民出版社 2019 年版。

续表

年份	天使投资				增资				增资—可转债			
	数量	同比增长（%）	占比（%）	指数	数量	同比增长（%）	占比（%）	指数	数量	同比增长（%）	占比（%）	指数
2008	0	-100.00	0.00	0.00	5	25.00	3.18	7.35	1	-66.67	0.64	29.41
2009	0	—	0.00	0.00	13	160.00	5.42	19.12	5	400.00	2.08	147.06
2010	2	—	0.78	13.33	22	69.23	8.59	32.35	4	-20.00	1.56	117.65
2011	1	-50.00	0.30	6.67	55	150.00	16.47	80.88	4	0.00	1.20	117.65
2012	6	500.00	1.97	40.00	50	-9.09	16.39	73.53	3	-25.00	0.98	88.24
2013	12	100.00	3.05	80.00	67	34.00	17.01	98.53	4	33.33	1.02	117.65
2014	27	125.00	4.63	180.00	69	2.99	11.84	101.47	3	-25.00	0.51	88.24
2015	29	7.41	3.13	193.33	99	43.48	10.67	145.59	3	0.00	0.32	88.24
2016	44	51.72	3.49	293.33	240	142.42	19.02	352.94	11	266.67	0.87	323.53
2017	35	-20.45	2.63	233.33	248	3.33	18.65	364.71	7	-36.36	0.53	205.8824
2018	45	28.57	2.63	300.00	363	46.37	21.23	533.82	11	57.14	0.64	323.5294
2019	43	-4.44	3.01	286.67	315	-13.22	22.03	463.24	15	36.36	1.05	441.1765
2020	31	-27.91	2.61	206.67	253	-19.68	21.28	372.06	9	-40.00	0.76	264.7059

年份	增资—卖方配售				注资				增资—发行可转债			
	数量	同比增长（%）	占比（%）	指数	数量	同比增长（%）	占比（%）	指数	数量	同比增长（%）	占比（%）	指数
2005	4	—	7.27	45.45	2	—	3.64	3.38	2	—	3.64	52.63
2006	8	100.00	7.21	90.91	7	250.00	6.31	11.82	3	50.00	2.70	78.95
2007	9	12.50	6.52	102.27	5	-28.57	3.62	8.45	1	-66.67	0.72	26.32
2008	4	-55.56	2.55	45.45	10	100.00	6.37	16.89	5	400.00	3.18	131.58
2009	5	25.00	2.08	56.82	16	60.00	6.67	27.03	4	-20.00	1.67	105.26
2010	3	-40.00	1.17	34.09	25	56.25	9.77	42.23	1	-75.00	0.39	26.32
2011	5	66.67	1.50	56.82	47	88.00	14.07	79.39	4	300.00	1.20	105.26
2012	5	0.00	1.64	56.82	45	-4.26	14.75	76.01	2	-50.00	0.66	52.63
2013	11	120.00	2.79	125.00	59	31.11	14.97	99.66	5	150.00	1.27	131.58
2014	4	-63.64	0.69	45.45	59	0.00	10.12	99.66	4	-20.00	0.69	105.26

续表

年份	增资—卖方配售				注资				增资—发行可转债			
	数量	同比增长（%）	占比（%）	指数	数量	同比增长（%）	占比（%）	指数	数量	同比增长（%）	占比（%）	指数
2015	19	375.00	2.05	215.91	86	45.76	9.27	145.27	4	0.00	0.43	105.26
2016	25	31.58	1.98	284.09	222	158.14	17.59	375.00	5	25.00	0.40	131.58
2017	38	52.00	2.86	431.82	241	8.56	18.12	407.09	5	0.00	0.38	131.58
2018	35	−7.89	2.05	397.73	357	48.13	20.88	603.04	4	−20.00	0.23	105.26
2019	15	−57.14	1.05	170.45	307	−14.01	21.47	518.58	1	−75.00	0.07	26.32
2020	16	6.67	1.35	181.82	250	−18.57	21.03	422.30	2	100.00	0.17	52.63

年份	企业风险投资				众筹				开发资金			
	数量	同比增长（%）	占比（%）	指数	数量	同比增长（%）	占比（%）	指数	数量	同比增长（%）	占比（%）	指数
2005	1	—	1.82	3.82	0	—	0.00	0.00	4	—	7.27	15.87
2006	5	400.00	4.50	19.08	0	—	0.00	0.00	3	−25.00	2.70	11.90
2007	5	0.00	3.62	19.08	0	—	0.00	0.00	6	100.00	4.35	23.81
2008	4	−20.00	2.55	15.27	0	—	0.00	0.00	7	16.67	4.46	27.78
2009	5	25.00	2.08	19.08	0	—	0.00	0.00	13	85.71	5.42	51.59
2010	9	80.00	3.52	34.35	0	—	0.00	0.00	12	−7.69	4.69	47.62
2011	7	−22.22	2.10	26.72	0	—	0.00	0.00	21	75.00	6.29	83.33
2012	8	14.29	2.62	30.53	0	—	0.00	0.00	12	−42.86	3.93	47.62
2013	11	37.50	2.79	41.98	0	—	0.00	0.00	17	41.67	4.31	67.46
2014	26	136.36	4.46	99.24	0	—	0.00	0.00	26	52.94	4.46	103.17
2015	79	203.85	8.51	301.53	1		0.11	500.00	50	92.31	5.39	198.41
2016	72	−8.86	5.71	274.81	0	−100.00	0.00	0.00	49	−2.00	3.88	194.44
2017	90	25.00	6.77	343.51	0	—	0.00	0.00	56	14.29	4.21	222.22
2018	142	57.78	8.30	541.98	0	—	0.00	0.00	73	30.36	4.27	289.68
2019	114	−19.72	7.97	435.11	1		0.07	500.00	66	−9.59	4.62	261.90
2020	100	−12.28	8.41	381.68	0	−100.00	0.00	0.00	44	−33.33	3.70	174.60

续表

年份	开发资金—第1轮-第8轮				开发资金—种子轮				家族办公室			
	数量	同比增长（%）	占比（%）	指数	数量	同比增长（%）	占比（%）	指数	数量	同比增长（%）	占比（%）	指数
2005	4	—	7.27	10.00	0	—	0.00	0.00	0	—	0.00	0.00
2006	14	250.00	12.61	35.00	0	—	0.00	0.00	0	—	0.00	0.00
2007	13	−7.14	9.42	32.50	1	—	0.72	10.20	0	—	0.00	0.00
2008	11	−15.38	7.01	27.50	0	−100.00	0.00	0.00	0	—	0.00	0.00
2009	15	36.36	6.25	37.50	0	—	0.00	0.00	0	—	0.00	0.00
2010	15	0.00	5.86	37.50	1	—	0.39	10.20	0	—	0.00	0.00
2011	15	0.00	4.49	37.50	1	0.00	0.30	10.20	0	—	0.00	0.00
2012	10	−33.33	3.28	25.00	3	200.00	0.98	30.61	1	—	0.33	166.67
2013	20	100.00	5.08	50.00	7	133.33	1.78	71.43	1	0.00	0.25	166.67
2014	61	205.00	10.46	152.50	15	114.29	2.57	153.06	0	−100.00	0.00	0.00
2015	94	54.10	10.13	235.00	23	53.33	2.48	234.69	1	—	0.11	166.67
2016	82	−12.77	6.50	205.00	32	39.13	2.54	326.53	2	100.00	0.16	333.33
2017	104	26.83	7.82	260.00	24	−25.00	1.80	244.90	1	−50.00	0.08	166.67
2018	144	38.46	8.42	360.00	36	50.00	2.11	367.35	7	600.00	0.41	1166.67
2019	119	−17.36	8.32	297.50	21	−41.67	1.47	214.29	5	−28.57	0.35	833.33
2020	106	−10.92	8.92	265.00	23	9.52	1.93	234.69	10	100.00	0.84	1666.67

年份	对冲基金				杠杆				杠杆收购			
	数量	同比增长（%）	占比（%）	指数	数量	同比增长（%）	占比（%）	指数	数量	同比增长（%）	占比（%）	指数
2005	0	—	0.00	0.00	0	—	0.00	0.00	0	—	0.00	0.00
2006	0	—	0.00	0.00	0	—	0.00	0.00	0	—	0.00	0.00
2007	0	—	0.00	0.00	0	—	0.00	0.00	0	—	0.00	0.00
2008	0	—	0.00	0.00	0	—	0.00	0.00	0	—	0.00	0.00
2009	0	—	0.00	0.00	0	—	0.00	0.00	0	—	0.00	0.00
2010	0	—	0.00	0.00	0	—	0.00	0.00	0	—	0.00	0.00
2011	0	—	0.00	0.00	0	—	0.00	0.00	0	—	0.00	0.00

续表

年份	对冲基金				杠杆				杠杆收购			
	数量	同比增长（%）	占比（%）	指数	数量	同比增长（%）	占比（%）	指数	数量	同比增长（%）	占比（%）	指数
2012	0	—	0.00	0.00	0	—	0.00	0.00	0	—	0.00	0.00
2013	0	—	0.00	0.00	0	—	0.00	0.00	0	—	0.00	0.00
2014	0	—	0.00	0.00	0	—	0.00	0.00	1	—	0.17	62.50
2015	1	—	0.11	500.00	1	—	0.11	500.00	7	600.00	0.75	437.50
2016	0	-100.00	0.00	0.00	5	400.00	0.40	2500.00	11	57.14	0.87	687.50
2017	1	—	0.08	500.00	8	60.00	0.60	4000.00	7	-36.36	0.53	437.50
2018	7	600.00	0.41	3500.00	8	0.00	0.47	4000.00	2	-71.43	0.12	125.00
2019	5	-28.57	0.35	2500.00	5	-37.50	0.35	2500.00	2	0.00	0.14	125.00
2020	11	120.00	0.93	5500.00	7	40.00	0.59	3500.00	0	-100.00	0.00	0.00

年份	夹层融资				新银行信贷便利				通道融资			
	数量	同比增长（%）	占比（%）	指数	数量	同比增长（%）	占比（%）	指数	数量	同比增长（%）	占比（%）	指数
2005	0	—	0.00	0.00	0	—	0.00	0.00	1	—	1.82	19.23
2006	0	—	0.00	0.00	1	—	0.90	13.89	1	0.00	0.90	19.23
2007	0	—	0.00	0.00	3	200.00	2.17	41.67	2	100.00	1.45	38.46
2008	0	—	0.00	0.00	3	0.00	1.91	41.67	1	-50.00	0.64	19.23
2009	0	—	0.00	0.00	7	133.33	2.92	97.22	8	700.00	3.33	153.85
2010	0	—	0.00	0.00	2	-71.43	0.78	27.78	1	-87.50	0.39	19.23
2011	0	—	0.00	0.00	7	250.00	2.10	97.22	4	300.00	1.20	76.92
2012	0	—	0.00	0.00	3	-57.14	0.98	41.67	1	-75.00	0.33	19.23
2013	1	—	0.25	500.00	7	133.33	1.78	97.22	2	100.00	0.51	38.46
2014	0	-100.00	0.00	0.00	7	0.00	1.20	97.22	10	400.00	1.72	192.31
2015	0	0.00	0.00	0.00	12	71.43	1.29	166.67	9	-10.00	0.97	173.08
2016	1	—	0.08	500.00	18	50.00	1.43	250.00	9	0.00	0.71	173.08
2017	0	-100.00	0.00	0.00	17	-5.56	1.28	236.11	12	33.33	0.90	230.77
2018	0	0.00	0.00	0.00	11	-35.29	0.64	152.78	15	25.00	0.88	288.46
2019	0	0.00	0.00	0.00	7	-36.36	0.49	97.22	1	-93.33	0.07	19.23
2020	0	—	0.00	0.00	9	28.57	0.76	125.00	7	600.00	0.59	134.62

续表

年份	增资—配售				私募股权				增资—私人配售			
	数量	同比增长（%）	占比（%）	指数	数量	同比增长（%）	占比（%）	指数	数量	同比增长（%）	占比（%）	指数
2005	1	—	1.82	26.32	9	—	16.36	19.48	21	—	38.18	16.01
2006	2	100.00	1.80	52.63	12	33.33	10.81	25.97	35	66.67	31.53	26.68
2007	6	200.00	4.35	157.89	11	−8.33	7.97	23.81	54	54.29	39.13	41.16
2008	10	66.67	6.37	263.16	22	100.00	14.01	47.62	66	22.22	42.04	50.30
2009	2	−80.00	0.83	52.63	15	−31.82	6.25	32.47	110	66.67	45.83	83.84
2010	8	300.00	3.13	210.53	20	33.33	7.81	43.29	117	6.36	45.70	89.18
2011	1	−87.50	0.30	26.32	27	35.00	8.08	58.44	108	−7.69	32.34	82.32
2012	4	300.00	1.31	105.26	21	−22.22	6.89	45.45	113	4.63	37.05	86.13
2013	2	−50.00	0.51	52.63	29	38.10	7.36	62.77	103	−8.85	26.14	78.51
2014	6	200.00	1.03	157.89	56	93.10	9.61	121.21	137	33.01	23.50	104.42
2015	6	0.00	0.65	157.89	98	75.00	10.56	212.12	195	42.34	21.01	148.63
2016	5	−16.67	0.40	131.58	132	34.69	10.46	285.71	202	3.59	16.01	153.96
2017	10	100.00	0.75	263.16	99	−25.00	7.44	214.29	194	−3.96	14.59	147.87
2018	9	−10.00	0.53	236.84	129	30.30	7.54	279.22	155	−20.10	9.06	118.14
2019	12	33.33	0.84	315.79	135	4.65	9.44	292.21	130	−16.13	9.09	99.09
2020	4	−66.67	0.34	105.26	89	−34.07	7.49	192.64	117	−10.00	9.84	89.18

年份	增资—公募				增资—新股发行			
	数量	同比增长（%）	占比（%）	指数	数量	同比增长（%）	占比（%）	指数
2005	1	—	1.82	26.32	9	—	16.36	19.48
2006	2	100.00	1.80	52.63	12	33.33	10.81	25.97
2007	6	200.00	4.35	157.89	11	−8.33	7.97	23.81
2008	10	66.67	6.37	263.16	22	100.00	14.01	47.62
2009	2	−80.00	0.83	52.63	15	−31.82	6.25	32.47
2010	8	300.00	3.13	210.53	20	33.33	7.81	43.29
2011	1	−87.50	0.30	26.32	27	35.00	8.08	58.44
2012	4	300.00	1.31	105.26	21	−22.22	6.89	45.45
2013	2	−50.00	0.51	52.63	29	38.10	7.36	62.77

续表

年份	增资—公募				增资—新股发行			
	数量	同比增长（%）	占比（%）	指数	数量	同比增长（%）	占比（%）	指数
2014	6	200.00	1.03	157.89	56	93.10	9.61	121.21
2015	6	0.00	0.65	157.89	98	75.00	10.56	212.12
2016	5	−16.67	0.40	131.58	132	34.69	10.46	285.71
2017	10	100.00	0.75	263.16	99	−25.00	7.44	214.29
2018	9	−10.00	0.53	236.84	129	30.30	7.54	279.22
2019	12	33.33	0.84	315.79	135	4.65	9.44	292.21
2020	4	−66.67	0.34	105.26	89	−34.07	7.49	192.64

年份	风险资本				小计			
	数量	同比增长（%）	占比（%）	指数	数量	同比增长（%）	占比（%）	指数
2005	2	—	3.64	4.02	55	—	100.00	10.81
2006	9	350.00	8.11	18.07	111	101.82	100.00	21.82
2007	14	55.56	10.14	28.11	138	24.32	100.00	27.12
2008	6	−57.14	3.82	12.05	157	13.77	100.00	30.86
2009	15	150.00	6.25	30.12	240	52.87	100.00	47.17
2010	13	−13.33	5.08	26.10	256	6.67	100.00	50.31
2011	21	61.54	6.29	42.17	334	30.47	100.00	65.64
2012	18	−14.29	5.90	36.14	305	−8.68	100.00	59.94
2013	30	66.67	7.61	60.24	394	29.18	100.00	77.44
2014	70	133.33	12.01	140.56	583	47.97	100.00	114.58
2015	110	57.14	11.85	220.88	928	59.18	100.00	182.39
2016	93	−15.45	7.37	186.75	1262	35.99	100.00	248.03
2017	130	39.78	9.77	261.04	1330	5.39	100.00	261.40
2018	156	20.00	9.12	313.25	1710	28.57	100.00	336.08
2019	111	−28.85	7.76	222.89	1430	−16.37	100.00	281.05
2020	101	−9.01	8.49	202.81	1189	−16.85	100.00	233.69

注：存在重复统计的情况，处理方式和行业别统计一致。

表 3-5-3 2005—2020 年中国民营企业对外并购融资渠道的金额分布

（单位：百万美元、%）

年份	天使投资				增资				增资一可转债			
	金额	同比增长（%）	占比（%）	指数	金额	同比增长（%）	占比（%）	指数	金额	同比增长（%）	占比（%）	指数
2005	0	—	0.00	0.00	1	—	0.06	0.02	3.74	—	0.21	0.43
2006	8.8	—	0.14	3.31	331.42	33042.00	5.18	7.54	1.27	-66.04	0.02	0.15
2007	1.37	-84.43	0.00	0.51	100.66	-69.63	0.31	2.29	6.39	403.15	0.02	0.74
2008	0	-100.00	0.00	0.00	102.12	1.45	0.64	2.32	5	-21.75	0.03	0.58
2009	0	—	0.00	0.00	824.85	707.73	2.43	18.78	60.7	1114.00	0.18	6.99
2010	0	—	0.00	0.00	3498.14	324.09	9.86	79.63	20.07	-66.94	0.06	2.31
2011	2.5	—	0.01	0.94	3277.44	-6.31	8.08	74.60	166.32	728.70	0.41	19.14
2012	61.15	2346.00	0.13	22.98	2762.18	-15.72	5.95	62.87	16.66	-89.98	0.04	1.92
2013	52.97	-13.38	0.07	19.91	2377.21	-13.94	3.31	54.11	2260.88	13470.71	3.15	260.21
2014	427	706.12	0.41	160.48	3997.22	68.15	3.83	90.99	959.79	-57.55	0.92	110.47
2015	786.74	84.25	0.38	295.69	9551.7	138.96	4.66	217.42	940.63	-2.00	0.46	108.26
2016	767.65	-2.43	0.37	288.51	17269.02	80.80	8.25	393.09	3763.59	300.11	1.80	433.17
2017	498.25	-35.09	0.29	187.26	11404.44	-33.96	6.60	259.60	1358.38	-63.91	0.79	156.34
2018	1329.96	166.93	0.71	499.85	15297.71	34.14	8.19	348.22	3812.94	180.70	2.04	438.85
2019	774	-41.80	0.51	290.90	13766.03	-10.01	9.03	313.35	1323.54	-65.29	0.87	152.33
2020	245.59	-68.27	0.26	92.30	15380.73	11.73	16.33	350.11	3259.02	146.24	3.46	375.09

年份	增资一卖方配售				注资				增资一发行可转债			
	金额	同比增长（%）	占比（%）	指数	金额	同比增长（%）	占比（%）	指数	金额	同比增长（%）	占比（%）	指数
2005	33.33	—	1.91	1.12	1	—	0.06	0.03	30.93	—	1.77	15.68
2006	2766.86	8201.41	43.26	92.72	60.06	5906.00	0.94	1.78	6.29	-79.66	0.10	3.19
2007	2703.24	-2.30	8.40	90.59	553.17	821.03	1.72	16.39	5600	88930.21	17.41	2838.32
2008	522.65	-80.67	3.28	17.51	321.93	-41.80	2.02	9.54	1602.65	-71.38	10.05	812.29
2009	363.87	-30.38	1.07	12.19	1407.66	337.26	4.15	41.71	3220.53	100.95	9.50	1632.30
2010	7242.21	1890.33	20.41	242.69	943.68	-32.96	2.66	27.96	12	-99.63	0.03	6.08

续表

年份	增资—卖方配售				注资				增资—发行可转债			
	金额	同比增长（%）	占比（%）	指数	金额	同比增长（%）	占比（%）	指数	金额	同比增长（%）	占比（%）	指数
2011	775.54	-89.29	1.91	25.99	3157.14	234.56	7.78	93.54	565.86	4615.50	1.39	286.80
2012	874.14	12.71	1.88	29.29	2541.7	-19.49	5.48	75.31	18.1	-96.80	0.04	9.17
2013	2214.03	153.28	3.09	74.19	2198.21	-13.51	3.06	65.13	157.44	769.83	0.22	79.80
2014	2117.98	-4.34	2.03	70.98	3642.46	65.70	3.49	107.92	55.72	-64.61	0.05	28.24
2015	8938.81	322.04	4.36	299.55	5336.35	46.50	2.60	158.11	189.38	239.88	0.09	95.99
2016	6908.15	-22.72	3.30	231.50	15950	198.89	7.62	472.57	187.87	-0.80	0.09	95.22
2017	17216.63	149.22	9.96	576.95	11080.04	-30.53	6.41	328.28	114.16	-39.23	0.07	57.86
2018	21380.35	24.18	11.45	716.48	15952.11	43.97	8.54	472.63	156.9	37.44	0.08	79.52
2019	15632.19	-26.89	10.26	523.85	14259.13	-10.61	9.36	422.47	7.46	-95.25	0.00	3.78
2020	12957.07	-17.11	13.76	434.20	16875.48	18.35	17.92	499.99	31.23	318.63	0.03	15.83

年份	企业风险投资				众筹				开发资金			
	金额	同比增长（%）	占比（%）	指数	金额	同比增长（%）	占比（%）	指数	金额	同比增长（%）	占比（%）	指数
2005	13	—	0.74	0.50	0	—	0.00	0.00	109.16	—	6.25	4.14
2006	85.8	560.00	1.34	3.33	0	—	0.00	0.00	18	-83.51	0.28	0.68
2007	80.5	-6.18	0.25	3.12	0	—	0.00	0.00	79.37	340.94	0.25	3.01
2008	776.28	864.32	4.87	30.11	0	—	0.00	0.00	874.7	1002.05	5.49	33.14
2009	38.92	-94.99	0.11	1.51	0	—	0.00	0.00	233.27	-73.33	0.69	8.84
2010	287.63	639.03	0.81	11.16	0	—	0.00	0.00	350.54	50.27	0.99	13.28
2011	1191.5	314.25	2.94	46.22	0	—	0.00	0.00	1349.14	284.87	3.33	51.11
2012	2166.25	81.81	4.67	84.03	0	—	0.00	0.00	2230.54	65.33	4.81	84.50
2013	143.61	-93.37	0.20	5.57	0	—	0.00	0.00	270.07	-87.89	0.38	10.23
2014	1010.52	603.66	0.97	39.20	0	—	0.00	0.00	3252.16	1104.19	3.12	123.20
2015	8377.17	729.00	4.09	324.97	2	—	0.00	500.00	6097.1	87.48	2.98	230.97
2016	15972.42	90.67	7.63	619.61	0	-100.00	0.00	0.00	7987.79	31.01	3.82	302.59
2017	9828.96	-38.46	5.69	381.29	0	—	0.00	0.00	4189.58	-47.55	2.42	158.71

续表

年份	企业风险投资				众筹				开发资金			
	金额	同比增长（%）	占比（%）	指数	金额	同比增长（%）	占比（%）	指数	金额	同比增长（%）	占比（%）	指数
2018	20409.88	107.65	10.93	791.75	0	—	0.00	0.00	8861.2	111.51	4.75	335.68
2019	20421.62	0.06	13.40	792.21	1.69	—	0.00	422.50	8651.76	-2.36	5.68	327.74
2020	4237.63	-79.25	4.50	164.39	0	-100.00	0.00	0.00	1940.55	-77.57	2.06	73.51

年份	开发资金—第1轮-第8轮				开发资金—种子轮				家族办公室			
	金额	同比增长（%）	占比（%）	指数	金额	同比增长（%）	占比（%）	指数	金额	同比增长（%）	占比（%）	指数
2005	51	—	2.92	4.12	0	—	0.00	0.00	0	—	0.00	0.00
2006	159.3	212.35	2.49	12.87	0	—	0.00	0.00	0	—	0.00	0.00
2007	181.2	13.75	0.56	14.64	15	—	0.05	94.00	0	—	0.00	0.00
2008	231.78	27.91	1.45	18.72	0	-100.00	0.00	0.00	0	—	0.00	0.00
2009	167.32	-27.81	0.49	13.52	0	—	0.00	0.00	0	—	0.00	0.00
2010	279.45	67.02	0.79	22.58	0	—	0.00	0.00	0	—	0.00	0.00
2011	364.7	30.51	0.90	29.46	1	—	0.00	6.27	0	—	0.00	0.00
2012	238.5	-34.60	0.51	19.27	1.55	55.00	0.00	9.71	498.59	—	1.07	227.84
2013	382.37	60.32	0.53	30.89	7.97	414.19	0.01	49.94	498.59	0.00	0.70	227.84
2014	1347.66	252.45	1.29	108.87	22.59	183.44	0.02	141.56	0	-100.00	0.00	0.00
2015	3856.06	186.13	1.88	311.51	46.68	106.64	0.02	292.52	97	—	0.05	44.33
2016	10203.34	164.61	4.87	824.27	80.85	73.20	0.04	506.64	42	-56.70	0.02	19.19
2017	7489.67	-26.60	4.33	605.05	34.4	-57.45	0.02	215.57	28	-33.33	0.02	12.79
2018	14265.55	90.47	7.64	1152.44	232.26	575.17	0.12	1455.45	246.19	779.25	0.13	112.50
2019	15188.42	6.47	9.97	1226.99	76.12	-67.23	0.05	477.00	1595.81	548.20	1.05	729.23
2020	5216.13	-65.66	5.54	421.38	77.32	1.58	0.08	484.52	498.34	-68.77	0.53	227.72

年份	对冲基金				杠杆				杠杆收购			
	金额	同比增长（%）	占比（%）	指数	金额	同比增长（%）	占比（%）	指数	金额	同比增长（%）	占比（%）	指数
2005	0	—	0.00	0.00	0	—	0.00	0.00	0	—	0.00	0.00
2006	0	—	0.00	0.00	0	—	0.00	0.00	0	—	0.00	0.00

年份	对冲基金				杠杆				杠杆收购			
	金额	同比增长（%）	占比（%）	指数	金额	同比增长（%）	占比（%）	指数	金额	同比增长（%）	占比（%）	指数
2007	0	—	0.00	0.00	0	—	0.00	0.00	0	—	0.00	0.00
2008	0	—	0.00	0.00	0	—	0.00	0.00	0	—	0.00	0.00
2009	0	—	0.00	0.00	0	—	0.00	0.00	0	—	0.00	0.00
2010	0	—	0.00	0.00	0	—	0.00	0.00	0	—	0.00	0.00
2011	0	—	0.00	0.00	0	—	0.00	0.00	0	—	0.00	0.00
2012	0	—	0.00	0.00	0	—	0.00	0.00	0	—	0.00	0.00
2013	0	—	0.00	0.00	0	—	0.00	0.00	0	—	0.00	0.00
2014	0	—	0.00	0.00	0	—	0.00	0.00	2643.3	—	2.53	46.95
2015	97	—	0.05	500.00	1800	—	0.88	500.00	25509.02	865.04	12.45	453.05
2016	0	−100.00	0.00	0.00	12739.11	607.73	6.09	3538.64	3449.06	−86.48	1.65	61.26
2017	67	—	0.04	345.36	15835.4	24.31	9.16	4398.72	4252.55	23.30	2.46	75.53
2018	563.13	740.49	0.30	2902.73	4694.65	−70.35	2.51	1304.07	1238.29	−70.88	0.66	21.99
2019	539	−4.28	0.35	2778.35	1825.67	−61.11	1.20	507.13	944.07	−23.76	0.62	16.77
2020	2056.5	281.54	2.18	10600.52	3401	86.29	3.61	944.72	0	−100.00	0.00	0.00

年份	夹层融资				新银行信贷便利				通道融资			
	金额	同比增长（%）	占比（%）	指数	金额	同比增长（%）	占比（%）	指数	金额	同比增长（%）	占比（%）	指数
2005	0	—	0.00	0.00	0	—	0.00	0.00	19.4	—	1.11	0.66
2006	0	—	0.00	0.00	0	—	0.00	0.00	18.05	−6.96	0.28	0.62
2007	0	—	0.00	0.00	237.65	—	0.74	1.79	8.8	−51.25	0.03	0.30
2008	0	—	0.00	0.00	1208.29	408.43	7.58	9.11	9.16	4.09	0.06	0.31
2009	0	—	0.00	0.00	3827.03	216.73	11.28	28.87	4229.88	46077.73	12.47	144.17
2010	0	—	0.00	0.00	201.29	−94.74	0.57	1.52	8.14	−99.81	0.02	0.28
2011	0	—	0.00	0.00	6625.06	3191.30	16.33	49.97	154.22	1794.59	0.38	5.26
2012	0	—	0.00	0.00	762.81	−88.49	1.64	5.75	34.65	−77.53	0.07	1.18
2013	316.61	—	0.44	500.00	14905.03	1853.96	20.78	112.42	3489.73	9971.37	4.86	118.94
2014	0	−100.00	0.00	0.00	15669.44	5.13	15.01	118.19	7536.5	115.96	7.22	256.87

年份	夹层融资				新银行信贷便利				通道融资			
	金额	同比增长(%)	占比(%)	指数	金额	同比增长(%)	占比(%)	指数	金额	同比增长(%)	占比(%)	指数
2015	0	—	0.00	0.00	28326.63	80.78	13.82	213.66	3454.74	-54.16	1.69	117.75
2016	0	—	0.00	0.00	16987.46	-40.03	8.12	128.13	832.56	-75.90	0.40	28.38
2017	0	—	0.00	0.00	20258.21	19.25	11.72	152.80	2250.63	170.33	1.30	76.71
2018	0	—	0.00	0.00	5937.24	-70.69	3.18	44.78	1427.93	-36.55	0.76	48.67
2019	0	—	0.00	0.00	2769.74	-53.35	1.82	20.89	218.62	-84.69	0.14	7.45
2020	0	—	0.00	0.00	3677.67	32.78	3.90	27.74	433.48	98.28	0.46	14.77

年份	增资—配售				私募股权				增资—私人配售			
	金额	同比增长(%)	占比(%)	指数	金额	同比增长(%)	占比(%)	指数	金额	同比增长(%)	占比(%)	指数
2005	7.18	—	0.41	6.23	146.16	—	8.37	0.40	1314.69	—	75.27	9.94
2006	14.97	108.50	0.23	12.98	2373.36	1523.81	37.11	6.49	402.71	-69.37	6.30	3.04
2007	224.14	1397.26	0.70	194.37	2718.48	14.54	8.45	7.44	19438.85	4727.01	60.43	146.93
2008	636.19	183.84	3.99	551.70	2021.37	-25.64	12.68	5.53	7085.88	-63.55	44.44	53.56
2009	7.02	-98.90	0.02	6.09	2493.4	23.35	7.35	6.82	11146.76	57.31	32.87	84.25
2010	1633.13	23163.96	4.60	1416.25	4956.74	98.79	13.97	13.56	15358.54	37.78	43.29	116.09
2011	2.58	-99.84	0.01	2.24	9029.78	82.17	22.26	24.70	13392.4	-12.80	33.01	101.23
2012	145.04	5521.71	0.31	125.78	23348.54	158.57	50.32	63.86	10430.7	-22.11	22.48	78.84
2013	28.75	-80.18	0.04	24.93	28373.87	21.52	39.55	77.60	7664.36	-26.52	10.68	57.93
2014	240.21	735.51	0.23	208.31	42133.67	48.49	40.36	115.24	15190.32	98.19	14.55	114.82
2015	159.99	-33.40	0.08	138.74	79925.67	89.70	39.00	218.60	19472.18	28.19	9.50	147.18
2016	791.09	394.46	0.38	686.03	77591.23	-2.92	37.07	212.22	16321.42	-16.19	7.80	123.37
2017	376.82	-52.37	0.22	326.78	48520.29	-37.47	28.08	132.71	15176.27	-7.02	8.78	114.71
2018	815.48	116.41	0.44	707.18	53627.71	10.53	28.72	146.67	12493.54	-17.68	6.69	94.43
2019	101.14	-87.60	0.07	87.71	43226.43	-19.40	28.36	118.23	8743.41	-30.02	5.74	66.09
2020	256.81	153.92	0.27	222.70	17164.65	-60.29	18.23	46.95	3924.58	-55.11	4.17	29.66

年份	增资—公募				增资—新股发行			
	金额	同比增长（%）	占比（%）	指数	金额	同比增长（%）	占比（%）	指数
2005	0	—	0.00	0.00	0	—	0.00	0.00
2006	0	—	0.00	0.00	20	—	0.31	1.80
2007	0	—	0.00	0.00	0	−100.00	0.00	0.00
2008	430.36	—	2.70	63.39	20	—	0.13	1.80
2009	5524.7	1183.74	16.29	813.75	262.87	1214.35	0.78	23.60
2010	430.36	−92.21	1.21	63.39	0	−100.00	0.00	0.00
2011	10.94	−97.46	0.03	1.61	160.15	—	0.39	14.38
2012	0	−100.00	0.00	0.00	0	−100.00	0.00	0.00
2013	3281.71	—	4.57	483.37	2723.77	—	3.80	244.52
2014	0	−100.00	0.00	0.00	2685.64	−1.40	2.57	241.10
2015	101.93	—	0.05	15.01	0	−100.00	0.00	0.00
2016	0	−100.00	0.00	0.00	86.9	—	0.04	7.80
2017	7.56	—	0.00	1.11	270.79	211.61	0.16	24.31
2018	189.33	2404.37	0.10	27.89	0	−100.00	0.00	0.00
2019	0	−100.00	0.00	0.00	0	—	0.00	0.00
2020	0	—	0.00	0.00	0	—	0.00	0.00

年份	风险资本				小计			
	金额	同比增长（%）	占比（%）	指数	金额	同比增长（%）	占比（%）	指数
2005	16	—	0.92	1.85	1746.59	—	100.00	1.87
2006	128.5	703.13	2.01	14.84	6395.39	266.16	100.00	6.83
2007	218.07	69.70	0.68	25.19	32166.89	402.97	100.00	34.36
2008	96	−55.98	0.60	11.09	15944.36	−50.43	100.00	17.03
2009	107.19	11.66	0.32	12.38	33915.97	112.71	100.00	36.23
2010	256.5	139.29	0.72	29.63	35478.42	4.61	100.00	37.90
2011	346.84	35.22	0.85	40.07	40573.11	14.36	100.00	43.34
2012	273.29	−21.21	0.59	31.57	46404.39	14.37	100.00	49.57
2013	392.24	43.53	0.55	45.31	71739.42	54.60	100.00	76.64

续表

年份	风险资本				小计			
	金额	同比增长（%）	占比（%）	指数	金额	同比增长（%）	占比（%）	指数
2014	1456.42	271.31	1.40	168.24	104388.6	45.51	100.00	111.52
2015	1859.55	27.68	0.91	214.81	204926.33	96.31	100.00	218.92
2016	1392.6	−25.11	0.67	160.87	209324.11	2.15	100.00	223.62
2017	2558.55	83.72	1.48	295.56	172816.58	−17.44	100.00	184.62
2018	3767.38	47.25	2.02	435.20	186699.73	8.03	100.00	199.45
2019	2338.22	−37.94	1.53	270.11	152404.07	−18.37	100.00	162.81
2020	2545.25	8.85	2.70	294.02	94179.03	−38.20	100.00	100.61

注：存在重复统计的情况，处理方式和行业别统计一致。

二、单一渠道融资和多种渠道融资的选择

表 3-5-4 2005—2020 年中国民营企业对外并购中单一渠道融资和多种渠道融资的汇总

渠道类型	融资模式	并购项目（件）	并购金额（百万美元）	并购金额涉及的并购项目（件）
单一渠道融资	增资	103	11033.88	87
	增资—可转债	70	13299.12	68
	增资—卖方配售	205	102458.6	172
	注资	1	1152.03	1
	增资—发行可转债	24	9090.34	24
	家族办公室	5	1198.93	4
	新银行信贷便利	35	29420.96	32
	增资—配售	52	2921.08	50
	私募股权	275	288487.8	217
	增资—私人配售	1678	147247.5	1588
	增资—公募	1	7.56	1
	增资—新股发行	12	422.53	12
	总计	2461	606740.3	2256

续表

渠道类型	融资模式	并购项目（件）	并购金额（百万美元）	并购金额涉及的并购项目（件）
多种渠道融资	天使投资+增资—发行可转债+开发资金—种子轮+风险资本	2	1.54	2
	天使投资+企业风险投资+开发资金+家族办公室+风险资本	1	182.5	1
	天使投资+企业风险投资+开发资金+私募股权	11	412.42	10
	天使投资+企业风险投资+开发资金+风险资本	19	344.75	17
	天使投资+企业风险投资+开发资金—第1轮-第8轮+家族办公室+风险资本	3	116.75	3
	天使投资+企业风险投资+开发资金—第1轮-第8轮+对冲基金+私募股权	1	62	1
	天使投资+企业风险投资+开发资金—第1轮-第8轮+私募股权	21	1300.55	19
	天使投资+企业风险投资+开发资金—第1轮-第8轮+风险资本	42	981.21	39
	天使投资+企业风险投资+开发资金—种子轮+家族办公室+风险资本	1	1.8	1
	天使投资+企业风险投资+开发资金—种子轮+私募股权	1	6.5	1
	天使投资+企业风险投资+开发资金—种子轮+风险资本	18	71.73	18
	天使投资+众筹+开发资金+风险资本	1	1.69	1
	天使投资+众筹+开发资金—种子轮+风险资本	1	2	1
	天使投资+开发资金+私募股权	11	189.56	9
	天使投资+开发资金+风险资本	33	171.32	25
	天使投资+开发资金—第1轮-第8轮+私募股权	12	411.35	12
	天使投资+开发资金—第1轮-第8轮+风险资本	35	549.04	32
	天使投资+开发资金—种子轮+私募股权	2	6.3	2
	天使投资+开发资金—种子轮+风险资本	62	142.97	54
	增资+增资—可转债+注资	2	98.82	2
	增资+注资	1679	85826.27	1667

渠道类型	融资模式	并购项目（件）	并购金额（百万美元）	并购金额涉及的并购项目（件）
多种渠道融资	增资+注资+杠杆+新银行信贷便利	2	172.54	2
	增资+注资+杠杆收购+新银行信贷便利	2	136	2
	增资+注资+新银行信贷便利	1	80.08	1
	增资+注资+私募股权	6	1248.17	6
	增资+注资+增资—私人配售	2	160	2
	增资+开发资金—种子轮+风险资本	1	10	1
	增资+通道融资	1	12.57	1
	增资+增资—配售+增资—公募	1	101.93	1
	增资+增资—配售+增资—新股发行	1	266.45	1
	增资+私募股权	1	350	1
	增资+增资—私人配售	11	445.16	11
	增资—可转债+注资	7	2963.8	7
	增资—可转债+企业风险投资+开发资金—第1轮-第8轮+对冲基金+私募股权	1	130	1
	增资—可转债+开发资金+风险资本	1	7	1
	增资—可转债+通道融资	1	8.65	1
	增资—可转债+私募股权	1	1221.4	1
	增资—可转债+增资—私人配售	3	230.13	3
	增资—卖方配售+杠杆+新银行信贷便利+私募股权	1	188.46	1
	注资+增资—配售	2	70	2
	注资+增资—私人配售	34	2372.41	30
	增资—发行可转债+企业风险投资+开发资金+私募股权	2	102.9	2
	增资—发行可转债+开发资金+私募股权	3	34	2
	增资—发行可转债+开发资金+风险资本	3	30	2
	增资—发行可转债+通道融资	2	211.94	2
	增资—发行可转债+通道融资+增资—私人配售	6	116.33	6

续表

渠道类型	融资模式	并购项目（件）	并购金额（百万美元）	并购金额涉及的并购项目（件）
多种渠道融资	增资—发行可转债+私募股权	2	2200.1	2
	增资—发行可转债+私募股权+增资—私人配售	1	12	1
	增资—发行可转债+增资—私人配售	7	157.37	7
	企业风险投资+开发资金+家族办公室+私募股权	1	15.19	1
	企业风险投资+开发资金+对冲基金+私募股权	2	685	2
	企业风险投资+开发资金+私募股权	89	34671.87	75
	企业风险投资+开发资金+风险资本	76	1894.93	57
	企业风险投资+开发资金—第1轮-第8轮	1	1	1
	企业风险投资+开发资金—第1轮-第8轮+家族办公室+对冲基金+风险资本	2	157.5	2
	企业风险投资+开发资金—第1轮-第8轮+家族办公室+私募股权	2	54.54	1
	企业风险投资+开发资金—第1轮-第8轮+家族办公室+风险资本	4	79.5	4
	企业风险投资+开发资金—第1轮-第8轮+对冲基金+私募股权	6	738.13	6
	企业风险投资+开发资金—第1轮-第8轮+对冲基金+风险资本	6	641	6
	企业风险投资+开发资金—第1轮-第8轮+新银行信贷便利+风险资本	2	8.6	2
	企业风险投资+开发资金—第1轮-第8轮+私募股权	157	36545.52	147
	企业风险投资+开发资金—第1轮-第8轮+风险资本	178	5365.33	160
	企业风险投资+开发资金—种子轮+风险资本	29	214.84	26
	企业风险投资+私募股权	1	55.63	1
	企业风险投资+私募股权+增资—私人配售	1	200	1
	开发资金+新银行信贷便利+私募股权	2	276.67	2
	开发资金+私募股权	107	6104.04	83
	开发资金+风险资本	97	1371.09	66

渠道类型	融资模式	并购项目（件）	并购金额（百万美元）	并购金额涉及的并购项目（件）
多种渠道融资	开发资金—第1轮-第8轮+家族办公室+对冲基金+风险资本	3	342	3
	开发资金—第1轮-第8轮+家族办公室+私募股权	2	109	1
	开发资金—第1轮-第8轮+家族办公室+风险资本	3	129	3
	开发资金—第1轮-第8轮+对冲基金+私募股权	1	121	1
	开发资金—第1轮-第8轮+对冲基金+风险资本	3	446	3
	开发资金—第1轮-第8轮+私募股权	137	6975.98	120
	开发资金—第1轮-第8轮+风险资本	205	4357.45	174
	开发资金—种子轮+私募股权	2	7	1
	开发资金—种子轮+风险资本	68	131.06	44
	家族办公室+私募股权	1	1117.81	1
	杠杆+新银行信贷便利	27	33479.23	26
	杠杆+新银行信贷便利+私募股权	4	6455.6	4
	杠杆收购+夹层融资+新银行信贷便利+私募股权	1	0	—
	杠杆收购+新银行信贷便利	10	4283.9	10
	杠杆收购+新银行信贷便利+私募股权	17	33616.39	15
	夹层融资+私募股权	1	316.61	1
	新银行信贷便利+私募股权	9	11043.07	8
	新银行信贷便利+增资—公募	1	2232.05	1
	通道融资+增资—配售	3	430.98	3
	通道融资+私募股权+增资—私人配售	1	18.05	1
	通道融资+增资—私人配售	68	16764.55	67
	通道融资+增资—公募	2	6563.42	2
	增资—配售+私募股权	2	106.08	2
	增资—配售+增资—私人配售	26	1354.69	25
	增资—配售+增资—公募	1	189.33	1

续表

渠道 类型	融资模式	并购项目 （件）	并购金额 （百万 美元）	并购金额 涉及的 并购项目 （件）
多种 渠道 融资	私募股权+增资—私人配售	6	2054.67	6
	增资—私人配售+增资—公募	4	882.6	4
	增资—私人配售+增资—新股发行	9	5541.14	9
	总计	3444	332069.5	3196

2005年至2020年我国民营企业通过各种渠道融资的并购对外直接投资整体呈现增长趋势。通过各种渠道融资的并购对外直接投资项目数量从2005年的55件增长到2020年的1189件，金额从2005年的17.47亿美元增长到2020年的941.79亿美元。其中，2020年，我国民营企业通过各种渠道融资的并购OFDI项目数量为1189件，同比下降16.85%；通过各种渠道融资的并购OFDI金额为941.79亿美元，同比下降38.2%。

通过进一步的展开分析，可以发现很多特点，以下列举其中四个特点：第一，从OFDI项目数量看，在民营企业跨国并购的融资渠道方面，单一渠道和多种渠道的使用上并没有太大的偏向性，单一渠道的为2461件并购项目，多种渠道的为3444件并购案件（涉及年份的重复统计，处理方式和本书前文一致）。第二，从并购OFDI项目金额看，在2005年至2020年间，我国民营企业对外并购直接投资活动主要集中在多种渠道融资，累计海外直接投资项目金额为641.52亿美元，占比90.56%；其次是单一渠道融资，累计海外直接投资项目金额为66.86亿美元，占比9.44%。第三，流向多种渠道融资中的"杠杆+新银行信贷便利"的并购OFDI在2005年至2020年的16年间民营企业海外直接投资项目金额指数波动程度最大。第四，流向单一渠道融资的"增资—私人配售"的OFDI数量在2006年出现最显著的缩减，从20件缩减到0件。流向多种渠道融资的"杠杆+新银行信贷便利"的OFDI金额在2016年出现最显著的增长，从0亿美元增长到92.73亿美元。

表 3-5-5 2005—2020 年中国民营企业对外并购投资中单一渠道融资的数量分布

（单位：件、%）

年份	天使投资				增资				增资—可转债			
	数量	同比增长（%）	占比（%）	指数	数量	同比增长（%）	占比（%）	指数	数量	同比增长（%）	占比（%）	指数
2005	0	—	0.00	—	2	—	6.45	—	4	—	12.90	—
2006	2	—	50.00	—	0	-100.00	0.00	—	0	-100.00	0.00	—
2007	0	-100.00	—	—	0	—	—	—	0	—	—	—
2008	0	—	—	—	0	—	—	—	0	—	—	—
2009	0	—	—	—	0	—	—	—	0	—	—	—
2010	0	—	—	—	0	—	—	—	0	—	—	—
2011	0	—	—	—	0	—	—	—	0	—	—	—
2012	0	—	0.00	—	0	—	0.00	—	0	—	0.00	—
2013	0	—	—	—	0	—	—	—	0	—	—	—
2014	0	—	—	—	0	—	—	—	0	—	—	—
2015	0	—	—	—	0	—	—	—	0	—	—	—
2016	0	—	—	—	0	—	—	—	0	—	—	—
2017	0	—	0.00	—	0	—	0.00	—	0	—	0.00	—
2018	0	—	—	—	0	—	—	—	0	—	—	—
2019	0	—	—	—	0	—	—	—	0	—	—	—
2020	0	—	0.00	—	0	—	0.00	—	0	—	0.00	—

年份	增资—卖方配售				注资				增资—发行可转债			
	数量	同比增长（%）	占比（%）	指数	数量	同比增长（%）	占比（%）	指数	数量	同比增长（%）	占比（%）	指数
2005	0	—	0.00	—	1	—	3.23	—	0	—	0.00	0.00
2006	0	—	0.00	—	0	-100.00	0.00	—	0	—	0.00	0.00
2007	0	—	—	—	0	—	—	—	0	—	—	0.00
2008	0	—	—	—	0	—	—	—	0	—	—	0.00
2009	0	—	—	—	0	—	—	—	0	—	—	0.00
2010	0	—	—	—	0	—	—	—	0	—	—	0.00

年份	增资—卖方配售				注资				增资—发行可转债			
	数量	同比增长（%）	占比（%）	指数	数量	同比增长（%）	占比（%）	指数	数量	同比增长（%）	占比（%）	指数
2011	0	—	—	—	0	—	—	—	0	—	—	0.00
2012	0	—	0.00	—	0	—	0.00	—	1	—	100.00	500.00
2013	0	—	—	—	0	—	—	—	0	-100.00	—	0.00
2014	0	—	—	—	0	—	—	—	0	—	—	0.00
2015	0	—	—	—	0	—	—	—	0	—	—	0.00
2016	0	—	—	—	0	—	—	—	0	—	—	0.00
2017	0	—	0.00	—	0	—	0.00	—	0	—	0.00	0.00
2018	0	—	—	—	0	—	—	—	0	—	—	0.00
2019	0	—	—	—	0	—	—	—	0	—	—	0.00
2020	1	—	100.00		0	—	0.00		0	—	—	0.00

年份	企业风险投资				众筹				开发资金			
	数量	同比增长（%）	占比（%）	指数	数量	同比增长（%）	占比（%）	指数	数量	同比增长（%）	占比（%）	指数
2005	1	—	1.82	3.82	0	—	0.00	0.00	4	—	7.27	15.87
2006	5	400.00	4.50	19.08	0	—	0.00	0.00	3	-25.00	2.70	11.90
2007	5	0.00	3.62	19.08	0	—	0.00	0.00	6	100.00	4.35	23.81
2008	4	-20.00	2.55	15.27	0	—	0.00	0.00	7	16.67	4.46	27.78
2009	5	25.00	2.08	19.08	0	—	0.00	0.00	13	85.71	5.42	51.59
2010	9	80.00	3.52	34.35	0	—	0.00	0.00	12	-7.69	4.69	47.62
2011	7	-22.22	2.10	26.72	0	—	0.00	0.00	21	75.00	6.29	83.33
2012	8	14.29	2.62	30.53	0	—	0.00	0.00	12	-42.86	3.93	47.62
2013	11	37.50	2.79	41.98	0	—	0.00	0.00	17	41.67	4.31	67.46
2014	26	136.36	4.46	99.24	0	—	0.00	0.00	26	52.94	4.46	103.17
2015	79	203.85	8.51	301.53	1	—	0.11	500.00	50	92.31	5.39	198.41
2016	72	-8.86	5.71	274.81	0	-100.00	0.00	0.00	49	-2.00	3.88	194.44
2017	90	25.00	6.77	343.51	0	—	0.00	0.00	56	14.29	4.21	222.22

年份	企业风险投资				众筹				开发资金			
	数量	同比增长（%）	占比（%）	指数	数量	同比增长（%）	占比（%）	指数	数量	同比增长（%）	占比（%）	指数
2018	142	57.78	8.30	541.98	0	—	0.00	0.00	73	30.36	4.27	289.68
2019	114	-19.72	7.97	435.11	1	—	0.07	500.00	66	-9.59	4.62	261.90
2020	100	-12.28	8.41	381.68	0	-100.00	0.00	0.00	44	-33.33	3.70	174.60

年份	开发资金—第1轮-第8轮				开发资金—种子轮				家族办公室			
	数量	同比增长（%）	占比（%）	指数	数量	同比增长（%）	占比（%）	指数	数量	同比增长（%）	占比（%）	指数
2005	4	—	7.27	10.00	0	—	0.00	0.00	0	—	0.00	0.00
2006	14	250.00	12.61	35.00	0	—	0.00	0.00	0	—	0.00	0.00
2007	13	-7.14	9.42	32.50	1	—	0.72	10.20	0	—	0.00	0.00
2008	11	-15.38	7.01	27.50	0	-100.00	0.00	0.00	0	—	0.00	0.00
2009	15	36.36	6.25	37.50	0	—	0.39	0.00	0	—	0.00	0.00
2010	15	0.00	5.86	37.50	0	—	0.39	10.20	0	—	0.00	0.00
2011	15	0.00	4.49	37.50	1	0.00	0.30	10.20	0	—	0.00	0.00
2012	10	-33.33	3.28	25.00	3	200.00	0.98	30.61	1	—	0.33	166.67
2013	20	100.00	5.08	50.00	7	133.33	1.78	71.43	1	0.00	0.25	166.67
2014	61	205.00	10.46	152.50	15	114.29	2.57	153.06	0	-100.00	0.00	0.00
2015	94	54.10	10.13	235.00	23	53.33	2.48	234.69	1	—	0.11	166.67
2016	82	-12.77	6.50	205.00	32	39.13	2.54	326.53	2	100.00	0.16	333.33
2017	104	26.83	7.82	260.00	24	-25.00	1.80	244.90	1	-50.00	0.08	166.67
2018	144	38.46	8.42	360.00	36	50.00	2.11	367.35	7	600.00	0.41	1166.67
2019	119	-17.36	8.32	297.50	21	-41.67	1.47	214.29	5	-28.57	0.35	833.33
2020	106	-10.92	8.92	265.00	23	9.52	1.93	234.69	10	100.00	0.84	1666.67

年份	新银行信贷便利				增资—配售				私募股权			
	数量	同比增长（%）	占比（%）	指数	数量	同比增长（%）	占比（%）	指数	数量	同比增长（%）	占比（%）	指数
2005	0	—	0.00	—	1	—	3.23	—	3	—	9.68	—
2006	1	—	25.00	—	0	-100.00	0.00	—	0	-100.00	0.00	—

续表

年份	新银行信贷便利				增资—配售				私募股权			
	数量	同比增长（%）	占比（%）	指数	数量	同比增长（%）	占比（%）	指数	数量	同比增长（%）	占比（%）	指数
2007	0	-100.00	—	—	0	—	—	—	0	—	—	—
2008	0	—	—	—	0	—	—	—	0	—	—	—
2009	0	—	—	—	0	—	—	—	0	—	—	—
2010	0	—	—	—	0	—	—	—	0	—	—	—
2011	0	—	—	—	0	—	—	—	0	—	—	—
2012	0	—	0.00	—	0	—	0.00	—	0	—	0.00	—
2013	0	—	—	—	0	—	—	—	0	—	—	—
2014	0	—	—	—	0	—	—	—	0	—	—	—
2015	0	—	—	—	0	—	—	—	0	—	—	—
2016	0	—	—	—	0	—	—	—	0	—	—	—
2017	0	—	0.00	—	0	—	0.00	—	0	—	0.00	—
2018	0	—	—	—	0	—	—	—	0	—	—	—
2019	0	—	—	—	0	—	—	—	0	—	—	—
2020	0	—	0.00	—	0	—	0.00	—	0	—	0.00	—

年份	增资—私人配售				增资—公募			
	数量	同比增长（%）	占比（%）	指数	数量	同比增长（%）	占比（%）	指数
2005	20	—	64.52	—	0	—	0.00	—
2006	0	-100.00	0.00	—	0	—	0.00	—
2007	0	—	—	—	0	—	—	—
2008	0	—	—	—	0	—	—	—
2009	0	—	—	—	0	—	—	—
2010	0	—	—	—	0	—	—	—
2011	0	—	—	—	0	—	—	—
2012	0	—	0.00	—	0	—	0.00	—
2013	0	—	—	—	0	—	—	—
2014	0	—	—	—	0	—	—	—
2015	0	—	—	—	0	—	—	—

续表

年份	增资—私人配售				增资—公募			
	数量	同比增长（%）	占比（%）	指数	数量	同比增长（%）	占比（%）	指数
2016	0	—	—	—	0	—	—	—
2017	0	—	0.00	—	1	—	100.00	—
2018	0	—	—	—	0	−100.00	—	—
2019	0	—	—	—	0	—	—	—
2020	0	—	0.00	—	0	—	0.00	—

年份	增资—新股发行				小计			
	数量	同比增长（%）	占比（%）	指数	数量	同比增长（%）	占比（%）	指数
2005	0	—	0.00	—	31	—	100.00	15500.00
2006	1	—	25.00	—	4	−87.10	100.00	2000.00
2007	0	−100.00	—	—	0	−100.00	—	0.00
2008	0	—	—	—	0	—	—	0.00
2009	0	—	—	—	0	—	—	0.00
2010	0	—	—	—	0	—	—	0.00
2011	0	—	—	—	0	—	—	0.00
2012	0	—	0.00	—	1	—	100.00	500.00
2013	0	—	—	—	0	−100.00	—	0.00
2014	0	—	—	—	0	—	—	0.00
2015	0	—	—	—	0	—	—	0.00
2016	0	—	—	—	0	—	—	0.00
2017	0	—	0.00	—	1	—	100.00	500.00
2018	0	—	—	—	0	−100.00	—	0.00
2019	0	—	—	—	0	—	—	0.00
2020	0	—	0.00	—	1	—	100.00	500.00

注：存在重复统计的情况，处理方式和行业别统计一致。

表 3-5-6　2005—2020 年中国民营企业对外并购投资中单一渠道融资的金额分布

（单位：百万美元、%）

年份	增资				增资—可转债				增资—卖方配售			
	金额	同比增长（%）	占比（%）	指数	金额	同比增长（%）	占比（%）	指数	金额	同比增长（%）	占比（%）	指数
2005	0.00	—	0.00	—	3.74	—	0.28	—	33.33	—	2.48	—
2006	321.36	—	94.14	—	0.00	-100.00	0.00	—	0.00	-100.00	0.00	—
2007	0.00	-100.00	—	—	0.00	—	—	—	0.00	—	—	—
2008	0.00	—	—	—	0.00	—	—	—	0.00	—	—	—
2009	0.00	—	—	—	0.00	—	—	—	0.00	—	—	—
2010	0.00	—	—	—	0.00	—	—	—	0.00	—	—	—
2011	0.00	—	—	—	0.00	—	—	—	0.00	—	—	—
2012	0.00	—	0.00	—	0.00	—	0.00	—	0.00	—	0.00	—
2013	0.00	—	—	—	0.00	—	—	—	0.00	—	—	—
2014	0.00	—	—	—	0.00	—	—	—	0.00	—	—	—
2015	0.00	—	—	—	0.00	—	—	—	0.00	—	—	—
2016	0.00	—	—	—					0.00	—	—	—
2017	0.00	—	0.00	—	0.00	—	—	—	0.00	—	—	—
2018	0.00	—	—	—	0.00	—	—	—	0.00	—	—	—
2019	0.00	—	—	—	0.00	—	—	—	0.00	—	—	—
2020	0.00	—	0.00	—	0.00	—	0.00	—	0.00	—	0.00	—

年份	注资				增资—发行可转债				家族办公室			
	金额	同比增长（%）	占比（%）	指数	金额	同比增长（%）	占比（%）	指数	金额	同比增长（%）	占比（%）	指数
2005	0.00	—	0.00	—	1.93	—	0.14	—	0.00	—	0.00	0.00
2006	0.00	—	0.00	—	0.00	-100.00	0.00	—	0.00	—	0.00	0.00
2007	0.00	—	—	—	0.00	—	—	—	0.00	—	—	0.00
2008	0.00	—	—	—	0.00	—	—	—	0.00	—	—	0.00
2009	0.00	—	—	—	0.00	—	—	—	0.00	—	—	0.00
2010	0.00	—	—	—	0.00	—	—	—	0.00	—	—	0.00

年份	注资				增资—发行可转债				家族办公室			
	金额	同比增长(%)	占比(%)	指数	金额	同比增长(%)	占比(%)	指数	金额	同比增长(%)	占比(%)	指数
2011	0.00	—	—	—	0.00	—	—	—	0.00	—	—	0.00
2012	0.00	—	0.00	—	0.00	—	0.00	—	498.59	—	100.00	500.00
2013	0.00	—	—	—	0.00	—	—	—	0.00	-100.00	—	0.00
2014	0.00	—	—	—	0.00	—	—	—	0.00	—	—	0.00
2015	0.00	—	—	—	0.00	—	—	—	0.00	—	—	0.00
2016	0.00	—	—	—	0.00	—	—	—	0.00	—	—	0.00
2017	0.00	—	0.00	—	0.00	—	0.00	—	0.00	—	0.00	0.00
2018	0.00	—	—	—	0.00	—	—	—	0.00	—	—	0.00
2019	0.00	—	—	—	0.00	—	—	—	0.00	—	—	0.00
2020	1152.03	—	100.00	—	0.00	—	0.00	—	0.00	—	0.00	0.00

年份	新银行信贷便利				增资—配售				私募股权			
	金额	同比增长(%)	占比(%)	指数	金额	同比增长(%)	占比(%)	指数	金额	同比增长(%)	占比(%)	指数
2005	0.00	—	0.00	—	7.18	—	0.53	—	2.00	—	0.15	—
2006	0.00	—	0.00	—	0.00	-100.00	0.00	—	0.00	-100.00	0.00	—
2007	0.00	—	—	—	0.00	—	—	—	0.00	—	—	—
2008	0.00	—	—	—	0.00	—	—	—	0.00	—	—	—
2009	0.00	—	—	—	0.00	—	—	—	0.00	—	—	—
2010	0.00	—	—	—	0.00	—	—	—	0.00	—	—	—
2011	0.00	—	—	—	0.00	—	—	—	0.00	—	—	—
2012	0.00	—	0.00	—	0.00	—	0.00	—	0.00	—	0.00	—
2013	0.00	—	—	—	0.00	—	—	—	0.00	—	—	—
2014	0.00	—	—	—	0.00	—	—	—	0.00	—	—	—
2015	0.00	—	—	—	0.00	—	—	—	0.00	—	—	—
2016	0.00	—	—	—	0.00	—	—	—	0.00	—	—	—
2017	0.00	—	0.00	—	0.00	—	0.00	—	0.00	—	0.00	—

续表

年份	新银行信贷便利				增资—配售				私募股权			
	金额	同比增长（%）	占比（%）	指数	金额	同比增长（%）	占比（%）	指数	金额	同比增长（%）	占比（%）	指数
2018	0.00	—	—	—	0.00	—	—	—	0.00	—	—	—
2019	0.00	—	—	—	0.00	—	—	—	0.00	—	—	—
2020	0.00	—	0.00	—	0.00	—	0.00	—	0.00	—	0.00	—

年份	增资—私人配售				增资—公募			
	金额	同比增长（%）	占比（%）	指数	金额	同比增长（%）	占比（%）	指数
2005	1295.29	—	96.41	—	0.00	—	0.00	—
2006	0.00	−100.00	0.00	—	0.00	—	0.00	—
2007	0.00	—	—	—	0.00	—	—	—
2008	0.00	—	—	—	0.00	—	—	—
2009	0.00	—	—	—	0.00	—	—	—
2010	0.00	—	—	—	0.00	—	—	—
2011	0.00	—	—	—	0.00	—	—	—
2012	0.00	—	0.00	—	0.00	—	0.00	—
2013	0.00	—	—	—	0.00	—	—	—
2014	0.00	—	—	—	0.00	—	—	—
2015	0.00	—	—	—	0.00	—	—	—
2016	0.00	—	—	—	0.00	—	—	—
2017	0.00	—	0.00	—	7.56	—	100.00	—
2018	0.00	—	—	—	0.00	−100.00	—	—
2019	0.00	—	—	—	0.00	—	—	—
2020	0.00	—	0.00	—	0.00	—	0.00	—

年份	增资—新股发行				小计			
	金额	同比增长（%）	占比（%）	指数	金额	同比增长（%）	占比（%）	指数
2005	0.00	—	0.00	—	1343.47	—	100.00	1347.27
2006	20.00	—	5.86	—	341.36	−74.59	100.00	342.33

续表

年份	增资—新股发行				小计			
	金额	同比增长（%）	占比（%）	指数	金额	同比增长（%）	占比（%）	指数
2007	0.00	−100.00	—	—	0.00	−100.00	—	0.00
2008	0.00	—	—	—	0.00	—	—	0.00
2009	0.00	—	—	—	0.00	—	—	0.00
2010	0.00	—	—	—	0.00	—	—	0.00
2011	0.00	—	—	—	0.00	—	—	0.00
2012	0.00	—	0.00	—	498.59	—	100.00	500.00
2013	0.00	—	—	—	0.00	−100.00	—	0.00
2014	0.00	—	—	—	0.00	—	—	0.00
2015	0.00	—	—	—	0.00	—	—	0.00
2016	0.00	—	—	—	0.00	—	—	0.00
2017	0.00	—	0.00	—	7.56	—	100.00	7.58
2018	0.00	—	—	—	0.00	−100.00	—	0.00
2019	0.00	—	—	—	0.00	—	—	0.00
2020	0.00	—	0.00	—	1152.03	—	100.00	1155.29

注：存在重复统计的情况，处理方式和行业别统计一致。

表3-5-7 2005—2020年中国民营企业对外并购投资中多种渠道融资的数量分布

（单位：件、%）

年份	天使投资+增资—发行可转债+开发资金—种子轮+风险资本				天使投资+企业风险投资+开发资金+家族办公室+风险资本				天使投资+企业风险投资+开发资金+私募股权			
	数量	同比增长（%）	占比（%）	指数	数量	同比增长（%）	占比（%）	指数	数量	同比增长（%）	占比（%）	指数
2005	0	—	0.00	0.00	0	—	0.00	—	0	—	0.00	0.00
2006	0	—	0.00	0.00	0	—	0.00	—	0	—	0.00	0.00
2007	0	—	0.00	0.00	0	—	0.00	—	0	—	0.00	0.00
2008	0	—	0.00	0.00	0	—	0.00	—	0	—	0.00	0.00
2009	0	—	0.00	0.00	0	—	0.00	—	0	—	0.00	0.00
2010	0	—	0.00	0.00	0	—	0.00	—	0	—	0.00	0.00

续表

年份	天使投资+增资—发行可转债+开发资金—种子轮+风险资本				天使投资+企业风险投资+开发资金+家族办公室+风险资本				天使投资+企业风险投资+开发资金+私募股权			
	数量	同比增长（%）	占比（%）	指数	数量	同比增长（%）	占比（%）	指数	数量	同比增长（%）	占比（%）	指数
2011	0	—	0.00	0.00	0	—	0.00	—	0	—	0.00	0.00
2012	0	—	0.00	0.00	0	—	0.00	—	0	—	0.00	0.00
2013	1	—	16.67	500.00	0	—	0.00	—	0	—	0.00	0.00
2014	0	-100.00	0.00	0.00	0	—	0.00	—	0	—	0.00	0.00
2015	0	—	0.00	0.00	0	—	0.00	—	2	—	16.67	500.00
2016	0	—	0.00	0.00	0	—	0.00	—	0	-100.00	0.00	0.00
2017	0	—	0.00	0.00	0	—	0.00	—	0	—	0.00	0.00
2018	0	—	0.00	0.00	0	—	0.00	—	0	—	0.00	0.00
2019	0	—	0.00	0.00	1	—	12.50	—	0	—	0.00	0.00
2020	0	—	0.00	0.00	0	-100.00	0.00	—	0	—	0.00	0.00

年份	天使投资+企业风险投资+开发资金+风险资本				天使投资+企业风险投资+开发资金—第1轮-第8轮+家族办公室+风险资本				天使投资+企业风险投资+开发资金—第1轮-第8轮+对冲基金+私募股权			
	数量	同比增长（%）	占比（%）	指数	数量	同比增长（%）	占比（%）	指数	数量	同比增长（%）	占比（%）	指数
2005	0	—	0.00	0.00	0	—	0.00	—	0	—	0.00	—
2006	0	—	0.00	0.00	0	—	0.00	—	0	—	0.00	—
2007	0	—	0.00	0.00	0	—	0.00	—	0	—	0.00	—
2008	0	—	0.00	0.00	0	—	0.00	—	0	—	0.00	—
2009	0	—	0.00	0.00	0	—	0.00	—	0	—	0.00	—
2010	0	—	0.00	0.00	0	—	0.00	—	0	—	0.00	—
2011	0	—	0.00	0.00	0	—	0.00	—	0	—	0.00	—
2012	0	—	0.00	0.00	0	—	0.00	—	0	—	0.00	—
2013	1	—	16.67	500.00	0	—	0.00	—	0	—	0.00	—
2014	0	-100.00	0.00	0.00	0	—	0.00	—	0	—	0.00	—
2015	0	—	0.00	0.00	0	—	0.00	—	0	—	0.00	—

续表

年份	天使投资+企业风险投资+开发资金+风险资本				天使投资+企业风险投资+开发资金—第1轮-第8轮+家族办公室+风险资本				天使投资+企业风险投资+开发资金—第1轮-第8轮+对冲基金+私募股权			
	数量	同比增长(%)	占比(%)	指数	数量	同比增长(%)	占比(%)	指数	数量	同比增长(%)	占比(%)	指数
2016	0	—	0.00	0.00	0	—	0.00	—	0	—	0.00	—
2017	0	—	0.00	0.00	1	—	11.11	—	0	—	0.00	—
2018	0	—	0.00	0.00	0	-100.00	0.00	—	0	—	0.00	—
2019	0	—	0.00	0.00	0	—	0.00	—	1	—	12.50	—
2020	0	—	0.00	0.00	0	—	0.00	—	0	-100.00	0.00	—

年份	天使投资+企业风险投资+开发资金—第1轮-第8轮+私募股权				天使投资+企业风险投资+开发资金—第1轮-第8轮+风险资本				天使投资+企业风险投资+开发资金—种子轮+家族办公室+风险资本			
	数量	同比增长(%)	占比(%)	指数	数量	同比增长(%)	占比(%)	指数	数量	同比增长(%)	占比(%)	指数
2005	0	—	0.00	—	0	—	0.00	0.00	0	—	0.00	—
2006	1	—	16.67	—	0	—	0.00	0.00	0	—	0.00	—
2007	0	-100.00	0.00	—	0	—	0.00	0.00	0	—	0.00	—
2008	0	—	0.00	—	0	—	0.00	0.00	0	—	0.00	—
2009	0	—	0.00	—	0	—	0.00	0.00	0	—	0.00	—
2010	0	—	0.00	—	0	—	0.00	0.00	0	—	0.00	—
2011	0	—	0.00	—	0	—	0.00	0.00	0	—	0.00	—
2012	0	—	0.00	—	0	—	0.00	0.00	0	—	0.00	—
2013	0	—	0.00	—	0	—	0.00	0.00	0	—	0.00	—
2014	0	—	0.00	—	3	—	33.33	500.00	0	—	0.00	—
2015	0	—	0.00	—	0	-100.00	0.00	0.00	0	—	0.00	—
2016	0	—	0.00	—	0	—	0.00	0.00	0	—	0.00	—
2017	0	—	0.00	—	0	—	0.00	0.00	0	—	0.00	—
2018	0	—	0.00	—	0	—	0.00	0.00	0	—	0.00	—
2019	0	—	0.00	—	0	—	0.00	0.00	0	—	0.00	—
2020	0	—	0.00	—	0	—	0.00	0.00	1	—	14.29	—

续表

年份	天使投资+企业风险投资+开发资金—种子轮+风险资本				天使投资+众筹+开发资金+风险资本				天使投资+众筹+开发资金—种子轮+风险资本			
	数量	同比增长(%)	占比(%)	指数	数量	同比增长(%)	占比(%)	指数	数量	同比增长(%)	占比(%)	指数
2005	0	—	0.00	0.00	0	—	0.00		0	—	0.00	0.00
2006	0	—	0.00	0.00	0	—	0.00		0	—	0.00	0.00
2007	0	—	0.00	0.00	0	—	0.00		0	—	0.00	0.00
2008	0	—	0.00	0.00	0	—	0.00		0	—	0.00	0.00
2009	0	—	0.00	0.00	0	—	0.00		0	—	0.00	0.00
2010	0	—	0.00	0.00	0	—	0.00		0	—	0.00	0.00
2011	0	—	0.00	0.00	0	—	0.00		0	—	0.00	0.00
2012	0	—	0.00	0.00	0	—	0.00		0	—	0.00	0.00
2013	1	—	16.67	500.00	0	—	0.00		0	—	0.00	0.00
2014	0	-100.00	0.00	0.00	0	—	0.00		0	—	0.00	0.00
2015	0	—	0.00	0.00	0	—	0.00		1	—	8.33	500.00
2016	0	—	0.00	0.00	0	—	0.00		0	-100.00	0.00	0.00
2017	0	—	0.00	0.00	0	—	0.00		0	—	0.00	0.00
2018	0	—	0.00	0.00	0	—	0.00		0	—	0.00	0.00
2019	0	—	0.00	0.00	1	—	12.50		0	—	0.00	0.00
2020	0	—	0.00	0.00	0	-100.00	0.00		0	—	0.00	0.00

年份	天使投资+开发资金+私募股权				天使投资+开发资金+风险资本				天使投资+开发资金—第1轮-第8轮+私募股权			
	数量	同比增长(%)	占比(%)	指数	数量	同比增长(%)	占比(%)	指数	数量	同比增长(%)	占比(%)	指数
2005	0	—	0.00	—	0	—	0.00	—	0	—	0.00	0.00
2006	0	—	0.00		0	—	0.00		0	—	0.00	0.00
2007	0	—	0.00		1	—	16.67		0	—	0.00	0.00
2008	0	—	0.00		0	-100.00	0.00		0	—	0.00	0.00
2009	0	—	0.00		0	—	0.00		0	—	0.00	0.00
2010	0	—	0.00		0	—	0.00		0	—	0.00	0.00

年份	天使投资+开发资金+私募股权				天使投资+开发资金+风险资本				天使投资+开发资金—第1轮-第8轮+私募股权			
	数量	同比增长（%）	占比（%）	指数	数量	同比增长（%）	占比（%）	指数	数量	同比增长（%）	占比（%）	指数
2011	0	—	0.00	—	0	—	0.00	—	0	—	0.00	0.00
2012	0	—	0.00	—	0	—	0.00	—	0	—	0.00	0.00
2013	0	—	0.00	—	0	—	0.00	—	0	—	0.00	0.00
2014	0	—	0.00	—	0	—	0.00	—	1	—	11.11	500.00
2015	0	—	0.00	—	0	—	0.00	—	0	-100.00	0.00	0.00
2016	2	—	13.33	—	0	—	0.00	—	0	—	0.00	0.00
2017	0	-100.00	0.00	—	0	—	0.00	—	0	—	0.00	0.00
2018	0	—	0.00	—	0	—	0.00	—	0	—	0.00	0.00
2019	0	—	0.00	—	0	—	0.00	—	0	—	0.00	0.00
2020	0	—	0.00	—	0	—	0.00	—	0	—	0.00	0.00

年份	天使投资+开发资金—种子轮+私募股权				天使投资+开发资金—种子轮+风险资本				增资+增资—可转债+注资			
	数量	同比增长（%）	占比（%）	指数	数量	同比增长（%）	占比（%）	指数	数量	同比增长（%）	占比（%）	指数
2005	0	—	0.00	0.00	0	—	0.00	—	0	—	0.00	—
2006	0	—	0.00	0.00	0	—	0.00	—	0	—	0.00	—
2007	0	—	0.00	0.00	0	—	0.00	—	0	—	0.00	—
2008	0	—	0.00	0.00	0	—	0.00	—	0	—	0.00	—
2009	0	—	0.00	0.00	0	—	0.00	—	0	—	0.00	—
2010	0	—	0.00	0.00	1	—	16.67	—	0	—	0.00	—
2011	0	—	0.00	0.00	0	-100.00	0.00	—	0	—	0.00	—
2012	0	—	0.00	0.00	0	—	0.00	—	0	—	0.00	—
2013	0	—	0.00	0.00	0	—	0.00	—	0	—	0.00	—
2014	0	—	0.00	0.00	0	—	0.00	—	0	—	0.00	—
2015	1	—	8.33	500.00	0	—	0.00	—	0	—	0.00	—
2016	0	-100.00	0.00	0.00	0	—	0.00	—	1	—	6.67	—

续表

年份	天使投资+开发资金—种子轮+私募股权				天使投资+开发资金—种子轮+风险资本				增资+增资—可转债+注资			
	数量	同比增长（%）	占比（%）	指数	数量	同比增长（%）	占比（%）	指数	数量	同比增长（%）	占比（%）	指数
2017	0	—	0.00	0.00	0	—	0.00		0	-100.00	0.00	—
2018	0	—	0.00	0.00	0	—	0.00		0	—	0.00	—
2019	0	—	0.00		0	—	0.00		0	—	0.00	—
2020	0	—	0.00	0.00	0	—	0.00		0	—	0.00	—

年份	增资+注资				增资+注资+杠杆+新银行信贷便利				增资+注资+杠杆收购+新银行信贷便利			
	数量	同比增长（%）	占比（%）	指数	数量	同比增长（%）	占比（%）	指数	数量	同比增长（%）	占比（%）	指数
2005	2	—	18.18	—	0	—	0.00	—	0	—	0.00	—
2006	0	-100.00	0.00		0	—	0.00	—	0	—	0.00	—
2007	0	—	0.00		0	—	0.00	—	0	—	0.00	—
2008	0	—	0.00		0	—	0.00	—	0	—	0.00	—
2009	0	—	0.00		0	—	0.00	—	0	—	0.00	—
2010	0	—	0.00		0	—	0.00	—	0	—	0.00	—
2011	0	—	0.00		0	—	0.00	—	0	—	0.00	—
2012	0	—	0.00		0	—	0.00	—	0	—	0.00	—
2013	0	—	0.00		0	—	0.00	—	0	—	0.00	—
2014	0	—	0.00		0	—	0.00	—	0	—	0.00	—
2015	0	—	0.00		0	—	0.00	—	0	—	0.00	—
2016	0	—	0.00		0	—	0.00	—	1	—	6.67	—
2017	0	—	0.00	—	0	—	0.00	—	0	-100.00	0.00	—
2018	0	—	0.00	—	0	—	0.00	—	0	—	0.00	—
2019	0	—	0.00	—	2	—	25.00	—	0	—	0.00	—
2020	0	—	0.00	—	0	-100.00	0.00	—	0	—	0.00	—

续表

年份	增资+注资+新银行信贷便利				增资+注资+私募股权				增资+注资+增资—私人配售			
	数量	同比增长（%）	占比（%）	指数	数量	同比增长（%）	占比（%）	指数	数量	同比增长（%）	占比（%）	指数
2005	0	—	0.00	0.00	0	—	0.00	0.00	0	—	0.00	—
2006	0	—	0.00	0.00	0	—	0.00	0.00	0	—	0.00	—
2007	0	—	0.00	0.00	0	—	0.00	0.00	0	—	0.00	—
2008	0	—	0.00	0.00	0	—	0.00	0.00	0	—	0.00	—
2009	0	—	0.00	0.00	0	—	0.00	0.00	0	—	0.00	—
2010	0	—	0.00	0.00	0	—	0.00	0.00	0	—	0.00	—
2011	0	—	0.00	0.00	0	—	0.00	0.00	0	—	0.00	—
2012	0	—	0.00	0.00	0	—	0.00	0.00	0	—	0.00	—
2013	1	—	16.67	500.00	0	—	0.00	0.00	0	—	0.00	—
2014	0	−100.00	0.00	0.00	0	—	0.00	0.00	0	—	0.00	—
2015	0	—	0.00	0.00	1	—	8.33	500.00	0	—	0.00	—
2016	0	—	0.00	0.00	0	−100.00	0.00	0.00	0	—	0.00	—
2017	0	—	0.00	0.00	0	—	0.00	0.00	0	—	0.00	—
2018	0	—	0.00	0.00	0	—	0.00	0.00	1	—	7.14	—
2019	0	—	0.00	0.00	0	—	0.00	0.00	0	−100.00	0.00	—
2020	0	—	0.00	0.00	0	—	0.00	0.00	0	—	0.00	—

年份	增资+开发资金—种子轮+风险资本				增资+通道融资				增资+增资—配售+增资—公募			
	数量	同比增长（%）	占比（%）	指数	数量	同比增长（%）	占比（%）	指数	数量	同比增长（%）	占比（%）	指数
2005	0	—	0.00	—	0	—	0.00	—	0	—	0.00	0.00
2006	0	—	0.00	—	0	—	0.00	—	0	—	0.00	0.00
2007	0	—	0.00	—	0	—	0.00	—	0	—	0.00	0.00
2008	0	—	0.00	—	0	—	0.00	—	0	—	0.00	0.00
2009	0	—	0.00	—	0	—	0.00	—	0	—	0.00	0.00
2010	0	—	0.00	—	0	—	0.00	—	0	—	0.00	0.00
2011	0	—	0.00	—	0	—	0.00	—	0	—	0.00	0.00

续表

年份	增资+开发资金—种子轮+风险资本				增资+通道融资				增资+增资—配售+增资—公募			
	数量	同比增长（%）	占比（%）	指数	数量	同比增长（%）	占比（%）	指数	数量	同比增长（%）	占比（%）	指数
2012	0	—	0.00	—	0	—	0.00	—	0	—	0.00	0.00
2013	0	—	0.00	—	0	—	0.00	—	0	—	0.00	0.00
2014	0	—	0.00	—	0	—	0.00	—	0	—	0.00	0.00
2015	0	—	0.00	—	0	—	0.00	—	1	—	8.33	500.00
2016	0	—	0.00	—	0	—	0.00	—	0	-100.00	0.00	0.00
2017	0	—	0.00	—	0	—	0.00	—	0	—	0.00	0.00
2018	1	—	7.14	—	1	—	7.14	—	0	—	0.00	0.00
2019	0	-100.00	0.00	—	0	-100.00	0.00	—	0	—	0.00	0.00
2020	0	—	0.00	—	0	—	0.00	—	0	—	0.00	0.00

年份	增资+增资—配售+增资—新股发行				增资+私募股权				增资+增资—私人配售			
	数量	同比增长（%）	占比（%）	指数	数量	同比增长（%）	占比（%）	指数	数量	同比增长（%）	占比（%）	指数
2005	0	—	0.00	—	0	—	0.00	—	0	—	0.00	0.00
2006	0	—	0.00	—	0	—	0.00	—	0	—	0.00	0.00
2007	0	—	0.00	—	0	—	0.00	—	0	—	0.00	0.00
2008	0	—	0.00	—	0	—	0.00	—	0	—	0.00	0.00
2009	0	—	0.00	—	0	—	0.00	—	0	—	0.00	0.00
2010	0	—	0.00	—	0	—	0.00	—	0	—	0.00	0.00
2011	0	—	0.00	—	0	—	0.00	—	1	—	100.00	500.00
2012	0	—	0.00	—	0	-100.00	0.00	—	0	—	0.00	0.00
2013	0	—	0.00	—	0	—	0.00	—	0	—	0.00	0.00
2014	0	—	0.00	—	0	—	0.00	—	0	—	0.00	0.00
2015	0	—	0.00	—	0	—	0.00	—	0	—	0.00	0.00
2016	0	—	0.00	—	1	—	6.67	—	0	—	0.00	0.00
2017	1	—	11.11	—	0	-100.00	0.00	—	0	—	0.00	0.00
2018	0	-100.00	0.00	—	0	—	0.00	—	0	—	0.00	0.00

续表

年份	增资+增资—配售+增资—新股发行				增资+私募股权				增资+增资—私人配售			
	数量	同比增长（%）	占比（%）	指数	数量	同比增长（%）	占比（%）	指数	数量	同比增长（%）	占比（%）	指数
2019	0	—	0.00	—	0	—	0.00	—	0	—	0.00	0.00
2020	0	—	0.00	—	0	—	0.00	—	0	—	0.00	0.00

年份	增资—可转债+注资				增资—可转债+企业风险投资+开发资金—第1轮-第8轮+对冲基金+私募股权				增资—可转债+开发资金+风险资本			
	数量	同比增长（%）	占比（%）	指数	数量	同比增长（%）	占比（%）	指数	数量	同比增长（%）	占比（%）	指数
2005	0	—	0.00	—	0	—	0.00	—	0	—	0.00	0.00
2006	0	—	0.00	—	0	—	0.00	—	0	—	0.00	0.00
2007	0	—	0.00	—	0	—	0.00	—	0	—	0.00	0.00
2008	0	—	0.00	—	0	—	0.00	—	0	—	0.00	0.00
2009	0	—	0.00	—	0	—	0.00	—	0	—	0.00	0.00
2010	0	—	0.00	—	0	—	0.00	—	0	—	0.00	0.00
2011	0	—	0.00	—	0	—	0.00	—	0	—	0.00	0.00
2012	0	—	0.00	—	0	—	0.00	—	0	—	0.00	0.00
2013	0	—	0.00	—	0	—	0.00	—	1	—	16.67	500.00
2014	0	—	0.00	—	0	—	0.00	—	0	−100.00	0.00	0.00
2015	0	—	0.00	—	0	—	0.00	—	0	—	0.00	0.00
2016	0	—	0.00	—	0	—	0.00	—	0	—	0.00	0.00
2017	2	—	22.22	—	0	—	0.00	—	0	—	0.00	0.00
2018	0	−100.00	0.00	—	0	—	0.00	—	0	—	0.00	0.00
2019	0	—	0.00	—	0	—	0.00	—	0	—	0.00	0.00
2020	0	—	0.00	—	1	—	14.29	—	0	—	0.00	0.00

年份	增资—可转债+通道融资				增资—可转债+私募股权				增资—可转债+增资—私人配售			
	数量	同比增长（%）	占比（%）	指数	数量	同比增长（%）	占比（%）	指数	数量	同比增长（%）	占比（%）	指数
2005	0	—	0.00	—	0	—	0.00	—	0	—	0.00	—
2006	0	—	0.00	—	0	—	0.00	—	0	—	0.00	—

续表

年份	增资一可转债+通道融资				增资一可转债+私募股权				增资一可转债+增资一私人配售			
	数量	同比增长（%）	占比（%）	指数	数量	同比增长（%）	占比（%）	指数	数量	同比增长（%）	占比（%）	指数
2007	0	—	0.00	—	0	—	0.00	—	0	—	0.00	—
2008	0	—	0.00	—	0	—	0.00	—	0	—	0.00	—
2009	0	—	0.00	—	0	—	0.00	—	0	—	0.00	—
2010	0	—	0.00	—	0	—	0.00	—	0	—	0.00	—
2011	0	—	0.00	—	0	—	0.00	—	0	—	0.00	—
2012	0	—	0.00	—	0	—	0.00	—	0	—	0.00	—
2013	0	—	0.00	—	0	—	0.00	—	0	—	0.00	—
2014	0	—	0.00	—	0	—	0.00	—	0	—	0.00	—
2015	0	—	0.00	—	0	—	0.00	—	0	—	0.00	—
2016	0	—	0.00	—	1	—	6.67	—	0	—	0.00	—
2017	1	—	11.11	—	0	-100.00	0.00	—	1	—	11.11	—
2018	0	-100.00	0.00	—	0	—	0.00	—	0	-100.00	0.00	—
2019	0	—	0.00	—	0	—	0.00	—	0	—	0.00	—
2020	0	—	0.00	—	0	—	0.00	—	0	—	0.00	—

年份	增资一卖方配售+杠杆+新银行信贷便利+私募股权				注资+增资一配售				注资+增资一私人配售			
	数量	同比增长（%）	占比（%）	指数	数量	同比增长（%）	占比（%）	指数	数量	同比增长（%）	占比（%）	指数
2005	0	—	0.00	—	0	—	0.00	—	0	—	0.00	—
2006	0	—	0.00	—	0	—	0.00	—	1	—	16.67	—
2007	0	—	0.00	—	0	—	0.00	—	0	-100.00	0.00	—
2008	0	—	0.00	—	0	—	0.00	—	0	—	0.00	—
2009	0	—	0.00	—	0	—	0.00	—	0	—	0.00	—
2010	0	—	0.00	—	1	—	16.67	—	0	—	0.00	—
2011	0	—	0.00	—	0	-100.00	0.00	—	0	—	0.00	—
2012	0	—	0.00	—	0	—	0.00	—	0	—	0.00	—

续表

年份	增资—卖方配售+杠杆+新银行信贷便利+私募股权				注资+增资—配售				注资+增资—私人配售			
	数量	同比增长(%)	占比(%)	指数	数量	同比增长(%)	占比(%)	指数	数量	同比增长(%)	占比(%)	指数
2013	0	—	0.00	—	0	—	0.00	—	0	—	0.00	—
2014	0	—	0.00	—	0	—	0.00	—	0	—	0.00	—
2015	0	—	0.00	—	0	—	0.00	—	0	—	0.00	—
2016	0	—	0.00	—	0	—	0.00	—	0	—	0.00	—
2017	1	—	11.11	—	0	—	0.00	—	0	—	0.00	—
2018	0	-100.00	0.00	—	0	—	0.00	—	0	—	0.00	—
2019	0	—	0.00	—	0	—	0.00	—	0	—	0.00	—
2020	0	—	0.00	—	0	—	0.00	—	0	—	0.00	—

年份	增资—发行可转债+企业风险投资+开发资金+私募股权				增资—发行可转债+开发资金+私募股权				增资—发行可转债+开发资金+风险资本			
	数量	同比增长(%)	占比(%)	指数	数量	同比增长(%)	占比(%)	指数	数量	同比增长(%)	占比(%)	指数
2005	0	—	0.00	—	0	-100.00	0.00	—	0	—	0.00	0.00
2006	0	—	0.00	—	0	—	0.00	—	0	—	0.00	0.00
2007	0	—	0.00	—	0	—	0.00	—	0	—	0.00	0.00
2008	0	—	0.00	—	0	—	0.00	—	0	—	0.00	0.00
2009	0	—	0.00	—	0	—	0.00	—	0	—	0.00	0.00
2010	0	—	0.00	—	0	—	0.00	—	0	—	0.00	0.00
2011	0	—	0.00	—	0	—	0.00	—	0	—	0.00	0.00
2012	0	—	0.00	—	0	—	0.00	—	0	—	0.00	0.00
2013	0	—	0.00	—	0	—	0.00	—	1	—	11.11	500.00
2014	0	—	0.00	—	0	—	0.00	—	0	-100.00	0.00	0.00
2015	1	—	6.67	—	0	—	0.00	—	0	—	0.00	0.00
2016	0	-100.00	0.00	—	0	—	0.00	—	0	—	0.00	0.00
2017	0	—	0.00	—	0	—	0.00	—	0	—	0.00	0.00
2018	0	—	0.00	—	0	—	0.00	—	0	—	0.00	0.00
2019	0	—	0.00	—	0	—	0.00	—	0	—	0.00	0.00
2020	0	—	0.00	—	0	-100.00	0.00	—	0	—	0.00	0.00

续表

年份	增资—发行可转债+通道融资				增资—发行可转债+通道融资+增资—私人配售				增资—发行可转债+私募股权			
	数量	同比增长（%）	占比（%）	指数	数量	同比增长（%）	占比（%）	指数	数量	同比增长（%）	占比（%）	指数
2005	0	—	0.00	—	0	—	0.00	0.00	0	—	0.00	—
2006	0	—	0.00	—	0	—	0.00	0.00	0	—	0.00	—
2007	0	—	0.00	—	0	—	0.00	0.00	0	—	0.00	—
2008	0	—	0.00	—	0	—	0.00	0.00	0	—	0.00	—
2009	0	—	0.00	—	0	—	0.00	0.00	1	—	25.00	
2010	0	—	0.00	—	0	—	0.00	0.00	0	-100.00	0.00	—
2011	0	—	0.00	—	0	—	0.00	0.00	0	—	0.00	—
2012	0	—	0.00	—	0	—	0.00	0.00	0	—	0.00	—
2013	0	—	0.00	—	0	—	0.00	0.00	0	—	0.00	—
2014	0	—	0.00	—	2	—	22.22	500.00	0	—	0.00	—
2015	0	—	0.00	—	0	-100.00	0.00	0.00	0	—	0.00	—
2016	1	—	6.67	—	0	—	0.00	0.00	0	—	0.00	—
2017	0	-100.00	0.00	—	0	—	0.00	0.00	0	—	0.00	—
2018	0	—	0.00	—	0	—	0.00	0.00	0	—	0.00	—
2019	0	—	0.00	—	0	—	0.00	0.00	0	—	0.00	—
2020	0	—	0.00	—	0	—	0.00	0.00	0	—	0.00	—

年份	增资—发行可转债+私募股权+增资—私人配售				增资—发行可转债+增资—私人配售				企业风险投资+开发资金+家族办公室+私募股权			
	数量	同比增长（%）	占比（%）	指数	数量	同比增长（%）	占比（%）	指数	数量	同比增长（%）	占比（%）	指数
2005	0	—	0.00	—	0	—	0.00	—	0	—	0.00	—
2006	0	—	0.00	—	0	—	0.00	—	0	—	0.00	—
2007	0	—	0.00	—	0	—	0.00	—	0	—	0.00	—
2008	0	—	0.00	—	1	—	25.00	—	0	—	0.00	—
2009	0	—	0.00	—	0	-100.00	0.00	—	0	—	0.00	—
2010	1	—	16.67	—	0	—	0.00	—	0	—	0.00	—

续表

年份	增资—发行可转债+私募股权+增资—私人配售				增资—发行可转债+增资—私人配售				企业风险投资+开发资金+家族办公室+私募股权			
	数量	同比增长(%)	占比(%)	指数	数量	同比增长(%)	占比(%)	指数	数量	同比增长(%)	占比(%)	指数
2011	0	-100.00	0.00	—	0	—	0.00	—	0	—	0.00	—
2012	0	—	0.00	—	0	—	0.00	—	0	—	0.00	—
2013	0	—	0.00	—	0	—	0.00	—	0	—	0.00	—
2014	0	—	0.00	—	0	—	0.00	—	0	—	0.00	—
2015	0	—	0.00	—	0	—	0.00	—	0	—	0.00	—
2016	0	—	0.00	—	0	—	0.00	—	0	—	0.00	—
2017	0	—	0.00	—	0	—	0.00	—	0	—	0.00	—
2018	0	—	0.00	—	0	—	0.00	—	1	—	7.14	—
2019	0	—	0.00	—	0	—	0.00	—	0	-100.00	0.00	—
2020	0	—	0.00	—	0	—	0.00	—	0	—	0.00	—

年份	企业风险投资+开发资金+对冲基金+私募股权				企业风险投资+开发资金+私募股权				企业风险投资+开发资金+风险资本			
	数量	同比增长(%)	占比(%)	指数	数量	同比增长(%)	占比(%)	指数	数量	同比增长(%)	占比(%)	指数
2005	0	—	0.00	—	0	—	0.00	—	0	—	0.00	—
2006	0	—	0.00	—	1	—	16.67	—	0	—	0.00	—
2007	0	—	0.00	—	0	-100.00	0.00	—	0	—	0.00	—
2008	0	—	0.00	—	0	—	0.00	—	1	—	25.00	—
2009	0	—	0.00	—	0	—	0.00	—	0	-100.00	0.00	—
2010	0	—	0.00	—	0	—	0.00	—	0	—	0.00	—
2011	0	—	0.00	—	0	—	0.00	—	0	—	0.00	—
2012	0	—	0.00	—	0	—	0.00	—	0	—	0.00	—
2013	0	—	0.00	—	0	—	0.00	—	0	—	0.00	—
2014	0	—	0.00	—	0	—	0.00	—	0	—	0.00	—
2015	0	—	0.00	—	0	—	0.00	—	0	—	0.00	—
2016	0	—	0.00	—	0	—	0.00	—	0	—	0.00	—
2017	0	—	0.00	—	0	—	0.00	—	0	—	0.00	—
2018	0	—	0.00	—	0	—	0.00	—	0	—	0.00	—
2019	1	—	12.50	—	0	—	0.00	—	0	—	0.00	—
2020	0	-100.00	0.00	—	0	—	0.00	—	0	—	0.00	—

续表

年份	企业风险投资+开发资金—第1轮-第8轮				企业风险投资+开发资金—第1轮-第8轮+家族办公室+对冲基金+风险资本				企业风险投资+开发资金—第1轮-第8轮+家族办公室+私募股权			
	数量	同比增长（%）	占比（%）	指数	数量	同比增长（%）	占比（%）	指数	数量	同比增长（%）	占比（%）	指数
2005	0	—	0.00	—	0	—	0.00	—	0	—	0.00	—
2006	1	—	16.67	—	0	—	0.00	—	0	—	0.00	—
2007	0	−100.00	0.00	—	0	—	0.00	—	0	—	0.00	—
2008	0	—	0.00	—	0	—	0.00	—	0	—	0.00	—
2009	0	—	0.00	—	0	—	0.00	—	0	—	0.00	—
2010	0	—	0.00	—	0	—	0.00	—	0	—	0.00	—
2011	0	—	0.00	—	0	—	0.00	—	0	—	0.00	—
2012	0	—	0.00	—	0	—	0.00	—	0	—	0.00	—
2013	0	—	0.00	—	0	—	0.00	—	0	—	0.00	—
2014	0	—	0.00	—	0	—	0.00	—	0	—	0.00	—
2015	0	—	0.00	—	0	—	0.00	—	0	—	0.00	—
2016	0	—	0.00	—	0	—	0.00	—	0	—	0.00	—
2017	0	—	0.00	—	0	—	0.00	—	0	—	0.00	—
2018	0	—	0.00	—	1	—	7.14	—	0	—	0.00	—
2019	0	—	0.00	—	0	−100.00	0.00	—	0	—	0.00	—
2020	0	—	0.00	—	0	—	0.00	—	2	—	28.57	—

年份	企业风险投资+开发资金—第1轮-第8轮+家族办公室+风险资本				企业风险投资+开发资金—第1轮-第8轮+对冲基金+私募股权				企业风险投资+开发资金—第1轮-第8轮+对冲基金+风险资本			
	数量	同比增长（%）	占比（%）	指数	数量	同比增长（%）	占比（%）	指数	数量	同比增长（%）	占比（%）	指数
2005	0	—	0.00	—	0	—	0.00	—	0	—	0.00	—
2006	0	—	0.00	—	0	—	0.00	—	0	—	0.00	—
2007	0	—	0.00	—	0	—	0.00	—	0	—	0.00	—
2008	0	—	0.00	—	0	—	0.00	—	0	—	0.00	—
2009	0	—	0.00	—	0	—	0.00	—	0	—	0.00	—

续表

年份	企业风险投资+开发资金—第1轮-第8轮+家族办公室+风险资本				企业风险投资+开发资金—第1轮-第8轮+对冲基金+私募股权				企业风险投资+开发资金—第1轮-第8轮+对冲基金+风险资本			
---	数量	同比增长（%）	占比（%）	指数	数量	同比增长（%）	占比（%）	指数	数量	同比增长（%）	占比（%）	指数
2010	0	—	0.00	—	0	—	0.00	—	0	—	0.00	—
2011	0	—	0.00	—	0	—	0.00	—	0	—	0.00	—
2012	0	—	0.00	—	0	—	0.00	—	0	—	0.00	—
2013	0	—	0.00	—	0	—	0.00	—	0	—	0.00	—
2014	0	—	0.00	—	0	—	0.00	—	0	—	0.00	—
2015	0	—	0.00	—	0	—	0.00	—	0	—	0.00	—
2016	0	—	0.00	—	0	—	0.00	—	0	—	0.00	—
2017	0	—	0.00	—	1	—	11.11	—	0	—	0.00	—
2018	2	—	14.29	—	0	-100.00	0.00	—	2	—	14.29	—
2019	0	-100.00	0.00	—	0	—	0.00	—	0	-100.00	0.00	—
2020	0	—	0.00	—	0	—	0.00	—	0	—	0.00	—

年份	企业风险投资+开发资金—第1轮-第8轮+新银行信贷便利+风险资本				企业风险投资+开发资金—第1轮-第8轮+私募股权				企业风险投资+开发资金—第1轮-第8轮+风险资本			
---	数量	同比增长（%）	占比（%）	指数	数量	同比增长（%）	占比（%）	指数	数量	同比增长（%）	占比（%）	指数
2005	0	—	0.00	—	0	—	0.00	—	1	—	9.09	—
2006	0	—	0.00	—	1	—	16.67	—	0	-100.00	0.00	—
2007	0	—	0.00	—	0	-100.00	0.00	—	0	—	0.00	—
2008	0	—	0.00	—	0	—	0.00	—	0	—	0.00	—
2009	0	—	0.00	—	0	—	0.00	—	0	—	0.00	—
2010	0	—	0.00	—	0	—	0.00	—	0	—	0.00	—
2011	0	—	0.00	—	0	—	0.00	—	0	—	0.00	—
2012	0	—	0.00	—	0	—	0.00	—	0	—	0.00	—
2013	0	—	0.00	—	0	—	0.00	—	0	—	0.00	—
2014	0	—	0.00	—	0	—	0.00	—	0	—	0.00	—
2015	0	—	0.00	—	0	—	0.00	—	0	—	0.00	—

续表

年份	企业风险投资+开发资金—第1轮-第8轮+新银行信贷便利+风险资本				企业风险投资+开发资金—第1轮-第8轮+私募股权				企业风险投资+开发资金—第1轮-第8轮+风险资本			
	数量	同比增长（%）	占比（%）	指数	数量	同比增长（%）	占比（%）	指数	数量	同比增长（%）	占比（%）	指数
2016	0	—	0.00	—	0	—	0.00	—	0	—	0.00	—
2017	1	—	11.11	—	0	—	0.00	—	0	—	0.00	—
2018	0	-100.00	0.00	—	0	—	0.00	—	0	—	0.00	—
2019	0	—	0.00	—	0	—	0.00	—	0	—	0.00	—
2020	0	—	0.00	—	0	—	0.00	—	0	—	0.00	—

年份	企业风险投资+开发资金—种子轮+风险资本				企业风险投资+私募股权				企业风险投资+私募股权+增资—私人配售			
	数量	同比增长（%）	占比（%）	指数	数量	同比增长（%）	占比（%）	指数	数量	同比增长（%）	占比（%）	指数
2005	0	—	0.00	0.00	0	—	0.00	—	0	—	0.00	—
2006	0	—	0.00	0.00	0	—	0.00	—	0	—	0.00	—
2007	0	—	0.00	0.00	0	—	0.00	—	0	—	0.00	—
2008	0	—	0.00	0.00	0	—	0.00	—	0	—	0.00	—
2009	0	—	0.00	0.00	0	—	0.00	—	0	—	0.00	—
2010	0	—	0.00	0.00	1	—	16.67	—	0	—	0.00	—
2011	0	—	0.00	0.00	0	-100.00	0.00	—	0	—	0.00	—
2012	1	—	100.00	500.00	0	—	0.00	—	0	—	0.00	—
2013	0	-100.00	0.00	0.00	0	—	0.00	—	0	—	0.00	—
2014	0	—	0.00	0.00	0	—	0.00	—	0	—	0.00	—
2015	0	—	0.00	0.00	0	—	0.00	—	0	—	0.00	—
2016	0	—	0.00	0.00	0	—	0.00	—	1	—	6.67	—
2017	0	—	0.00	0.00	0	—	0.00	—	0	-100.00	0.00	—
2018	0	—	0.00	0.00	0	—	0.00	—	0	—	0.00	—
2019	0	—	0.00	0.00	0	—	0.00	—	0	—	0.00	—
2020	0	—	0.00	0.00	0	—	0.00	—	0	—	0.00	—

续表

年份	开发资金+新银行信贷便利+私募股权				开发资金+私募股权				开发资金+风险资本			
	数量	同比增长（%）	占比（%）	指数	数量	同比增长（%）	占比（%）	指数	数量	同比增长（%）	占比（%）	指数
2005	0	—	0.00	0.00	3	—	27.27	—	0	—	0.00	—
2006	0	—	0.00	0.00	0	-100.00	0.00	—	0	—	0.00	—
2007	0	—	0.00	0.00	0	—	0.00	—	2	—	33.33	—
2008	0	—	0.00	0.00	0	—	0.00	—	0	-100.00	0.00	—
2009	0	—	0.00	0.00	0	—	0.00	—	0	—	0.00	—
2010	0	—	0.00	0.00	0	—	0.00	—	0	—	0.00	—
2011	0	—	0.00	0.00	0	—	0.00	—	0	—	0.00	—
2012	0	—	0.00	0.00	0	—	0.00	—	0	—	0.00	—
2013	0	—	0.00	0.00	0	—	0.00	—	0	—	0.00	—
2014	1		11.11	500.00	0	—	0.00	—	0	—	0.00	—
2015	0	-100.00	0.00	0.00	0	—	0.00	—	0	—	0.00	—
2016	0	—	0.00	0.00	0	—	0.00	—	0	—	0.00	—
2017	0	—	0.00	0.00	0	—	0.00	—	0	—	0.00	—
2018	0	—	0.00	0.00	0	—	0.00	—	0	—	0.00	—
2019	0	—	0.00	0.00	0	—	0.00	—	0	—	0.00	—
2020	0	—	0.00	0.00	0	—	0.00	—	0	—	0.00	—

年份	开发资金—第1轮-第8轮+家族办公室+对冲基金+风险资本				开发资金—第1轮-第8轮+家族办公室+私募股权				开发资金—第1轮-第8轮+家族办公室+风险资本			
	数量	同比增长（%）	占比（%）	指数	数量	同比增长（%）	占比（%）	指数	数量	同比增长（%）	占比（%）	指数
2005	0	—	0.00	0.00	0	—	0.00	—	0	—	0.00	—
2006	0	—	0.00	0.00	0	—	0.00	—	0	—	0.00	—
2007	0	—	0.00	0.00	0	—	0.00	—	0	—	0.00	—
2008	0	—	0.00	0.00	0	—	0.00	—	0	—	0.00	—
2009	0	—	0.00	0.00	0	—	0.00	—	0	—	0.00	—
2010	0	—	0.00	0.00	0	—	0.00	—	0	—	0.00	—

续表

年份	开发资金—第1轮-第8轮+家族办公室+对冲基金+风险资本				开发资金—第1轮-第8轮+家族办公室+私募股权				开发资金—第1轮-第8轮+家族办公室+风险资本			
	数量	同比增长（%）	占比（%）	指数	数量	同比增长（%）	占比（%）	指数	数量	同比增长（%）	占比（%）	指数
2011	0	—	0.00	0.00	0	—	0.00	—	0	—	0.00	—
2012	0	—	0.00	0.00	0	—	0.00	—	0	—	0.00	—
2013	0	—	0.00	0.00	0	—	0.00	—	0	—	0.00	—
2014	0	—	0.00	0.00	0	—	0.00	—	0	—	0.00	—
2015	1	—	8.33	500.00	0	—	0.00	—	0	—	0.00	—
2016	0	-100.00	0.00	0.00	0	—	0.00	—	0	—	0.00	—
2017	0	—	0.00	0.00	0	—	0.00	—	0	—	0.00	—
2018	0	—	0.00	0.00	0	—	0.00	—	2	—	14.29	—
2019	0	—	0.00	0.00	0	—	0.00	—	0	-100.00	0.00	—
2020	0	—	0.00	0.00	2	—	28.57	—	0	—	0.00	—

年份	天使投资+企业风险投资+开发资金—第1轮-第8轮+对冲基金+私募股权				天使投资+企业风险投资+开发资金—第1轮-第8轮+私募股权				天使投资+企业风险投资+开发资金—第1轮-第8轮+风险资本			
	数量	同比增长（%）	占比（%）	指数	数量	同比增长（%）	占比（%）	指数	数量	同比增长（%）	占比（%）	指数
2005	0	—	0.00	—	0	—	0.00	—	2	—	18.18	—
2006	0	—	0.00	—	0	—	0.00	—	0	-100.00	0.00	—
2007	0	—	0.00	—	0	—	0.00	—	0	—	0.00	—
2008	0	—	0.00	—	0	—	0.00	—	0	—	0.00	—
2009	0	—	0.00	—	0	—	0.00	—	0	—	0.00	—
2010	0	—	0.00	—	0	—	0.00	—	0	—	0.00	—
2011	0	—	0.00	—	0	—	0.00	—	0	—	0.00	—
2012	0	—	0.00	—	0	—	0.00	—	0	—	0.00	—
2013	0	—	0.00	—	0	—	0.00	—	0	—	0.00	—
2014	0	—	0.00	—	0	—	0.00	—	0	—	0.00	—
2015	0	—	0.00	—	0	—	0.00	—	0	—	0.00	—

续表

年份	天使投资+企业风险投资+开发资金—第1轮-第8轮+对冲基金+私募股权				天使投资+企业风险投资+开发资金—第1轮-第8轮+私募股权				天使投资+企业风险投资+开发资金—第1轮-第8轮+风险资本			
	数量	同比增长（%）	占比（%）	指数	数量	同比增长（%）	占比（%）	指数	数量	同比增长（%）	占比（%）	指数
2016	0	—	0.00	—	0	—	0.00	—	0	—	0.00	—
2017	0	—	0.00	—	0	—	0.00	—	0	—	0.00	—
2018	0	—	0.00	—	1	—	7.14	—	0	—	0.00	—
2019	0	—	0.00	—	0	-100.00	0.00	—	0	—	0.00	—
2020	1	—	14.29	—	0	—	0.00	—	0	—	0.00	—

年份	开发资金—第1轮-第8轮+风险资本				开发资金—种子轮+私募股权				开发资金—种子轮+风险资本			
	数量	同比增长（%）	占比（%）	指数	数量	同比增长（%）	占比（%）	指数	数量	同比增长（%）	占比（%）	指数
2005	1	—	9.09	—	0	—	0.00	—	0	—	0.00	—
2006	0	-100.00	0.00	—	0	—	0.00	—	0	—	0.00	—
2007	0	—	0.00	—	0	—	0.00	—	1	—	16.67	—
2008	0	—	0.00	—	0	—	0.00	—	0	-100.00	0.00	—
2009	0	—	0.00	—	0	—	0.00	—	0	—	0.00	—
2010	0	—	0.00	—	0	—	0.00	—	0	—	0.00	—
2011	0	—	0.00	—	0	—	0.00	—	0	—	0.00	—
2012	0	—	0.00	—	0	—	0.00	—	0	—	0.00	—
2013	0	—	0.00	—	0	—	0.00	—	0	—	0.00	—
2014	0	—	0.00	—	0	—	0.00	—	0	—	0.00	—
2015	0	—	0.00	—	0	—	0.00	—	0	—	0.00	—
2016	0	—	0.00	—	0	—	0.00	—	0	—	0.00	—
2017	0	—	0.00	—	0	—	0.00	—	0	—	0.00	—
2018	0	—	0.00	—	1	—	7.14	—	0	—	0.00	—
2019	0	—	0.00	—	0	-100.00	0.00	—	0	—	0.00	—
2020	0	—	0.00	—	0	—	0.00	—	0	—	0.00	—

续表

年份	家族办公室+私募股权				杠杆+新银行信贷便利				杠杆+新银行信贷便利+私募股权			
	数量	同比增长(%)	占比(%)	指数	数量	同比增长(%)	占比(%)	指数	数量	同比增长(%)	占比(%)	指数
2005	0	—	0.00	—	0	—	0.00	—	0	—	0.00	0.00
2006	0	—	0.00	—	0	—	0.00	—	0	—	0.00	0.00
2007	0	—	0.00	—	0	—	0.00	—	0	—	0.00	0.00
2008	0	—	0.00	—	0	—	0.00	—	0	—	0.00	0.00
2009	0	—	0.00	—	0	—	0.00	—	0	—	0.00	0.00
2010	0	—	0.00	—	0	—	0.00	—	0	—	0.00	0.00
2011	0	—	0.00	—	0	—	0.00	—	0	—	0.00	0.00
2012	0	—	0.00	—	0	—	0.00	—	0	—	0.00	0.00
2013	0	—	0.00	—	0	—	0.00	—	0	—	0.00	0.00
2014	0	—	0.00	—	0	—	0.00	—	0	—	0.00	0.00
2015	0	—	0.00	—	0	—	0.00	—	1	—	8.33	500.00
2016	0	—	0.00	—	4	—	26.67	—	0	-100.00	0.00	0.00
2017	0	—	0.00	—	0	-100.00	0.00	—	0	—	0.00	0.00
2018	0	—	0.00	—	0	—	0.00	—	0	—	0.00	0.00
2019	1	—	12.50	—	0	—	0.00	—	0	—	0.00	0.00
2020	0	-100.00	0.00	—	0	—	0.00	—	0	—	0.00	0.00

年份	杠杆收购+夹层融资+新银行信贷便利+私募股权				杠杆收购+新银行信贷便利				杠杆收购+新银行信贷便利+私募股权			
	数量	同比增长(%)	占比(%)	指数	数量	同比增长(%)	占比(%)	指数	数量	同比增长(%)	占比(%)	指数
2005	0	—	0.00	—	0	—	0.00	0.00	0	—	0.00	0.00
2006	0	—	0.00	—	0	—	0.00	0.00	0	—	0.00	0.00
2007	0	—	0.00	—	0	—	0.00	0.00	0	—	0.00	0.00
2008	0	—	0.00	—	0	—	0.00	0.00	0	—	0.00	0.00
2009	0	—	0.00	—	0	—	0.00	0.00	0	—	0.00	0.00
2010	0	—	0.00	—	0	—	0.00	0.00	0	—	0.00	0.00

续表

年份	杠杆收购+夹层融资+新银行信贷便利+私募股权				杠杆收购+新银行信贷便利				杠杆收购+新银行信贷便利+私募股权			
	数量	同比增长(%)	占比(%)	指数	数量	同比增长(%)	占比(%)	指数	数量	同比增长(%)	占比(%)	指数
2011	0	—	0.00	—	0	—	0.00	0.00	0	—	0.00	0.00
2012	0	—	0.00	—	0	—	0.00	0.00	0	—	0.00	0.00
2013	0	—	0.00	—	0	—	0.00	0.00	0	—	0.00	0.00
2014	0	—	0.00	—	0	—	0.00	0.00	1	—	11.11	500.00
2015	0	—	0.00	—	4	—	33.33	500.00	0	-100.00	0.00	0.00
2016	1	—	6.67	—	0	-100.00	0.00	0.00	0	—	0.00	0.00
2017	0	-100.00	0.00	—	0	—	0.00	0.00	0	—	0.00	0.00
2018		—	0.00	—	0	—	0.00	0.00	0	—	0.00	0.00
2019	0	—	0.00	—	0	—	0.00	0.00	0	—	0.00	0.00
2020	0	—	0.00	—	0	—	0.00	0.00	0	—	0.00	0.00

年份	夹层融资+私募股权				新银行信贷便利+私募股权				新银行信贷便利+增资—公募			
	数量	同比增长(%)	占比(%)	指数	数量	同比增长(%)	占比(%)	指数	数量	同比增长(%)	占比(%)	指数
2005	0	—	0.00	0.00	0	—	0.00	—	0	—	0.00	—
2006	0	—	0.00	0.00	0	—	0.00	—	0	—	0.00	—
2007	0	—	0.00	0.00	1	—	16.67	—	0	—	0.00	—
2008	0	—	0.00	0.00	0	-100.00	0.00	—	0	—	0.00	—
2009	0	—	0.00	0.00	0	—	0.00	—	1	—	25.00	—
2010	0	—	0.00	0.00	0	—	0.00	—	0	-100.00	0.00	—
2011	0	—	0.00	0.00	0	—	0.00	—	0	—	0.00	—
2012	0	—	0.00	0.00	0	—	0.00	—	0	—	0.00	—
2013	1	—	16.67	500.00	0	—	0.00	—	0	—	0.00	—
2014	0	-100.00	0.00	0.00	0	—	0.00	—	0	—	0.00	—
2015	0	—	0.00	0.00	0	—	0.00	—	0	—	0.00	—
2016	0	—	0.00	0.00	0	—	0.00	—	0	—	0.00	—

续表

年份	夹层融资+私募股权				新银行信贷便利+私募股权				新银行信贷便利+增资—公募			
	数量	同比增长（%）	占比（%）	指数	数量	同比增长（%）	占比（%）	指数	数量	同比增长（%）	占比（%）	指数
2017	0	—	0.00	0.00	0	—	0.00	—	0	—	0.00	—
2018	0	—	0.00	0.00	0	—	0.00		0	—	0.00	
2019	0	—	0.00	0.00	0	—	0.00		0	—	0.00	
2020	0	—	0.00	0.00	0	—	0.00		0	—	0.00	

年份	通道融资+增资—配售				通道融资+私募股权+增资—私人配售				通道融资+增资—私人配售			
	数量	同比增长（%）	占比（%）	指数	数量	同比增长（%）	占比（%）	指数	数量	同比增长（%）	占比（%）	指数
2005	0	—	0.00	—	0	—	0.00	—	1	—	9.09	—
2006	0	—	0.00	—	1	—	16.67	—	0	-100.00	0.00	—
2007	0	—	0.00	—	0	-100.00	0.00	—	0	—	0.00	—
2008	0	—	0.00	—	0	—	0.00	—	0	—	0.00	—
2009	0	—	0.00	—	0	—	0.00	—	0	—	0.00	—
2010	0	—	0.00	—	0	—	0.00	—	0	—	0.00	—
2011	0	—	0.00	—	0	—	0.00	—	0	—	0.00	—
2012	0	—	0.00	—	0	—	0.00	—	0	—	0.00	—
2013	0	—	0.00	—	0	—	0.00	—	0	—	0.00	—
2014	0	—	0.00	—	0	—	0.00	—	0	—	0.00	—
2015	0	—	0.00	—	0	—	0.00	—	0	—	0.00	—
2016	1	—	6.67	—	0	—	0.00	—	0	—	0.00	—
2017	0	-100.00	0.00	—	0	—	0.00	—	0	—	0.00	—
2018	0	—	0.00	—	0	—	0.00	—	0	—	0.00	—
2019	0	—	0.00	—	0	—	0.00	—	0	—	0.00	—
2020	0	—	0.00	—	0	—	0.00	—	0	—	0.00	—

续表

年份	通道融资+增资—公募				增资—配售+私募股权				增资—配售+增资—私人配售			
	数量	同比增长(%)	占比(%)	指数	数量	同比增长(%)	占比(%)	指数	数量	同比增长(%)	占比(%)	指数
2005	0	—	0.00	—	0	—	0.00	—	0	—	0.00	—
2006	0	—	0.00	—	0	—	0.00	—	0	—	0.00	—
2007	0	—	0.00	—	0	—	0.00	—	1	—	16.67	—
2008	0	—	0.00	—	0	—	0.00	—	0	-100.00	0.00	—
2009	1	—	25.00	—	0	—	0.00	—	0	—	0.00	—
2010	0	-100.00	0.00	—	1	—	16.67	—	0	—	0.00	—
2011	0	—	0.00	—	0	-100.00	0.00	—	0	—	0.00	—
2012	0	—	0.00	—	0	—	0.00	—	0	—	0.00	—
2013	0	—	0.00	—	0	—	0.00	—	0	—	0.00	—
2014	0	—	0.00	—	0	—	0.00	—	0	—	0.00	—
2015	0	—	0.00	—	0	—	0.00	—	0	—	0.00	—
2016	0	—	0.00	—	0	—	0.00	—	0	—	0.00	—
2017	0	—	0.00	—	0	—	0.00	—	0	—	0.00	—
2018	0	—	0.00	—	0	—	0.00	—	0	—	0.00	—
2019	0	—	0.00	—	0	—	0.00	—	0	—	0.00	—
2020	0	—	0.00	—	0	—	0.00	—	0	—	0.00	—

年份	增资—配售+增资—公募				私募股权+增资—私人配售				增资—私人配售+增资—公募			
	数量	同比增长(%)	占比(%)	指数	数量	同比增长(%)	占比(%)	指数	数量	同比增长(%)	占比(%)	指数
2005	0	—	0.00	—	0	—	0.00	—	0	—	0.00	—
2006	0	—	0.00	—	0	—	0.00	—	0	—	0.00	—
2007	0	—	0.00	—	0	—	0.00	—	0	—	0.00	—
2008	0	—	0.00	—	1	—	25.00	—	1	—	25.00	—
2009	0	—	0.00	—	0	-100.00	0.00	—	0	-100.00	0.00	—
2010	0	—	0.00	—	0	—	0.00	—	0	—	0.00	—
2011	0	—	0.00	—	0	—	0.00	—	0	—	0.00	—
2012	0	—	0.00	—	0	—	0.00	—	0	—	0.00	—
2013	0	—	0.00	—	0	—	0.00	—	0	—	0.00	—

续表

年份	增资—配售+增资—公募				私募股权+增资—私人配售				增资—私人配售+增资—公募			
	数量	同比增长（%）	占比（%）	指数	数量	同比增长（%）	占比（%）	指数	数量	同比增长（%）	占比（%）	指数
2014	0	—	0.00	—	0	—	0.00	—	0	—	0.00	—
2015	0	—	0.00	—	0	—	0.00	—	0	—	0.00	—
2016	0	—	0.00	—	0	—	0.00	—	0	—	0.00	—
2017	0	—	0.00	—	0	—	0.00	—	0	—	0.00	—
2018	1	—	7.14	—	0	—	0.00	—	0	—	0.00	—
2019	0	-100.00	0.00	—	0	—	0.00	—	0	—	0.00	—
2020	0	—	0.00	—	0	—	0.00	—	0	—	0.00	—

年份	增资—私人配售+增资—新股发行				小计			
	数量	同比增长（%）	占比（%）	指数	数量	同比增长（%）	占比（%）	指数
2005	0	—	0.00	—	11	—	100.00	189.66
2006	0	—	0.00	—	6	-45.45	100.00	103.45
2007	0	—	0.00	—	6	0.00	100.00	103.45
2008	0	—	0.00	—	4	-33.33	100.00	68.97
2009	1	—	25.00	—	4	0.00	100.00	68.97
2010	0	-100.00	0.00	—	6	50.00	100.00	103.45
2011	0	—	0.00	—	1	-83.33	100.00	17.24
2012	0	—	0.00	—	1	0.00	100.00	17.24
2013	0	—	0.00	—	6	500.00	100.00	103.45
2014	0	—	0.00	—	9	50.00	100.00	155.17
2015	0	—	0.00	—	12	33.33	100.00	206.90
2016	0	—	0.00	—	15	25.00	100.00	258.62
2017	0	—	0.00	—	9	-40.00	100.00	155.17
2018	0	—	0.00	—	14	55.56	100.00	241.38
2019	0	—	0.00	—	8	-42.86	100.00	137.93
2020	0	—	0.00	—	7	-12.50	100.00	120.69

注：存在重复统计的情况，处理方式和行业别统计一致。

表 3-5-8　2005—2020 年中国民营企业对外并购投资中多种渠道融资的金额分布

（单位：百万美元、%）

年份	天使投资+增资—发行可转债+开发资金—种子轮+风险资本				天使投资+企业风险投资+开发资金+家族办公室+风险资本				天使投资+企业风险投资+开发资金+私募股权			
	金额	同比增长（%）	占比（%）	指数	金额	同比增长（%）	占比（%）	指数	金额	同比增长（%）	占比（%）	指数
2005	0.00	—	0.00	0.00	0.00	—	0.00	—	0.00	0.00	—	0.00
2006	0.00	—	0.00	0.00	0.00	—	0.00	0.00	0.00	0.00	—	0.00
2007	0.00	—	0.00	0.00	0.00	—	0.00	0.00	0.00	0.00	—	0.00
2008	0.00	—	0.00	0.00	0.00	—	0.00	0.00	0.00	0.00	—	0.00
2009	0.00	—	0.00	0.00	0.00	—	0.00	0.00	0.00	0.00	—	0.00
2010	0.00	—	0.00	0.00	0.00	—	0.00	0.00	0.00	0.00	—	0.00
2011	0.00	—	0.00	0.00	0.00	—	0.00	0.00	0.00	0.00	—	0.00
2012	0.00	—	—	0.00	0.00	—	—	0.00	0.00	0.00	—	—
2013	0.77	—	0.19	500.00	0.00	—	0.00	—	0.77	—	0.77	0.19
2014	0.00	-100.00	0.00	0.00	0.00	—	0.00	0.00	0.00	-100.00	0.00	0.00
2015	0.00	—	0.00	0.00	0.00	—	0.00	0.00	29.00			
2016	0.00	—	0.00	0.00	0.00	—	0.00	0.00	0.00	0.00	—	0.00
2017	0.00	—	0.00	0.00	0.00	—	0.00	0.00	0.00	0.00	—	0.00
2018	0.00	—	0.00	0.00	0.00	—	0.00	0.00	0.00	0.00	—	0.00
2019	0.00	—	0.00	0.00	182.50	—	11.21		0.00	0.00	—	0.00
2020	0.00	—	0.00	0.00	0.00	-100.00	0.00		0.00	0.00	—	0.00

年份	天使投资+企业风险投资+开发资金+风险资本				天使投资+企业风险投资+开发资金—第1轮-第8轮+家族办公室+风险资本				天使投资+企业风险投资+开发资金—第1轮-第8轮+对冲基金+私募股权			
	金额	同比增长（%）	占比（%）	指数	金额	同比增长（%）	占比（%）	指数	金额	同比增长（%）	占比（%）	指数
2005	—	0.00	0.00	0.00	—	0.00	0.00	0.00	—	0.00		0.00
2006	—	0.00	0.00	0.00	—	0.00	—	0.00	—	0.00		—
2007	—	0.00	0.00	0.00	—	0.00	—	0.00	—	0.00		—
2008	—	0.00	0.00	0.00	—	0.00	—	0.00	—	0.00		—

续表

年份	天使投资+企业风险投资+开发资金+风险资本				天使投资+企业风险投资+开发资金—第1轮-第8轮+家族办公室+风险资本				天使投资+企业风险投资+开发资金—第1轮-第8轮+对冲基金+私募股权			
	金额	同比增长(%)	占比(%)	指数	金额	同比增长(%)	占比(%)	指数	金额	同比增长(%)	占比(%)	指数
2009	—	0.00	0.00	0.00	—	0.00		0.00	—	0.00	—	
2010	—	0.00	0.00	0.00	—	0.00		0.00	—	0.00	—	—
2011	—	0.00	0.00	0.00	—	0.00		0.00	—	0.00		
2012	—	—	0.00	0.00	—	—			—		—	
2013	—	0.00	0.00	0.00	—	0.00		0.00	—	0.00		
2014	—	0.00	0.00	0.00	—	0.00		0.00	—	0.00		
2015	—	0.71	500.00	0.00	—	0.00		0.00	—	0.00		
2016	-100.00	0.00	0.00	0.00	—	0.00		0.00	—	0.00	—	-100.00
2017	—	0.00	0.00	0.00	—	0.00		28.00	—	1.88		
2018	—	0.00	0.00	0.00	—	0.00		0.00	-100.00	0.00		
2019	—	0.00	0.00	0.00	—	0.00		0.00	—	0.00		
2020	—	0.00	0.00	0.00	—	0.00		0.00	—	0.00	—	

年份	天使投资+企业风险投资+开发资金—第1轮-第8轮+私募股权				天使投资+企业风险投资+开发资金—第1轮-第8轮+风险资本				天使投资+企业风险投资+开发资金—种子轮+家族办公室+风险资本			
	金额	同比增长(%)	占比(%)	指数	金额	同比增长(%)	占比(%)	指数	金额	同比增长(%)	占比(%)	指数
2005	0.00	—	0.00	—	0.00	—	0.00	0.00	0.00	—	0.00	—
2006	8.80	—	8.64	—	0.00	—	0.00	0.00	0.00	—	0.00	—
2007	0.00	-100.00	0.00	—	0.00	—	0.00	0.00	0.00	—	0.00	—
2008	0.00	—	0.00	—	0.00	—	0.00	0.00	0.00	—	0.00	—
2009	0.00	—	0.00	—	0.00	—	0.00	0.00	0.00	—	0.00	—
2010	0.00	—	0.00	—	0.00	—	0.00	0.00	0.00	—	0.00	—
2011	0.00	—	0.00	—	0.00	—	0.00	0.00	0.00	—	0.00	—
2012	0.00	—			0.00	—		0.00	0.00	—		—
2013	0.00	—	0.00	—	0.00	—	0.00	0.00	0.00	—	0.00	—

续表

年份	天使投资+企业风险投资+开发资金—第1轮-第8轮+私募股权				天使投资+企业风险投资+开发资金—第1轮-第8轮+风险资本				天使投资+企业风险投资+开发资金—种子轮+家族办公室+风险资本			
	金额	同比增长(%)	占比(%)	指数	金额	同比增长(%)	占比(%)	指数	金额	同比增长(%)	占比(%)	指数
2014	0.00	—	0.00	—	24.62	—	0.89	500.00	0.00	—	0.00	—
2015	0.00	—	0.00	—	0.00	-100.00	0.00	0.00	0.00	—	0.00	—
2016	0.00	—	0.00	—	0.00	—	0.00	0.00	0.00	—	0.00	—
2017	0.00	—	0.00	—	0.00	—	0.00	0.00	0.00	—	0.00	—
2018	0.00	—	0.00	—	0.00	—	0.00	0.00	0.00	—	0.00	—
2019	0.00	—	0.00	—	0.00	—	0.00	0.00	0.00	—	0.00	—
2020	0.00	—	0.00	—	0.00	—	0.00	0.00	1.80	—	0.43	—

年份	天使投资+企业风险投资+开发资金—种子轮+风险资本				天使投资+众筹+开发资金+风险资本				天使投资+众筹+开发资金—种子轮+风险资本			
	金额	同比增长(%)	占比(%)	指数	金额	同比增长(%)	占比(%)	指数	金额	同比增长(%)	占比(%)	指数
2005	0.00	—	0.00	0.00	0.00	—	0.00	0.00	0.00	—	0.00	—
2006	0.00	—	0.00	0.00	0.00	—	0.00	0.00	0.00	—	0.00	—
2007	0.00	—	0.00	0.00	0.00	—	0.00	0.00	0.00	—	0.00	—
2008	0.00	—	0.00	0.00	0.00	—	0.00	0.00	0.00	—	0.00	—
2009	0.00	—	0.00	0.00	0.00	—	0.00	0.00	0.00	—	0.00	—
2010	0.00	—	0.00	0.00	0.00	—	0.00	0.00	0.00	—	0.00	—
2011	0.00	—	0.00	0.00	0.00	—	0.00	0.00	0.00	—	0.00	—
2012	0.00	—	—		0.00	—	0.00	0.00	0.00	—	0.00	—
2013	0.00	—	0.00	—	0.65	—	0.16	500.00	0.00	—	0.00	—
2014	0.00	—	0.00	—	0.00	-100.00	0.00	0.00	0.00	—	0.00	—
2015	0.00	—	0.00	—	0.00	—	0.00	0.00	0.00	—	0.00	—
2016	0.00	—	0.00	—	0.00	—	0.00	0.00	0.00	—	0.00	—
2017	0.00	—	0.00	—	0.00	—	0.00	0.00	0.00	—	0.00	—
2018	0.00	—	0.00	—	0.00	—	0.00	0.00	0.00	—	0.00	—
2019	6.50	—	0.40	—	0.00	—	0.00	0.00	1.69	—	0.10	—
2020	0.00	-100.00	0.00	—	0.00	—	0.00	0.00	0.00	-100.00	0.00	—

续表

年份	天使投资+众筹+开发资金—种子轮+风险资本				天使投资+开发资金+私募股权				天使投资+开发资金+风险资本			
	金额	同比增长（%）	占比（%）	指数	金额	同比增长（%）	占比（%）	指数	金额	同比增长（%）	占比（%）	指数
2005	0.00	—	0.00	0.00	0.00	—	0.00	—	0.00	—	0.00	—
2006	0.00	—	0.00	0.00	0.00	—	0.00	—	0.00	—	0.00	—
2007	0.00	—	0.00	0.00	0.00	—	0.00	—	1.37	—	0.50	—
2008	0.00	—	0.00	0.00	0.00	—	0.00	—	0.00	-100.00	0.00	—
2009	0.00	—	0.00	0.00	0.00	—	0.00	—	0.00	—	0.00	—
2010	0.00	—	0.00	0.00	0.00	—	0.00	—	0.00	—	0.00	—
2011	0.00	—	0.00	0.00	0.00	—	0.00	—	0.00	—	0.00	—
2012	0.00	—		—	0.00	—		—	0.00	—		—
2013	0.00	—	0.00	0.00	0.00	—	0.00	—	0.00	—	0.00	—
2014	0.00	—	0.00	0.00	0.00	—	0.00	—	0.00	—	0.00	—
2015	2.00	—	0.05	500.00	0.00	—	0.00	—	0.00	—	0.00	—
2016	0.00	-100.00	0.00	0.00	10.00	—	0.09	—	0.00	—	0.00	—
2017	0.00	—	0.00	0.00	0.00	-100.00	0.00	—	0.00	—	0.00	—
2018	0.00	—	0.00	0.00	0.00	—	0.00	—	0.00	—	0.00	—
2019	0.00	—	0.00	0.00	0.00	—	0.00	—	0.00	—	0.00	—
2020	0.00	—	0.00	0.00	0.00	—	0.00	—	0.00	—	0.00	—

年份	天使投资+开发资金—第1轮-第8轮+私募股权				天使投资+开发资金—第1轮-第8轮+风险资本				天使投资+开发资金—种子轮+私募股权			
	金额	同比增长（%）	占比（%）	指数	金额	同比增长（%）	占比（%）	指数	金额	同比增长（%）	占比（%）	指数
2005	0.00	—	0.00	0.00	0.00	—	0.00	0.00	0.00	—	0.00	0.00
2006	0.00	—	0.00	0.00	0.00	—	0.00	0.00	0.00	—	0.00	0.00
2007	0.00	—	0.00	0.00	0.00	—	0.00	0.00	0.00	—	0.00	0.00
2008	0.00	—	0.00	0.00	0.00	—	0.00	0.00	0.00	—	0.00	0.00
2009	0.00	—	0.00	0.00	0.00	—	0.00	0.00	0.00	—	0.00	0.00
2010	0.00	—	0.00	0.00	0.00	—	0.00	0.00	0.00	—	0.00	0.00

年份	天使投资+开发资金—第1轮-第8轮+私募股权				天使投资+开发资金—第1轮-第8轮+风险资本				天使投资+开发资金—种子轮+私募股权			
	金额	同比增长（%）	占比（%）	指数	金额	同比增长（%）	占比（%）	指数	金额	同比增长（%）	占比（%）	指数
2011	0.00	—	0.00	0.00	0.00	—	0.00	—	0.00	—	0.00	0.00
2012	0.00	—		0.00	0.00	—		0.00	0.00	—		0.00
2013	0.00	—	0.00	0.00	0.00	—	0.00	0.00	0.00	—	0.00	0.00
2014	3.30	—	0.12	500.00	0.00	—	0.00	0.00	0.00	—	0.00	0.00
2015	0.00	-100.00	0.00	0.00	0.00	—	0.00	0.00	1.30	—	0.03	500.00
2016	0.00	—	0.00	0.00	0.00	—	0.00	0.00	0.00	-100.00	0.00	0.00
2017	0.00	—	0.00	0.00	0.00	—	0.00	0.00	0.00	—	0.00	0.00
2018	0.00	—	0.00	0.00	0.00	—	0.00	0.00	0.00	—	0.00	0.00
2019	0.00	—	0.00	0.00	0.00	—	0.00	0.00	0.00	—	0.00	0.00
2020	0.00	—	0.00	0.00	0.00	—	0.00	0.00	0.00	—	0.00	0.00

年份	天使投资+开发资金—种子轮+风险资本				增资+增资—可转债+注资				增资+注资			
	金额	同比增长（%）	占比（%）	指数	金额	同比增长（%）	占比（%）	指数	金额	同比增长（%）	占比（%）	指数
2005	0.00	—	0.00	—	0.00	—	0.00	—	1.00	—	0.55	—
2006	0.00	—	0.00	—	0.00	—	0.00	—	0.00	-100.00	0.00	—
2007	0.00	—	0.00	—	0.00	—	0.00	—	0.00	—	0.00	—
2008	0.00	—	0.00	—	0.00	—	0.00	—	0.00	—	0.00	—
2009	0.00	—	0.00	—	0.00	—	0.00	—	0.00	—	0.00	—
2010	0.00	—	0.00	—	0.00	—	0.00	—	0.00	—	0.00	—
2011	0.00	—	0.00	—	0.00	—	0.00	—	0.00	—	0.00	—
2012	0.00	—		—	0.00	—		—	0.00	—		—
2013	0.00	—	0.00	—	0.00	—	0.00	—	0.00	—	0.00	—
2014	0.00	—	0.00	—	0.00	—	0.00	—	0.00	—	0.00	—
2015	0.00	—	0.00	—	0.00	—	0.00	—	0.00	—	0.00	—
2016	0.00	—	0.00	—	49.41	—	0.43	—	0.00	—	0.00	—

续表

年份	天使投资+开发资金—种子轮+风险资本				增资+增资—可转债+注资				增资+注资			
	金额	同比增长（%）	占比（%）	指数	金额	同比增长（%）	占比（%）	指数	金额	同比增长（%）	占比（%）	指数
2017	0.00	—	0.00	—	0.00	-100.00	0.00	—	0.00	—	0.00	—
2018	0.00	—	0.00	—	0.00	—	0.00	—	0.00	—	0.00	—
2019	0.00	—	0.00	—	0.00	—	0.00	—	0.00	—	0.00	—
2020	0.00	—	0.00	—	0.00	—	0.00	—	0.00	—	0.00	—

年份	增资+注资+杠杆+新银行信贷便利				增资+注资+杠杆收购+新银行信贷便利				增资+注资+新银行信贷便利			
	金额	同比增长（%）	占比（%）	指数	金额	同比增长（%）	占比（%）	指数	金额	同比增长（%）	占比（%）	指数
2005	0.00	—	0.00	—	0.00	—	0.00	—	0.00	—	0.00	0.00
2006	0.00	—	0.00	—	0.00	—	0.00	—	0.00	—	0.00	0.00
2007	0.00	—	0.00	—	0.00	—	0.00	—	0.00	—	0.00	0.00
2008	0.00	—	0.00	—	0.00	—	0.00	—	0.00	—	0.00	0.00
2009	0.00	—	0.00	—	0.00	—	0.00	—	0.00	—	0.00	0.00
2010	0.00	—	0.00	—	0.00	—	0.00	—	0.00	—	0.00	0.00
2011	0.00	—	0.00	—	0.00	—	0.00	—	0.00	—	0.00	0.00
2012	0.00	—	0.00	—	0.00	—	0.00	—	0.00	—	0.00	0.00
2013	0.00	—	0.00	—	0.00	—	0.00	—	80.08	—	19.77	500.00
2014	0.00	—	0.00	—	0.00	—	0.00	—	0.00	-100.00	0.00	0.00
2015	0.00	—	0.00	—	0.00	—	0.00	—	0.00	—	0.00	0.00
2016	0.00	—	0.00	—	68.00	—	0.59	—	0.00	—	0.00	0.00
2017	0.00	—	0.00	—	0.00	-100.00	0.00	—	0.00	—	0.00	0.00
2018	0.00	—	0.00	—	0.00	—	0.00	—	0.00	—	0.00	0.00
2019	172.54	—	10.60	—	0.00	—	0.00	—	0.00	—	0.00	0.00
2020	0.00	-100.00	0.00	—	0.00	—	0.00	—	0.00	—	0.00	0.00

年份	增资+注资+私募股权				增资+注资+增资—私人配售				增资+开发资金—种子轮+风险资本			
	金额	同比增长(%)	占比(%)	指数	金额	同比增长(%)	占比(%)	指数	金额	同比增长(%)	占比(%)	指数
2005	0.00	—	0.00	0.00	0.00	—	0.00	—	0.00	—	0.00	—
2006	0.00	—	0.00	0.00	0.00	—	0.00	—	0.00	—	0.00	—
2007	0.00	—	0.00	0.00	0.00	—	0.00	—	0.00	—	0.00	—
2008	0.00	—	0.00	0.00	0.00	—	0.00	—	0.00	—	0.00	—
2009	0.00	—	0.00	0.00	0.00	—	0.00	—	0.00	—	0.00	—
2010	0.00	—	0.00	0.00	0.00	—	0.00	—	0.00	—	0.00	—
2011	0.00	—	0.00	0.00	0.00	—	0.00	—	0.00	—	0.00	—
2012	0.00	—	—	0.00	0.00	—	—	—	0.00	—	—	—
2013	0.00	—	0.00	0.00	0.00	—	0.00	—	0.00	—	0.00	—
2014	0.00	—	0.00	0.00	0.00	—	0.00	—	0.00	—	0.00	—
2015	193.42	—	4.77	500.00	0.00	—	0.00	—	0.00	—	0.00	—
2016	0.00	-100.00	0.00	0.00	0.00	—	0.00	—	0.00	—	0.00	—
2017	0.00	—	0.00	0.00	0.00	—	0.00	—	0.00	—	0.00	—
2018	0.00	—	0.00	0.00	80.00	—	11.61	—	10.00	—	1.45	—
2019	0.00	—	0.00	0.00	0.00	-100.00	0.00	—	0.00	-100.00	0.00	—
2020	0.00	—	0.00	0.00	0.00	—	0.00	—	0.00	—	0.00	—

年份	增资+通道融资				增资+增资—配售+增资—公募				增资+增资—配售+增资—新股发行			
	金额	同比增长(%)	占比(%)	指数	金额	同比增长(%)	占比(%)	指数	金额	同比增长(%)	占比(%)	指数
2005	0.00	—	0.00	—	0.00	—	0.00	0.00	0.00	—	0.00	—
2006	0.00	—	0.00	—	0.00	—	0.00	0.00	0.00	—	0.00	—
2007	0.00	—	0.00	—	0.00	—	0.00	0.00	0.00	—	0.00	—
2008	0.00	—	0.00	—	0.00	—	0.00	0.00	0.00	—	0.00	—
2009	0.00	—	0.00	—	0.00	—	0.00	0.00	0.00	—	0.00	—
2010	0.00	—	0.00	—	0.00	—	0.00	0.00	0.00	—	0.00	—

续表

年份	增资+通道融资				增资+增资—配售+增资—公募				增资+增资—配售+增资—新股发行			
	金额	同比增长（%）	占比（%）	指数	金额	同比增长（%）	占比（%）	指数	金额	同比增长（%）	占比（%）	指数
2011	0.00	—	0.00	—	0.00	—	0.00	0.00	0.00	—	0.00	—
2012	0.00	—	—	—	0.00	—	—	0.00	0.00	—	—	—
2013	0.00	—	0.00	—	0.00	—	0.00	0.00	0.00	—	0.00	—
2014	0.00	—	0.00	—	0.00	—	0.00	0.00	0.00	—	0.00	—
2015	0.00	—	0.00	—	101.93	—	2.51	500.00	0.00	—	0.00	—
2016	0.00	—	0.00	—	0.00	-100.00	0.00	0.00	0.00	—	0.00	—
2017	0.00	—	0.00	—	0.00	—	0.00	0.00	266.45	—	17.88	—
2018	12.57	—	1.82	—	0.00	—	0.00	0.00	0.00	-100.00	0.00	—
2019	0.00	-100.00	0.00	—	0.00	—	0.00	0.00	0.00	—	0.00	—
2020	0.00	—	0.00	—	0.00	—	0.00	0.00	0.00	—	0.00	—

年份	增资+私募股权				增资+增资—私人配售				增资—可转债+注资			
	金额	同比增长（%）	占比（%）	指数	金额	同比增长（%）	占比（%）	指数	金额	同比增长（%）	占比（%）	指数
2005	0.00	—	0.00	—	0.00	—	0.00	0.00	0.00	—	0.00	—
2006	0.00	—	0.00	—	0.00	—	0.00	0.00	0.00	—	0.00	—
2007	0.00	—	0.00	—	0.00	—	0.00	0.00	0.00	—	0.00	—
2008	0.00	—	0.00	—	0.00	—	0.00	0.00	0.00	—	0.00	—
2009	0.00	—	0.00	—	0.00	—	0.00	0.00	0.00	—	0.00	—
2010	0.00	—	0.00	—	0.00	—	0.00	0.00	0.00	—	0.00	—
2011	0.00	—	0.00	—	0.43	—	100.00	500.00	0.00	—	0.00	—
2012	0.00	—	—	—	0.00	-100.00	—	0.00	0.00	—	—	—
2013	0.00	—	0.00	—	0.00	—	0.00	0.00	0.00	—	0.00	—
2014	0.00	—	0.00	—	0.00	—	0.00	0.00	0.00	—	0.00	—
2015	0.00	—	0.00	—	0.00	—	0.00	0.00	0.00	—	0.00	—
2016	350.00	—	3.03	—	0.00	—	0.00	0.00	0.00	—	0.00	—

续表

年份	增资+私募股权				增资+增资—私人配售				增资—可转债+注资			
	金额	同比增长(%)	占比(%)	指数	金额	同比增长(%)	占比(%)	指数	金额	同比增长(%)	占比(%)	指数
2017	0.00	-100.00	0.00	—	0.00	—	0.00	0.00	813.94	—	54.62	—
2018	0.00	—	0.00	—	0.00	—	0.00	0.00	0.00	-100.00	0.00	—
2019	0.00	—	0.00	—	0.00	—	0.00	0.00	0.00	—	0.00	—
2020	0.00	—	0.00	—	0.00	—	0.00	0.00	0.00	—	0.00	—

年份	增资—可转债+企业风险投资+开发资金—第1轮-第8轮+对冲基金+私募股权				增资—可转债+开发资金+风险资本				增资—可转债+通道融资			
	金额	同比增长(%)	占比(%)	指数	金额	同比增长(%)	占比(%)	指数	金额	同比增长(%)	占比(%)	指数
2005	0.00	—	0.00	—	0.00	—	0.00	0.00	0.00	—	0.00	—
2006	0.00	—	0.00	—	0.00	—	0.00	0.00	0.00	—	0.00	—
2007	0.00	—	0.00	—	0.00	—	0.00	0.00	0.00	—	0.00	—
2008	0.00	—	0.00	—	0.00	—	0.00	0.00	0.00	—	0.00	—
2009	0.00	—	0.00	—	0.00	—	0.00	0.00	0.00	—	0.00	—
2010	0.00	—	0.00	—	0.00	—	0.00	0.00	0.00	—	0.00	—
2011	0.00	—	0.00	—	0.00	—	0.00	0.00	0.00	—	0.00	—
2012	0.00	—	—	—	0.00	—	—	0.00	0.00	—	0.00	—
2013	0.00	—	0.00	—	7.00	—	1.73	500.00	0.00	—	0.00	—
2014	0.00	—	0.00	—	0.00	-100.00	0.00	0.00	0.00	—	0.00	—
2015	0.00	—	0.00	—	0.00	—	0.00	0.00	0.00	—	0.00	—
2016	0.00	—	0.00	—	0.00	—	0.00	0.00	0.00	—	0.00	—
2017	0.00	—	0.00	—	0.00	—	0.00	0.00	8.65	—	0.58	—
2018	0.00	—	0.00	—	0.00	—	0.00	0.00	0.00	-100.00	0.00	—
2019	0.00	—	0.00	—	0.00	—	0.00	0.00	0.00	—	0.00	—
2020	130.00	—	31.22	—	0.00	—	0.00	0.00	0.00	—	0.00	—

续表

年份	增资—可转债+私募股权				增资—可转债+增资—私人配售				增资—卖方配售+杠杆+新银行信贷便利+私募股权			
	金额	同比增长（%）	占比（%）	指数	金额	同比增长（%）	占比（%）	指数	金额	同比增长（%）	占比（%）	指数
2005	0.00	—	0.00	—	0.00	—	0.00	—	0.00	—	0.00	—
2006	0.00	—	0.00	—	0.00	—	0.00	—	0.00	—	0.00	—
2007	0.00	—	0.00	—	0.00	—	0.00	—	0.00	—	0.00	—
2008	0.00	—	0.00	—	0.00	—	0.00	—	0.00	—	0.00	—
2009	0.00	—	0.00	—	0.00	—	0.00	—	0.00	—	0.00	—
2010	0.00	—	0.00	—	0.00	—	0.00	—	0.00	—	0.00	—
2011	0.00	—	0.00	—	0.00	—	0.00	—	0.00	—	0.00	—
2012	0.00	—	—	—	0.00	—	—	—	0.00	—	—	—
2013	0.00	—	0.00	—	0.00	—	0.00	—	0.00	—	0.00	—
2014	0.00	—	0.00	—	0.00	—	0.00	—	0.00	—	0.00	—
2015	0.00	—	0.00	—	0.00	—	0.00	—	0.00	—	0.00	—
2016	1221.40	—	10.59	—	0.00	—	0.00	—	0.00	—	0.00	—
2017	0.00	-100.00	0.00	—	113.40	—	7.61	—	188.46	—	12.65	—
2018	0.00	—	0.00	—	0.00	-100.00	0.00	—	0.00	-100.00	0.00	—
2019	0.00	—	0.00	—	0.00	—	0.00	—	0.00	—	0.00	—
2020	0.00	—	0.00	—	0.00	—	0.00	—	0.00	—	0.00	—

年份	注资+增资—配售				注资+增资—私人配售				增资—发行可转债+企业风险投资+开发资金+私募股权			
	金额	同比增长（%）	占比（%）	指数	金额	同比增长（%）	占比（%）	指数	金额	同比增长（%）	占比（%）	指数
2005	0.00	—	0.00	—	0.00	—	0.00	—	0.00	—	0.00	—
2006	0.00	—	0.00	—	0.00	—	0.00	—	0.00	—	0.00	—
2007	0.00	—	0.00	—	50.00	—	49.09	—	0.00	—	0.00	—
2008	0.00	—	0.00	—	0.00	-100.00	0.00	—	0.00	—	0.00	—
2009	0.00	—	0.00	—	0.00	—	0.00	—	0.00	—	0.00	—
2010	0.00	—	0.00	—	0.00	—	0.00	—	0.00	—	0.00	—

年份	注资+增资—配售				注资+增资—私人配售				增资—发行可转债+企业风险投资+开发资金+私募股权			
	金额	同比增长（%）	占比（%）	指数	金额	同比增长（%）	占比（%）	指数	金额	同比增长（%）	占比（%）	指数
2011	35.00	—	22.48	—	0.00	—	0.00	—	0.00	—	0.00	—
2012	0.00	-100.00	0.00	—	0.00	—	0.00	—	0.00	—	0.00	—
2013	0.00	—	0.00	—	0.00	—	0.00	—	0.00	—	0.00	—
2014	0.00	—	0.00	—	0.00	—	0.00	—	0.00	—	0.00	—
2015	0.00	—	0.00	—	0.00	—	0.00	—	0.00	—	0.00	—
2016	0.00	—	0.00	—	0.00	—	0.00	—	0.00	—	0.00	—
2017	0.00	—	0.00	—	0.00	—	0.00	—	2.90	—	0.03	—
2018	0.00	—	0.00	—	0.00	—	0.00	—	0.00	-100.00	0.00	—
2019	0.00	—	0.00	—	0.00	—	0.00	—	0.00	—	0.00	—
2020	0.00	—	0.00	—	0.00	—	0.00	—	0.00	—	0.00	—

年份	增资—发行可转债+开发资金+私募股权				增资—发行可转债+开发资金+风险资本				增资—发行可转债+通道融资			
	金额	同比增长（%）	占比（%）	指数	金额	同比增长（%）	占比（%）	指数	金额	同比增长（%）	占比（%）	指数
2005	29.00	—	16.06	—	0.00	—	0.00	0.00	0.00	—	0.00	—
2006	0.00	-100.00	0.00	—	0.00	—	0.00	0.00	0.00	—	0.00	—
2007	0.00	—	0.00	—	0.00	—	0.00	0.00	0.00	—	0.00	—
2008	0.00	—	0.00	—	0.00	—	0.00	0.00	0.00	—	0.00	—
2009	0.00	—	0.00	—	0.00	—	0.00	0.00	0.00	—	0.00	—
2010	0.00	—	0.00	—	0.00	—	0.00	0.00	0.00	—	0.00	—
2011	0.00	—	0.00	—	0.00	—	0.00	0.00	0.00	—	0.00	—
2012	0.00	—	—	—	0.00	—	—	0.00	0.00	—	—	—
2013	0.00	—	0.00	—	0.00	—	0.00	0.00	0.00	—	0.00	—
2014	0.00	—	0.00	—	15.00	—	0.54	500.00	0.00	—	0.00	—
2015	0.00	—	0.00	—	0.00	-100.00	0.00	0.00	0.00	—	0.00	—
2016	0.00	—	0.00	—	0.00	—	0.00	0.00	105.97	—	0.92	—

年份	增资—发行可转债+开发资金+私募股权				增资—发行可转债+开发资金+风险资本				增资—发行可转债+通道融资			
	金额	同比增长(%)	占比(%)	指数	金额	同比增长(%)	占比(%)	指数	金额	同比增长(%)	占比(%)	指数
2017	0.00	—	0.00	—	0.00	—	0.00	0.00	0.00	-100.00	0.00	—
2018	0.00	—	0.00	0.00	0.00	—	0.00	0.00	0.00	—	0.00	0.00
2019	0.00	—	0.00	0.00	0.00	—	0.00	0.00	0.00	—	0.00	0.00
2020	0.00	—	0.00	0.00	0.00	—	0.00	0.00	0.00	—	0.00	0.00

年份	增资—发行可转债+通道融资+增资—私人配售				增资—发行可转债+私募股权				增资—发行可转债+私募股权+增资—私人配售			
	金额	同比增长(%)	占比(%)	指数	金额	同比增长(%)	占比(%)	指数	金额	同比增长(%)	占比(%)	指数
2005	0.00	—	0.00	0.00	0.00	—	0.00	—	0.00	—	0.00	—
2006	0.00	—	0.00	0.00	0.00	—	0.00	—	0.00	—	0.00	—
2007	0.00	—	0.00	0.00	0.00	—	0.00	—	0.00	—	0.00	—
2008	0.00	—	0.00	0.00	0.00	—	0.00	—	0.00	—	0.00	—
2009	0.00	—	0.00	0.00	2200.00	—	28.02		0.00	—	0.00	
2010	0.00	—	0.00	0.00	0.00	-100.00	0.00		12.00	—	7.71	
2011	0.00	—	0.00	0.00	0.00	—	0.00		0.00	-100.00	0.00	—
2012	0.00	—	0.00	0.00	0.00	—	—		0.00	—	—	
2013	0.00	—	0.00	0.00	0.00	—	0.00		0.00	—	0.00	
2014	39.95	—	1.45	500.00	0.00	—	0.00		0.00	—	0.00	
2015	0.00	-100.00	0.00	0.00	0.00	—	0.00		0.00	—	0.00	
2016	0.00	—	0.00	0.00	0.00	—	0.00		0.00	—	0.00	
2017	0.00	—	0.00	0.00	0.00	—	0.00		0.00	—	0.00	
2018	0.00	—	0.00	0.00	0.00	—	0.00		0.00	—	0.00	
2019	0.00	—	0.00	0.00	0.00	—	0.00		0.00	—	0.00	
2020	0.00	—	0.00	0.00	0.00	—	0.00		0.00	—	0.00	

续表

年份	增资—发行可转债+ 增资—私人配售				企业风险投资+开发资金+ 家族办公室+私募股权				企业风险投资+开发资金+ 对冲基金+私募股权			
	金额	同比增长（%）	占比（%）	指数	金额	同比增长（%）	占比（%）	指数	金额	同比增长（%）	占比（%）	指数
2005	0.00	—	0.00	—	0.00	—	0.00	—	0.00	—	0.00	—
2006	0.00	—	0.00	—	0.00	—	0.00	—	0.00	—	0.00	—
2007	0.00	—	0.00	—	0.00	—	0.00	—	0.00	—	0.00	—
2008	100.00	—	18.70	—	0.00	—	0.00	—	0.00	—	0.00	—
2009	0.00	−100.00	0.00	—	0.00	—	0.00	—	0.00	—	0.00	—
2010	0.00	—	0.00	—	0.00	—	0.00	—	0.00	—	0.00	—
2011	0.00	—	0.00	—	0.00	—	0.00	—	0.00	—	0.00	—
2012	0.00	—	—	—	0.00	—	—	—	0.00	—	—	—
2013	0.00	—	0.00	—	0.00	—	0.00	—	0.00	—	0.00	—
2014	0.00	—	0.00	—	0.00	—	0.00	—	0.00	—	0.00	—
2015	0.00	—	0.00	—	0.00	—	0.00	—	0.00	—	0.00	—
2016	0.00	—	0.00	—	0.00	—	0.00	—	0.00	—	0.00	—
2017	0.00	—	0.00	—	0.00	—	0.00	—	0.00	—	0.00	—
2018	0.00	—	0.00	—	15.19	—	2.20	—	0.00	—	0.00	—
2019	0.00	—	0.00	—	0.00	−100.00	0.00	—	85.00	—	5.22	—
2020	0.00	—	0.00	—	0.00	—	0.00	—	0.00	−100.00	0.00	—

年份	企业风险投资+开发资金+ 私募股权				企业风险投资+开发资金+ 风险资本				企业风险投资+ 开发资金—第1轮-第8轮			
	金额	同比增长（%）	占比（%）	指数	金额	同比增长（%）	占比（%）	指数	金额	同比增长（%）	占比（%）	指数
2005	0.00	—	0.00	—	0.00	—	0.00	—	0.00	—	0.00	—
2006	15.00	—	14.73	—	0.00	—	0.00	—	1.00	—	0.98	—
2007	0.00	−100.00	0.00	—	0.00	—	0.00	—	0.00	−100.00	0.00	—
2008	0.00	—	0.00	—	0.00	—	0.00	—	0.00	—	0.00	—
2009	0.00	—	0.00	—	0.00	—	0.00	—	0.00	—	0.00	—
2010	0.00	—	0.00	—	0.00	—	0.00	—	0.00	—	0.00	—

年份	企业风险投资+开发资金+私募股权				企业风险投资+开发资金+风险资本				企业风险投资+开发资金—第1轮-第8轮			
	金额	同比增长（%）	占比（%）	指数	金额	同比增长（%）	占比（%）	指数	金额	同比增长（%）	占比（%）	指数
2011	0.00	—	0.00	—	0.00	—	0.00	—	0.00	—	0.00	—
2012	0.00	—	—	—	0.00	—	—	—	0.00	—	—	—
2013	0.00	—	0.00	—	0.00	—	0.00	—	0.00	—	0.00	—
2014	0.00	—	0.00	—	0.00	—	0.00	—	0.00	—	0.00	—
2015	0.00	—	0.00	—	0.00	—	0.00	—	0.00	—	0.00	—
2016	0.00	—	0.00	—	0.00	—	0.00	—	0.00	—	0.00	—
2017	0.00	—	0.00	—	0.00	—	0.00	—	0.00	—	0.00	—
2018	0.00	—	0.00	—	0.00	—	0.00	—	0.00	—	0.00	—
2019	0.00	—	0.00	—	0.00	—	0.00	—	0.00	—	0.00	—
2020	0.00	—	0.00	—	0.00	—	0.00	—	0.00	—	0.00	—

年份	企业风险投资+开发资金—第1轮-第8轮+家族办公室+对冲基金+风险资本				企业风险投资+开发资金—第1轮-第8轮+家族办公室+私募股权				企业风险投资+开发资金—第1轮-第8轮+家族办公室+风险资本			
	金额	同比增长（%）	占比（%）	指数	金额	同比增长（%）	占比（%）	指数	金额	同比增长（%）	占比（%）	指数
2005	0.00	—	0.00	—	0.00	—	0.00	—	0.00	—	0.00	—
2006	1.00	—	0.98	—	0.00	—	0.00	—	0.00	—	0.00	—
2007	0.00	−100.00	0.00	—	0.00	—	0.00	—	0.00	—	0.00	—
2008	0.00	—	0.00	—	0.00	—	0.00	—	0.00	—	0.00	—
2009	0.00	—	0.00	—	0.00	—	0.00	—	0.00	—	0.00	—
2010	0.00	—	0.00	—	0.00	—	0.00	—	0.00	—	0.00	—
2011	0.00	—	0.00	—	0.00	—	0.00	—	0.00	—	0.00	—
2012	0.00	—	—	—	0.00	—		—	0.00	—	—	—
2013	0.00	—	0.00	—	0.00	—	0.00	—	0.00	—	0.00	—
2014	0.00	—	0.00	—	0.00	—	0.00	—	0.00	—	0.00	—
2015	0.00	—	0.00	—	0.00	—	0.00	—	0.00	—	0.00	—

续表

年份	企业风险投资+开发资金—第1轮-第8轮+家族办公室+对冲基金+风险资本				企业风险投资+开发资金—第1轮-第8轮+家族办公室+私募股权				企业风险投资+开发资金—第1轮-第8轮+家族办公室+风险资本			
	金额	同比增长（%）	占比（%）	指数	金额	同比增长（%）	占比（%）	指数	金额	同比增长（%）	占比（%）	指数
2016	0.00	—	0.00	—	0.00	—	0.00	—	0.00	—	0.00	—
2017	0.00	—	0.00	—	0.00	—	0.00	—	0.00	—	0.00	—
2018	0.00	—	0.00	—	66.00	—	9.58	—	0.00	—	0.00	—
2019	0.00	—	0.00	—	0.00	−100.00	0.00	—	0.00	—	0.00	—
2020	0.00	—	0.00	—	0.00	—	0.00	—	54.54	—	13.10	—

年份	企业风险投资+开发资金—第1轮-第8轮+对冲基金+私募股权				企业风险投资+开发资金—第1轮-第8轮+对冲基金+风险资本				企业风险投资+开发资金—第1轮-第8轮+新银行信贷便利+风险资本			
	金额	同比增长（%）	占比（%）	指数	金额	同比增长（%）	占比（%）	指数	金额	同比增长（%）	占比（%）	指数
2005	0.00	—	0.00	—	0.00	—	0.00	—	0.00	—	0.00	—
2006	0.00	—	0.00	—	0.00	—	0.00	—	0.00	—	0.00	—
2007	0.00	—	0.00	—	0.00	—	0.00	—	0.00	—	0.00	—
2008	0.00	—	0.00	—	0.00	—	0.00	—	0.00	—	0.00	—
2009	0.00	—	0.00	—	0.00	—	0.00	—	0.00	—	0.00	—
2010	0.00	—	0.00	—	0.00	—	0.00	—	0.00	—	0.00	—
2011	0.00	—	0.00	—	0.00	—	0.00	—	0.00	—	0.00	—
2012	0.00	—	—	—	0.00	—	—	—	0.00	—	—	—
2013	0.00	—	0.00	—	0.00	—	0.00	—	0.00	—	0.00	—
2014	0.00	—	0.00	—	0.00	—	0.00	—	0.00	—	0.00	—
2015	0.00	—	0.00	—	0.00	—	0.00	—	0.00	—	0.00	—
2016	0.00	—	0.00	—	0.00	—	0.00	—	0.00	—	0.00	—
2017	67.00	—	4.50	—	0.00	—	0.00	—	4.30	—	0.29	—
2018	0.00	−100.00	0.00	—	105.00	—	15.24	—	0.00	−100.00	0.00	—
2019	0.00	—	0.00	—	0.00	−100.00	0.00	—	0.00	—	0.00	—
2020	0.00	—	0.00	—	0.00	—	0.00	—	0.00	—	0.00	—

续表

年份	企业风险投资+开发资金—第1轮-第8轮+私募股权				企业风险投资+开发资金—第1轮-第8轮+风险资本				企业风险投资+开发资金—种子轮+风险资本			
	金额	同比增长（%）	占比（%）	指数	金额	同比增长（%）	占比（%）	指数	金额	同比增长（%）	占比（%）	指数
2005	0.00	—	0.00	—	13.00	—	7.20	—	0.00	—	0.00	—
2006	9.00	—	8.84	—	0.00	-100.00	0.00	—	0.00	—	0.00	—
2007	0.00	-100.00	0.00	—	0.00	—	0.00	—	0.00	—	0.00	—
2008	0.00	—	0.00	—	0.00	—	0.00	—	0.00	—	0.00	—
2009	0.00	—	0.00	—	0.00	—	0.00	—	0.00	—	0.00	—
2010	0.00	—	0.00	—	0.00	—	0.00	—	0.00	—	0.00	—
2011	0.00	—	0.00	—	0.00	—	0.00	—	0.00	—	0.00	—
2012	0.00	—	—	—	0.00	—	—	—	0.00	—	—	—
2013	0.00	—	0.00	—	0.00	—	0.00	—	0.00	—	0.00	—
2014	0.00	—	0.00	—	0.00	—	0.00	—	0.00	—	0.00	—
2015	0.00	—	0.00	—	0.00	—	0.00	—	0.00	—	0.00	—
2016	0.00	—	0.00	—	0.00	—	0.00	—	0.00	—	0.00	—
2017	0.00	—	0.00	—	0.00	—	0.00	—	0.00	—	0.00	—
2018	0.00	—	0.00	—	0.00	—	0.00	—	0.00	—	0.00	—
2019	0.00	—	0.00	—	0.00	—	0.00	—	0.00	—	0.00	—
2020	0.00	—	0.00	—	0.00	—	0.00	—	0.00	—	0.00	—

年份	企业风险投资+私募股权				企业风险投资+私募股权+增资—私人配售				开发资金+新银行信贷便利+私募股权			
	金额	同比增长（%）	占比（%）	指数	金额	同比增长（%）	占比（%）	指数	金额	同比增长（%）	占比（%）	指数
2005	0.00	—	0.00	—	0.00	—	0.00	—	0.00	—	0.00	0.00
2006	0.00	—	0.00	—	0.00	—	0.00	—	0.00	—	0.00	0.00
2007	0.00	—	0.00	—	0.00	—	0.00	—	0.00	—	0.00	0.00
2008	0.00	—	0.00	—	0.00	—	0.00	—	0.00	—	0.00	0.00
2009	0.00	—	0.00	—	0.00	—	0.00	—	0.00	—	0.00	0.00
2010	55.63	—	35.74	—	0.00	—	0.00	—	0.00	—	0.00	0.00

年份	企业风险投资+私募股权				企业风险投资+私募股权+增资—私人配售				开发资金+新银行信贷便利+私募股权			
	金额	同比增长（%）	占比（%）	指数	金额	同比增长（%）	占比（%）	指数	金额	同比增长（%）	占比（%）	指数
2011	0.00	-100.00	0.00	—	0.00	—	0.00	—	0.00	—	0.00	0.00
2012	0.00	—	—	—	0.00	—	—	—	0.00	—	—	0.00
2013	0.00	—	0.00	—	0.00	—	0.00	—	0.00	—	0.00	0.00
2014	0.00	—	0.00	—	0.00	—	0.00	—	27.00	—	0.98	500.00
2015	0.00	—	0.00	—	0.00	—	0.00	—	0.00	-100.00	0.00	0.00
2016	0.00	—	0.00	—	200.00	—	1.73	—	0.00	—	0.00	0.00
2017	0.00	—	0.00	—	0.00	-100.00	0.00	—	0.00	—	0.00	0.00
2018	0.00	—	0.00	—	0.00	—	0.00	—	0.00	—	0.00	0.00
2019	0.00	—	0.00	—	0.00	—	0.00	—	0.00	—	0.00	0.00
2020	0.00	—	0.00	—	0.00	—	0.00	—	0.00	—	0.00	0.00

年份	开发资金+私募股权				开发资金+风险资本				开发资金—第1轮-第8轮+家族办公室+对冲基金+风险资本			
	金额	同比增长（%）	占比（%）	指数	金额	同比增长（%）	占比（%）	指数	金额	同比增长（%）	占比（%）	指数
2005	80.16	—	44.40	—	0.00	—	0.00	—	0.00	—	0.00	0.00
2006	0.00	-100.00	0.00	—	0.00	—	0.00	—	0.00	—	0.00	0.00
2007	0.00	—	0.00	—	32.00	—	11.71	—	0.00	—	0.00	0.00
2008	0.00	—	0.00	—	0.00	-100.00	0.00	—	0.00	—	0.00	0.00
2009	0.00	—	0.00	—	0.00	—	0.00	—	0.00	—	0.00	0.00
2010	0.00	—	0.00	—	0.00	—	0.00	—	0.00	—	0.00	0.00
2011	0.00	—	0.00	—	0.00	—	0.00	—	0.00	—	0.00	0.00
2012	0.00	—	—	—	0.00	—	—	—	0.00	—	—	0.00
2013	0.00	—	0.00	—	0.00	—	0.00	—	0.00	—	0.00	0.00
2014	0.00	—	0.00	—	0.00	—	0.00	—	0.00	—	0.00	0.00
2015	0.00	—	0.00	—	0.00	—	0.00	—	97.00	—	2.39	500.00
2016	0.00	—	0.00	—	0.00	—	0.00	—	0.00	-100.00	0.00	0.00

年份	开发资金+私募股权				开发资金+风险资本				开发资金—第1轮-第8轮+家族办公室+对冲基金+风险资本			
	金额	同比增长（%）	占比（%）	指数	金额	同比增长（%）	占比（%）	指数	金额	同比增长（%）	占比（%）	指数
2017	0.00	—	0.00	0.00	0.00	—	0.00	—	0.00	—	0.00	0.00
2018	0.00	—	0.00	0.00	0.00	—	0.00	—	0.00	—	0.00	0.00
2019	0.00	—	0.00	0.00	0.00	—	0.00	—	0.00	—	0.00	0.00
2020	0.00	—	0.00	0.00	0.00	—	0.00	—	0.00	—	0.00	0.00

年份	企业风险投资+开发资金—第1轮-第8轮+家族办公室+对冲基金+风险资本				企业风险投资+开发资金—第1轮-第8轮+家族办公室+私募股权				企业风险投资+开发资金—第1轮-第8轮+家族办公室+风险资本			
	金额	同比增长（%）	占比（%）	指数	金额	同比增长（%）	占比（%）	指数	金额	同比增长（%）	占比（%）	指数
2005	0.00	—	0.00	—	0.00	—	0.00	—	0.00	—	0.00	—
2006	0.00	—	0.00	—	0.00	—	0.00	—	0.00	—	0.00	—
2007	0.00	—	0.00	—	0.00	—	0.00	—	0.00	—	0.00	—
2008	0.00	—	0.00	—	0.00	—	0.00	—	0.00	—	0.00	—
2009	0.00	—	0.00	—	0.00	—	0.00	—	0.00	—	0.00	—
2010	0.00	—	0.00	—	0.00	—	0.00	—	0.00	—	0.00	—
2011	0.00	—	0.00	—	0.00	—	0.00	—	0.00	—	0.00	—
2012	0.00	—	0.00	—	0.00	—	—	—	0.00	—	—	—
2013	0.00	—	0.00	—	0.00	—	0.00	—	0.00	—	0.00	—
2014	0.00	—	0.00	—	0.00	—	0.00	—	0.00	—	0.00	—
2015	0.00	—	0.00	—	0.00	—	0.00	—	0.00	—	0.00	—
2016	0.00	—	0.00	—	0.00	—	0.00	—	0.00	—	0.00	—
2017	0.00	—	0.00	—	0.00	—	0.00	—	0.00	—	0.00	—
2018	0.00	—	0.00	—	115.00	—	16.69	—	0.00	—	0.00	—
2019	0.00	—	0.00	—	0.00	-100.00	0.00	—	0.00	—	0.00	—
2020	109.00	—	26.18	—	0.00	—	0.00	—	121.00	—	29.06	—

年份	开发资金—第1轮-第8轮+家族办公室+私募股权				开发资金—第1轮-第8轮+家族办公室+风险资本				开发资金—第1轮-第8轮+对冲基金+私募股权			
	金额	同比增长（%）	占比（%）	指数	金额	同比增长（%）	占比（%）	指数	金额	同比增长（%）	占比（%）	指数
2005	0.00	—	0.00	—	35.00	—	19.38	—	3.00	—	1.66	—
2006	0.00	—	0.00	—	0.00	-100.00	0.00	—	0.00	-100.00	0.00	—
2007	0.00	—	0.00	—	0.00	—	0.00	—	0.00	—	0.00	—
2008	0.00	—	0.00	—	0.00	—	0.00	—	0.00	—	0.00	—
2009	0.00	—	0.00	—	0.00	—	0.00	—	0.00	—	0.00	—
2010	0.00	—	0.00	—	0.00	—	0.00	—	0.00	—	0.00	—
2011	0.00	—	0.00	—	0.00	—	0.00	—	0.00	—	0.00	—
2012	0.00	—	—	—	0.00	—	—	—	0.00	—	—	—
2013	0.00	—	0.00	—	0.00	—	0.00	—	0.00	—	0.00	—
2014	0.00	—	0.00	—	0.00	—	0.00	—	0.00	—	0.00	—
2015	0.00	—	0.00	—	0.00	—	0.00	—	0.00	—	0.00	—
2016	0.00	—	0.00	—	0.00	—	0.00	—	0.00	—	0.00	—
2017	0.00	—	0.00	—	0.00	—	0.00	—	0.00	—	0.00	—
2018	67.00	—	9.72	—	0.00	—	0.00	—	0.00	—	0.00	—
2019	0.00	-100.00	0.00	—	0.00	—	0.00	—	0.00	—	0.00	—
2020	0.00	—	0.00	—	0.00	—	0.00	—	0.00	—	0.00	—

年份	开发资金—种子轮+私募股权				开发资金—种子轮+风险资本				家族办公室+私募股权			
	金额	同比增长（%）	占比（%）	指数	金额	同比增长（%）	占比（%）	指数	金额	同比增长（%）	占比（%）	指数
2005	0.00	—	0.00	—	0.00	—	0.00	—	0.00	—	0.00	—
2006	0.00	—	0.00	—	0.00	—	0.00	—	0.00	—	0.00	—
2007	0.00	—	0.00	—	15.00	—	5.49	—	0.00	—	0.00	—
2008	0.00	—	0.00	—	0.00	-100.00	0.00	—	0.00	—	0.00	—
2009	0.00	—	0.00	—	0.00	—	0.00	—	0.00	—	0.00	—
2010	0.00	—	0.00	—	0.00	—	0.00	—	0.00	—	0.00	—

续表

年份	开发资金一种子轮+私募股权				开发资金一种子轮+风险资本				家族办公室+私募股权			
	金额	同比增长（%）	占比（%）	指数	金额	同比增长（%）	占比（%）	指数	金额	同比增长（%）	占比（%）	指数
2011	0.00	—	0.00	—	0.00	—	0.00	—	0.00	—	0.00	—
2012	0.00	—	—	—	0.00	—	—	—	0.00	—	—	—
2013	0.00	—	0.00	—	0.00	—	0.00	—	0.00	—	0.00	—
2014	0.00	—	0.00	—	0.00	—	0.00	—	0.00	—	0.00	—
2015	0.00	—	0.00	—	0.00	—	0.00	—	0.00	—	0.00	—
2016	0.00	—	0.00	—	0.00	—	0.00	—	0.00	—	0.00	—
2017	0.00	—	0.00	—	0.00	—	0.00	—	0.00	—	0.00	—
2018	7.00	—	1.02	—	0.00	—	0.00	—	0.00	—	0.00	—
2019	0.00	-100.00	0.00	—	0.00	—	0.00	—	1117.81	—	68.66	—
2020	0.00	—	0.00	—	0.00	—	0.00	—	0.00	-100.00	0.00	—

年份	杠杆+新银行信贷便利				杠杆+新银行信贷便利+私募股权				杠杆收购+夹层融资+新银行信贷便利+私募股权			
	金额	同比增长（%）	占比（%）	指数	金额	同比增长（%）	占比（%）	指数	金额	同比增长（%）	占比（%）	指数
2005	0.00	—	0.00	—	0.00	—	0.00	0.00	0.00	—	0.00	—
2006	0.00	—	0.00	—	0.00	—	0.00	0.00	0.00	—	0.00	—
2007	0.00	—	0.00	—	0.00	—	0.00	0.00	0.00	—	0.00	—
2008	0.00	—	0.00	—	0.00	—	0.00	0.00	0.00	—	0.00	—
2009	0.00	—	0.00	—	0.00	—	0.00	0.00	0.00	—	0.00	—
2010	0.00	—	0.00	—	0.00	—	0.00	0.00	0.00	—	0.00	—
2011	0.00	—	0.00	—	0.00	—	0.00	0.00	0.00	—	0.00	—
2012	0.00	—	—	—	0.00	—	—	0.00	0.00	—	—	—
2013	0.00	—	0.00	—	0.00	—	0.00	0.00	0.00	—	0.00	—
2014	0.00	—	0.00	—	0.00	—	0.00	0.00	0.00	—	0.00	—
2015	0.00	—	0.00	—	1800.00	—	44.36	500.00	0.00	—	0.00	—
2016	9272.64	—	80.36	—	0.00	-100.00	0.00	0.00	0.00	—	0.00	—

续表

年份	杠杆+新银行信贷便利				杠杆+新银行信贷便利+私募股权				杠杆收购+夹层融资+新银行信贷便利+私募股权			
	金额	同比增长(%)	占比(%)	指数	金额	同比增长(%)	占比(%)	指数	金额	同比增长(%)	占比(%)	指数
2017	0.00	-100.00	0.00	—	0.00	—	0.00	0.00	0.00	—	0.00	—
2018	0.00	—	0.00	—	0.00	—	0.00	0.00	0.00	—	0.00	—
2019	0.00	—	0.00	—	0.00	—	0.00	0.00	0.00	—	0.00	—
2020	0.00	—	0.00	—	0.00	—	0.00	0.00	0.00	—	0.00	—

年份	杠杆收购+新银行信贷便利				杠杆收购+新银行信贷便利+私募股权				夹层融资+私募股权			
	金额	同比增长(%)	占比(%)	指数	金额	同比增长(%)	占比(%)	指数	金额	同比增长(%)	占比(%)	指数
2005	0.00	—	0.00	0.00	0.00	—	0.00	0.00	0.00	—	0.00	0.00
2006	0.00	—	0.00	0.00	0.00	—	0.00	0.00	0.00	—	0.00	0.00
2007	0.00	—	0.00	0.00	0.00	—	0.00	0.00	0.00	—	0.00	0.00
2008	0.00	—	0.00	0.00	0.00	—	0.00	0.00	0.00	—	0.00	0.00
2009	0.00	—	0.00	0.00	0.00	—	0.00	0.00	0.00	—	0.00	0.00
2010	0.00	—	0.00	0.00	0.00	—	0.00	0.00	0.00	—	0.00	0.00
2011	0.00	—	0.00	0.00	0.00	—	0.00	0.00	0.00	—	0.00	0.00
2012	0.00	—	—	0.00	0.00	—	—	0.00	0.00	—	—	0.00
2013	0.00	—	0.00	0.00	0.00	—	0.00	0.00	316.61	—	78.15	500.00
2014	0.00	—	0.00	0.00	2643.30	—	96.01	500.00	0.00	-100.00	0.00	0.00
2015	1832.68	—	45.17	500.00	0.00	-100.00	0.00	0.00	0.00	—	0.00	0.00
2016	0.00	-100.00	0.00	0.00	0.00	—	0.00	0.00	0.00	—	0.00	0.00
2017	0.00	—	0.00	0.00	0.00	—	0.00	0.00	0.00	—	0.00	0.00
2018	0.00	—	0.00	0.00	0.00	—	0.00	0.00	0.00	—	0.00	0.00
2019	0.00	—	0.00	0.00	0.00	—	0.00	0.00	0.00	—	0.00	0.00
2020	0.00	—	0.00	0.00	0.00	—	0.00	0.00	0.00	—	0.00	0.00

年份	新银行信贷便利+私募股权				新银行信贷便利+增资—公募				通道融资+增资—配售			
	金额	同比增长（%）	占比（%）	指数	金额	同比增长（%）	占比（%）	指数	金额	同比增长（%）	占比（%）	指数
2005	0.00	—	0.00	—	0.00	—	0.00	—	0.00	—	0.00	—
2006	0.00	—	0.00	—	0.00	—	0.00	—	0.00	—	0.00	—
2007	217.65	—	79.64	—	0.00	—	0.00	—	0.00	—	0.00	—
2008	0.00	−100.00	0.00	—	0.00	—	0.00	—	0.00	—	0.00	—
2009	0.00	—	0.00	—	2232.05	—	28.43	—	0.00	—	0.00	—
2010	0.00	—	0.00	—	0.00	−100.00	0.00	—	0.00	—	0.00	—
2011	0.00	—	0.00	—	0.00	—	0.00	—	0.00	—	0.00	—
2012	0.00	—	0.00	—	0.00	—	0.00	—	0.00	—	0.00	—
2013	0.00	—	0.00	—	0.00	—	0.00	—	0.00	—	0.00	—
2014	0.00	—	0.00	—	0.00	—	0.00	—	0.00	—	0.00	—
2015	0.00	—	0.00	—	0.00	—	0.00	—	0.00	—	0.00	—
2016	0.00	—	0.00	—	0.00	—	0.00	—	258.56	—	2.24	—
2017	0.00	—	0.00	—	0.00	—	0.00	—	0.00	−100.00	0.00	—
2018	0.00	—	0.00	—	0.00	—	0.00	—	0.00	—	0.00	—
2019	0.00	—	0.00	—	0.00	—	0.00	—	0.00	—	0.00	—
2020	0.00	—	0.00	—	0.00	—	0.00	—	0.00	—	0.00	—

年份	通道融资+私募股权+增资—私人配售				通道融资+增资—私人配售				通道融资+增资—公募			
	金额	同比增长（%）	占比（%）	指数	金额	同比增长（%）	占比（%）	指数	金额	同比增长（%）	占比（%）	指数
2005	0.00	—	0.00	—	19.40	—	10.74	—	0.00	—	0.00	—
2006	18.05	—	17.72	—	0.00	−100.00	0.00	—	0.00	—	0.00	—
2007	0.00	−100.00	0.00	—	0.00	—	0.00	—	0.00	—	0.00	—
2008	0.00	—	0.00	—	0.00	—	0.00	—	0.00	—	0.00	—
2009	0.00	—	0.00	—	0.00	—	0.00	—	3281.71	—	41.79	—
2010	0.00	—	0.00	—	0.00	—	0.00	—	0.00	−100.00	0.00	—

年份	通道融资+私募股权+增资—私人配售				通道融资+增资—私人配售				通道融资+增资—公募			
	金额	同比增长（%）	占比（%）	指数	金额	同比增长（%）	占比（%）	指数	金额	同比增长（%）	占比（%）	指数
2011	0.00	—	0.00	—	0.00	—	0.00	—	0.00	—	0.00	—
2012	0.00	—	—	—	0.00	—	—	—	0.00	—	—	—
2013	0.00	—	0.00	—	0.00	—	0.00	—	0.00	—	0.00	—
2014	0.00	—	0.00	—	0.00	—	0.00	—	0.00	—	0.00	—
2015	0.00	—	0.00	—	0.00	—	0.00	—	0.00	—	0.00	—
2016	0.00	—	0.00	—	0.00	—	0.00	—	0.00	—	0.00	—
2017	0.00	—	0.00	—	0.00	—	0.00	—	0.00	—	0.00	—
2018	0.00	—	0.00	—	0.00	—	0.00	—	0.00	—	0.00	—
2019	0.00	—	0.00	—	0.00	—	0.00	—	0.00	—	0.00	—
2020	0.00	—	0.00	—	0.00	—	0.00	—	0.00	—	0.00	—

年份	增资—配售+私募股权				增资—配售+增资—私人配售				增资—配售+增资—公募			
	金额	同比增长（%）	占比（%）	指数	金额	同比增长（%）	占比（%）	指数	金额	同比增长（%）	占比（%）	指数
2005	0.00	—	0.00	—	0.00	—	0.00	—	0.00	—	0.00	—
2006	0.00	—	0.00	—	0.00	—	0.00	—	0.00	—	0.00	—
2007	0.00	—	0.00	—	7.28	—	2.66	—	0.00	—	0.00	—
2008	0.00	—	0.00	—	0.00	−100.00	0.00	—	0.00	—	0.00	—
2009	0.00	—	0.00	—	0.00	—	0.00	—	0.00	—	0.00	—
2010	53.04	—	34.07	—	0.00	—	0.00	—	0.00	—	0.00	—
2011	0.00	−100.00	0.00	—	0.00	—	0.00	—	0.00	—	0.00	—
2012	0.00	—	—	—	0.00	—	—	—	0.00	—	—	—
2013	0.00	—	0.00	—	0.00	—	0.00	—	0.00	—	0.00	—
2014	0.00	—	0.00	—	0.00	—	0.00	—	0.00	—	0.00	—
2015	0.00	—	0.00	—	0.00	—	0.00	—	0.00	—	0.00	—
2016	0.00	—	0.00	—	0.00	—	0.00	—	0.00	—	0.00	—

续表

年份	增资—配售+私募股权				增资—配售+增资—私人配售				增资—配售+增资—公募			
	金额	同比增长（%）	占比（%）	指数	金额	同比增长（%）	占比（%）	指数	金额	同比增长（%）	占比（%）	指数
2017	0.00	—	0.00	—	0.00	—	0.00	—	0.00	—	0.00	—
2018	0.00	—	0.00	—	0.00	—	0.00	—	189.33	—	27.48	
2019	0.00	—	0.00	—	0.00	—	0.00	—	0.00	-100.00	0.00	
2020	0.00	—	0.00	—	0.00	—	0.00	—	0.00	—	0.00	

年份	私募股权+增资—私人配售				增资—私人配售+增资—公募			
	金额	同比增长（%）	占比（%）	指数	金额	同比增长（%）	占比（%）	指数
2005	0.00	—	0.00	—	0.00	—	0.00	—
2006	0.00	—	0.00	—	0.00	—	0.00	—
2007	0.00	—	0.00	—	0.00	—	0.00	—
2008	4.37	—	0.82	—	430.36	—	80.48	—
2009	0.00	-100.00	0.00	—	0.00	-100.00	0.00	—
2010	0.00	—	0.00	—	0.00	—	0.00	—
2011	0.00	—	0.00	—	0.00	—	0.00	—
2012	0.00	—	—	—	0.00	—	—	—
2013	0.00	—	0.00	—	0.00	—	0.00	—
2014	0.00	—	0.00	—	0.00	—	0.00	—
2015	0.00	—	0.00	—	0.00	—	0.00	—
2016	0.00	—	0.00	—	0.00	—	0.00	—
2017	0.00	—	0.00	—	0.00	—	0.00	—
2018	0.00	—	0.00	—	0.00	—	0.00	—
2019	0.00	—	0.00	—	0.00	—	0.00	—
2020	0.00	—	0.00	—	0.00	—	0.00	—

年份	增资—私人配售+增资—新股发行				小计			
	金额	同比增长(%)	占比(%)	指数	金额	同比增长(%)	占比(%)	指数
2005	0.00	—	0.00	—	180.56	—	100.00	12.51
2006	0.00	—	0.00	—	101.85	-43.59	100.00	7.06
2007	0.00	—	0.00	—	273.30	168.34	100.00	18.94
2008	0.00	—	0.00	—	534.73	95.66	100.00	37.05
2009	138.60	—	1.77	—	7852.36	1368.47	100.00	544.09
2010	0.00	-100.00	0.00	—	155.67	-98.02	100.00	10.79
2011	0.00	—	0.00	—	0.43	-99.72	100.00	0.03
2012	0.00	—	0.00	—	0.00	-100.00	—	0.00
2013	0.00	—	0.00	—	405.11	—	100.00	28.07
2014	0.00	—	0.00	—	2753.17	579.61	100.00	190.77
2015	0.00	—	0.00	—	4057.33	47.37	100.00	281.13
2016	0.00	—	0.00	—	11538.88	184.40	100.00	799.53
2017	0.00	—	0.00	—	1490.20	-87.09	100.00	103.26
2018	0.00	—	0.00	—	689.09	-53.76	100.00	47.75
2019	0.00	—	0.00	—	1628.04	136.26	100.00	112.81
2020	0.00	—	0.00	—	416.34	-74.43	100.00	28.85

注：存在重复统计的情况，处理方式和行业别统计一致。

三、对外并购投资的融资渠道和支付方式指数

表 3-5-9　2005—2020 年中国民营企业对外并购投资的融资指数

	融资指数					
	融资渠道汇总指数		单一渠道融资指数		多种渠道融资指数	
	数量	金额	数量	金额	数量	金额
2005	10.81	1.87	15500.00	1347.269	189.66	12.51
2006	21.82	6.83	2000.00	342.3254	103.45	7.06

续表

	融资指数					
	融资渠道汇总指数		单一渠道融资指数		多种渠道融资指数	
	数量	金额	数量	金额	数量	金额
2007	27.12	34.36	0.00	0	103.45	18.94
2008	30.86	17.03	0	0.00	68.97	37.05
2009	47.17	36.23	0	0.00	68.97	544.09
2010	50.31	37.90	0	0.00	103.45	10.79
2011	65.64	43.34	0	0.00	17.24	0.03
2012	59.94	49.57	500	500.00	17.24	0.00
2013	77.44	76.64	0	0.00	103.45	28.07
2014	114.58	111.52	0	0.00	155.17	190.77
2015	182.39	218.92	0	0.00	206.90	281.13
2016	248.03	223.62	0	0.00	258.62	799.53
2017	261.40	184.62	500	7.58	155.17	103.26
2018	336.08	199.45	0	0.00	241.38	47.75
2019	281.05	162.81	0	0.00	137.93	112.81
2020	233.69	100.61	500	1155.29	120.69	28.85

注：指数以 2011—2015 年均值为基期计算得出。

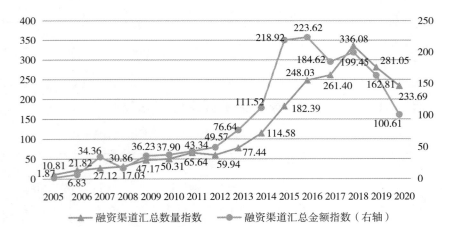

图 3-5-1　2005—2020 年中国民营企业对外并购投资的融资渠道指数

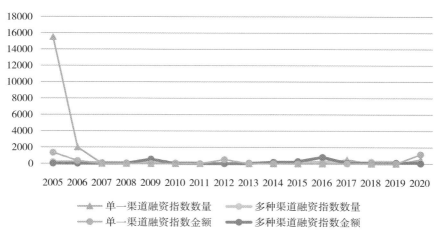

图 3-5-2　2005—2020 年中国民营企业对外并购投资的单一渠道和多种渠道指数①

通过对指数的分析，我们发现：第一，无论是融资渠道汇总数量指数还是融资渠道汇总金额指数，都在 2005 年后保持了 10 多年的持续增长。融资渠道汇总数量指数从 2005 年的 10.81 增长到 2018 年的 336.08，融资渠道汇总金额指数从 2005 年的 1.87 增长到 2016 年的 223.62。第二，在 10 多年的持续增长后，融资渠道汇总数量指数、金额指数的增长都出现了一定程度的放缓甚至衰退。第三，单一融资渠道的数量、金额指数在 2020 年突增，单一融资渠道的数量指数从 2019 年的 0 增长到 2020 年的 500，单一融资渠道的金额指数从 2019 年的 0 增长到 2020 年的 1155.29。第四，多种融资渠道的数量、金额指数在 2020 年下降，多种融资渠道的数量指数从 2019 年的 137.93 下降到 2020 年的 120.69，多种融资渠道的金额指数从 2019 年的 112.81 减少到 2020 年的 28.85。

---

① 因为 2005 年单一融资渠道数量指数异常大，图 3-5-2 略去 2005 年的指数。

本章小结

一、民企并购投资增长放缓，趋于理性

2020 年，我国民营企业并购 OFDI 项目数量为 655 件，同比下降 20.61%；并购 OFDI 项目金额为 1032.61 亿美元，同比增长 28.54%。综合来看，民营企业海外并购投资项目数量指数增长趋缓，并购投资金额指数大幅下降，可见近年来民营企业对于海外并购投资更加理性。

二、民企针对长三角地区中其他地区的并购投资增长亮眼

在 2005 年至 2020 年间，来自长三角地区中的其他地区的并购 OFDI 项目数量增长最为显著，从 2005 年的 5 件增加到 94 件，复合增长率为年均 24.07%；金额增长也最为显著，从 2005 年的 0.04 亿美元增加到 369.79 亿美元，复合增长率为年均 83.82%。

三、民企对外并购投资重点投向发达经济体

按照并购 OFDI 累积量排名，我国民营企业对外直接投资活动主要集中在发达经济体，累计海外直接投资项目数量为 6392 件，占比 85.98%；累计海外直接投资项目金额为 10162.23 亿美元，占比 91.06%。其中，数量主要集中在其他发达经济体地区，金额则主要集中在欧洲地区。

四、民企对外并购投资主要集中在非制造业

在 2005 年至 2020 年间，我国民营企业对外并购直接投资活动主要集中在非制造业，累计海外直接投资项目数量为 4929 件，占比 67.47%；累计海外直接投资项目金额为 6826.46 亿美元，占比 61.22%。

五、2020 年民企对外并购融资指数总体呈下降趋势

2020 年，融资渠道汇总数量指数从 2019 年的 281.05 下降到 233.69，

融资渠道汇总金额指数从 2019 年的 162.81 下降到 100.61。从具体融资模式来看，多种融资渠道呈下降趋势，而单一融资渠道则呈增长趋势，即多种融资渠道的数量指数从 2019 年的 137.93 下降到 2020 年的 120.69，多种融资渠道的金额指数从 2019 年的 112.81 减少到 2020 年的 28.85；单一融资渠道的数量指数从 2019 年的 0 增长到 2020 年的 500，单一融资渠道的金额指数从 2019 年的 0 增长到 2020 年的 1155.29。

第四章 中国民营企业对外直接投资指数：绿地投资分析

本章以民营企业海外绿地投资活动为研究主体，基于中国民营企业海外直接投资六级指标体系，分别从总投资、投资方来源地、投资标的国（地区）、投资标的行业角度测算中国企业海外绿地投资指数，从多角度描述 2005—2020 年民营企业海外绿地投资的发展特征。

第一节 民营企业对外绿地投资指数

本节对民营企业海外绿地投资进行总体分析。

一、民营企业对外绿地投资与全国对外绿地投资的比较

根据 2005—2020 年中国民营企业绿地 OFDI 数量和金额表显示，2020 年，我国民营企业绿地对外直接投资项目数量为 250 件，同比下降 45.18%；绿地对外直接投资项目金额为 310.68 亿美元，同比下降 26.34%。整体来看，我国民营企业绿地对外直接投资在 2005 年至 2020 年间呈现增长趋势。绿地对外直接投资项目数量从 2005 年的 52 件增长到 2020 年的 250 件，并在 2018 年出现峰值 534 件；绿地对外投资项目金额从 2005 年的 18.55 亿美元增长到 2020 年的 310.68 亿美元，并在 2016 年达到最大规模 593.64 亿美元。

表 4-1-1　2005—2020 年中国民营企业对外绿地投资项目
数量和金额汇总及与全国对外绿地投资的比较

年份	民营企业海外绿地投资				全国海外绿地投资			
	项目数量（件）	同比增长（%）	金额（亿美元）	同比增长（%）	项目数量（件）	同比增长（%）	金额（亿美元）	同比增长（%）
2005	52		18.55		126		83.51	
2006	46	−11.54	37.30	101.12	123	−2.38	158.10	89.33
2007	107	132.61	50.51	35.42	220	78.86	311.70	97.15
2008	123	14.95	74.12	46.74	276	25.45	475.63	52.59
2009	158	28.46	24.21	−67.33	340	23.19	261.62	−45.00
2010	173	9.49	67.41	178.38	354	4.12	198.00	−24.32
2011	194	12.14	131.39	94.92	430	21.47	389.01	96.47
2012	185	−4.64	68.02	−48.23	353	−17.91	114.96	−70.45
2013	173	−6.49	43.73	−35.71	322	−8.78	131.63	14.50
2014	194	12.14	231.07	428.40	378	17.39	538.79	309.31
2015	248	27.84	268.09	16.02	483	27.78	530.77	−1.49
2016	366	47.58	593.64	121.44	632	30.85	1103.46	107.90
2017	341	−6.83	245.82	−58.59	576	−8.86	526.77	−52.26
2018	534	56.60	397.55	61.72	842	46.18	924.86	75.57
2019	456	−14.61	421.76	6.09	668	−20.67	615.54	−33.44
2020	250	−45.18	310.68	−26.34	385	−42.37	462.38	−24.88
合计	198.8		18.55		6123		6364.35	

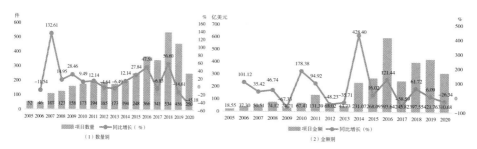

（1）数量别　　　　　　　　　　（2）金额别

图 4-1-1　2005—2020 年中国民营企业绿地项目数量和金额的增长变化图

二、民营企业对外绿地投资项目数量指数和金额指数

从表 4-1-2 和图 4-1-2 可以看出，绿地投资项目数量指数总体呈现稳步上升的态势，但在政策限制以及国内外经济环境变动影响下，2019 年开始出现不同程度的下降，2020 年我国民营企业绿地投资项目数量指数为125.75，同比下降 45.18%；绿地项目金额指数总体变化趋势与项目数量指数相近，但 2018 年和 2019 年仍保持了上升的趋势，2020 年较上年同比下降 26.34% 至 209.27。

表 4-1-2　2005—2020 年中国民营企业对外绿地投资项目数量及金额指数

年份	项目数量指数	金额指数
2005	26.16	12.49
2006	23.14	25.12
2007	53.82	34.02
2008	61.87	49.93
2009	79.48	16.31
2010	87.02	45.40
2011	97.59	88.50
2012	93.06	45.81
2013	87.02	29.46
2014	97.59	155.65
2015	124.75	180.58
2016	184.10	399.87
2017	171.53	165.58
2018	268.61	267.78
2019	229.38	284.09
2020	125.75	209.27
2011—2015 年均值	100.00	100.00

图 4-1-2 2005—2020 年中国民营企业对外绿地投资项目数量及金额指数变化图

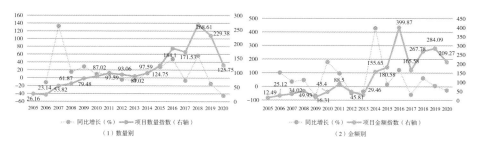

图 4-1-3 2005—2020 年中国民营企业对外绿地投资项目数量、金额指数及同比增长率变化图

第二节 民营企业对外绿地投资方来源地别指数

本节对民营企业海外绿地投资的项目数量与金额按照投资方来源地进行统计分析，主要划分为环渤海地区、长三角地区、珠三角地区、中部地区与西部地区五大区域。

一、民营企业绿地投资项目数量在来源地的分布

根据 2005—2020 年中国民营企业绿地 OFDI 数量表显示，从绿地 OFDI

项目数量看，在 2005 年至 2020 年间，我国民营企业对外绿地直接投资活动主要集中在长三角地区，累计海外直接投资项目数量为 1123 件，占比 31.36%；其次是珠三角地区，累计海外直接投资项目数量为 1105 件，占比 30.86%；再次是环渤海地区，累计海外直接投资项目数量为 978 件，占比 27.31%；复次是中部地区，累计海外直接投资项目数量为 221 件，占比 6.17%；最后是西部地区，累计海外直接投资项目数量为 154 件，占比 4.3%。

从 2005—2020 年中国民营企业绿地 OFDI 数量来源地别图表可以看出，在 2005 年至 2020 年，来自珠三角地区中的广东的绿地 OFDI 项目数量增长最为显著，从 2005 年的 16 件增加到 2020 年的 76 件，复合增长率为年均 10.95%。来自环渤海地区的京津冀的 OFDI 数量在 2018 年出现最显著的增长，从 65 件增长到 137 件。总体来看，来自长三角地区的民营企业海外直接投资数量集中来自其他地区，2005 年至 2020 年的平均占比为 72.75%。来自中部地区的民营企业海外直接投资数量集中来自中原华中地区，2005 年至 2020 年的平均占比为 80.54%。

表 4-2-1 2005—2020 年中国民营企业绿地投资项目数量
在不同投资方来源地的分布及指数汇总表

（单位：件）

| 年份 | 环渤海地区 | | | | | | | | | | | |
| | 京津冀 | | | | 其他 | | | | 合计 | | | |
	项目数	同比增长（%）	占比（%）	指数	项目数	同比增长（%）	占比（%）	指数	项目数	同比增长（%）	占比（%）	指数
2005	9	—	42.86	26.01	12	—	57.14	57.69	21	—	42.00	37.91
2006	5	-44.44	62.50	14.45	3	-75.00	37.50	14.42	8	-61.90	17.78	14.44
2007	12	140.00	52.17	34.68	11	266.67	47.83	52.88	23	187.50	21.90	41.52
2008	10	-16.67	76.92	28.90	3	-72.73	23.08	14.42	13	-43.48	10.57	23.47
2009	25	150.00	59.52	72.25	17	466.67	40.48	81.73	42	223.08	26.92	75.81
2010	38	52.00	73.08	109.83	14	-17.65	26.92	67.31	52	23.81	30.06	93.86

续表

年份	环渤海地区											
	京津冀				其他				合计			
	项目数	同比增长（%）	占比（%）	指数	项目数	同比增长（%）	占比（%）	指数	项目数	同比增长（%）	占比（%）	指数
2011	34	−10.53	64.15	98.27	19	35.71	35.85	91.35	53	1.92	27.46	95.67
2012	38	11.76	64.41	109.83	21	10.53	35.59	100.96	59	11.32	31.89	106.50
2013	34	−10.53	73.91	98.27	12	−42.86	26.09	57.69	46	−22.03	26.59	83.03
2014	25	−26.47	45.45	72.25	30	150.00	54.55	144.23	55	19.57	28.35	99.28
2015	42	68.00	65.63	121.39	22	−26.67	34.38	105.77	64	16.36	26.02	115.52
2016	57	35.71	73.08	164.74	21	−4.55	26.92	100.96	78	21.88	21.37	140.79
2017	65	14.04	72.22	187.86	25	19.05	27.78	120.19	90	15.38	26.55	162.45
2018	137	110.77	82.04	395.95	30	20.00	17.96	144.23	167	85.56	31.33	301.44
2019	112	−18.25	80.00	323.70	28	−6.67	20.00	134.62	140	−16.17	31.04	252.71
2020	57	−49.11	85.07	164.74	10	−64.29	14.93	48.08	67	−52.14	26.80	120.94
合计	700	—	71.57	—	278	—	28.43	—	978	—	27.31	—
2011—2015年均值	34.6	—	—	100	20.8	—	—	100	55.4	—	—	100

年份	长三角地区											
	上海				其他				小计			
	项目数	同比增长（%）	占比（%）	指数	项目数	同比增长（%）	占比（%）	指数	项目数	同比增长（%）	占比（%）	指数
2005	3	—	37.50	15.96	5	—	62.50	10.87	8	—	16.00	12.35
2006	4	33.33	36.36	21.28	7	40.00	63.64	15.22	11	37.50	24.44	16.98
2007	9	125.00	22.50	47.87	31	342.86	77.50	67.39	40	263.64	38.10	61.73
2008	9	0.00	15.52	47.87	49	58.06	84.48	106.52	58	45.00	47.15	89.51
2009	12	33.33	24.49	63.83	37	−24.49	75.51	80.43	49	−15.52	31.41	75.62
2010	14	16.67	25.45	74.47	41	10.81	74.55	89.13	55	12.24	31.79	84.88
2011	11	−21.43	20.00	58.51	44	7.32	80.00	95.65	55	0.00	28.50	84.88
2012	27	145.45	40.30	143.62	40	−9.09	59.70	86.96	67	21.82	36.22	103.40

续表

年份	长三角地区											
	上海				其他				小计			
	项目数	同比增长（%）	占比（%）	指数	项目数	同比增长（%）	占比（%）	指数	项目数	同比增长（%）	占比（%）	指数
2013	14	−48.15	28.00	74.47	36	−10.00	72.00	78.26	50	−25.37	28.90	77.16
2014	23	64.29	38.98	122.34	36	0.00	61.02	78.26	59	18.00	30.41	91.05
2015	19	−17.39	20.43	101.06	74	105.56	79.57	160.87	93	57.63	37.80	143.52
2016	38	100.00	36.19	202.13	67	−9.46	63.81	145.65	105	12.90	28.77	162.04
2017	30	−21.05	27.78	159.57	78	16.42	72.22	169.57	108	2.86	31.86	166.67
2018	33	10.00	20.00	175.53	132	69.23	80.00	286.96	165	52.78	30.96	254.63
2019	37	12.12	30.83	196.81	83	−37.12	69.17	180.43	120	−27.27	26.61	185.19
2020	23	−37.84	28.75	122.34	57	−31.33	71.25	123.91	80	−33.33	32.00	123.46
合计	306	—	27.25	—	817	—	72.75	—	1123	—	31.36	—
2011—2015年均值	18.8	—	—	100	46	—	—	100	64.8	—	—	100

年份	珠三角地区											
	广东				其他				小计			
	项目数	同比增长（%）	占比（%）	指数	项目数	同比增长（%）	占比（%）	指数	项目数	同比增长（%）	占比（%）	指数
2005	16	—	94.12	31.37	1	—	5.88	31.25	17	—	34.00	31.37
2006	20	25.00	86.96	39.22	3	200.00	13.04	93.75	23	35.29	51.11	42.44
2007	31	55.00	96.88	60.78	1	−66.67	3.13	31.25	32	39.13	30.48	59.04
2008	27	−12.90	93.10	52.94	2	100.00	6.90	62.50	29	−9.38	23.58	53.51
2009	42	55.56	95.45	82.35	2	0.00	4.55	62.50	44	51.72	28.21	81.18
2010	48	14.29	96.00	94.12	2	0.00	4.00	62.50	50	13.64	28.90	92.25
2011	52	8.33	94.55	101.96	3	50.00	5.45	93.75	55	10.00	28.50	101.48
2012	35	−32.69	92.11	68.63	3	0.00	7.89	93.75	38	−30.91	20.54	70.11
2013	62	77.14	95.38	121.57	3	0.00	4.62	93.75	65	71.05	37.57	119.93
2014	52	−16.13	96.30	101.96	2	−33.33	3.70	62.50	54	−16.92	27.84	99.63

续表

年份	珠三角地区											
	广东				其他				小计			
	项目数	同比增长(%)	占比(%)	指数	项目数	同比增长(%)	占比(%)	指数	项目数	同比增长(%)	占比(%)	指数
2015	54	3.85	91.53	105.88	5	150.00	8.47	156.25	59	9.26	23.98	108.86
2016	124	129.63	95.38	243.14	6	20.00	4.62	187.50	130	120.34	35.62	239.85
2017	97	−21.77	87.39	190.20	14	133.33	12.61	437.50	111	−14.62	32.74	204.80
2018	127	30.93	91.37	249.02	12	−14.29	8.63	375.00	139	25.23	26.08	256.46
2019	151	18.90	88.82	296.08	19	58.33	11.18	593.75	170	22.30	37.69	313.65
2020	76	−49.67	85.39	149.02	13	−31.58	14.61	406.25	89	−47.65	35.60	164.21
合计	1014	—	91.76	—	91	—	8.24	—	1105	—	30.86	—
2011—2015年均值	51.00			100.00	3.20			100.00	54.20			100.00

年份	中部地区											
	华北东北				中原华中				小计			
	项目数	同比增长(%)	占比(%)	指数	项目数	同比增长(%)	占比(%)	指数	项目数	同比增长(%)	占比(%)	指数
2005	1	—	50.00	29.41	1	—	50.00	10.00	2	—	4.00	14.93
2006	0	−100.00	0.00	0.00	2	100.00	100.00	20.00	2	0.00	4.44	14.93
2007	2	—	33.33	58.82	4	100.00	66.67	40.00	6	200.00	5.71	44.78
2008	2	0.00	11.11	58.82	16	300.00	88.89	160.00	18	200.00	14.63	134.33
2009	2	0.00	25.00	58.82	6	−62.50	75.00	60.00	8	−55.56	5.13	59.70
2010	2	0.00	15.38	58.82	11	83.33	84.62	110.00	13	62.50	7.51	97.01
2011	3	50.00	23.08	88.24	10	−9.09	76.92	100.00	13	0.00	6.74	97.01
2012	3	0.00	23.08	88.24	10	0.00	76.92	100.00	13	0.00	7.03	97.01
2013	2	−33.33	33.33	58.82	4	−60.00	66.67	40.00	6	−53.85	3.47	44.78
2014	5	150.00	29.41	147.06	12	200.00	70.59	120.00	17	183.33	8.76	126.87
2015	4	−20.00	22.22	117.65	14	16.67	77.78	140.00	18	5.88	7.32	134.33
2016	3	−25.00	12.00	88.24	22	57.14	88.00	220.00	25	38.89	6.85	186.57

续表

年份	中部地区												
	华北东北				中原华中				小计			
	项目数	同比增长（%）	占比（%）	指数	项目数	同比增长（%）	占比（%）	指数	项目数	同比增长（%）	占比（%）	指数
2017	3	0.00	15.79	88.24	16	−27.27	84.21	160.00	19	−24.00	5.60	141.79
2018	7	133.33	20.00	205.88	28	75.00	80.00	280.00	35	84.21	6.57	261.19
2019	3	−57.14	21.43	88.24	11	−60.71	78.57	110.00	14	−60.00	3.10	104.48
2020	1	−66.67	8.33	29.41	11	0.00	91.67	110.00	12	−14.29	4.80	89.55
合计	43	—	19.46	—	178	—	80.54	—	221	—	6.17	—
2011—2015 年均值	3.4	—	—	100	10	—	—	100	13.4	—	—	100

年份	西部地区												
	西北				西南				小计			
	项目数	同比增长（%）	占比（%）	指数	项目数	同比增长（%）	占比（%）	指数	项目数	同比增长（%）	占比（%）	指数
2005	2	—	100.00	90.91	0	—	0.00	0.00	2	—	4.00	19.23
2006	1	−50.00	100.00	45.45	0	—	0.00	0.00	1	−50.00	2.22	9.62
2007	0	−100.00	0.00	0.00	4	—	100.00	48.78	4	300.00	3.81	38.46
2008	1	—	20.00	45.45	4	0.00	80.00	48.78	5	25.00	4.07	48.08
2009	4	300.00	30.77	181.82	9	125.00	69.23	109.76	13	160.00	8.33	125.00
2010	0	−100.00	0.00	0.00	3	−66.67	100.00	36.59	3	−76.92	1.73	28.85
2011	3	—	17.65	136.36	14	366.67	82.35	170.73	17	466.67	8.81	163.46
2012	2	−33.33	25.00	90.91	6	−57.14	75.00	73.17	8	−52.94	4.32	76.92
2013	1	−50.00	16.67	45.45	5	−16.67	83.33	60.98	6	−25.00	3.47	57.69
2014	1	0.00	11.11	45.45	8	60.00	88.89	97.56	9	50.00	4.64	86.54
2015	4	300.00	33.33	181.82	8	0.00	66.67	97.56	12	33.33	4.88	115.38
2016	10	150.00	37.04	454.55	17	112.50	62.96	207.32	27	125.00	7.40	259.62
2017	3	−70.00	27.27	136.36	8	−52.94	72.73	97.56	11	−59.26	3.24	105.77
2018	14	366.67	51.85	636.36	13	62.50	48.15	158.54	27	145.45	5.07	259.62

续表

年份	西部地区											
	西北				西南				小计			
	项目数	同比增长（%）	占比（%）	指数	项目数	同比增长（%）	占比（%）	指数	项目数	同比增长（%）	占比（%）	指数
2019	3	-78.57	42.86	136.36	4	-69.23	57.14	48.78	7	-74.07	1.55	67.31
2020	2	-33.33	100.00	90.91	0	-100.00	0.00	0.00	2	-71.43	0.80	19.23
合计	51	—	33.12	—	103	—	66.88	—	154	—	4.30	—
2011—2015年均值	2.2	—	—	100	8.2	—	—	100	10.4	—	—	100

年份	总计			
	项目数	同比增长（%）	占比（%）	指数
2005	50	—	100.00	25.23
2006	45	-10.00	100.00	22.70
2007	105	133.33	100.00	52.98
2008	123	17.14	100.00	62.06
2009	156	26.83	100.00	78.71
2010	173	10.90	100.00	87.29
2011	193	11.56	100.00	97.38
2012	185	-4.15	100.00	93.34
2013	173	-6.49	100.00	87.29
2014	194	12.14	100.00	97.88
2015	246	26.80	100.00	124.12
2016	365	48.37	100.00	184.16
2017	339	-7.12	100.00	171.04
2018	533	57.23	100.00	268.92
2019	451	-15.38	100.00	227.55
2020	250	-44.57	100.00	126.14
合计	3581	—	100.00	—
2011—2015年均值	198.2	—	—	100

二、民营企业对外绿地投资金额在不同投资方来源地的分布

为了进一步明晰我国民营企业对外绿地直接投资活动的来源地特征，本书将对外绿地直接投资活动来源地分为环渤海地区、长三角地区、珠三角地区、中部地区、西部地区。按照绿地 OFDI 项目金额累积量排名，我国民营企业对外直接投资活动主要集中在环渤海地区，累计海外直接投资项目金额为 1084.15 亿美元，占比 36.67%；排在第二的是长三角地区，累计海外直接投资项目金额为 845.82 亿美元，占比 28.61%；排在第三的是珠三角地区，累计海外直接投资项目金额为 608.65 亿美元，占比 20.59%；排在第四的是中部地区，累计海外直接投资项目金额为 248.07 亿美元，占比 8.39%；排在最后的是西部地区，累计海外直接投资项目金额为 169.76 亿美元，占比 5.74%。

根据 2005—2020 年中国民营企业绿地 OFDI 金额来源地别图表显示，在 2005 年至 2020 年间，来自长三角地区中的其他区域的绿地 OFDI 项目金额增长最为显著，从 2005 年的 0.9 亿美元增加到 2020 年的 180.63 亿美元，复合增长率为年均 42.4%；来自环渤海地区中的京津冀的 OFDI 在 2005 年至 2020 年 16 年间民营企业海外直接投资项目金额指数波动程度最大。总体来看，来自长三角地区的民营企业海外直接投资金额集中来自其他地区，2005 年至 2020 年的平均占比为 79.75%，来自西部地区的民营企业海外直接投资金额集中来自西北地区，2005 年至 2020 年的平均占比为 51.07%。

表 4-2-2　2005—2020 年中国民营企业绿地投资金额在不同
投资方来源地的分布及指数汇总表

（单位：百万美元）

| 年份 | 环渤海地区 | | | | | | | | | | | |
| | 京津冀 | | | | 其他 | | | | 小计 | | | |
	金额	同比增长（%）	占比（%）	指数	金额	同比增长（%）	占比（%）	指数	金额	同比增长（%）	占比（%）	指数
2005	152.30	—	59.94	7.24	101.80	—	40.06	3.28	254.10	—	20.45	4.88

年份	环渤海地区											
	京津冀				其他				小计			
	金额	同比增长（%）	占比（%）	指数	金额	同比增长（%）	占比（%）	指数	金额	同比增长（%）	占比（%）	指数
2006	145.30	-4.60	74.86	6.91	48.80	-52.06	25.14	1.57	194.10	-23.61	6.20	3.73
2007	709.50	388.30	80.90	33.73	167.50	243.24	19.10	5.40	877.00	351.83	17.41	16.84
2008	3118.41	339.52	99.68	148.26	10.10	-93.97	0.32	0.33	3128.51	256.73	42.21	60.08
2009	233.04	-92.53	23.47	11.08	760.05	7425.25	76.53	24.49	993.09	-68.26	41.36	19.07
2010	1260.88	441.05	58.48	59.95	895.35	17.80	41.52	28.85	2156.23	117.12	31.99	41.41
2011	707.62	-43.88	37.84	33.64	1162.62	29.85	62.16	37.46	1870.24	-13.26	15.59	35.92
2012	2151.71	204.08	78.70	102.30	582.52	-49.90	21.30	18.77	2734.23	46.20	40.20	52.51
2013	1920.95	-10.72	60.62	91.33	1247.78	114.30	39.38	40.20	3168.73	15.89	72.46	60.85
2014	4391.38	128.60	32.45	208.78	9142.78	632.72	67.55	294.57	13534.17	327.12	58.57	259.91
2015	1345.25	-69.37	28.45	63.96	3383.14	-63.00	71.55	109.00	4728.39	-65.06	17.69	90.81
2016	27773.41	1964.55	83.34	1320.42	5553.24	64.14	16.66	178.92	33326.65	604.82	56.19	640.02
2017	6430.75	-76.85	59.34	305.73	4405.90	-20.66	40.66	141.95	10836.65	-67.48	44.30	208.11
2018	5185.79	-19.36	55.39	246.55	4175.82	-5.22	44.61	134.54	9361.61	-13.61	23.57	179.78
2019	17879.20	244.77	96.11	850.02	723.10	-82.68	3.89	23.30	18602.30	98.71	44.17	357.25
2020	2324.22	-87.00	87.74	110.50	324.74	-55.09	12.26	10.46	2648.96	-85.76	8.53	50.87
合计	75729.72	—	69.85	—	32685.25	—	30.15	—	108414.96	—	36.67	—
2011—2015年均值	2103.38	—	—	100.00	3103.77	—	—	100.00	5207.15	—	—	100.00

年份	长三角地区											
	上海				其他				小计			
	金额	同比增长（%）	占比（%）	指数	金额	同比增长（%）	占比（%）	指数	金额	同比增长（%）	占比（%）	指数
2005	56.10	—	38.34	7.48	90.22	—	61.66	2.15	146.32	—	11.77	2.96
2006	142.20	153.48	24.79	18.95	431.40	378.16	75.21	10.30	573.60	292.02	18.33	11.61
2007	879.64	518.59	32.42	117.21	1833.40	324.99	67.58	43.76	2713.04	372.98	53.86	54.92
2008	666.75	-24.20	30.95	88.84	1487.86	-18.85	69.05	35.51	2154.61	-20.58	29.07	43.61

续表

| 年份 | 长三角地区 | | | | | | | | | | | |
| | 上海 | | | | 其他 | | | | 小计 | | | |
	金额	同比增长（%）	占比（%）	指数	金额	同比增长（%）	占比（%）	指数	金额	同比增长（%）	占比（%）	指数
2009	81.58	-87.76	20.45	10.87	317.32	-78.67	79.55	7.57	398.90	-81.49	16.61	8.07
2010	174.96	114.46	12.21	23.31	1258.40	296.57	87.79	30.04	1433.36	259.33	21.26	29.01
2011	55.33	-68.38	0.95	7.37	5757.01	357.49	99.05	137.41	5812.34	305.50	48.44	117.65
2012	49.83	-9.94	3.44	6.64	1399.07	-75.70	96.56	33.39	1448.90	-75.07	21.30	29.33
2013	21.70	-56.45	6.08	2.89	335.45	-76.02	93.92	8.01	357.14	-75.35	8.17	7.23
2014	339.00	1462.28	9.21	45.17	3342.30	896.38	90.79	79.77	3681.30	930.76	15.93	74.52
2015	3286.63	869.51	24.52	437.93	10114.54	202.62	75.48	241.42	13401.17	264.03	50.13	271.27
2016	5297.25	61.18	59.01	705.83	3679.93	-63.62	40.99	87.83	8977.18	-33.01	15.14	181.72
2017	891.70	-83.17	24.81	118.81	2702.40	-26.56	75.19	64.50	3594.10	-59.96	14.69	72.75
2018	1757.12	97.05	12.31	234.13	12511.99	363.00	87.69	298.64	14269.11	297.01	35.93	288.84
2019	1915.65	9.02	31.67	255.25	4132.70	-66.97	68.33	98.64	6048.34	-57.61	14.36	122.43
2020	1509.70	-21.19	7.71	201.16	18063.19	337.08	92.29	431.14	19572.89	223.61	63.00	396.20
合计	17125.14	—	20.25	—	67457.17	—	79.75	—	84582.30	—	28.61	—
2011—2015年均值	750.50	—	—	100.00	4189.67	—	—	100.00	4940.17	—	—	100.00

| 年份 | 珠三角地区 | | | | | | | | | | | |
| | 广东 | | | | 其他 | | | | 小计 | | | |
	金额	同比增长（%）	占比（%）	指数	金额	同比增长（%）	占比（%）	指数	金额	同比增长（%）	占比（%）	指数
2005	305.70	—	99.67	16.80	1.00	—	0.33	0.29	306.70	—	24.68	14.20
2006	1967.10	543.47	96.12	108.08	79.30	7830.00	3.88	23.38	2046.40	567.23	65.38	94.78
2007	1048.45	-46.70	99.96	57.61	0.40	-99.50	0.04	0.12	1048.85	-48.75	20.82	48.58
2008	560.30	-46.56	64.67	30.78	306.15	76437.50	35.33	90.27	866.45	-17.39	11.69	40.13
2009	568.72	1.50	98.00	31.25	11.60	-96.21	2.00	3.42	580.32	-33.02	24.17	26.88

续表

年份	珠三角地区											
	广东				其他				小计			
	金额	同比增长(%)	占比(%)	指数	金额	同比增长(%)	占比(%)	指数	金额	同比增长(%)	占比(%)	指数
2010	2228.47	291.84	99.04	122.44	21.70	87.07	0.96	6.40	2250.17	287.75	33.38	104.21
2011	3026.53	35.81	93.32	166.29	216.60	898.16	6.68	63.87	3243.13	44.13	27.03	150.20
2012	661.68	-78.14	99.95	36.36	0.32	-99.85	0.05	0.09	662.00	-79.59	9.73	30.66
2013	250.50	-62.14	50.68	13.76	243.80	76087.50	49.32	71.89	494.30	-25.33	11.30	22.89
2014	3360.52	1241.50	99.34	184.64	22.30	-90.85	0.66	6.58	3382.82	584.36	14.64	156.67
2015	1800.93	-46.41	59.76	98.95	1212.70	5338.12	40.24	357.58	3013.63	-10.91	11.27	139.57
2016	6584.26	265.60	93.20	361.77	480.40	-60.39	6.80	141.65	7064.66	134.42	11.91	327.19
2017	5415.76	-17.75	93.99	297.56	346.20	-27.94	6.01	102.08	5761.96	-18.44	23.56	266.86
2018	8562.89	58.11	89.77	470.48	976.11	181.95	10.23	287.82	9539.00	65.55	24.02	441.79
2019	9877.32	15.35	79.66	542.70	2521.31	158.30	20.34	743.43	12398.63	29.98	29.44	574.23
2020	2613.81	-73.54	31.85	143.61	5592.30	121.80	68.15	1648.95	8206.11	-33.81	26.41	380.06
合计	48832.95	—	80.23	—	12032.19	—	19.77	—	60865.14	—	20.59	—
2011—2015年均值	1820.03	—	—	100.00	339.14	—	—	100.00	2159.18	—	—	100.00

年份	中部地区											
	华北东北				中原华中				小计			
	金额	同比增长(%)	占比(%)	指数	金额	同比增长(%)	占比(%)	指数	金额	同比增长(%)	占比(%)	指数
2005	250.00	—	99.88	95.93	0.30	—	0.12	0.03	250.30	—	20.14	18.08
2006	0.00	-100.00	0.00	0.00	130.00	43233.33	100.00	11.57	130.00	-48.06	4.15	9.39
2007	26.20	—	15.68	10.05	140.90	8.38	84.32	12.54	167.10	28.54	3.32	12.07
2008	20.30	-22.52	8.47	7.79	219.31	55.65	91.53	19.52	239.61	43.39	3.23	17.31
2009	5.92	-70.84	3.79	2.27	150.10	-31.56	96.21	13.36	156.02	-34.88	6.50	11.27
2010	3.24	-45.27	0.58	1.24	559.72	272.89	99.42	49.81	562.96	260.82	8.35	40.67
2011	177.35	5373.77	60.07	68.06	117.89	-78.94	39.93	10.49	295.24	-47.56	2.46	21.33

续表

| 年份 | 中部地区 | | | | | | | | | | | |
| | 华北东北 | | | | 中原华中 | | | | 小计 | | | |
	金额	同比增长（%）	占比（%）	指数	金额	同比增长（%）	占比（%）	指数	金额	同比增长（%）	占比（%）	指数
2012	51.55	-70.93	11.11	19.78	412.38	249.80	88.89	36.70	463.93	57.14	6.82	33.51
2013	0.27	-99.47	0.08	0.10	329.53	-20.09	99.92	29.33	329.81	-28.91	7.54	23.82
2014	974.21	356753.48	55.77	373.84	772.58	134.45	44.23	68.75	1746.79	429.64	7.56	126.19
2015	99.60	-89.78	2.44	38.22	3986.08	415.94	97.56	354.73	4085.68	133.90	15.28	295.15
2016	1025.43	929.55	13.28	393.50	6694.54	67.95	86.72	595.76	7719.97	88.95	13.02	557.68
2017	4.52	-99.56	0.13	1.73	3445.00	-48.54	99.87	306.58	3449.52	-55.32	14.10	249.19
2018	171.70	3698.67	7.76	65.89	2040.73	-40.76	92.24	181.61	2212.43	-35.86	5.57	159.82
2019	2020.80	1076.94	81.89	775.45	446.77	-78.11	18.11	39.76	2467.57	11.53	5.86	178.26
2020	55.08	-97.27	10.38	21.14	475.39	6.41	89.62	42.31	530.47	-78.50	1.71	38.32
合计	4886.18	—	19.70	—	19921.23		80.30	—	24807.41	—	8.39	—
2011—2015年均值	260.60	—	—	100.00	1123.69	—	—	100.00	1384.29	—	—	100.00

| 年份 | 西部地区 | | | | | | | | | | | |
| | 西北 | | | | 西南 | | | | 小计 | | | |
	金额	同比增长（%）	占比（%）	指数	金额	同比增长（%）	占比（%）	指数	金额	同比增长（%）	占比（%）	指数
2005	285.30	—	100.00	215.94	0.00	—	0.00	0.00	285.30	—	22.96	31.30
2006	185.80	-34.88	100.00	140.63	0.00	—	0.00	0.00	185.80	-34.88	5.94	20.38
2007	0.00	-100.00	0.00	0.00	231.63	—	100.00	29.72	231.63	24.67	4.60	25.41
2008	17.40	—	1.70	13.17	1005.38	334.05	98.30	128.98	1022.78	341.56	13.80	112.19
2009	100.30	476.44	36.74	75.92	172.70	-82.82	63.26	22.16	273.00	-73.31	11.37	29.95
2010	0.00	-100.00	0.00	0.00	338.00	95.72	100.00	43.36	338.00	23.81	5.01	37.08
2011	177.43	—	22.80	134.30	600.86	77.77	77.20	77.08	778.29	130.26	6.49	85.37
2012	19.74	-88.87	1.32	14.94	1472.80	145.12	98.68	188.94	1492.54	91.77	21.94	163.72
2013	0.00	-100.00	0.00	0.00	23.05	-98.44	100.00	2.96	23.05	-98.46	0.53	2.53

续表

年份	西部地区											
	西北				西南				小计			
	金额	同比增长(%)	占比(%)	指数	金额	同比增长(%)	占比(%)	指数	金额	同比增长(%)	占比(%)	指数
2014	100.00	—	13.12	75.69	661.92	2771.93	86.88	84.92	761.92	3205.81	3.30	83.58
2015	363.42	263.42	24.19	275.07	1138.85	72.05	75.81	146.10	1502.27	97.17	5.62	164.79
2016	797.32	119.39	35.96	603.49	1420.01	24.69	64.04	182.17	2217.33	47.60	3.74	243.23
2017	553.00	-30.64	67.60	418.57	265.10	-81.33	32.40	34.01	818.10	-63.10	3.34	89.74
2018	3449.20	523.73	79.60	2610.70	883.96	233.44	20.40	113.40	4333.16	429.66	10.91	475.33
2019	2511.72	-27.18	96.50	1901.12	91.20	-89.68	3.50	11.70	2602.92	-39.93	6.18	285.53
2020	109.60	-95.64	100.00	82.96	0.00	-100.00	0.00	0.00	109.60	-95.79	0.35	12.02
合计	8670.23	—	51.07	—	8305.46	—	48.93	—	16975.69	—	5.74	—
2011—2015年均值	132.12	—	—	100.00	779.50	—	—	100.00	911.61	—	—	100.00

年份	总计			
	金额	同比增长(%)	占比(%)	指数
2005	1242.72	—	100.00	8.51
2006	3129.90	151.86	100.00	21.43
2007	5037.62	60.95	100.00	34.50
2008	7411.95	47.13	100.00	50.76
2009	2401.34	-67.60	100.00	16.44
2010	6740.72	180.71	100.00	46.16
2011	11999.24	78.01	100.00	82.17
2012	6801.60	-43.32	100.00	46.58
2013	4373.04	-35.71	100.00	29.95
2014	23107.00	428.40	100.00	158.24
2015	26731.14	15.68	100.00	183.06
2016	59305.79	121.86	100.00	406.14

续表

年份	总计			
	金额	同比增长（%）	占比（%）	指数
2017	24460.33	-58.76	100.00	167.51
2018	39715.31	62.37	100.00	271.98
2019	42119.77	6.05	100.00	288.44
2020	31068.03	-26.24	100.00	212.76
合计	295645.50	—	100.00	—
2011—2015 年均值	14602.40	—	—	100.00

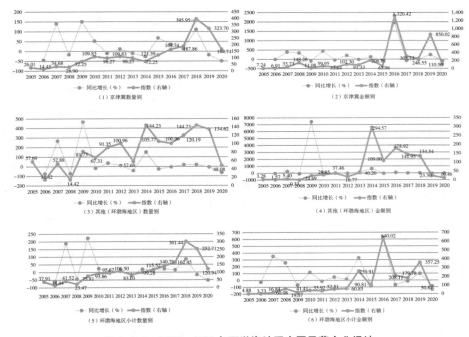

图 4-2-1　2005—2020 年环渤海地区中国民营企业绿地
投资项目数量和金额指数变化图

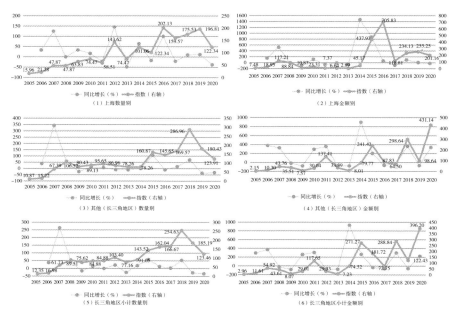

**图 4-2-2　2005—2020 年长三角地区中国民营企业绿地
投资项目数量和金额指数变化图**

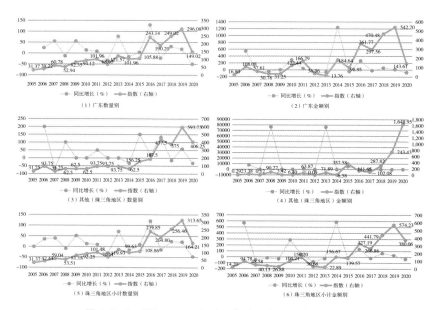

**图 4-2-3　2005—2020 年珠三角地区中国民营企业绿地
投资项目数量和金额指数变化图**

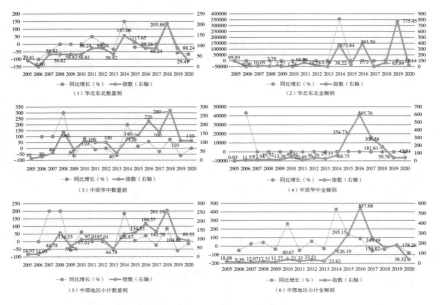

图 4-2-4　2005—2020 年中部地区中国民营企业绿地
投资项目数量和金额指数变化图

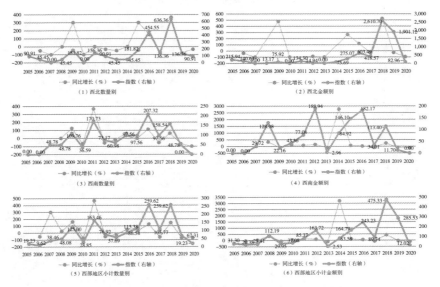

图 4-2-5　2005—2020 年西部地区中国民营企业绿地
投资项目数量和金额指数变化图

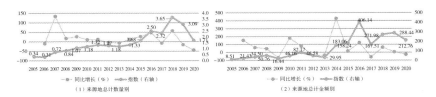

图 4-2-6 2005—2020 年来源地民营企业绿地投资项目数量和金额指数变化图

第三节 民营企业对外绿地投资
标的国（地区）别指数

本节对中国民营企业海外并购投资项目数量与金额规模按照投资标的国（地区）进行划分，其中根据标的国（地区）的经济发展水平不同，将标的国（地区）分为发达经济体、发展中经济体和转型经济体三大类型。

一、民营企业绿地项目数量在标的国（地区）的分布

如 2005—2020 年中国民营企业绿地 OFDI 数量表所示，为了进一步明晰我国民营企业对外绿地直接投资活动的来源地特征，本书将对外绿地直接投资活动标的国（地区）分为发达经济体、发展中经济体、转型经济体。按照绿地 OFDI 项目数量累积量排名，我国民营企业对外直接投资活动主要集中在发达经济体，累计海外直接投资项目数量为 2207 件，占比 61.31%；排在第二的是发展中经济体，累计海外直接投资项目数量为 1171 件，占比 32.53%；排在第三的是转型经济体，累计海外直接投资项目数量为 222 件，占比 6.17%。

从 2005—2020 年中国民营企业绿地 OFDI 数量标的国（地区）别图表可以看出，流向发展中经济体中的亚洲的 OFDI 数量在 2020 年出现最显著的缩减，从 116 件缩减到 39 件，流向发达经济体中的欧洲的 OFDI 在 2011 年至 2014 年实现了民营企业海外直接投资项目数量连续 2 年的下降。流向发展中经济体中的非洲的 OFDI 在 2008 年至 2011 年实现了民营企业海外直

接投资项目数量连续 2 年的下降。总体来看，流向发达经济体的民营企业
海外直接投资数量主要集中在欧洲地区，2005 年至 2020 年的平均占比为
54.92%，流向转型经济体的民营企业海外直接投资数量主要集中在独联体
国家地区，2005 年至 2020 年的平均占比为 90.09%。

表 4-3-1　2005—2020 年中国民营企业绿地投资项目数量
在不同经济体的分布及指数汇总表

（单位：件）

年份	发达经济体							
	欧洲				北美洲			
	项目数	同比增长（%）	占比（%）	指数	项目数	同比增长（%）	占比（%）	指数
2005	22	—	73.33	30.30	4	—	13.33	12.58
2006	12	−45.45	48.00	16.53	6	50.00	24.00	18.87
2007	45	275.00	65.22	61.98	13	116.67	18.84	40.88
2008	47	4.44	61.84	64.74	12	−7.69	15.79	37.74
2009	83	76.60	65.35	114.33	19	58.33	14.96	59.75
2010	88	6.02	68.75	121.21	18	−5.26	14.06	56.60
2011	97	10.23	65.99	133.61	26	44.44	17.69	81.76
2012	86	−11.34	61.87	118.46	22	−15.38	15.83	69.18
2013	82	−4.65	59.42	112.95	26	18.18	18.84	81.76
2014	47	−42.68	42.34	64.74	41	57.69	36.94	128.93
2015	51	8.51	40.48	70.25	44	7.32	34.92	138.36
2016	95	86.27	46.80	130.85	62	40.91	30.54	194.97
2017	101	6.32	46.33	139.12	53	−14.52	24.31	166.67
2018	147	45.54	48.20	202.48	76	43.40	24.92	238.99
2019	122	−17.01	59.51	168.04	46	−39.47	22.44	144.65
2020	87	−28.69	54.38	119.83	47	2.17	29.38	147.80
合计	1212	—	54.92	—	515	—	23.33	—
2011—2015 年均值	72.6	—	—	100	31.8	—	—	100

年份	发达经济体							
	其他发达经济体				小计			
	项目数	同比增长（%）	占比（%）	指数	项目数	同比增长（%）	占比（%）	指数
2005	4	—	13.33	14.39	30	—	57.69	22.69
2006	7	75.00	28.00	25.18	25	-16.67	54.35	18.91
2007	11	57.14	15.94	39.57	69	176.00	64.49	52.19
2008	17	54.55	22.37	61.15	76	10.14	61.79	57.49
2009	25	47.06	19.69	89.93	127	67.11	80.38	96.07
2010	22	-12.00	17.19	79.14	128	0.79	73.99	96.82
2011	24	9.09	16.33	86.33	147	14.84	75.77	111.20
2012	31	29.17	22.30	111.51	139	-5.44	75.14	105.14
2013	30	-3.23	21.74	107.91	138	-0.72	79.77	104.39
2014	23	-23.33	20.72	82.73	111	-19.57	57.22	83.96
2015	31	34.78	24.60	111.51	126	13.51	50.81	95.31
2016	46	48.39	22.66	165.47	203	61.11	55.46	153.56
2017	64	39.13	29.36	230.22	218	7.39	63.93	164.90
2018	82	28.13	26.89	294.96	305	39.91	57.12	230.71
2019	37	-54.88	18.05	133.09	205	-32.79	44.96	155.07
2020	26	-29.73	16.25	93.53	160	-21.95	64.00	121.03
合计	480	—	21.75	—	2207	—	61.31	—
2011—2015年均值	27.8	—	—	100	132.2	—	—	100

年份	发展中经济体							
	非洲				亚洲			
	项目数	同比增长（%）	占比（%）	指数	项目数	同比增长（%）	占比（%）	指数
2005	2	—	15.38	27.78	10	—	76.92	28.25
2006	1	-50.00	6.67	13.89	11	10.00	73.33	31.07
2007	9	800.00	25.71	125.00	18	63.64	51.43	50.85
2008	9	0.00	20.93	125.00	27	50.00	62.79	76.27

续表

年份	发展中经济体							
	非洲				亚洲			
	项目数	同比增长（%）	占比（%）	指数	项目数	同比增长（%）	占比（%）	指数
2009	7	−22.22	29.17	97.22	16	−40.74	66.67	45.20
2010	5	−28.57	13.89	69.44	22	37.50	61.11	62.15
2011	4	−20.00	10.26	55.56	22	0.00	56.41	62.15
2012	10	150.00	24.39	138.89	19	−13.64	46.34	53.67
2013	5	−50.00	18.52	69.44	16	−15.79	59.26	45.20
2014	9	80.00	11.84	125.00	46	187.50	60.53	129.94
2015	8	−11.11	7.92	111.11	74	60.87	73.27	209.04
2016	31	287.50	22.46	430.56	90	21.62	65.22	254.24
2017	26	−16.13	26.00	361.11	52	−42.22	52.00	146.89
2018	40	53.85	21.16	555.56	123	136.54	65.08	347.46
2019	37	−7.50	17.13	513.89	116	−5.69	53.70	327.68
2020	18	−51.35	23.08	250.00	39	−66.38	50.00	110.17
合计	221	—	18.87	—	701	—	59.86	—
2011—2015 年均值	7.2	—	—	100	35.4	—	—	100

年份	发展中经济体											
	拉丁美洲和加勒比海地区				大洋洲				小计			
	项目数	同比增长（%）	占比（%）	指数	项目数	同比增长（%）	占比（%）	指数	项目数	同比增长（%）	占比（%）	指数
2005	1	—	7.69	7.04	0.00	—	0.00	—	13	—	25.00	22.89
2006	3	200.00	20.00	21.13	0.00	—	0.00	—	15	15.38	32.61	26.41
2007	8	166.67	22.86	56.34	0.00	—	0.00	—	35	133.33	32.71	61.62
2008	7	−12.50	16.28	49.30	0.00	—	0.00	—	43	22.86	34.96	75.70
2009	1	−85.71	4.17	7.04	0.00	—	0.00	—	24	−44.19	15.19	42.25
2010	9	800.00	25.00	63.38	0.00	—	0.00	—	36	50.00	20.81	63.38
2011	13	44.44	33.33	91.55	0.00	—	0.00	—	39	8.33	20.10	68.66
2012	12	−7.69	29.27	84.51	0.00	—	0.00	—	41	5.13	22.16	72.18

续表

年份	发展中经济体											
	拉丁美洲和加勒比海地区				大洋洲				小计			
	项目数	同比增长（%）	占比（%）	指数	项目数	同比增长（%）	占比（%）	指数	项目数	同比增长（%）	占比（%）	指数
2013	6	-50.00	22.22	42.25	0.00	—	0.00	—	27	-34.15	15.61	47.54
2014	21	250.00	27.63	147.89	0.00	—	0.00	—	76	181.48	39.18	133.80
2015	19	-9.52	18.81	133.80	0.00	—	0.00	—	101	32.89	40.73	177.82
2016	17	-10.53	12.32	119.72	0.00	—	0.00	—	138	36.63	37.70	242.96
2017	21	23.53	21.00	147.89	1.00	—	1.00	—	100	-27.54	29.33	176.06
2018	26	23.81	13.76	183.10	0.00	-100.00	0.00	—	189	89.00	35.39	332.75
2019	63	142.31	29.17	443.66	0.00	—	0.00	—	216	14.29	47.37	380.28
2020	21	-66.67	26.92	147.89	0.00	—	0.00	—	78	-63.89	31.20	137.32
合计	248	—	21.18	—	1	—	0.09	—	1171	—	32.53	—
2011—2015年均值	14.2	—	—	100	0	—	—	100	56.8	—	—	100

年份	转型经济体											
	东南欧				独联体国家				小计			
	项目数	同比增长（%）	占比（%）	指数	项目数	同比增长（%）	占比（%）	指数	项目数	同比增长（%）	占比（%）	指数
2005	0	—	0.00	0.00	9	—	100.00	100.00	9	—	17.31	91.84
2006	0	—	0.00	0.00	6	-33.33	100.00	66.67	6	-33.33	13.04	61.22
2007	0	—	0.00	0.00	3	-50.00	100.00	33.33	3	-50.00	2.80	30.61
2008	0	—	0.00	0.00	4	33.33	100.00	44.44	4	33.33	3.25	40.82
2009	0	—	0.00	0.00	7	75.00	100.00	77.78	7	75.00	4.43	71.43
2010	0	—	0.00	0.00	9	28.57	100.00	100.00	9	28.57	5.20	91.84
2011	1	—	12.50	125.00	7	-22.22	87.50	77.78	8	-11.11	4.12	81.63
2012	0	-100.00	0.00	0.00	5	-28.57	100.00	55.56	5	-37.50	2.70	51.02
2013	0	—	0.00	0.00	8	60.00	100.00	88.89	8	60.00	4.62	81.63

续表

年份	转型经济体											
	东南欧				独联体国家				小计			
	项目数	同比增长（%）	占比（%）	指数	项目数	同比增长（%）	占比（%）	指数	项目数	同比增长（%）	占比（%）	指数
2014	2	—	28.57	250.00	5	−37.50	71.43	55.56	7	−12.50	3.61	71.43
2015	1	−50.00	4.76	125.00	20	300.00	95.24	222.22	21	200.00	8.47	214.29
2016	1	0.00	4.00	125.00	24	20.00	96.00	266.67	25	19.05	6.83	255.10
2017	3	200.00	13.04	375.00	20	−16.67	86.96	222.22	23	−8.00	6.74	234.69
2018	4	33.33	10.00	500.00	36	80.00	90.00	400.00	40	73.91	7.49	408.16
2019	10	150.00	28.57	1250.00	25	−30.56	71.43	277.78	35	−12.50	7.68	357.14
2020	0	−100.00	0.00	0.00	12	−52.00	100.00	133.33	12	−65.71	4.80	122.45
合计	22	—	9.91	—	200	—	90.09	—	222	—	6.17	—
2011—2015年均值	0.8	—	—	100	9	—	—	100	9.8	—	—	100

年份	总计			
	项目数	同比增长（%）	占比（%）	指数
2005	52	—	100.00	26.16
2006	46	−11.54	100.00	23.14
2007	107	132.61	100.00	53.82
2008	123	14.95	100.00	61.87
2009	158	28.46	100.00	79.48
2010	173	9.49	100.00	87.02
2011	194	12.14	100.00	97.59
2012	185	−4.64	100.00	93.06
2013	173	−6.49	100.00	87.02
2014	194	12.14	100.00	97.59
2015	248	27.84	100.00	124.75
2016	366	47.58	100.00	184.10
2017	341	−6.83	100.00	171.53

年份	总计			
	项目数	同比增长（%）	占比（%）	指数
2018	534	56.60	100.00	268.61
2019	456	−14.61	100.00	229.38
2020	250	−45.18	100.00	125.75
合计	3600		100.00	
2011—2015 年均值	198.8			100.00

二、民营企业对外绿地投资金额在不同经济体的分布

根据 2005—2020 年中国民营企业绿地 OFDI 金额表显示，从绿地 OFDI 项目金额看，在 2005 年至 2020 年间，我国民营企业对外绿地直接投资活动主要集中在发展中经济体，累计海外直接投资项目金额为 1829.73 亿美元，占比 61.32%；其次是发达经济体，累计海外直接投资项目金额为 859.99 亿美元，占比 28.82%；再次是转型经济体，累计海外直接投资项目金额为 294.11 亿美元，占比 9.86%。

根据 2005—2020 年中国民营企业绿地 OFDI 金额标的国（地区）别图表显示，流向发展中经济体中的非洲的 OFDI 金额在 2017 年出现最显著的缩减，从 232.07 亿美元缩减到 38.69 亿美元；流向发展中经济体中的拉丁美洲和加勒比海地区的 OFDI 在 2014 年至 2017 年实现了民营企业海外直接投资项目金额连续 2 年的下降。流向转型经济体中的独联体国家的 OFDI 在 2005 年至 2008 年实现了民营企业海外直接投资项目金额连续 2 年的下降。总体来看，流向发达经济体的民营企业海外直接投资金额主要集中在欧洲地区，2005 年至 2020 年的平均占比为 39.83%，流向发展中经济体的民营企业海外直接投资金额主要集中在亚洲地区，2005 年至 2020 年的平均占比为 61.38%。

表 4-3-2　2005—2020 年中国民营企业绿地投资金额
在不同经济体的分布及指数汇总表

（单位：百万美元）

年份	发达经济体							
	欧洲				北美洲			
	金额	同比增长（%）	占比（%）	指数	金额	同比增长（%）	占比（%）	指数
2005	146.80	—	70.27	12.26	11.70	—	5.60	0.38
2006	308.40	110.08	54.49	25.75	112.80	864.10	19.93	3.68
2007	511.98	66.01	54.22	42.75	164.90	46.19	17.46	5.38
2008	1205.29	135.42	85.50	100.64	96.50	-41.48	6.85	3.15
2009	426.27	-64.63	45.21	35.59	240.71	149.44	25.53	7.86
2010	1074.34	152.03	52.42	89.70	523.70	117.56	25.56	17.10
2011	1279.01	19.05	40.52	106.79	1368.37	161.29	43.35	44.67
2012	602.02	-52.93	20.80	50.27	1846.00	34.91	63.79	60.27
2013	1579.11	162.30	43.14	131.85	2007.60	8.75	54.85	65.54
2014	2088.22	32.24	19.49	174.36	6952.10	246.29	64.89	226.97
2015	439.91	-78.93	7.31	36.73	3141.27	-54.82	52.23	102.55
2016	7963.92	1710.35	54.92	664.96	3384.20	7.73	23.34	110.48
2017	3020.90	-62.07	39.91	252.23	2567.11	-24.14	33.92	83.81
2018	3940.13	30.43	26.32	328.99	4632.95	80.47	30.95	151.25
2019	4042.01	2.59	51.66	337.49	2989.60	-35.47	38.21	97.60
2020	5624.15	39.14	65.57	469.60	1700.60	-43.12	19.83	55.52
合计	34252.47	—	39.83	—	31740.11	—	36.91	—
2011—2015 年均值	1197.65	—	—	100.00	3063.07	—	—	100.00

年份	发达经济体							
	其他发达经济体				小计			
	金额	同比增长（%）	占比（%）	指数	金额	同比增长（%）	占比（%）	指数
2005	50.40	—	24.13	4.91	208.90	—	11.26	3.95
2006	144.80	187.30	25.58	14.10	566.00	170.94	15.17	10.70
2007	267.30	84.60	28.31	26.03	944.18	66.82	18.69	17.86

年份	发达经济体							
	其他发达经济体				小计			
	金额	同比增长（%）	占比（%）	指数	金额	同比增长（%）	占比（%）	指数
2008	107.98	-59.60	7.66	10.51	1409.77	49.31	19.02	26.66
2009	275.90	155.51	29.26	26.86	942.88	-33.12	38.94	17.83
2010	451.25	63.56	22.02	43.94	2049.29	117.34	30.40	38.76
2011	509.37	12.88	16.14	49.60	3156.75	54.04	24.03	59.70
2012	445.80	-12.48	15.41	43.41	2893.82	-8.33	42.55	54.73
2013	73.61	-83.49	2.01	7.17	3660.32	26.49	83.70	69.22
2014	1672.91	2172.67	15.62	162.89	10713.23	192.69	46.36	202.60
2015	2433.50	45.47	40.46	236.94	6014.68	-43.86	22.44	113.75
2016	3152.45	29.54	21.74	306.95	14500.57	141.09	24.43	274.23
2017	1980.80	-37.17	26.17	192.87	7568.81	-47.80	30.79	143.14
2018	6395.08	222.85	42.72	622.67	14968.15	97.76	37.65	283.07
2019	792.58	-87.61	10.13	77.17	7824.19	-47.73	18.55	147.97
2020	1252.60	58.04	14.60	121.96	8577.35	9.63	27.61	162.21
合计	20006.32	—	23.26	—	85998.90	—	28.82	—
2011—2015年均值	1027.04	—	—	100.00	5287.76	—	—	100.00

年份	发展中经济体							
	非洲				亚洲			
	金额	同比增长（%）	占比（%）	指数	金额	同比增长（%）	占比（%）	指数
2005	22.90	—	6.83	7.54	297.70	—	88.81	4.63
2006	1500.00	6450.22	79.74	494.15	334.00	12.19	17.75	5.20
2007	1330.35	-11.31	36.04	438.27	1959.89	486.79	53.09	30.51
2008	3265.51	145.46	55.76	1075.78	980.77	-49.96	16.75	15.27
2009	303.91	-90.69	27.17	100.12	754.82	-23.04	67.47	11.75
2010	341.50	12.37	8.61	112.50	2830.90	275.04	71.34	44.07
2011	139.20	-59.24	1.53	45.86	8130.39	187.20	89.61	126.57

续表

年份	发展中经济体							
	非洲				亚洲			
	金额	同比增长(%)	占比(%)	指数	金额	同比增长(%)	占比(%)	指数
2012	171.90	23.49	4.43	56.63	3011.08	-62.97	77.62	46.88
2013	18.92	-88.99	2.76	6.23	327.00	-89.14	47.67	5.09
2014	871.22	4504.77	9.66	287.01	3525.39	978.10	39.09	54.88
2015	316.50	-63.67	1.59	104.27	17123.73	385.73	85.82	266.58
2016	23207.21	7232.45	52.91	7645.30	19340.83	12.95	44.10	301.09
2017	3868.90	-83.33	26.76	1274.56	9703.43	-49.83	67.12	151.06
2018	6591.04	70.36	30.24	2171.33	14291.35	47.28	65.57	222.48
2019	7278.34	10.43	33.78	2397.75	9393.81	-34.27	43.60	146.24
2020	729.70	-89.97	3.34	240.39	20297.01	116.07	92.85	315.98
合计	49957.10	—	27.30	—	112302.10	—	61.38	—
2011—2015年均值	303.55	—		100.00	6423.52	—	—	100.00

年份	发展中经济体											
	拉丁美洲和加勒比海地区				大洋洲				小计			
	金额	同比增长(%)	占比(%)	指数	金额	同比增长(%)	占比(%)	指数	金额	同比增长(%)	占比(%)	指数
2005	14.60	—	4.36	0.81	0.00	—	0.00	—	335.20	—	18.07	3.93
2006	47.20	223.29	2.51	2.63	0.00	—	0.00	—	1881.20	461.22	50.44	22.07
2007	401.40	750.42	10.87	22.36	0.00	—	0.00	—	3691.64	96.24	73.09	43.32
2008	1609.60	301.00	27.49	89.67	0.00	—	0.00	—	5855.88	58.63	79.01	68.71
2009	60.00	-96.27	5.36	3.34	0.00	—	0.00	—	1118.73	-80.90	46.20	13.13
2010	795.93	1226.55	20.06	44.34	0.00	—	0.00	—	3968.33	254.72	58.87	46.56
2011	803.90	1.00	8.86	44.78	0.00	—	0.00	—	9073.49	128.65	69.06	106.47
2012	696.35	-13.38	17.95	38.79	0.00	—	0.00	—	3879.33	-57.25	57.04	45.52
2013	340.00	-51.17	49.57	18.94	0.00	—	0.00	—	685.92	-82.32	15.69	8.05

续表

年份	发展中经济体											
	拉丁美洲和加勒比海地区				大洋洲				小计			
	金额	同比增长(%)	占比(%)	指数	金额	同比增长(%)	占比(%)	指数	金额	同比增长(%)	占比(%)	指数
2014	4621.57	1259.28	51.25	257.45	0.00	—	0.00	—	9018.18	1214.76	39.03	105.82
2015	2513.67	-45.61	12.60	140.03	0.00	—	0.00	—	19953.90	121.26	74.43	234.14
2016	1309.80	-47.89	2.99	72.97	0.00	—	0.00	—	43857.84	119.80	73.88	514.63
2017	875.79	-33.14	6.06	48.79	8.40	—	0.06	—	14456.52	-67.04	58.81	169.63
2018	912.19	4.16	4.19	50.82	0.00	-100.00	0.00	—	21794.58	50.76	54.82	255.74
2019	4871.07	434.00	22.61	271.35	0.00	—	0.00	—	21543.21	-1.15	51.08	252.79
2020	832.80	-82.90	3.81	46.39	0.00	—	0.00	—	21859.51	1.47	70.36	256.50
合计	20705.86	—	11.32	—	8.40	—	0.00	—	182973.47	—	61.32	—
2011—2015年均值	1795.10	—	—	100.00	0.00	—	—	100.00	8522.16	—	—	100.00
年份	转型经济体											
	东南欧				独联体国家				小计			
	金额	同比增长(%)	占比(%)	指数	金额	同比增长(%)	占比(%)	指数	金额	同比增长(%)	占比(%)	指数
2005	0.00	—	0.00	0.00	1310.42	—	100.00	160.17	1310.42	—	70.66	126.49
2006	0.00	—	0.00	0.00	1282.70	-2.12	100.00	156.78	1282.70	-2.12	34.39	123.82
2007	0.00	—	0.00	0.00	415.20	-67.63	100.00	50.75	415.20	-67.63	8.22	40.08
2008	0.00	—	0.00	0.00	146.30	-64.76	100.00	17.88	146.30	-64.76	1.97	14.12
2009	0.00	—	0.00	0.00	359.80	145.93	100.00	43.98	359.80	145.93	14.86	34.73
2010	0.00	—	0.00	0.00	723.10	100.97	100.00	88.38	723.10	100.97	10.73	69.80
2011	0.00	—	0.00	0.00	909.00	25.71	100.00	111.11	909.00	25.71	6.92	87.74
2012	0.00	—	0.00	0.00	28.45	-96.87	100.00	3.48	28.45	-96.87	0.42	2.75
2013	0.00	—	0.00	0.00	26.80	-5.80	100.00	3.28	26.80	-5.80	0.61	2.59

续表

年份	转型经济体											
	东南欧				独联体国家				小计			
	金额	同比增长（%）	占比（%）	指数	金额	同比增长（%）	占比（%）	指数	金额	同比增长（%）	占比（%）	指数
2014	1035.59	—	30.68	475.36	2340.00	8631.34	69.32	286.02	3375.59	12495.49	14.61	325.84
2015	53.67	-94.82	6.39	24.64	786.39	-66.39	93.61	96.12	840.06	-75.11	3.13	81.09
2016	13.00	-75.78	1.29	5.97	992.38	26.19	98.71	121.30	1005.38	19.68	1.69	97.05
2017	125.63	866.38	4.91	57.67	2431.00	144.97	95.09	297.14	2556.63	154.29	10.40	246.78
2018	1059.31	743.20	35.40	486.25	1932.89	-20.49	64.60	236.26	2992.20	17.04	7.53	288.83
2019	427.24	-59.67	3.34	196.11	12381.01	540.54	96.66	1513.33	12808.25	328.05	30.37	1236.34
2020	0.00	-100.00	0.00	0.00	631.17	-94.90	100.00	77.15	631.17	-95.07	2.03	60.92
合计	2714.44	—	9.23	—	26696.61	—	90.77	—	29411.06	—	9.86	—
2011—2015年均值	217.85	—	—	100.00	818.13	—	—	100.00	1035.98	—	—	100.00

年份	总计			
	金额	同比增长（%）	占比（%）	指数
2005	1854.52	—	100.00	12.49
2006	3729.90	101.12	100.00	25.12
2007	5051.02	35.42	100.00	34.02
2008	7411.95	46.74	100.00	49.93
2009	2421.41	-67.33	100.00	16.31
2010	6740.72	178.38	100.00	45.40
2011	13139.24	94.92	100.00	88.50
2012	6801.60	-48.23	100.00	45.81
2013	4373.04	-35.71	100.00	29.46
2014	23107.00	428.40	100.00	155.65
2015	26808.64	16.02	100.00	180.58
2016	59363.79	121.44	100.00	399.87
2017	24581.96	-58.59	100.00	165.58

续表

年份	总计			
	金额	同比增长（%）	占比（%）	指数
2018	39754.94	61.72	100.00	267.78
2019	42175.66	6.09	100.00	284.09
2020	31068.03	−26.34	100.00	209.27
合计	298383.42	—	100.00	—
2011—2015年均值	14845.90	—	—	100.00

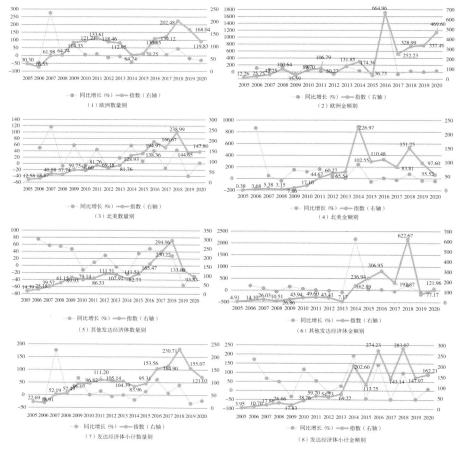

图 4-3-1　2005—2020 年中国民营企业绿地投资发达经济体
项目数量和金额指数变化图

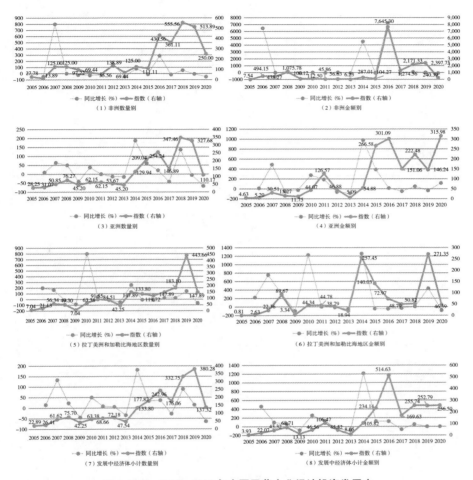

**图 4-3-2　2005—2020 年中国民营企业绿地投资发展中
经济体项目数量和金额指数变化图**

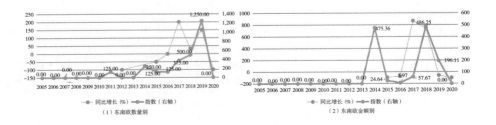

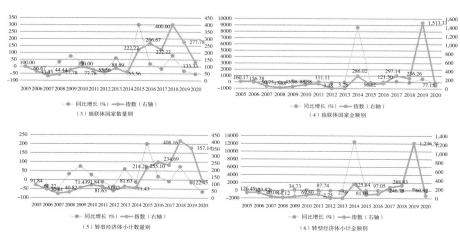

图4-3-3　2005—2020年中国民营企业绿地投资转型经济体
项目数量和金额指数变化图

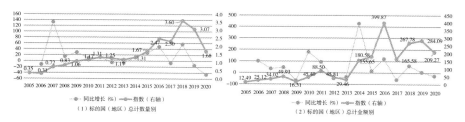

图4-3-4　2005—2020年中国民营企业绿地投资标的国（地区）
项目数量和金额指数变化图

第四节　民营企业对外绿地投资行业别指数

本节按照投资标的行业的不同对中国民营企业海外绿地投资项目数量和金额分布情况进行分析，将投资标的行业分为制造业和非制造业两大部分。其中制造业按照OECD技术划分标准分为四大类，分别是高技术、中高技术、中低技术和低技术制造业；非制造业则划分为服务业，农、林、牧、渔业，采矿业，电力、热力、燃气及水生产和供应业，建筑业五大部类。

一、民营企业对外绿地投资项目数量在标的行业的分布

根据 2005—2020 年中国民营企业绿地 OFDI 数量表显示，从绿地 OFDI 项目数量看，在 2005 年至 2020 年间，我国民营企业对外绿地直接投资活动主要集中在非制造业，累计海外直接投资项目数量为 2684 件，占比 74.56%；其次是制造业，累计海外直接投资项目数量为 916 件，占比 25.44%。

从 2005—2020 年中国民营企业绿地 OFDI 数量行业别图表可以看出，流向非制造业中的服务业的 OFDI 数量在 2018 年出现最显著的增长，从 237 件增长到 368 件；流向非制造业中的服务业的 OFDI 在 2011 年至 2014 年实现了民营企业海外直接投资项目数量连续 2 年的下降。总体来看，流向制造业的民营企业海外直接投资数量主要集中在中高技术，2005 年至 2020 年的平均占比为 46.07%，流向非制造业的民营企业海外直接投资数量主要集中在服务业，2005 年至 2020 年的平均占比为 91.65%。

表 4-4-1　2005—2020 年中国民营企业绿地投资项目数量
在标的行业的分布及指数汇总表

（单位：件）

年份	制造业											
	高技术				中高技术				中低技术			
	项目数	同比增长（%）	占比（%）	指数	项目数	同比增长（%）	占比（%）	指数	项目数	同比增长（%）	占比（%）	指数
2005	4	—	26.67	58.82	7	—	46.67	32.11	2	—	13.33	15.63
2006	6	50.00	35.29	88.24	10	42.86	58.82	45.87	1	-50.00	5.88	7.81
2007	5	-16.67	13.89	73.53	16	60.00	44.44	73.39	8	700.00	22.22	62.50
2008	0	-100.00	0.00	0.00	14	-12.50	51.85	64.22	10	25.00	37.04	78.13
2009	5	—	19.23	73.53	15	7.14	57.69	68.81	1	-90.00	3.85	7.81
2010	5	0.00	13.16	73.53	30	100.00	78.95	137.61	2	100.00	5.26	15.63
2011	4	-20.00	8.89	58.82	17	-43.33	37.78	77.98	17	750.00	37.78	132.81

续表

年份	制造业											
	高技术				中高技术				中低技术			
	项目数	同比增长（％）	占比（％）	指数	项目数	同比增长（％）	占比（％）	指数	项目数	同比增长（％）	占比（％）	指数
2012	5	25.00	13.16	73.53	17	0.00	44.74	77.98	13	−23.53	34.21	101.56
2013	5	0.00	20.83	73.53	9	−47.06	37.50	41.28	2	−84.62	8.33	15.63
2014	5	0.00	8.62	73.53	29	222.22	50.00	133.03	9	350.00	15.52	70.31
2015	15	200.00	16.85	220.59	37	27.59	41.57	169.72	23	155.56	25.84	179.69
2016	17	13.33	17.35	250.00	47	27.03	47.96	215.60	17	−26.09	17.35	132.81
2017	10	−41.18	10.87	147.06	48	2.13	52.17	220.18	20	17.65	21.74	156.25
2018	22	120.00	17.19	323.53	49	2.08	38.28	224.77	27	35.00	21.09	210.94
2019	23	4.55	18.55	338.24	54	10.20	43.55	247.71	16	−40.74	12.90	125.00
2020	11	−52.17	18.03	161.76	23	−57.41	37.70	105.50	17	6.25	27.87	132.81
合计	142	—	15.50	—	422	—	46.07	—	185	—	20.20	—
2011—2015年均值	6.8	—	—	100	21.8	—	—	100	12.8	—	—	100

年份	制造业							
	低技术				小计			
	项目数	同比增长（％）	占比（％）	指数	项目数	同比增长（％）	占比（％）	指数
2005	2	—	13.33	21.28	15	—	28.85	29.53
2006	0	−100.00	0.00	0.00	17	13.33	36.96	33.46
2007	7	—	19.44	74.47	36	111.76	33.64	70.87
2008	3	−57.14	11.11	31.91	27	−25.00	21.95	53.15
2009	5	66.67	19.23	53.19	26	−3.70	16.46	51.18
2010	1	−80.00	2.63	10.64	38	46.15	21.97	74.80
2011	7	600.00	15.56	74.47	45	18.42	23.20	88.58
2012	3	−57.14	7.89	31.91	38	−15.56	20.54	74.80
2013	8	166.67	33.33	85.11	24	−36.84	13.87	47.24
2014	15	87.50	25.86	159.57	58	141.67	29.90	114.17

续表

年份	制造业							
	低技术				小计			
	项目数	同比增长（%）	占比（%）	指数	项目数	同比增长（%）	占比（%）	指数
2015	14	-6.67	15.73	148.94	89	53.45	35.89	175.20
2016	17	21.43	17.35	180.85	98	10.11	26.78	192.91
2017	14	-17.65	15.22	148.94	92	-6.12	26.98	181.10
2018	30	114.29	23.44	319.15	128	39.13	23.97	251.97
2019	31	3.33	25.00	329.79	124	-3.13	27.19	244.09
2020	10	-67.74	16.39	106.38	61	-50.81	24.40	120.08
合计	167	—	18.23	—	916	—	25.44	—
2011—2015 年均值	9.4	—	—	100	50.8	—	—	100

年份	非制造业							
	服务业				采矿业			
	项目数	同比增长（%）	占比（%）	指数	项目数	同比增长（%）	占比（%）	指数
2005	36	—	97.30	27.23	0	—	0.00	0.00
2006	25	-30.56	86.21	18.91	2	—	6.90	166.67
2007	66	164.00	92.96	49.92	4	100.00	5.63	333.33
2008	87	31.82	90.63	65.81	1	-75.00	1.04	83.33
2009	126	44.83	95.45	95.31	2	100.00	1.52	166.67
2010	133	5.56	98.52	100.61	0	-100.00	0.00	0.00
2011	139	4.51	93.29	105.14	0	—	0.00	0.00
2012	137	-1.44	93.20	103.63	1	—	0.68	83.33
2013	134	-2.19	89.93	101.36	2	100.00	1.34	166.67
2014	116	-13.43	85.29	87.75	1	-50.00	0.74	83.33
2015	135	16.38	84.91	102.12	2	100.00	1.26	166.67
2016	223	65.19	83.21	168.68	2	0.00	0.75	166.67
2017	237	6.28	95.18	179.27	0	-100.00	0.00	0.00
2018	368	55.27	90.64	278.37	5	—	1.23	416.67

续表

年份	非制造业							
	服务业				采矿业			
	项目数	同比增长（%）	占比（%）	指数	项目数	同比增长（%）	占比（%）	指数
2019	317	-13.86	95.48	239.79	1	-80.00	0.30	83.33
2020	181	-42.90	95.77	136.91	0	-100.00	0.00	0.00
合计	2460	—	91.65	—	23	—	0.86	—
2011—2015年均值	132.2	—	—	100	1.2	—	—	100

年份	非制造业							
	电力、热力、燃气及水生产和供应业				建筑业			
	项目数	同比增长（%）	占比（%）	指数	项目数	同比增长（%）	占比（%）	指数
2005	0	—	0.00	0.00	1	—	2.70	19.23
2006	0	—	0.00	0.00	2	100.00	6.90	38.46
2007	0	—	0.00	0.00	1	-50.00	1.41	19.23
2008	7	—	7.29	74.47	1	0.00	1.04	19.23
2009	3	-57.14	2.27	31.91	1	0.00	0.76	19.23
2010	1	-66.67	0.74	10.64	1	0.00	0.74	19.23
2011	9	800.00	6.04	95.74	1	0.00	0.67	19.23
2012	6	-33.33	4.08	63.83	3	200.00	2.04	57.69
2013	8	33.33	5.37	85.11	5	66.67	3.36	96.15
2014	11	37.50	8.09	117.02	8	60.00	5.88	153.85
2015	13	18.18	8.18	138.30	9	12.50	5.66	173.08
2016	15	15.38	5.60	159.57	28	211.11	10.45	538.46
2017	7	-53.33	2.81	74.47	5	-82.14	2.01	96.15
2018	17	142.86	4.19	180.85	16	220.00	3.94	307.69
2019	5	-70.59	1.51	53.19	9	-43.75	2.71	173.08
2020	7	40.00	3.70	74.47	1	-88.89	0.53	19.23
合计	109	—	4.06	—	92	—	3.43	—
2011—2015年均值	9.4	—	—	100	5.2	—	—	100

年份	非制造业				总计			
	小计							
	项目数	同比增长（%）	占比（%）	指数	项目数	同比增长（%）	占比（%）	指数
2005	37	—	71.15	25.00	52	—	100.00	26.16
2006	29	-21.62	63.04	19.59	46	-11.54	100.00	23.14
2007	71	144.83	66.36	47.97	107	132.61	100.00	53.82
2008	96	35.21	78.05	64.86	123	14.95	100.00	61.87
2009	132	37.50	83.54	89.19	158	28.46	100.00	79.48
2010	135	2.27	78.03	91.22	173	9.49	100.00	87.02
2011	149	10.37	76.80	100.68	194	12.14	100.00	97.59
2012	147	-1.34	79.46	99.32	185	-4.64	100.00	93.06
2013	149	1.36	86.13	100.68	173	-6.49	100.00	87.02
2014	136	-8.72	70.10	91.89	194	12.14	100.00	97.59
2015	159	16.91	64.11	107.43	248	27.84	100.00	124.75
2016	268	68.55	73.22	181.08	366	47.58	100.00	184.10
2017	249	-7.09	73.02	168.24	341	-6.83	100.00	171.53
2018	406	63.05	76.03	274.32	534	56.60	100.00	268.61
2019	332	-18.23	72.81	224.32	456	-14.61	100.00	229.38
2020	189	-43.07	75.60	127.70	250	-45.18	100.00	125.75
合计	2684	—	74.56	—	3600	—	100.00	1810.87
2011—2015 年均值	148	—	—	100	198.8	—	—	100

二、民营企业对外绿地投资金额在标的行业的分布

根据 2005—2020 年中国民营企业绿地 OFDI 金额表显示，从绿地 OFDI 项目金额看，在 2005 年至 2020 年间，我国民营企业对外绿地直接投资活动主要集中在非制造业，累计海外直接投资项目金额为 1512.67 亿美元，占比 50.7%；其次是制造业，累计海外直接投资项目金额为 1471.17 亿美元，占比 49.3%。

如 2005—2020 年中国民营企业绿地 OFDI 金额行业别图表所示，流向非制造业中的建筑业的 OFDI 金额在 2017 年出现最显著的缩减，从 398.83 亿美元缩减到 16.92 亿美元；流向制造业中的高技术的 OFDI 在 2010 年至 2013 年实现了民营企业海外直接投资项目金额连续 2 年的下降。流向制造业中的中低技术的 OFDI 在 2007 年至 2010 年实现了民营企业海外直接投资项目金额连续 2 年的下降。流向非制造业中的服务业的 OFDI 在 2010 年至 2013 年实现了民营企业海外直接投资项目金额连续 2 年的下降。总体来看，流向制造业的民营企业海外直接投资金额主要集中在中低技术，2005 年至 2020 年的平均占比为 42.28%，流向非制造业的民营企业海外直接投资金额主要集中在建筑业，2005 年至 2020 年的平均占比为 44.22%。

表 4-4-2　2005—2020 年中国民营企业绿地投资金额
在标的行业的分布及指数汇总表

（单位：百万美元）

年份	制造业											
	高技术				中高技术				中低技术			
	金额	同比增长（%）	占比（%）	指数	金额	同比增长（%）	占比（%）	指数	金额	同比增长（%）	占比（%）	指数
2005	104.60	—	8.26	41.32	235.50	—	18.60	9.73	283.90	—	22.42	6.59
2006	170.20	62.72	14.21	67.24	1017.00	331.85	84.93	42.00	10.20	-96.41	0.85	0.24
2007	105.30	-38.13	2.82	41.60	1124.09	10.53	30.12	46.43	2398.35	23413.24	64.27	55.65
2008	0.00	-100.00	0.00	0.00	1190.26	5.89	35.79	49.16	2078.24	-13.35	62.49	48.22
2009	193.73	—	15.50	76.54	831.85	-30.11	66.55	34.36	35.00	-98.32	2.80	0.81
2010	511.85	164.21	11.70	202.21	3772.60	353.52	86.23	155.82	23.40	-33.14	0.53	0.54
2011	135.30	-73.57	1.35	53.45	1431.74	-62.05	14.29	59.13	8267.65	35231.84	82.54	191.85
2012	78.10	-42.28	2.01	30.85	1933.33	35.03	49.70	79.85	1782.01	-78.45	45.81	41.35
2013	14.03	-82.04	1.31	5.54	417.69	-78.40	39.07	17.25	205.23	-88.48	19.20	4.76
2014	159.80	1038.99	1.33	63.13	5122.19	1126.31	42.70	211.56	2434.50	1086.23	20.30	56.49
2015	878.39	449.68	5.97	347.02	3200.95	-37.51	21.74	132.21	8858.04	263.85	60.17	205.55

续表

年份	制造业											
	高技术				中高技术				中低技术			
	金额	同比增长（%）	占比（%）	指数	金额	同比增长（%）	占比（%）	指数	金额	同比增长（%）	占比（%）	指数
2016	1335.56	52.05	11.47	527.63	6016.77	87.97	51.65	248.51	2875.49	-67.54	24.68	66.72
2017	315.23	-76.40	1.94	124.54	6866.34	14.12	42.15	283.59	5172.80	79.89	31.76	120.03
2018	903.51	186.62	5.38	356.94	3775.41	-45.02	22.49	155.93	9771.91	88.91	58.22	226.75
2019	2136.38	136.45	10.46	844.01	10533.80	179.01	51.55	435.07	3494.63	-64.24	17.10	81.09
2020	516.46	-75.83	2.06	204.03	9356.14	-11.18	37.24	386.43	14511.59	315.25	57.76	336.74
合计	7558.44	—	5.14	—	56825.66	—	38.63	—	62202.94	—	42.28	—
2011—2015 年均值	253.12	—	—	100	2421.18	—	—	100	4309.49	—	—	100

年份	制造业							
	低技术				小计			
	金额	同比增长（%）	占比（%）	指数	金额	同比增长（%）	占比（%）	指数
2005	642.42	—	50.73	47.42	1266.42	—	68.29	15.19
2006	0.00	-100.00	0.00	0.00	1197.40	-5.45	32.10	14.36
2007	104.00	—	2.79	7.68	3731.74	211.65	73.88	44.75
2008	57.00	-45.19	1.71	4.21	3325.50	-10.89	44.87	39.88
2009	189.35	232.19	15.15	13.98	1249.93	-62.41	51.62	14.99
2010	67.00	-64.62	1.53	4.95	4374.85	250.01	64.90	52.47
2011	182.36	172.18	1.82	13.46	10017.05	128.97	76.24	120.13
2012	96.75	-46.95	2.49	7.14	3890.19	-61.16	57.20	46.65
2013	432.00	346.51	40.41	31.89	1068.95	-72.52	24.44	12.82
2014	4278.87	890.48	35.67	315.84	11995.36	1022.16	51.91	143.85
2015	1783.73	-58.31	12.12	131.67	14721.11	22.72	54.91	176.54
2016	1420.92	-20.34	12.20	104.88	11648.74	-20.87	19.62	139.70
2017	3934.75	176.92	24.16	290.44	16289.12	39.84	66.26	195.35

年份	制造业							
	低技术				小计			
	金额	同比增长（%）	占比（%）	指数	金额	同比增长（%）	占比（%）	指数
2018	2333.99	-40.68	13.91	172.28	16784.82	3.04	42.22	201.29
2019	4268.44	82.88	20.89	315.07	20433.24	21.74	48.45	245.05
2020	737.99	-82.71	2.94	54.47	25122.18	22.95	80.86	301.28
合计	20529.57	—	13.95	—	147116.60	—	49.30	—
2011—2015年均值	1354.74	—	—	100	8338.53	—	—	100

年份	非制造业							
	服务业				采矿业			
	金额	同比增长（%）	占比（%）	指数	金额	同比增长（%）	占比（%）	指数
2005	338.10	—	57.49	18.66	0.00	—	0.00	0.00
2006	1999.80	491.48	78.97	110.36	96.90	—	3.83	587.84
2007	641.74	-67.91	48.64	35.41	627.74	547.82	47.58	3808.18
2008	693.90	8.13	16.98	38.29	2600.00	314.18	63.62	15772.87
2009	811.91	17.01	69.31	44.81	307.70	-88.17	26.27	1866.66
2010	2117.97	160.86	89.52	116.88	0.00	-100.00	0.00	0.00
2011	1991.26	-5.98	63.78	109.89	0.00	—	0.00	0.00
2012	493.51	-75.22	16.95	27.23	0.00	—	0.00	0.00
2013	486.78	-1.36	14.73	26.86	0.00	—	0.00	0.00
2014	3595.87	638.71	32.36	198.44	0.00	—	0.00	0.00
2015	2493.01	-30.67	20.62	137.58	82.42	—	0.68	500.00
2016	5254.99	110.79	11.01	290.00	89.10	8.10	0.19	540.52
2017	4415.94	-15.97	53.25	243.69	0.00	-100.00	0.00	0.00
2018	8673.91	96.42	37.76	478.67	1761.45	—	7.67	10685.82
2019	5790.53	-33.24	26.63	319.55	11100.00	530.16	51.05	67338.02
2020	4956.96	-14.40	83.37	273.55	0.00	-100.00	0.00	0.00
合计	44756.18	—	29.59	—	16665.31	—	11.02	—
2011—2015年均值	1812.09	—	—	100	16.48	—	—	100

续表

年份	非制造业							
	电力、热力、燃气及水生产和供应业				建筑业			
	金额	同比增长（%）	占比（%）	指数	金额	同比增长（%）	占比（%）	指数
2005	0.00	—	0.00	0.00	250.00	—	42.51	10.49
2006	0.00	—	0.00	0.00	435.80	74.32	17.21	18.28
2007	0.00	—	0.00	0.00	49.80	-88.57	3.77	2.09
2008	592.55	—	14.50	25.82	200.00	301.61	4.89	8.39
2009	31.87	-94.62	2.72	1.39	20.00	-90.00	1.71	0.84
2010	155.50	387.92	6.57	6.77	92.40	362.00	3.91	3.88
2011	1080.93	595.13	34.62	47.09	50.00	-45.89	1.60	2.10
2012	1880.10	73.93	64.58	81.91	537.80	975.60	18.47	22.56
2013	99.77	-94.69	3.02	4.35	2717.54	405.31	82.25	114.01
2014	2359.70	2265.07	21.24	102.81	5156.08	89.73	46.40	216.32
2015	6055.82	156.64	50.01	263.84	3456.28	-32.97	28.59	145.01
2016	2487.72	-58.92	5.21	108.38	39883.24	1053.94	83.59	1673.28
2017	2185.30	-12.16	26.35	95.21	1691.60	-95.76	20.40	70.97
2018	4623.52	111.57	20.13	201.44	7911.24	367.68	34.44	331.91
2019	478.24	-89.66	2.20	20.84	4373.64	-44.72	20.12	183.49
2020	928.79	94.21	15.62	40.47	60.10	-98.63	1.01	2.52
合计	22959.81	—	15.18	—	66885.52	—	44.22	—
2011—2015 年均值	2295.26	—	—	100	2383.54	—	—	100

年份	非制造业				总计			
	小计							
	金额	同比增长（%）	占比（%）	指数	金额	同比增长（%）	占比（%）	指数
2005	588.10	—	31.71	9.04	1854.52	—	100.00	12.49
2006	2532.50	330.62	67.90	38.92	3729.90	101.12	100.00	25.12
2007	1319.28	-47.91	26.12	20.27	5051.02	35.42	100.00	34.02
2008	4086.45	209.75	55.13	62.80	7411.95	46.74	100.00	49.93
2009	1171.48	-71.33	48.38	18.00	2421.41	-67.33	100.00	16.31

续表

年份	非制造业				总计			
	小计							
	金额	同比增长（%）	占比（%）	指数	金额	同比增长（%）	占比（%）	指数
2010	2365.87	101.96	35.10	36.36	6740.72	178.38	100.00	45.40
2011	3122.19	31.97	23.76	47.98	13139.24	94.92	100.00	88.50
2012	2911.41	-6.75	42.80	44.74	6801.60	-48.23	100.00	45.81
2013	3304.09	13.49	75.56	50.77	4373.04	-35.71	100.00	29.46
2014	11111.65	236.30	48.09	170.75	23107.00	428.40	100.00	155.65
2015	12087.53	8.78	45.09	185.75	26808.64	16.02	100.00	180.58
2016	47715.05	294.75	80.38	733.25	59363.79	121.44	100.00	399.87
2017	8292.84	-82.62	33.74	127.44	24581.96	-58.59	100.00	165.58
2018	22970.12	176.99	57.78	352.99	39754.94	61.72	100.00	267.78
2019	21742.41	-5.34	51.55	334.12	42175.66	6.09	100.00	284.09
2020	5945.85	-72.65	19.14	91.37	31068.03	-26.34	100.00	209.27
合计	151266.82		50.70	—	298383.42		100.00	—
2011—2015年均值	6507.37	—	—	100	14845.90	—	—	100

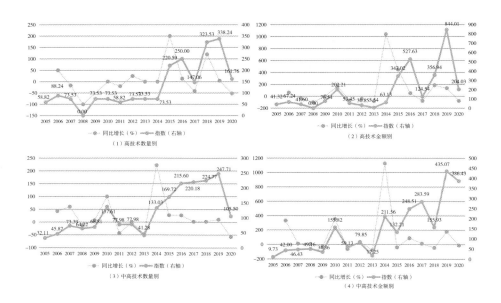

（1）高技术数量别

（2）高技术金额别

（3）中高技术数量别

（4）中高技术金额别

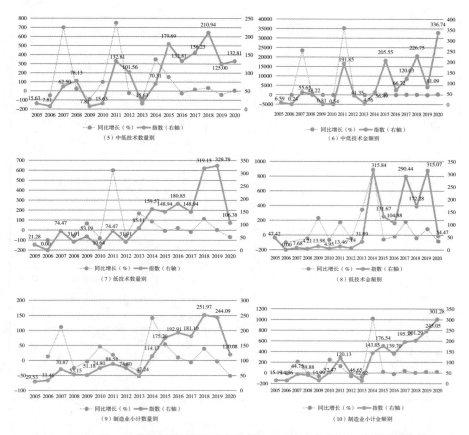

图 4-4-1　2005—2020 年中国民营企业绿地投资制造业项目数量和金额指数变化图

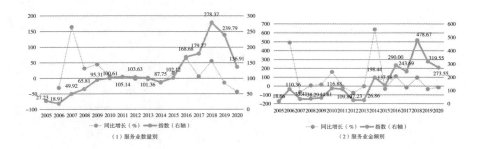

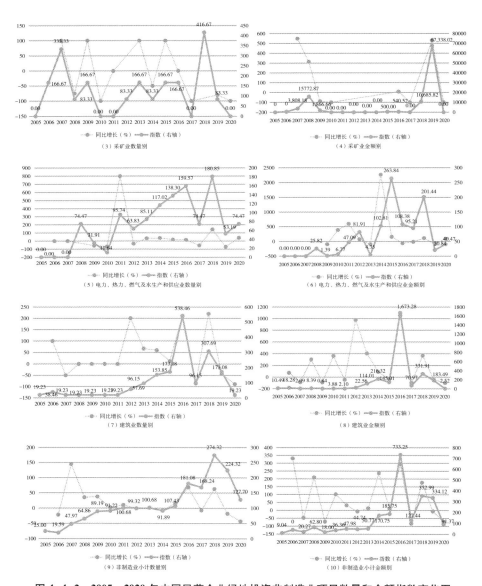

图4-4-2 2005—2020年中国民营企业绿地投资非制造业项目数量和金额指数变化图

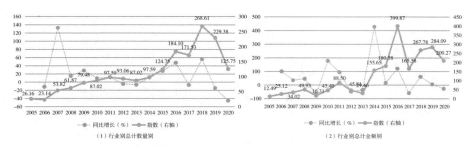

图 4-4-3　2005—2020 年中国民营企业绿地投资标的行业项目数量和金额指数变化图

第五节　民营企业对外绿地投资就业贡献指数

本节对我国民营企业通过海外绿地投资所带来就业量的具体情况进行统计分析。在民营企业海外绿地投资创造就业数量、扩大就业数量及新增就业数量的基础上，进一步按照行业类别分析民营企业的投资流向。

一、民营企业对外绿地投资创造就业态势

根据 2005—2020 年中国民营企业绿地 OFDI 创造就业数量表，整体来看，我国民营企业绿地对外直接投资创造总就业量在 2005 年至 2020 年呈现增长趋势。绿地对外直接投资项目创造总就业量从 2005 年的 11639 人增长到 2020 年的 45525 人，并在 2019 年出现峰值 131160 人。就 2020 年而言，我国民营企业绿地对外直接投资项目创造总就业量为 45525 人，同比下降 65.29%。从行业类别视角分析，在 2005 年至 2020 年间，我国民营企业对外绿地直接投资活动主要集中在制造业，累计海外直接投资项目创造就业人数为 514241 人，占比 65.36%；其次是非制造业，累计海外直接投资项目创造就业人数为 272553 人，占比 34.64%。具体而言，根据 2005—2020 年中国民营企业绿地 OFDI 创造就业数量行业别图表显示，在 2005 年至 2020 年，流向制造业中的中高技术的绿地 OFDI 项目创造就业人数增长最为显著，从 2005 年的 3096 人增加到 2020 年的 16032 人，复合增长率为

年均 11.59%，且在中高技术制造业中创造的就业人数占比也最大，2005
年至 2020 年的平均占比为 43.47%。此外，流向制造业中的低技术的 OFDI
创造就业人数在 2020 年出现最显著的缩减，从 2019 年的 32956 人缩减到
3526 人。

表 4-5-1　2005—2020 年中国民营企业绿地 OFDI 创造就业数量表

（单位：人）

年份	制造业											
	高技术				中高技术				中低技术			
	就业人数	同比增长（%）	占比（%）	指数	就业人数	同比增长（%）	占比（%）	指数	就业人数	同比增长（%）	占比（%）	指数
2005	2179	—	29.43	74.71	3096	—	41.82	32.55	197	—	2.66	3.15
2006	1064	-51.17	13.56	36.48	6719	117.02	85.61	70.64	65	-67.01	0.83	1.04
2007	1170	9.96	5.54	40.11	7648	13.83	36.23	80.41	7770	11853.85	36.81	124.17
2008	0	-100.00	0.00	0.00	6066	-20.69	48.66	63.78	6145	-20.91	49.29	98.20
2009	2359	—	21.39	80.88	8018	32.18	72.70	84.30	160	-97.40	1.45	2.56
2010	4380	85.67	15.62	150.16	22559	181.35	80.47	237.19	147	-8.13	0.52	2.35
2011	1274	-70.91	5.98	43.68	10574	-53.13	49.61	111.18	8631	5771.43	40.49	137.93
2012	1320	3.61	12.84	45.26	6307	-40.35	61.34	66.31	2268	-73.72	22.06	36.24
2013	120	-90.91	6.91	4.11	195	-96.91	11.23	2.05	800	-64.73	46.08	12.78
2014	1773	1377.50	5.22	60.79	13978	7068.21	41.17	146.97	3656	357.00	10.77	58.42
2015	10097	469.49	19.02	346.17	16501	18.05	31.08	173.49	15933	335.80	30.01	254.62
2016	11559	14.48	20.96	396.29	26782	62.31	48.57	281.59	7005	-56.03	12.70	111.94
2017	3689	-68.09	7.12	126.47	23537	-12.12	45.41	247.47	10843	54.79	20.92	173.28
2018	10928	196.23	15.62	374.66	20316	-13.68	29.04	213.61	23583	117.50	33.71	376.87
2019	21869	100.12	22.43	749.76	35215	73.34	36.12	370.26	7460	-68.37	7.65	119.22
2020	2887	-86.80	9.15	98.98	16032	-54.47	50.82	168.56	9102	22.01	28.85	145.46
合计	76668	—	14.91	—	223543	—	43.47	—	103765	—	20.18	—
2011—2015 年均值	2916.80	—	—	100.00	9511	—	—	100.00	6257.60	—	—	100.00

续表

年份	制造业							
	低技术				小计			
	就业人数	同比增长（%）	占比（%）	指数	就业人数	同比增长（%）	占比（%）	指数
2005	1931	—	26.08	35.82	7403	—	100.00	30.75
2006	0	−100.00	0.00	0.00	7848	6.01	100.00	32.60
2007	4523	—	21.42	83.90	21111	169.00	100.00	87.68
2008	256	−94.34	2.05	4.75	12467	−40.95	100.00	51.78
2009	492	92.19	4.46	9.13	11029	−11.53	100.00	45.81
2010	948	92.68	3.38	17.59	28034	154.18	100.00	116.44
2011	837	−11.71	3.93	15.53	21316	−23.96	100.00	88.54
2012	387	−53.76	3.76	7.18	10282	−51.76	100.00	42.71
2013	621	60.47	35.77	11.52	1736	−83.12	100.00	7.21
2014	14549	2242.83	42.85	269.89	33956	1855.99	100.00	141.04
2015	10560	−27.42	19.89	195.89	53091	56.35	100.00	220.51
2016	9792	−7.27	17.76	181.64	55138	3.86	100.00	229.01
2017	13758	40.50	26.55	255.21	51827	−6.00	100.00	215.26
2018	15129	9.97	21.63	280.64	69956	34.98	100.00	290.56
2019	32956	117.83	33.80	611.34	97500	39.37	100.00	404.96
2020	3526	−89.30	11.18	65.41	31547	−67.64	100.00	131.03
合计	110265	—	21.44	—	514241	—	100.00	—
2011—2015 年均值	5390.80	—	—	100.00	24076.20	—	—	100.00

年份	非制造业											
	服务业				采矿业				电力、热力、燃气及水生产和供应业			
	就业人数	同比增长（%）	占比（%）	指数	就业人数	同比增长（%）	占比（%）	指数	就业人数	同比增长（%）	占比（%）	指数
2005	1807	—	42.66	33.50	0	—	0.00	0.00	0	—	0.00	0.00
2006	3334	84.50	47.56	61.80	398	—	5.68	3158.73	0	—	0.00	0.00

年份	非制造业											
	服务业				采矿业				电力、热力、燃气及水生产和供应业			
	就业人数	同比增长（%）	占比（%）	指数	就业人数	同比增长（%）	占比（%）	指数	就业人数	同比增长（%）	占比（%）	指数
2007	2342	−29.75	58.16	43.42	1329	233.92	33.00	10547.62	0	—	0.00	0.00
2008	4291	83.22	49.62	79.55	3000	125.73	34.69	23809.52	216	—	2.50	65.06
2009	3266	−23.89	80.52	60.54	572	−80.93	14.10	4539.68	24	−88.89	0.59	7.23
2010	12441	280.92	98.88	230.63	0	−100.00	0.00	0.00	13	−45.83	0.10	3.92
2011	7877	−36.69	93.16	146.02	0	—	0.00	0.00	338	2500.00	4.00	101.81
2012	1354	−82.81	33.30	25.10	0	—	0.00	0.00	0	−100.00	0.00	0.00
2013	2527	86.63	98.17	46.84	0	—	0.00	0.00	17	—	0.66	5.12
2014	6663	163.67	33.67	123.52	0	—	0.00	0.00	273	1505.88	1.38	82.23
2015	8551	28.34	39.86	158.52	63	—	0.29	500.00	1032	278.02	4.81	310.84
2016	21712	153.91	38.29	402.49	114	80.95	0.20	904.76	976	−5.43	1.72	293.98
2017	14664	−32.46	72.64	271.84	0	−100.00	0.00	0.00	739	−24.28	3.66	222.59
2018	32206	119.63	62.98	597.03	2213	—	4.33	17563.49	906	22.60	1.77	272.89
2019	21616	−32.88	64.22	400.71	3000	35.56	8.91	23809.52	446	−50.77	1.33	134.34
2020	13658	−36.82	97.71	253.19	0	−100.00	0.00	0.00	193	−56.73	1.38	58.13
合计	158309	—	58.08	—	10689	—	3.92	—	5173	—	1.90	—
2011—2015年均值	5394.40	—	—	100.00	12.60	—	—	100.00	332	—	—	100.00

年份	非制造业								总计			
	建筑业				小计							
	就业人数	同比增长（%）	占比（%）	指数	就业人数	同比增长（%）	占比（%）	指数	就业人数	同比增长（%）	占比（%）	指数
2005	2429	—	57.34	43.94	4236	—	100.00	37.60	11639	—	100.00	32.93
2006	3278	34.95	46.76	59.30	7010	65.49	100.00	62.22	14858	27.66	100.00	42.04
2007	356	−89.14	8.84	6.44	4027	−42.55	100.00	35.74	25138	69.19	100.00	71.13
2008	1141	220.51	13.19	20.64	8648	114.75	100.00	76.76	21115	−16.00	100.00	59.74

续表

年份	非制造业								总计			
	建筑业				小计							
	就业人数	同比增长（%）	占比（%）	指数	就业人数	同比增长（%）	占比（%）	指数	就业人数	同比增长（%）	占比（%）	指数
2009	194	-83.00	4.78	3.51	4056	-53.10	100.00	36.00	15085	-28.56	100.00	42.68
2010	128	-34.02	1.02	2.32	12582	210.21	100.00	111.68	40616	169.25	100.00	114.92
2011	240	87.50	2.84	4.34	8455	-32.80	100.00	75.04	29771	-26.70	100.00	84.23
2012	2712	1030.00	66.70	49.06	4066	-51.91	100.00	36.09	14348	-51.81	100.00	40.60
2013	30	-98.89	1.17	0.54	2574	-36.69	100.00	22.85	4310	-69.96	100.00	12.19
2014	12851	42736.67	64.95	232.49	19787	668.73	100.00	175.63	53743	1146.94	100.00	152.06
2015	11805	-8.14	55.03	213.56	21451	8.41	100.00	190.39	74542	38.70	100.00	210.91
2016	33900	187.17	59.79	613.29	56702	164.33	100.00	503.28	111840	50.04	100.00	316.44
2017	4784	-85.89	23.70	86.55	20187	-64.40	100.00	179.18	72014	-35.61	100.00	203.76
2018	15809	230.46	30.92	286.00	51134	153.30	100.00	453.85	121090	68.15	100.00	342.62
2019	8598	-45.61	25.54	155.55	33660	-34.17	100.00	298.76	131160	8.32	100.00	371.11
2020	127	-98.52	0.91	2.30	13978	-58.47	100.00	124.07	45525	-65.29	100.00	128.81
合计	98382	—	36.10	—	272553	—	100.00	—	786794	—	100.00	—
2011—2015年均值	5527.60	—	—	100.00	11266.60	—	—	100.00	35342.80	—	—	100.00

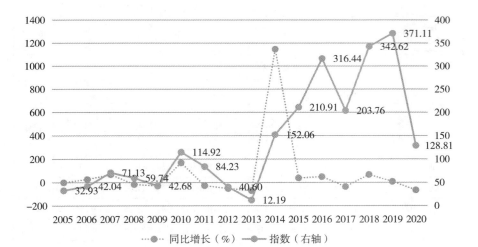

图 4-5-1　2005—2020 年中国民营企业绿地投资创造就业指数变化图

二、民营企业对外绿地投资新增及扩大就业态势

根据 2005—2020 年中国民营企业绿地 OFDI 新增就业数量表，整体而言，绿地对外直接投资项目创造新增就业量从 2005 年的 11465 人增长到 2020 年的 37032 人，并在 2019 年达到峰值 114307 人。就 2020 年而言，绿地对外直接投资项目创造新增就业量为 37032 人，同比下降 67.6%。从行业类别视角分析，在 2005 年至 2020 年间，我国民营企业绿地 OFDI 新增就业主要集中在制造业，累计海外直接投资项目新增就业人数为 460258 人，占比 64.97%，其次是非制造业，累计海外直接投资项目新增就业人数为 248148 人，占比 35.03%。具体而言，流向制造业的民营企业海外直接投资新增就业人数主要集中在中高技术，2005 年至 2020 年的平均占比为 41.12%，流向非制造业的民营企业海外直接投资新增就业人数主要集中在服务业，2005 年至 2020 年的平均占比为 53.97%。

根据 2005—2020 年中国民营企业绿地 OFDI 扩大就业数量表，整体而言，绿地对外直接投资项目创造扩大就业量从 2005 年的 174 人增长到 2020 年的 8493 人，并在 2019 年达到最大规模 19853 人。就 2020 年而言，绿地对外直接投资项目创造扩大就业量为 8493 人，同比下降 57.22%。从行业类别视角分析，在 2005 年至 2020 年间，我国民营企业绿地 OFDI 扩大就业主要集中在制造业，累计海外直接投资项目扩大就业人数为 53983 人，占比 57.91%，其次是非制造业，累计海外直接投资项目扩大就业人数为 39233 人，占比 42.09%。具体而言，流向制造业的民营企业海外直接投资扩大就业人数主要集中在中高技术，2005 年至 2020 年的平均占比为 63.51%，但流向制造业的中高技术的 OFDI 扩大创造就业人数在 2020 年出现最显著的缩减，从 2019 年的 8645 人缩减到 2232 人。

表 4-5-2　2005—2020 年中国民营企业绿地 OFDI 新增就业数量表

（单位：人）

年份	制造业											
	高技术				中高技术				中低技术			
	就业人数	同比增长（%）	占比（%）	指数	就业人数	同比增长（%）	占比（%）	指数	就业人数	同比增长（%）	占比（%）	指数
2005	2005	—	27.74	73.91	3096	—	42.83	37.33	197	—	2.73	3.31
2006	794	-60.40	10.48	29.27	6719	117.02	88.66	81.02	65	-67.01	0.86	1.09
2007	1170	47.36	5.61	43.13	7400	10.14	35.47	89.23	7770	11853.85	37.24	130.39
2008	0	-100.00	0.00	0.00	5584	-24.54	46.59	67.33	6145	-20.91	51.27	103.12
2009	2359	—	21.39	86.96	8018	43.59	72.70	96.68	160	-97.40	1.45	2.69
2010	4180	77.19	18.62	154.10	17178	114.24	76.51	207.13	147	-8.13	0.65	2.47
2011	1274	-69.52	6.71	46.97	8425	-50.95	44.41	101.59	8437	5639.46	44.47	141.58
2012	1320	3.61	14.55	48.66	6172	-26.74	68.03	74.42	1193	-85.86	13.15	20.02
2013	20	-98.48	1.22	0.74	195	-96.84	11.92	2.35	800	-32.94	48.90	13.43
2014	852	4160.00	2.91	31.41	11747	5924.10	40.17	141.65	3474	334.25	11.88	58.30
2015	10097	1085.09	19.62	372.23	14927	27.07	29.00	179.99	15891	357.43	30.87	266.67
2016	8547	-15.35	17.53	315.09	23782	59.32	48.78	286.77	6674	-58.00	13.69	112.00
2017	3547	-58.50	7.69	130.76	18315	-22.99	39.69	220.84	10525	57.70	22.81	176.62
2018	9327	162.95	14.58	343.84	17329	-5.38	27.09	208.95	22570	114.44	35.28	378.75
2019	18068	93.72	21.41	666.08	26570	53.33	31.49	320.38	7450	-66.99	8.83	125.02
2020	2507	-86.12	9.84	92.42	13800	-48.06	54.18	166.40	5671	-23.88	22.27	95.17
合计	66067	—	14.35	—	189257	—	41.12	—	97169	—	21.11	—
2011—2015 年均值	2712.60	—	—	100.00	8293.20	—	—	100.00	5959	—	—	100.00

年份	制造业							
	低技术				小计			
	就业人数	同比增长（%）	占比（%）	指数	就业人数	同比增长（%）	占比（%）	指数
2005	1931	—	26.71	37.75	7229	—	100.00	32.74
2006	0	-100.00	0.00	0.00	7578	4.83	100.00	34.32
2007	4523	—	21.68	88.42	20863	175.31	100.00	94.49

续表

年份	制造业							
	低技术				小计			
	就业人数	同比增长（%）	占比（%）	指数	就业人数	同比增长（%）	占比（%）	指数
2008	256	-94.34	2.14	5.00	11985	-42.55	100.00	54.28
2009	492	92.19	4.46	9.62	11029	-7.98	100.00	49.95
2010	948	92.68	4.22	18.53	22453	103.58	100.00	101.69
2011	837	-11.71	4.41	16.36	18973	-15.50	100.00	85.93
2012	387	-53.76	4.27	7.57	9072	-52.18	100.00	41.09
2013	621	60.47	37.96	12.14	1636	-81.97	100.00	7.41
2014	13172	2021.10	45.04	257.50	29245	1687.59	100.00	132.45
2015	10560	-19.83	20.51	206.44	51475	76.01	100.00	233.13
2016	9749	-7.68	20.00	190.58	48752	-5.29	100.00	220.80
2017	13758	41.12	29.81	268.95	46145	-5.35	100.00	208.99
2018	14743	7.16	23.05	288.21	63969	38.63	100.00	289.71
2019	32297	119.07	38.27	631.37	84385	31.92	100.00	382.17
2020	3491	-89.19	13.71	68.24	25469	-69.82	100.00	115.35
合计	107765	—	23.41	—	460258	—	100.00	—
2011—2015年均值	5115.40	—	—	100.00	22080.20	—	—	100.00

年份	非制造业											
	服务业				采矿业				电力、热力、燃气及水生产和供应业			
	就业人数	同比增长（%）	占比（%）	指数	就业人数	同比增长（%）	占比（%）	指数	就业人数	同比增长（%）	占比（%）	指数
2005	1807	—	42.66	36.86	0	—	0.00	0.00	0	—	0.00	0.00
2006	1507	-16.60	29.08	30.74	398	—	7.68	3158.73	0	—	0.00	0.00
2007	2122	40.81	55.74	43.29	1329	233.92	34.91	10547.62	0	—	0.00	0.00
2008	4235	99.58	49.35	86.39	3000	125.73	34.96	23809.52	206	—	2.40	62.05
2009	2805	-33.77	78.03	57.22	572	-80.93	15.91	4539.68	24	-88.35	0.67	7.23

续表

年份	非制造业											
	服务业				采矿业				电力、热力、燃气及水生产和供应业			
	就业人数	同比增长(%)	占比(%)	指数	就业人数	同比增长(%)	占比(%)	指数	就业人数	同比增长(%)	占比(%)	指数
2010	6638	136.65	97.92	135.41	0	−100.00	0.00	0.00	13	−45.83	0.19	3.92
2011	7325	10.35	92.69	149.42	0	—	0.00	0.00	338	2500.00	4.28	101.81
2012	1354	−81.52	33.30	27.62	0	—	0.00	0.00	0	−100.00	0.00	0.00
2013	2263	67.13	97.97	46.16	0	—	0.00	0.00	17	—	0.74	5.12
2014	5693	151.57	30.25	116.13	0	—	0.00	0.00	273	1505.88	1.45	82.23
2015	7876	38.35	37.91	160.66	63	—	0.30	500.00	1032	278.02	4.97	310.84
2016	18608	136.26	34.72	379.58	114	80.95	0.21	904.76	976	−5.43	1.82	293.98
2017	13182	−29.16	70.49	268.90	0	−100.00	0.00	0.00	734	−24.80	3.93	221.08
2018	29383	122.90	60.82	599.38	2213	—	4.58	17563.49	906	23.43	1.88	272.89
2019	17878	−39.16	59.75	364.69	3000	35.56	10.03	23809.52	446	−50.77	1.49	134.34
2020	11243	−37.11	97.23	229.35	0	−100.00	0.00	0.00	193	−56.73	1.67	58.13
合计	133919	—	53.97	—	10689	—	4.31	—	5158	—	2.08	—
2011—2015年均值	4902.20	—	—	100.00	12.60	—	—	100.00	332	—	—	100.00

年份	非制造业								总计			
	建筑业				小计							
	就业人数	同比增长(%)	占比(%)	指数	就业人数	同比增长(%)	占比(%)	指数	就业人数	同比增长(%)	占比(%)	指数
2005	2429	—	57.34	43.94	4236	—	100.00	39.32	11465	—	100.00	34.90
2006	3278	34.95	63.25	59.30	5183	22.36	100.00	48.10	12761	11.30	100.00	38.84
2007	356	−89.14	9.35	6.44	3807	−26.55	100.00	35.33	24670	93.32	100.00	75.09
2008	1141	220.51	13.30	20.64	8582	125.43	100.00	79.65	20567	−16.63	100.00	62.60

年份	非制造业								总计			
	建筑业				小计							
	就业人数	同比增长(%)	占比(%)	指数	就业人数	同比增长(%)	占比(%)	指数	就业人数	同比增长(%)	占比(%)	指数
2009	194	-83.00	5.40	3.51	3595	-58.11	100.00	33.37	14624	-28.90	100.00	44.51
2010	128	-34.02	1.89	2.32	6779	88.57	100.00	62.92	29232	99.89	100.00	88.97
2011	240	87.50	3.04	4.34	7903	16.58	100.00	73.35	26876	-8.06	100.00	81.80
2012	2712	1030.00	66.70	49.06	4066	-48.55	100.00	37.74	13138	-51.12	100.00	39.99
2013	30	-98.89	1.30	0.54	2310	-43.19	100.00	21.44	3946	-69.96	100.00	12.01
2014	12851	42736.67	68.29	232.49	18817	714.59	100.00	174.65	48062	1117.99	100.00	146.29
2015	11805	-8.14	56.82	213.56	20776	10.41	100.00	192.83	72251	50.33	100.00	219.91
2016	33900	187.17	63.25	613.29	53598	157.98	100.00	497.46	102350	41.66	100.00	311.52
2017	4784	-85.89	25.58	86.55	18700	-65.11	100.00	173.56	64845	-36.64	100.00	197.37
2018	15809	230.46	32.72	286.00	48311	158.35	100.00	448.39	112280	73.15	100.00	341.75
2019	8598	-45.61	28.73	155.55	29922	-38.06	100.00	277.71	114307	1.81	100.00	347.92
2020	127	-98.52	1.10	2.30	11563	-61.36	100.00	107.32	37032	-67.60	100.00	112.71
合计	98382	—	39.65	—	248148	—	100.00	—	708406	—	100.00	—
2011—2015年均值	5527.60	—	—	100.00	10774.40	—	—	100.00	32854.60	—	—	100.00

表 4-5-3　2005—2020 年中国民营企业绿地 OFDI 扩大就业数量表

（单位：人）

年份	制造业											
	高技术				中高技术				中低技术			
	就业人数	同比增长(%)	占比(%)	指数	就业人数	同比增长(%)	占比(%)	指数	就业人数	同比增长(%)	占比(%)	指数
2005	174	—	100.00	85.21	0	—	0.00	0.00	0	—	0.00	0.00
2006	270	55.17	100.00	132.22	0	—	0.00	0.00	0	—	0.00	0.00
2007	0	-100.00	0.00	0.00	248	—	100.00	20.36	0	—	0.00	0.00
2008	0	—	0.00	0.00	482	94.35	100.00	39.58	0	—	0.00	0.00

续表

年份	制造业											
	高技术				中高技术				中低技术			
	就业人数	同比增长（%）	占比（%）	指数	就业人数	同比增长（%）	占比（%）	指数	就业人数	同比增长（%）	占比（%）	指数
2009	0	—	—	0.00	0	-100.00	—	0.00	0	—	—	0.00
2010	200	—	3.58	97.94	5381	—	96.42	441.86	0	—	0.00	0.00
2011	0	-100.00	0.00	0.00	2149	-60.06	91.72	176.47	194	—	8.28	64.97
2012	0	—	0.00	0.00	135	-93.72	11.16	11.09	1075	454.12	88.84	360.01
2013	100	—	100.00	48.97	0	-100.00	0.00	0.00	0	-100.00	0.00	0.00
2014	921	821.00	19.55	451.03	2231	—	47.36	183.20	182	—	3.86	60.95
2015	0	-100.00	0.00	0.00	1574	-29.45	97.40	129.25	42	-76.92	2.60	14.07
2016	3012	—	47.17	1475.02	3000	90.60	46.98	246.35	331	688.10	5.18	110.85
2017	142	-95.29	2.50	69.54	5222	74.07	91.90	428.81	318	-3.93	5.60	106.50
2018	1601	1027.46	26.74	784.04	2987	-42.80	49.89	245.28	1013	218.55	16.92	339.25
2019	3801	137.41	28.98	1861.41	8645	189.42	65.92	709.89	10	-99.01	0.08	3.35
2020	380	-90.00	6.25	186.09	2232	-74.18	36.72	183.28	3431	34210.00	56.45	1149.03
合计	10601	—	19.64	—	34286	—	63.51	—	6596	—	12.22	—
2011—2015年均值	204.20	—	—	100.00	1217.80	—	—	100.00	298.60	—	—	100.00

年份	制造业							
	低技术				小计			
	就业人数	同比增长（%）	占比（%）	指数	就业人数	同比增长（%）	占比（%）	指数
2005	0	—	0.00	0.00	174	—	100.00	8.72
2006	0	—	0.00	0.00	270	55.17	100.00	13.53
2007	0	—	0.00	0.00	248	-8.15	100.00	12.42
2008	0	—	0.00	0.00	482	94.35	100.00	24.15
2009	0	—	—	0.00	0	-100.00	—	0.00
2010	0	—	0.00	0.00	5581	—	100.00	279.61
2011	0	—	0.00	0.00	2343	-58.02	100.00	117.38
2012	0	—	0.00	0.00	1210	-48.36	100.00	60.62

续表

年份	制造业							
	低技术				小计			
	就业人数	同比增长（%）	占比（%）	指数	就业人数	同比增长（%）	占比（%）	指数
2013	0	—	0.00	0.00	100	-91.74	100.00	5.01
2014	1377	—	29.23	500.00	4711	4611.00	100.00	236.02
2015	0	-100.00	0.00	0.00	1616	-65.70	100.00	80.96
2016	43	—	0.67	15.61	6386	295.17	100.00	319.94
2017	0	-100.00	0.00	0.00	5682	-11.02	100.00	284.67
2018	386	—	6.45	140.16	5987	5.37	100.00	299.95
2019	659	70.73	5.02	239.29	13115	119.06	100.00	657.06
2020	35	-94.69	0.58	12.71	6078	-53.66	100.00	304.51
合计	2500	—	4.63	—	53983	—	100.00	—
2011—2015年均值	275.40		—	100.00	1996		—	100.00

年份	非制造业											
	服务业				采矿业				电力、热力、燃气及水生产和供应业			
	就业人数	同比增长（%）	占比（%）	指数	就业人数	同比增长（%）	占比（%）	指数	就业人数	同比增长（%）	占比（%）	指数
2005	0	—	—	0.00	0	—	0.00	—	0	—	0.00	0.00
2006	1827	—	100.00	371.19	355	—	5.06	—	398	—	5.68	3158.73
2007	220	-87.96	100.00	44.70	0	-100.00	0.00	—	1329	233.92	33.00	10547.62
2008	56	-74.55	84.85	11.38	3000	—	34.69	—	3000	125.73	34.69	23809.52
2009	461	723.21	100.00	93.66	572	-80.93	14.10	—	572	-80.93	14.10	4539.68
2010	5803	1158.79	100.00	1178.99	0	-100.00	0.00	—	0	-100.00	0.00	0.00
2011	552	-90.49	100.00	112.15	—		0.00	—	0	—	0.00	0.00
2012	0	-100.00	—	0.00	—		0.00	—	0	—	0.00	0.00
2013	264	—	100.00	53.64	0	—	0.00	—	0	—	0.00	0.00

续表

年份	非制造业											
	服务业				采矿业				电力、热力、燃气及水生产和供应业			
	就业人数	同比增长（%）	占比（%）	指数	就业人数	同比增长（%）	占比（%）	指数	就业人数	同比增长（%）	占比（%）	指数
2014	970	267.42	100.00	197.07	0	—	0.00	—	0	—	0.00	0.00
2015	675	-30.41	100.00	137.14	0	—	0.00	—	63	—	0.29	500.00
2016	3104	359.85	100.00	630.64	0	—	0.00	—	114	80.95	0.20	904.76
2017	1482	-52.26	99.66	301.10	0	—	0.00	—	0	-100.00	0.00	0.00
2018	2823	90.49	100.00	573.55	0	—	0.00	—	2213	—	4.33	17563.49
2019	3738	32.41	100.00	759.45	0	—	0.00	—	3000	35.56	8.91	23809.52
2020	2415	-35.39	100.00	490.65	0	—	0.00	—	0	-100.00	0.00	0.00
合计	24390	—	99.94	—	3927	—	1.44	—	10689	—	3.92	—
2011—2015年均值	492.20	—	—	100.00	0	—	—	100.00	12.60	—	—	100.00

年份	非制造业								总计			
	建筑业				小计							
	就业人数	同比增长（%）	占比（%）	指数	就业人数	同比增长（%）	占比（%）	指数	就业人数	同比增长（%）	占比（%）	指数
2005	0	—	0.00	—	0	—	0.00	0.00	174	—	100.00	6.99
2006	0	—	0.00	—	2580	—	0.00	0.00	2850	1537.93	100.00	84.28
2007	0	—	0.00	—	1549	—	0.00	0.00	1797	-36.95	100.00	18.8
2008	0	—	0.00	—	6056	—	2.50	65.06	6538	263.83	100.00	122.02
2009	0	—	0.00	—	1605	-88.89	0.59	7.23	1605	-75.45	100.00	18.53
2010	0	—	0.00	—	5803	-45.83	0.10	3.92	11384	609.28	100.00	457.52
2011	0	—	0.00	—	552	2500.00	4.00	101.81	2895	-74.57	100.00	116.35
2012	0	—	0.00	—	0	-100.00	0.00	0.00	1210	-58.20	100.00	48.63

续表

年份	非制造业								总计			
	建筑业				小计							
	就业人数	同比增长（%）	占比（%）	指数	就业人数	同比增长（%）	占比（%）	指数	就业人数	同比增长（%）	占比（%）	指数
2013	0	—	0.00	—	264	—	0.66	5.12	364	-69.92	100.00	14.63
2014	0	—	0.00	—	970	1505.88	1.38	82.23	5681	1460.71	100.00	228.32
2015	0	—	0.00	—	738	278.02	4.81	310.84	2354	-58.56	100.00	92.07
2016	227	—	0.40	—	3445	-5.43	1.72	293.98	9831	317.63	100.00	38.14
2017	0	-100.00	0.00	—	1482	-24.28	3.66	222.59	7164	-27.13	100.00	288.12
2018	0	—	0.00	—	5036	22.60	1.77	272.89	11023	53.87	100.00	354.07
2019	0	—	0.00	—	6738	-50.77	1.33	134.34	19853	80.11	100.00	677.32
2020	0	—	0.00	—	2415	-56.73	1.38	58.13	8493	-57.22	100.00	341.33
合计	227	—	0.08	—	39233	—	1.90	—	93216	—	100.00	—
2011—2015 年均值	0.00	—	—	100.00	504.8	—	—	100.00	2500.80	—	—	100.00

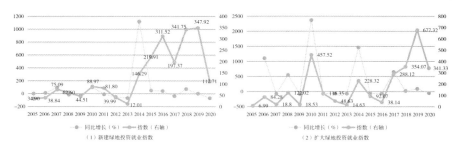

图 4-5-2　2005—2020 年中国民营企业绿地新增、扩大投资就业指数变化图

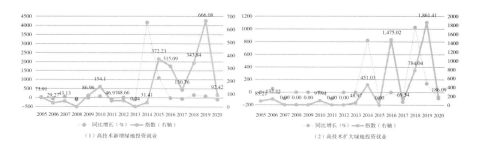

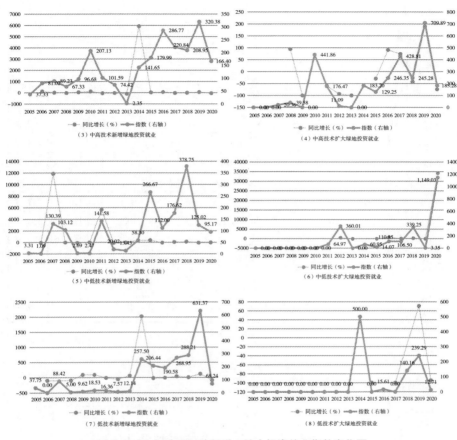

图 4-5-3　制造业绿地新增、扩大投资就业指数变化图

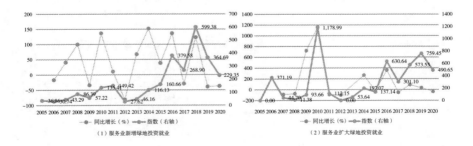

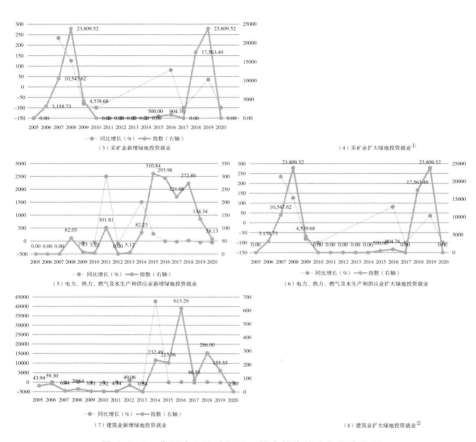

图 4-5-4　非制造业绿地新增、扩大投资就业指数变化图

本章小结

一、2020 年民企对外绿地投资项目数量和金额出现不同程度下降

2020 年民营企业对外绿地直接投资项目数量下降 45.18% 至 250 件，

① 注：由于缺失相关采矿业扩大绿地投资就业人数数据，故此处未绘制相应变化图。
② 注：由于缺失相关建筑业扩大绿地投资就业人数数据，故此处未绘制相应变化图。

项目金额下降 26.34% 至 310.68 亿美元。综合来看，我国民企绿地对外直接投资项目数量在 2018 年达到峰值后呈现下降颓势，项目金额自 2016 年达到峰值水平后也突然回落，整体呈现出投资更加理性的表现。

二、环渤海地区民企对外投资项目数量较多，长三角地区民企对外投资项目规模较大

2005 年至 2020 年间我国民营企业对外绿地直接投资项目数量主要来自长三角地区，占比达到 31.36%，项目金额主要来自环渤海地区，占比达到 36.67%。来自长三角地区的其他地区在 16 年间的增长最为迅猛，复合年均增长率达到 42.24%。

三、民企对发展中国家的对外绿地投资呈现规模大、集中于亚洲地区的特点

2005 年至 2020 年间我国民营企业对外绿地直接投资项目数量主要投向发达国家，累计投资 2207 件，占比 61.31%，项目金额主要投向发展中国家，累计投资 1829.73 亿美元，占比 61.32%。其中流向发展中国家的民企绿地投资主要集中于亚洲地区，占比达到 61.38%。

四、民企对外绿地投资主要集中于非制造业，但在逐渐向制造业转移

2005 年至 2020 年间我国民营企业对外绿地直接投资活动主要集中在非制造业，累计海外直接投资项目数量为 2684 件，占比 74.56%，累计项目金额为 1512.67 亿美元，占比 50.7%。2016 年以来，民企海外绿地投资对非制造业的投资金额整体呈现下降趋势，但对制造业的投资却逐年攀升。

五、民企对外绿地投资创造总就业量、新增就业量和扩大就业量整体均呈上升态势

我国民营企业对外绿地直接投资创造总就业量、新增就业量和扩大就

业量在 2005 年至 2020 年间均整体呈现增长趋势，其中创造的总就业量、新增就业量和扩大就业量均主要集中于制造业，分别占比 65.36%、64.97% 和 57.91%。

第二部分

基于所有制分类对比、宏观指标协动性分析和趋势预测篇

第五章 中国企业对外直接投资的对比分析

——基于所有制分类视角

中国不同所有制企业在进行对外直接投资决策过程中会存在一定差异，具体表现在投资行业、投资模式、投资周期、投资金额以及投资标的国（地区）的选择上。为深入探究企业所有制在企业对外直接投资过程中发挥的重要作用，本书使用 NK-GERC 数据库，以不同所有制企业在 2005 年至 2020 年对外直接投资的总体数量和金额状况、不同投资模式的数量和金额状况、不同来源地的数量和金额状况、不同投资标的国（地区）的数量和金额状况、不同投资行业的数量和金额状况为研究对象，分析得出民营、国有、港澳台资和外资四类所有制企业对外直接投资的共性与差异。在对不同所有制企业对制造业的海外直接投资的研究中，按照制造业的技术水平，进一步探讨不同所有制企业对不同技术水平制造业的海外直接投资特征。除此之外，按照不同所有制企业对"一带一路"沿线国家海外投资的总体数量和金额状况、不同投资模式的数量和金额状况，对不同所有制中国企业对"一带一路"沿线国家海外投资的现状及发展历程进行研究，从而间接证明了"一带一路"倡议在促进不同所有制中国企业加快"走出去"步伐，不断提高企业竞争力和国际市场份额的重要作用①。

---

① 本节的研究对象为 2005—2020 年具有对外直接投资的中国企业，企业名单及相关海外直接投资数据通过对 BvD-Zephyr 并购数据库和 fDi Markets 绿地投资数据库的原始数据进行整理统计得到。按照企业所有制，将中国企业划分为民营、国有、港澳台资和外资四类所有制企业，不同企业所有制划分的具体标准参照本书序章第一节。

第一节　不同所有制企业对外直接投资概况

本部分对四种所有制企业对外直接投资数量和金额方面的特征及差异进行整体分析。

一、不同所有制企业对外直接投资在全国的占比

为对比分析不同所有制企业参与对外直接投资的程度及发展趋势，本书测度了四种所有制企业对外直接投资的项目数量及其金额在全部企业的占比及其变化趋势，具体如图 5-1-1 所示。

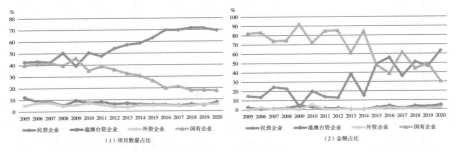

图 5-1-1　2005—2020 年中国不同所有制企业对外直接投资项目数量和金额占比图

从图 5-1-1 中可以看出，港澳台资企业和外资企业对外直接投资的项目数量占比和金额占比在 2005—2020 年期间一直保持在较低水平，且未表现出明显的变化趋势。与之相比，国有企业和民营企业对外直接投资的数量占比和金额占比呈现出显著的发展趋势，且项目数量占比和金额占比较大。在项目数量占比方面，2005 年至 2009 年期间，国有企业和民营企业相差不大，均保持在 40% 左右；而在 2009 年后，随着民营企业 OFDI 项目数量占比稳步上升，国有企业 OFDI 项目数量占比则呈现出下降趋势，民营企业与国有企业相比在 OFDI 项目数量占比上开始占据领先优势且不断扩大；2020 年，民营企业 OFDI 项目数量占比升至 68.10%，国有企业 OFDI 项目数量占比下降至 19.41% 左右，两类企业在 OFDI 项目数量上的

差距拉大至 50% 左右。就金额占比而言，2015 年之前，国有企业远远领先于民营企业，2015 年之后，民营企业 OFDI 金额占比表现出明显的上升态势，而国有企业 OFDI 金额占比整体呈下降趋势，民营企业与国有企业在 OFDI 金额占比方面的差距迅速缩小；2018 年之后，民营企业 OFDI 金额占比实现了对国有企业 OFDI 金额占比的反超，此后，民营企业 OFDI 金额占比一直高于国有企业且领先优势不断扩大；到 2020 年，民营企业 OFDI 金额占比为 64.09%，国有企业 OFDI 金额占比为 29.86%，两类企业在 OFDI 金额占比上的差距为 34.23%。

综上，在国家"走出去"的推动以及民营企业竞争力不断提升的背景下，近年来民营企业在 OFDI 项目数量占比和金额占比方面均占据了主导地位，其中民营企业在 OFDI 项目数量占比上的领先优势更加显著。

二、不同所有制企业 OFDI 综合指数

表 5-1-1 2005—2020 年中国不同所有制企业 OFDI 综合指数统计

年份	OFDI 综合指数			
	民营	国有	港澳台资	外资
2005	14.96	24.57	41.57	19.29
2006	18.89	33.77	30.02	79.93
2007	32.16	47.85	47.75	36.66
2008	38.37	56.28	67.94	40.60
2009	32.56	74.12	139.68	45.56
2010	48.31	58.72	100.93	193.89
2011	53.99	83.32	90.96	70.51
2012	50.48	63.90	68.85	51.74
2013	77.90	63.01	58.12	93.96
2014	117.84	176.76	76.32	104.75
2015	199.78	113.01	205.75	179.04
2016	252.42	105.39	372.46	281.13
2017	204.78	126.76	200.07	190.62

续表

年份	OFDI 综合指数			
	民营	国有	港澳台资	外资
2018	214.61	99.41	270.08	233.64
2019	174.53	72.85	157.10	176.04
2020	148.93	48.73	205.48	187.07

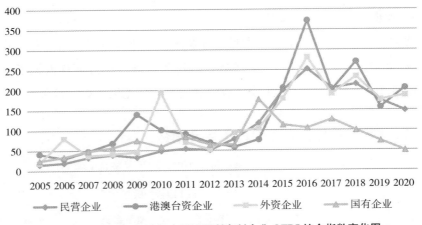

图 5-1-2　2005—2020 年中国不同所有制企业 OFDI 综合指数变化图

　　基于中国民营企业 OFDI 综合指数的计算方法，本书还分别测算了国有企业、港澳台资、外资企业在 2005 年至 2020 年的 OFDI 综合指数①，如表 5-1-1 和图 5-1-2 所示。不同所有制企业的 OFDI 综合指数的测算结果能够准确地反映出不同所有制企业在 2005 年至 2020 年期间对外直接投资的发展历程及现状。在 2005 年至 2020 年期间，三类非国有企业的发展趋势较为一致，以 2016 年为分界点整体上呈现出先波动式增长后下降回调的发展趋势。除港澳台资企业 OFDI 综合指数在 2009 年达到极大值以及外资企业分别在 2006 年、2010 年取得极大值外，三类非国有企业 OFDI 综合指数均在 2005 年至 2013 年期间缓慢增长，在 2014 年至 2016 年期间迅猛增

————————

　　①　OFDI 综合指数的测算方法参照本书序章第一节。

长，并均在 2016 年达到峰值；其中，港澳台资企业 OFDI 综合指数在 2014
年至 2016 年的增长趋势最为明显，增幅达到 388.02%；2017 年至 2020 年
期间，随着供给侧结构性改革的全面实施以及对外直接投资环境的不确定
性增加，三类非国有企业 OFDI 综合指数均整体呈现出下降调整趋势，但
仍然保持在较高水平。相较于三类非国有企业，国有企业 OFDI 综合指数
在 2005 年至 2020 年期间的波动幅度较小，在 2005 年至 2013 年期间，国
有企业 OFDI 综合指数整体缓慢增长；在"一带一路"倡议带动下，国有
企业 OFDI 综合指数迅速上升并达到峰值；2015 年至 2020 年期间受到国内
产业优化升级以及国际贸易形势的影响，国有企业 OFDI 综合指数整体呈
现快速下降趋势；2020 年，国有企业 OFDI 综合指数与其他三类非国有企
业相比处于较低水平。

三、不同所有制企业对外直接投资项目数量及金额指数

按照中国民营企业 OFDI 项目数量指数和金额指数的计算方法，本部
分对不同所有制企业在 2005 年至 2020 年期间的 OFDI 项目数量指数和金额
指数进行具体测算①，2005—2020 年中国不同所有制企业海外直接投资项
目数量指数和金额指数的变化情况如图 5-1-3 所示。从图中可以看出，不
同所有制企业 OFDI 项目数量指数的发展趋势较为一致且波动幅度较小；
不同所有制企业 OFDI 金额指数的发展趋势存在一定差异且波动幅度较大。

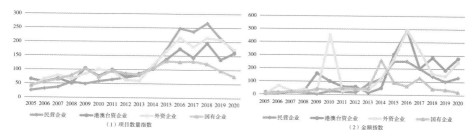

图 5-1-3　2005—2020 年中国不同所有制企业对外直接投资项目数量指数和金额指数变化图

---

① OFDI 项目数量指数和金额指数的测算方法参照本书序章第一节。

　　具体来看，项目数量指数方面，2005 年至 2015 年，四种所有制企业 OFDI 项目数量指数较为接近，且整体呈上升趋势，在 2013 年之后上升速度明显加快。2015 年至 2018 年，三类非国有企业 OFDI 项目数量指数呈现波动式上升，民营企业和港澳台资企业 OFDI 项目数量指数均在 2018 年达到峰值，分别为 267.55 和 206.79。2019 年至 2020 年，受国际贸易形势的影响，尽管外资企业 OFDI 项目数量指数和港澳台资企业 OFDI 项目数量指数分别在 2019 年和 2020 年呈现小幅上升趋势，三类非国有企业 OFDI 项目数量指数整体上均呈下降趋势。与三类非国有企业不同，国有企业 OFDI 项目数量指数在 2015 年至 2018 年期间波动幅度较小，2019 年至 2020 年期间在贸易不确定性增加的背景下呈现明显下降趋势。因此，从中国不同所有制企业 OFDI 项目数量指数的变化趋势可以得知，2019 年至 2020 年中国企业所面临的国际贸易和对外直接投资环境对中国不同所有制企业 OFDI 的发展均产生一定的负向影响。

　　金额指数方面，2005 年至 2013 年期间，不同所有制企业 OFDI 金额指数发展趋势较为一致，整体呈缓慢增长趋势，但外资企业和港澳台资企业 OFDI 金额指数波动幅度较大，其中外资企业 OFDI 金额指数分别在 2006 年和 2010 年达到极大值，港澳台资企业 OFDI 金额指数在 2009 年达到极大值。2013 年之后，三类非国有企业 OFDI 金额指数发展趋势较为接近，在 2014 年至 2016 年呈现高速增长并均在 2016 年达到峰值，其中港澳台资企业和外资企业 OFDI 金额指数分别为 550.52 和 382.47；2017 年至 2020 年，三类非国有企业 OFDI 金额指数整体呈下降趋势，民营企业下降趋势较明显，而外资企业和港澳台资企业 OFDI 金额指数呈现波动式下降。在"一带一路"倡议的带动作用下，国有企业 OFDI 金额指数在 2014 年直线上升且达到峰值为 254.33；但随后在 2015 年至 2020 年，由于产业结构转型升级和国际贸易保护主义有所抬头，国有企业 OFDI 金额指数整体表现出下降趋势。故基于中国不同所有制企业 OFDI 金额指数的变化趋势可知，2016 年至 2020 年中国不同所有制企业 OFDI 发展明显放缓。

第二节　不同所有制企业对外直接
投资的分视角概况

一、从不同投资模式角度分析

本小节从投资项目数量和金额两个维度，通过对比分析 2005 年至 2020 年民营、国有、港澳台资和外资四种不同所有制企业海外并购、绿地投资的发展趋势及现状，以从投资模式角度总结得出不同所有制企业在对外直接投资过程中所表现出的特征。

（一）不同投资模式下四种所有制企业投资项目数量及金额在全国的占比

为了更加准确衡量不同所有制企业在对外直接投资过程中对于并购和绿地两种投资方式的偏好程度，比较不同所有制企业 OFDI 在并购和绿地两种对外直接投资方式的重要性，本部分分别测算不同所有制企业的并购投资和绿地投资在全国企业同类对外直接投资中所占的比例。

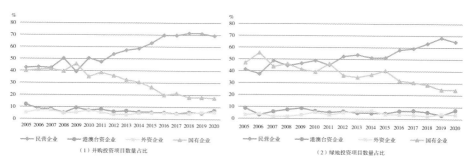

图 5-2-1　2005—2020 年中国不同所有制企业对外并购、绿地投资项目数量占比变化图

通过对比图 5-2-1 和图 5-2-2 显示的不同所有制企业并购投资和绿地投资在项目数量占比、金额占比上的发展趋势与图 5-1-1 表示的不同所有制企业海外直接投资项目数量和金额占比的发展趋势，可以看出不同所有制企业对外直接投资总体特征与在不同投资方式上所表现的具体特征一

致。港澳台资企业和外资企业始终未表现出明显的发展趋势，且两种所有制企业在并购投资和绿地投资上的数量占比和金额占比均较低，国有企业和民营企业在两种对外直接投资方式中均占据主导地位。对于国有企业和民营企业，在并购投资项目数量占比方面，2005 年至 2009 年，国有企业和民营企业均保持在 40%左右；2010 年之后，国有企业和民营企业在并购投资项目数量占比方面出现差异且表现出不断扩大的特征，民营企业并购投资项目数量占比从 2010 年的 50.44%持续上升至 2020 年的 69.39%，国有企业并购投资项目数量占比则由 2010 年的 35.11%逐步下降至 2020 年的 17.48%；到 2020 年，民营企业和国有企业在并购投资项目数量占比上的差距拉大至 51.91%。在并购投资金额占比方面，在 2015 年之前，除 2013 年之外，国有企业相较民营企业在并购投资金额占比上整体保持着 50%左右的领先优势；随着 2015 年民营企业和国有企业在并购投资金额占比上分别直线上升和直线下降，民营企业实现对国有企业的反超；2016 年至 2019 年，民营企业与国有企业在并购投资金额占比方面呈现出此消彼长的发展趋势；2020 年，民营企业再次实现在并购投资金额占比方面对国有企业的反超且形成一定的领先优势，差距达 32.78%，民营企业和国有企业的并购投资金额占比分别为 63.21%和 30.43%。

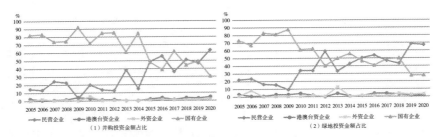

图 5-2-2 2005—2020 年中国不同所有制企业对外并购、绿地投资金额占比变化图

国有企业和民营企业在绿地投资项目数量和金额占比方面的变化与两类企业在并购投资项目数量和金额占比方面的变化基本一致，但波动幅度有所减小。具体来看，在绿地投资项目数量占比方面，2012 年之前，国有企业和民营企业较为接近，波动范围基本保持在 40%至 50%之间；2012 年之后，在民营企业国际竞争力和国际市场份额不断提高的促进作用下，国有企业和民营企业在绿地投资项目数量占比方面的差距不断拉大；2020 年民营企业和国有企业的绿地投资项目数量占比分别为 64.94% 和 24.16%，两类企业在绿地投资项目数量占比上的差距扩大为 40.78%。在绿地投资金额占比方面，在 2010 年之前，国有企业相较民营企业在绿地投资金额占比方面保持巨大领先优势且不断扩大，并在 2009 年达到最大差距为 78.27%；2010 年之后，在国家促进民营企业对外投资政策以及民营企业对外直接投资需求不断扩大的推动下，民营企业与国有企业在绿地投资金额占比方面的差距迅速缩小；2012 年至 2018 年，民营企业和国有企业在绿地投资金额占比上比较接近；2019 年和 2020 年，民营企业在绿地投资金额占比方面与国有企业拉开较大差距；2020 年民营企业和国有企业的绿地投资金额占比分别为 67.19% 和 27.83%，两类企业在绿地投资金额占比上的差距为 39.36%。

综上，民营企业在并购投资和绿地投资方面都表现出积极的发展趋势，相较于其他三类所有制企业，在两类投资方式中均占据主导地位，并未表现出对某类投资方式的偏好，说明民营企业能够很好地综合运用并购和绿地两种投资方式以促进自身 OFDI 发展。

（二）不同投资模式下四种所有制企业对外投资项目数量及金额指数

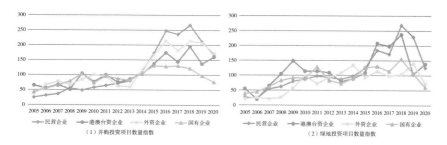

图 5-2-3　2005—2020 年中国不同所有制企业对外并购、绿地投资项目数量指数变化图

2005 年至 2020 年期间不同所有制企业海外并购、绿地投资项目数量指数变化情况如图 5-2-3 所示。在并购投资项目数量指数方面，2005 年至 2013 年，四类所有制企业的变化特征较为一致，四类所有制企业并购投资

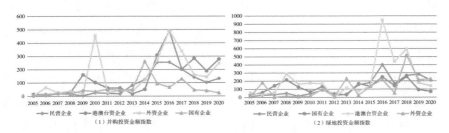

图 5-2-4 2005—2020 年中国不同所有制企业对外并购、绿地投资金额指数变化图

项目数量指数整体呈缓慢增长趋势；2014 年至 2016 年，三类非国有企业并购投资项目数量指数迅速增长；2017 年至 2018 年，三类非国有企业并购投资项目数量指数均呈水平调整；2019 年至 2020 年，三类非国有企业并购投资项目数量指数整体表现为下降趋势，其中民营企业并购投资项目数量指数的下降趋势最明显。国有企业并购投资项目数量指数在 2014 年至 2015 年同样增长，但与其他三类非国有企业相比增长幅度较小；2016 年至 2017 年，国有企业并购投资项目数量指数变化幅度不大；2018 年至 2020 年，国有企业并购投资项目数量指数整体呈下降趋势。在绿地投资项目数量指数方面，在 2016 年之前，四种所有制企业发展趋势较为接近，整体呈缓慢增长趋势；2016 年至 2020 年，民营企业和港澳台资企业绿地投资项目数量占比在 2018 年之前整体呈上升趋势，在 2018 年至 2020 年整体呈下降趋势；2016 年至 2020 年，国有企业和外资企业波动幅度较小，整体呈先波动调整后下降趋势。

图 5-2-4 表明，与投资项目数量指数发展趋势相比，不同所有制企业在并购、绿地投资金额指数方面表现出较大的差异。在并购投资金额指数方面，除港澳台资企业在 2009 年以及外资企业先后在 2006 年和 2010 年达到极大值外，2013 年之前，不同所有制企业的投资金额指数均较小且整体波动幅度不大；2013 年之后，三类非国有企业发展趋势仍较为一致但民营企业波动幅度较小；2013 年至 2016 年三类非国有企业金额指数迅速增加并均在 2016 年达到峰值；2016 年至 2020 年，三类非国有企业金额指数整体呈下降趋势并在 2020 年有所回升。国有企业并购投资金额指数受"一

带一路"倡议推动在 2014 年达到峰值后，在 2014 年至 2020 年整体呈下降趋势。在绿地投资金额指数方面，在 2014 年之前，不同所有制企业金额指数整体波动幅度不大且数值较低；2014 年至 2020 年，虽然三类非国有企业在一定期间内表现出迅猛增长的态势并达到峰值，但随后很快便恢复至 2005 年至 2014 年期间的平均水平；四种所有制企业在 2020 年的绿地投资金额指数与 2005 年至 2014 年期间的平均水平相差不大。

对比中国不同所有制企业在并购和绿地两种不同投资方式下的发展趋势可知，相较于绿地投资，中国不同所有制企业在并购投资方面的发展趋势更为明显，从而反映出并购投资在中国企业对外直接投资中的重要作用。

二、从投资方来源地角度分析

基于 NK-GERC 数据库对企业海外投资来源地的划分①，本小节以企业投资方来源地为切入点，对来自环渤海地区、长三角地区、珠三角地区、中部地区和西部地区的四种不同所有制企业的对外直接投资项目数量和金额的变化进行深入分析。

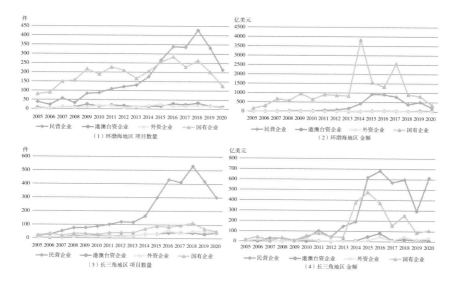

①　企业对外直接投资方来源地的划分详见本书序章第一节。

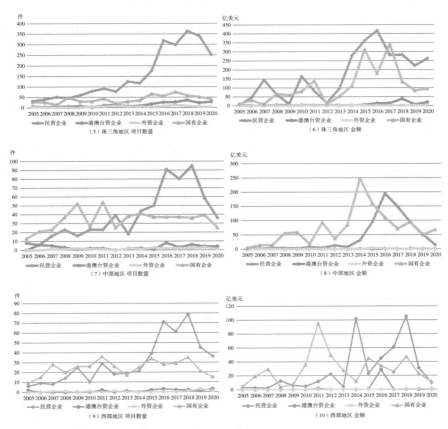

**图 5-2-5 2005—2020 年五大投资方来源地不同所有制企业
对外直接投资项目数量、金额变化图**

从图 5-2-5 可以得出，2005 年至 2020 年不同投资方来源地的港澳台资企业和外资企业的对外直接投资数量和金额均保持在较低水平且波动幅度不大。不同区域的国有企业和民营企业在本区域企业的对外直接投资项目数量和金额中均占有较大比重。从来自不同区域的国有企业和民营企业在 2005 年至 2020 年的发展趋势看，除环渤海地区民营企业对外直接投资金额始终低于国有企业外，民营企业对外直接投资的发展速度与国有企业相比整体较快；2020 年，民营企业对外直接投资在大部分区域已占据领先地位，其中民营企业在对外直接投资项目数量上的领先优势更加明显，从而凸显出民营企业对于推动中国对外直接投资发展的重要作用。

在长三角和珠三角地区，自 2005 年至 2020 年民营企业相较国有企业在对外直接投资项目数量和金额上均整体保持一定优势，其中民营企业在对外直接投资项目数量上的优势更加明显。2005 年至 2013 年，虽然珠三角地区民营企业和国有企业对外直接投资金额波动幅度较大，但长三角和珠三角地区民营企业和国有企业对外直接投资数量和金额整体上呈水平调整状态，未表现出明显的发展趋势。在对外直接投资项目数量上，2014 年至 2018 年，随着民营企业对外直接投资项目数量整体迅速上升而国有企业对外直接投资项目数量未表现出明显的增长趋势，民营企业相较国有企业在对外直接投资项目数量上的领先优势不断扩大；尽管民营企业对外直接投资项目数量在 2019 年和 2020 年与国有企业相比出现较大幅度下降，但民营企业在对外直接投资项目数量上仍保持对国有企业较大的领先地位；从整体上看，在 2005 年至 2020 年期间，长三角和珠三角地区民营企业的对外直接投资项目数量分别为 3232 件和 2468 件，分别是来自同地区国有企业投资项目数量的 3.75 倍和 3.79 倍。在对外直接投资金额上，长三角地区民营企业对外直接投资金额在 2015 年直线上升，使得民营企业相较国有企业在对外直接投资金额上取得一定领先优势，并在此后一直保持领先；珠三角地区民营企业对外直接投资金额在 2014 年至 2016 年的大幅度上升使得民营企业自 2014 年以来在对外直接投资金额上整体保持对国有企业的领先优势；2014 年至 2020 年，长三角和珠三角地区民营企业的对外直接投资金额分别为 356300.4 百万美元和 210671.7 百万美元，分别是同地区国有企业对外直接投资金额的 1.95 倍和 1.68 倍。

环渤海地区受产业结构的影响，自 2005 年以来，企业对外直接投资金额一直以国有企业为主；而在对外直接投资项目数量上，国有企业的主导地位在 2015 年之后被民营企业所取代。在对外直接投资金额方面，尽管环渤海地区民营企业和国有企业之间的差距整体呈缩小态势，但直到 2020 年，环渤海地区国有企业对外直接投资金额始终高于民营企业；2005 年至 2020 年，环渤海地区国有企业和民营企业的对外直接投资金额分别为 1721884 百万美元和 458773.7 百万美元。在对外直接投资项目数量方面，自 2012 年以来，民营企业与国有企业之间的差距迅速缩小，2015 年民营企业在对外直接投资项目数量上完成对国有企业的反超；2015 年至 2020 年，民营企业对外直接投资项目数量相较国有企业一直保持领先；但从整个统计区间看，国有企业仍是对外直接投资项目数量最多的企业类型，国有企业与民营企业在 2005 年至 2020 年的对外直接投资项目数量分别为 3049 件和 2775 件。

中西部地区在 2014 年之前，国有企业在对外直接投资数量和金额两方面较民营企业均整体保持优势地位。2014 年，中部地区民营企业实现对国有企业在对外直接投资项目数量上的反超且民营企业相较国有企业的领先优势在 2016 年迅速拉大，2017 年至 2018 年民营企业相较国有企业仍保持较大优势地位；尽管在 2019 年和 2020 年民营企业相较国有企业的领先优势大幅缩小，但 2020 年民营企业在对外直接投资项目数量上仍保持对国有企业的小幅领先。2014 年至 2017 年，中部地区民营企业与国有企业在对外直接投资金额上的差距不断缩小，其中在 2016 年和 2017 年民营企业在对外直接投资金额上实现对国有企业的反超且保持一定领先优势；2018 年和 2019 年，民营企业和国有企业在对外直接投资金额上非常接近；在 2020 年，国有企业在对外直接投资金额上相较民营企业重新取得领先，但两者的差距不大；总体上看，中部地区国有企业相较民营企业在对外直接投资金额上仍保持主导地位，但 2014 年民营企业在对外直接投资项目数量上实现对国有企业的反超并在此后一直占据优势地位。国有企业和民营企业在 2005 年至 2020 年的对外直接投资项目数量分别为 541 件和 626 件，两类企业在统计区间内的对外直接投资金额分别为 117433.5 百万美元和 67302.39 百万美元。

与中部地区相比，2014 年至 2020 年西部地区民营企业对国有企业在对外直接投资项目数量和金额上的整体反超趋势更加显著。在对外直接投资项目数量方面，国有企业在 2015 年之前整体保持对民营企业的领先但两类企业之间的差距不大；民营企业在 2015 年实现对国有企业的反超，随着民营企业对外直接投资数量在 2016 年直线上升，民营企业相较国有企业的领先优势迅速扩大；在 2017 年和 2018 年，民营企业始终占据对国有企的巨大领先优势；尽管在 2019 年至 2020 年民营企业对外直接投资数量直线下降，民营企业相较国有企业的领先优势有所缩小，但民营企业仍保持对国有企业的领先地位。从整个统计区间看，民营企业超越国有企业成为对外直接投资项目数量最多的企业类型，两类企业在 2005 年至 2020 年的对外直接投资项目数量分别为 490 件和 390 件。在对外直接投资金额方面，国有企业在 2014 年之前整体保持对民营企业的领先优势；2014 年之后，民营企业对外直接投资金额在 2014 年、2016 年至 2018 年直线上升，尽管民营企业对外直接投资金额在 2015 年、2019 年及 2020 年直线下降，但民营企业成为在 2014 年至 2020 年对外直接投资金额最多的企业类型，民营企业和国有企业在 2014 年至 2020 年的对外直接投资金额分别为 37666.84 百万美元和 19637.18 百万美元。

通过对来自五大区域不同所有制中国企业在对外直接投资项目数量和金额上的发展趋势和现状的分析可以得知，来自不同区域的民营企业和国有企业在对外直接投资项目数量和金额上均保持主导地位，并且除环渤海地区企业对外直接投资金额外，民营企业相较国有企业在近年来的发展势头更加迅猛。2020 年，五大投资方来源地民营企业在对外直接投资项目数量上，长三角和珠三角地区民营企业在对外直接投资金额上较国有企业均保持优势地位；环渤海地区、中西部地区 2020 年民营企业相较国有企业在对外直接投资金额上的差距不大。由此反映出，民营企业在中国企业对外直接投资发展中的重要性呈不断加强的发展趋势。与民营企业和国有企业相比，各区域外资企业和港澳台资企业在对外直接投资项目数量和金额上的数值均较小且波动幅度不大，未表现出明显的发展趋势。

三、从投资标的国（地区）角度分析

基于 NK-GERC 数据库的方法对企业对外直接投资标的国（地区）进行划分[①]，对四种所有制企业对发达经济体、发展中经济体和转型经济体

---

① 企业对外直接投资标的国（地区）的划分详见本书序章第一节。

等不同投资标的国（地区）海外投资项目数量和金额的发展趋势和现状进行具体分析。

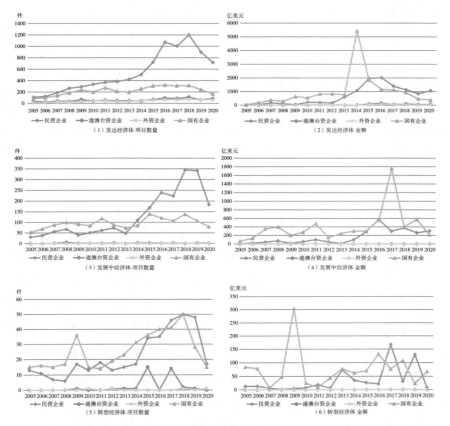

图5-2-6　2005—2020年中国不同所有制企业在三类经济体
对外直接投资项目数量、金额变化图

四种所有制企业在2005年至2020年对不同投资标的国（地区）的对外直接投资项目数量和金额的变化趋势如图5-2-6所示。从图中可以看出，外资企业和港澳台资企业对三类投资标的国（地区）的对外直接投资项目数量和金额均整体保持在较低水平且波动幅度不大。民营企业和国有企业在对三类投资标的国（地区）的对外直接投资中均占据主导地位。在对外直接投资项目数量方面，近年来民营企业相较国有企业整体保持领先，其中民营企业在对发达经济体和发展中经济体海外直接投资上的优势更加明显。在对外直接投资金额方面，2015年至2020年，民营企业在对发达经济体的对外直接投资金额上较国有企业保持一定的优势地位；国有企业在对发展中经济体的对外直接投资金额上较民营企业整体保持领先地位，但在2020年，民营企业实现对国有企业的小幅反超；在对转型经济体的对外直接投资方面，民营企业与国有企业自2016年以后呈现此消彼长的发展趋势。综上，民营企业较国有企业在对外直接投资上表现出更好的发展势头。

在对发达经济体的对外直接投资方面，民营企业在对外直接投资项目数量上一直保持领先地位且与其他所有制企业的差距在2013年至2018年间整体呈迅速扩大趋势；尽管在2019年和2020年民营企业对外直接投资项目数量相较其他三类企业出现较大幅度下降，但民营企业仍保持较大领先。2013年至2020年，民营企业对发达经济体的对外直接投资项目数量为6537件，占同时期中国不同所有制企业对发达经济体对外直接投资项目总数的67.48%。在对外直接投资金额方面，在2015年之前，国有企业均占有最大份额，特别是在2014年国有企业对发达经济体的对外直接投资金额达到峰值为542663.6百万美元；民营企业于2015年在对外直接投资金额上反超国有企业之后，直至2020年均保持在对外直接投资金额上对国有企业的领先地位。虽然国有企业对发达经济体的对外直接投资金额在2014年之后整体呈下降趋势，但由于国有企业"走出去"步伐较快，截至2020年，国有企业仍是对发达经济体累计对外直接投资金额最多的企业类型；国有企业在2005年至2020年对发达经济体的对外直接投资金额为1576948百万美元，占同期不同所有制中国企业对发达经济体对外直接投资总额的56.72%。

在对发展中经济体的对外直接投资项目数量方面，国有企业在2014年之前较民营企业均保持一定领先地位，但两类企业对外直接投资项目数量的增长均不明显；2014年至2018年，随着民营企业对外直接投资项目数量快速增长，民营企业在2014年实现对国有企业的反超且两类企业之间的差距不断拉大；尽管民营企业对外直接投资项目数量在2020年受新冠肺炎疫情冲击大幅下降，但民营企业相较国有企业仍保持领先；民营企业和国有企业在2014年至2020年对发展中经济体的对外直接投资项目数量分别为1610件和776件。在对发展中经济体的对外直接投资金额方面，2005年至2020年国有企业在整体上对民营企业保持领先，除2017年以外，两类企业在对外直接投资金额方面的差距不大；2020年民营企业实现对国有企业的小幅反超，但国有企业仍是对发展中经济体海外直接投资项目数量最多的企业类型；2005年至2020年，国有企业对发展中经济体的对外直接投资金额为638676.7百万美元，占中国不同所有制企业对发展中经济体海外直接投资总额的71.39%。

在对转型经济体的对外直接投资项目数量方面，民营企业和国有企业的发展趋势比较接近，两类企业在2010年至2018年均较快增长，并均在2018年达到峰值；2019年至2020年，在产业结构优化升级和对外直接投资环境不确定性有所增加的双重背景下，民营企业和国有企业的对外直接投资项目数量均表现出下降趋势；民营企业和国有企业在2005年至2020年对转型经济体的对外直接投资项目数量分别为360件和411件。2016年至2020年，民营企业和国有企业在对外直接投资金额方面呈现出此消彼长的发展趋势，2020年受到新冠肺炎疫情影响，民营企业对外直接投资金额下降至较低水平为647.76百万美元，国有企业对外直接投资金额为6725.95百万美元；整体上看，国有企业仍然是对转型经济体投资金额最大的企业类型，2005年至2020年国有企业对转型经济体的对外直接投资金额为121478.6百万美元，是民营企业对转型经济体的对外直接投资金额的2.16倍。

四、从投资标的行业角度分析

（一）制造业和非制造业层面

基于NK-GERC数据库的方法将企业对外直接投资标的行业划分为制造业和非制造业①，进而以投资行业为研究视角对2005年至2020年四种

---

① 企业对外直接投资标的行业的划分详见本书序章第一节。

所有制企业对制造业和非制造业的海外直接投资项目数量及金额、对制造业海外直接投资项目数量占比及金额占比进行对比分析以得出相应结论。

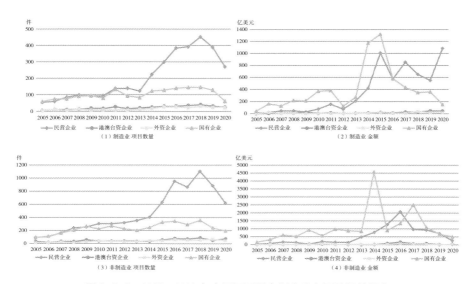

图 5-2-7　2005—2020 年中国不同所有制企业向两种标的行业对外直接投资项目数量、金额变化图

外资企业和港澳台资企业在对制造业和非制造业的海外直接投资项目数量和金额均保持在较低水平且波动幅度不大，增长趋势不明显。国有企业和民营企业在对制造业和非制造业的对外直接投资中均占据主导地位。

由图 5-2-7 可以看出，在对外直接投资项目数量方面，民营企业在制造业和非制造业相较国有企业均保持优势地位，且两类企业之间的差距在 2013 年至 2018 年迅速扩大；2018 年，民营企业对制造业和非制造业的对外直接投资项目数量均达到峰值，分别为 452 件和 1104 件，民营企业与国有企业在对相应行业海外直接投资项目数量之间的差距也达到最大值，分别为 306 件和 746 件；2018 年至 2020 年，由于国际贸易自由化在一定程度上受阻，民营企业和国有企业对制造业和非制造业的对外直接投资项目数量均呈下降趋势，但民营企业在对两类行业的对外直接投资项目数量方面仍保持对国有企业较大的领先。整体上看，民营企业在对制造业和非制造业的对外直接投资项目数量中均占有最大比重，民营企业在 2005 年至

2020 年对制造业和非制造业的对外直接投资项目数量分别为 3292 件和
7613 件，各自占中国不同所有制企业对制造业和非制造业对外直接投资项
目总数的 59.39% 和 59.50%。

就对两类行业的海外直接投资金额而言，在制造业方面，2005 年至
2016 年国有企业均领先民营企业；2016 年至 2020 年，随着民营企业和国
有企业对制造业的对外直接投资金额分别呈现波动式增长和整体下降趋
势，民营企业在 2017 年实现对国有企业的反超并拉开一定差距，并且这一
差距在 2020 年由于民营企业对制造业的海外直接投资金额直线上升至
108374.6 百万美元而达到最大值为 93242.14 百万美元。

在对非制造业的对外直接投资金额方面，国有企业整体保持对民营企
业的领先优势；尤其在 2014 年，国有企业对非制造业的对外直接投资金额
在"一带一路"倡议的巨大推动作用下达到一个非常大的峰值为 457663.5
百万美元，相应地国有企业与民营企业在对非制造业的对外直接投资金额
上的差距也达到最大为 380084.6 百万美元；但在 2018 年至 2020 年，由于
国际贸易保护主义有所加强对国有企业和民营企业的共同阻碍，两类企业
对非制造业的对外直接投资金额均呈下降趋势且非常接近。总体上看，国
有企业在对非制造业的对外直接投资金额中仍占据最大比重，国有企业在
2005 年至 2020 年对非制造业的对外直接投资金额为 1728947 百万美元，
占同期中国不同所有制企业对非制造业投资总额的 65.26%。

表 5-2-1　2005—2020 年中国不同所有制企业对制造业
投资在本类企业总投资中的占比汇总表

年份	项目数量占比（%）				金额占比（%）			
	民营企业	国有企业	港澳台资企业	外资企业	民营企业	国有企业	港澳台资企业	外资企业
2005	36.00	39.07	12.82	18.75	34.24	20.71	6.92	63.79
2006	35.71	39.36	35.71	40.74	19.78	34.15	49.33	92.85
2007	34.14	32.20	21.43	17.24	21.59	17.39	55.26	20.43
2008	28.91	30.64	30.23	48.15	25.00	29.84	27.00	49.69

年份	项目数量占比（%）				金额占比（%）			
	民营企业	国有企业	港澳台资企业	外资企业	民营企业	国有企业	港澳台资企业	外资企业
2009	26.59	26.04	24.32	21.05	48.10	18.58	43.59	14.60
2010	23.44	26.32	28.57	16.00	27.87	39.68	10.61	6.78
2011	31.15	32.84	40.91	20.45	50.97	28.34	51.39	17.75
2012	30.22	28.97	29.63	18.42	36.85	12.35	17.03	23.10
2013	25.79	28.92	37.04	27.50	30.39	24.47	67.02	15.08
2014	35.51	33.24	41.67	26.98	35.08	20.35	56.81	30.66
2015	32.08	28.01	34.48	37.14	44.23	59.56	20.52	37.18
2016	28.72	28.81	28.32	29.67	21.65	30.11	6.73	10.43
2017	31.21	33.11	32.71	28.95	46.93	14.78	29.27	11.05
2018	29.05	28.97	30.77	34.09	41.22	24.36	28.14	68.55
2019	30.56	34.68	37.65	25.81	43.97	34.81	73.86	46.43
2020	30.34	23.64	24.75	32.35	80.22	23.35	52.96	20.79
合计	30.19	30.45	30.99	28.32	41.00	26.57	30.70	29.89

通过对表5-2-1中呈现的2005年至2020年四种所有制企业在对制造业海外直接投资项目数量和金额在本类企业总投资中的占比情况，民营企业在多数年份较其他三类企业在制造业投资金额占比方面保持较高水平；并且民营企业在2005年至2020年对制造业投资金额在本类企业总投资中所占比例为41.00%，明显高于其他三类企业；反映出民营企业海外直接投资对制造业的偏好程度要高于其他三类企业。

2005年至2020年，港澳台资企业的制造业投资项目数量占比整体呈现波动上升趋势，2005年港澳台资企业的制造业投资项目数量占比在四种企业中处于最低水平为12.82%，但港澳台资企业在2005年至2020年对制造业的投资项目数量合计占比跃升至四种所有制企业中的首位，达到30.99%。由此得出港澳台资企业对外直接投资过程中更加倾向制造业。与民营企业和港澳台资企业偏好制造业对外直接投资相比，国有企业和外资企业在海外直接投资中并未表现出对制造业的明显偏好。

（二）不同技术水平制造业及服务业

1. 在不同技术水平制造业层面

基于 NK-GERC 数据库的方法按照行业技术水平对企业海外投资制造业进行划分①，对 2005 年至 2020 年四种所有制企业在高技术、中高技术、中低技术和低技术制造业海外直接投资项目数量和金额的发展趋势及现状进行探究。

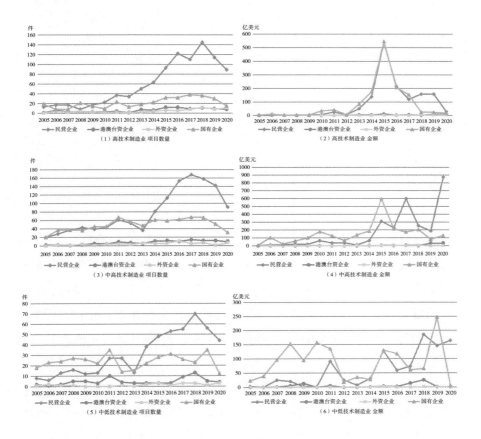

————

① 不同技术水平制造业的划分详见本书序章第一节。

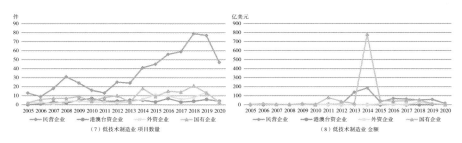

图 5-2-8 2005—2020 年中国不同所有制企业在不同制造业对外直接投资项目数量、金额变化图

港澳台资企业和外资企业对不同技术水平制造业的海外直接投资项目数量和金额均处于较低水平且未呈现出明显的发展趋势。国有企业和民营企业在对不同技术水平制造业的对外直接投资中表现活跃且均占据主导地位。

在对外直接投资项目数量方面，2005 年至 2020 年民营企业在高技术制造业、中高技术制造业和低技术制造业的对外直接投资较国有企业均整体保持领先；2014 年至 2020 年，民营企业相较国有企业在对中低技术制造业的海外直接投资中整体保持领先；总体上看，2005 年至 2020 年，民营企业是对不同技术水平制造业投资项目数量最多的企业类型，民营企业对高技术制造业、中高技术制造业、中低技术制造业和低技术制造业的投资项目数量分别为 951 件、1265 件、499 件和 577 件，各自占对不同技术水平制造业投资项目总数的 65.18%、56.57%、51.07% 和 66.25%。

在对外直接投资金额方面，2018 年之前民营企业和国有企业在对高技术制造业的投资金额上表现出较为一致的发展趋势；民营企业和国有企业对高技术制造业的投资金额在 2013 年至 2015 年直线上升并均在 2015 年达到峰值，分别为 53706.41 百万美元和 54579.04 百万美元；随后两类企业对制造业的对外直接投资金额在 2016 年至 2020 年整体均呈快速下降趋势；2020 年，国有企业和民营企业高技术制造业的投资金额均较小且非常接近，分别为 1844.05 百万美元和 2912.44 百万美元。在对中高技术制造业的海外直接投资金额方面，2005 年至 2015 年，国有企业对中高技术制造业的投资金额始终领先民营企业并且在 2015 年达到峰值为 59496.65 百万美元；但在 2016 年至 2020 年，民营企业呈现波动式增长，国有企业对中高技术制造业的投资金额在 2015 年达到峰值后整体呈现下降趋势；尤其是在 2020 年，民营企业对中高技术制造业的海外直接投资金额直线上升而国有企业增长幅度较小，两类企业在中高技术制造业投资金额上的差距被迅速拉大；2020 年，民营企业和国有企业对中高技术制造业的投资金额分别为 87350.9 百万美元和 12715.25 百万美元。在对中低技术制造业的对外直接投资方面，民营企业在 2005 年至 2020 年呈现波动式增长，而国有企业在 2005 年至 2020 年呈现出先增长后下降再增长又下降的"M 形"发展趋势；特别是在 2020 年，国有企业对中低技术制造业的投资金额直线下降至 571.17 百万美元，民营企业对中低技术制造业对外直接投资金额小幅上升至 16410.45 百万美元，两类企业在中低技术制造业投资金额上的差距迅速拉大到 15839.28 百万美元。在对低技术制造业海外直接投资金额方面，除国有企业在 2011 年小幅增长、2014 年在"一带一路"倡议的带动作用下直线上升至峰值 78134.37 百万美元，民营企业在 2013 年和 2014 年呈现出一定增长趋势外，两类企业对低技术制造业的投资金额相较其他三类制造业整体保持在较低水平且未表现出明显的发展趋势。

表 5-2-2　2005—2020 年中国不同所有制企业对较高技术水平制造业投资[①]在本类企业制造业投资中的占比汇总表

年份	项目数量占比（%）				金额占比（%）			
	民营企业	国有企业	港澳台资企业	外资企业	民营企业	国有企业	港澳台资企业	外资企业
2005	61.11	66.10	60.00	0.00	29.04	26.96	74.00	0.00
2006	75.00	60.81	80.00	54.55	96.22	68.28	86.34	68.12
2007	63.53	59.21	44.44	60.00	36.06	20.13	26.80	96.91
2008	52.04	62.64	46.15	61.54	45.79	29.14	5.24	80.41

①　即对高技术制造业和中高技术制造业的投资项目数量或金额的合计。

年份	项目数量占比（%）				金额占比（%）			
	民营企业	国有企业	港澳台资企业	外资企业	民营企业	国有企业	港澳台资企业	外资企业
2009	60.87	62.77	44.44	50.00	80.21	48.79	17.30	17.32
2010	69.15	67.50	37.50	62.50	94.21	57.44	54.58	51.90
2011	71.01	67.67	48.15	66.67	39.81	43.70	16.23	45.89
2012	62.59	74.19	50.00	57.14	56.68	56.04	58.09	35.07
2013	69.92	78.31	60.00	72.73	29.66	81.51	70.42	82.25
2014	64.57	67.48	68.00	52.94	48.27	30.87	65.45	77.50
2015	68.90	71.09	80.00	46.15	84.10	86.48	79.16	16.66
2016	71.61	67.14	68.75	59.26	77.69	72.88	39.43	62.71
2017	70.92	72.41	65.71	59.09	84.02	75.79	42.68	49.43
2018	67.04	69.86	57.50	63.33	63.33	65.52	11.69	24.39
2019	65.81	62.79	65.63	37.50	62.83	28.50	86.58	25.31
2020	66.30	75.41	68.00	77.27	83.29	96.21	95.35	63.23
合计	67.31	67.98	60.91	57.20	72.22	59.26	56.98	42.11

通过对表5-2-2中2005年至2020年中国不同所有制企业对较高技术水平制造业的海外直接投资项目数量占比和金额占比的发展趋势的对比分析，民营企业和国有企业对较高技术制造业的投资项目数量占比和金额占比在大多数年份均较外资企业和港澳台资企业保持优势地位；从民营企业和国有企业对较高技术水平制造业的投资项目数量合计占比和金额合计占比，也能看出民营企业和国有企业具有一定领先优势；这反映出相较于外资企业和港澳台资企业，民营企业和国有企业在制造业投资中更加偏好较高技术水平制造业。港澳台资企业与外资企业相比，在对较高技术制造业的投资项目数量占比和金额占比上整体保持一定领先，体现出港澳台资企业与外资企业相比对较高技术制造业的偏好程度更高。

2. 在对服务业对外投资层面

在对非制造业的对外直接投资中，本小节对2005年至2020年中国不

同所有制企业对服务业的海外直接投资项目数量和金额的发展趋势及现状
进行具体分析。

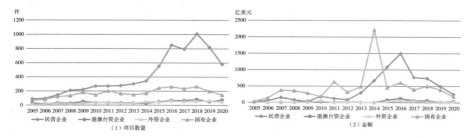

**图 5-2-9　2005—2020 年中国不同所有制企业在服务业对外
直接投资项目数量、金额变化图**

　　根据图 5-2-9 显示的不同所有制企业在 2005 年至 2020 年对服务业的
海外直接投资项目数量及金额的变化趋势可得，港澳台资企业和外资企业
对服务业的对外直接投资项目数量和金额始终保持在较低水平且未表现出
明显的增长趋势，中国企业对服务业的海外直接投资以民营企业和国有企
业为主。在对外直接投资项目数量方面，民营企业较国有企业始终占据领
先地位且两类企业之间的差距随着 2014 年至 2018 年民营企业对外直接投
资进程的不断加快而迅速拉大；2019 年至 2020 年，海外直接投资环境不
确定因素的增加使得民营企业和国有企业对服务业的投资数量均有所下
降，两类企业在服务业对外直接投资数量上的差距在一定程度上有所减
小，但在 2020 年仍保持较大差距；在 2005 年至 2020 年，民营企业是对服
务业海外直接投资项目数量最多的企业类型，其对服务业的海外直接投资
项目数量为 6828 件，占全部中国企业对服务业投资项目数量的 62.91%。
在对外直接投资金额方面，国有企业和民营企业对服务业的投资金额分别
以 2014 年和 2016 年为转折点均呈现先上升后下降的发展趋势，两类企业
对服务业的海外直接投资金额分别在 2014 年和 2016 年达到峰值，分别为
221648.8 百万美元和 149658.8 百万美元；2020 年，民营企业与国有企业
对服务业的投资金额由于国际贸易不确定因素增加而均保持在较低水平且
相差不大，两类企业对服务业的投资金额分别为 25405.98 百万美元和

18236.11 百万美元。

表 5-2-3　2005—2020 年中国不同所有制企业对服务业投资在
本类企业非制造业投资中的占比汇总表

年份	项目数量占比（%）				金额占比（%）			
	民营企业	国有企业	港澳台资企业	外资企业	民营企业	国有企业	港澳台资企业	外资企业
2005	91.67	73.91	91.18	92.31	61.25	19.44	97.26	45.58
2006	87.96	71.93	88.89	87.50	79.25	43.30	42.93	95.67
2007	88.41	75.63	96.97	95.83	95.21	62.52	99.48	88.39
2008	87.55	65.05	83.33	92.86	57.93	69.04	36.90	77.54
2009	87.01	67.79	91.07	86.67	74.18	30.62	94.64	82.03
2010	88.27	64.73	90.00	92.86	95.74	32.14	82.12	99.31
2011	88.85	73.90	84.62	91.43	83.60	65.42	91.18	28.10
2012	86.29	71.49	84.21	83.87	64.80	36.06	92.64	83.69
2013	85.03	72.06	79.41	89.66	62.08	57.70	81.61	5.63
2014	84.69	67.61	80.00	97.83	86.03	48.43	81.16	99.73
2015	87.36	74.16	87.72	93.18	85.66	50.13	95.63	80.86
2016	89.30	75.43	82.72	90.63	72.36	45.16	76.12	86.45
2017	91.90	80.20	93.06	94.44	79.50	15.71	92.28	94.99
2018	91.58	73.46	92.22	94.83	79.50	45.92	78.43	91.80
2019	92.53	80.66	98.11	94.20	70.11	57.87	93.76	90.31
2020	93.23	73.60	98.68	91.30	95.08	36.71	99.98	69.21
合计	89.69	72.83	89.69	92.36	78.09	43.46	84.40	81.70

由表 5-2-3 所示，2005 年至 2020 年中国不同所有制企业对服务业的海外直接投资项目数量和金额在本类企业对非制造业海外直接投资中所占比例的发展趋势，在大多数年份里，三类非国有企业相较国有企业在对服务业海外直接投资项目数量占比和金额占比上均保持领先，且三类非国有企业与国有企业相比在对服务业海外投资金额占比上的优势更加明显；反映出三类非国有企业与国有企业相比在对非制造业的海外直接投资中更加

倾向服务业。通过对比三类非国有企业与国有企业在 2005 年至 2020 年对服务业海外直接投资项目数量合计占比和金额合计占比，也能得出同样结论。

第三节　不同所有制企业在"一带一路"沿线国家的对外直接投资

　　2013 年正式提出的"一带一路"倡议对于推进供给侧结构性改革和产业优化升级、拓宽中国企业产品销售渠道和消费市场、扩大中国企业对外直接投资规模和收益发挥着至关重要的作用。通过对 NK-GERC 数据库中原始数据的整理分析，本小节使用对外直接投资项目数量占比、投资金额占比、"一带一路" OFDI 综合指数、"一带一路"海外投资项目数量和金额指数等指标，对 2005 年至 2020 年中国不同所有制企业对"一带一路"沿线国家海外直接投资的整体发展趋势以及不同投资模式下对"一带一路"沿线国家的海外直接投资发展趋势进行深入分析。

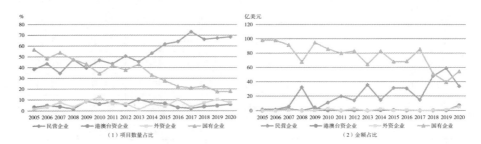

图 5-3-1　2005—2020 年中国不同所有制企业"一带一路"对外直接投资项目数量和金额占比变化图

一、不同所有制企业"一带一路"对外直接投资概况

　　2005 年至 2020 年，中国不同所有制企业对"一带一路"沿线国家的海外直接投资项目数量占比和金额占比的变化趋势如图 5-3-1 所示。港澳台资企业和外资企业对"一带一路"沿线国家的海外直接投资项目数量占

比和金额占比均一直维持在较低水平且不具有明显的发展趋势，国有企业和民营企业在对"一带一路"沿线国家海外直接投资中占据主导地位。在对外直接投资项目数量占比上，2013 年之前国有企业和民营企业对"一带一路"沿线国家的项目数量占比均呈水平调整且两类企业之间的差距不大；2014 年在"一带一路"倡议正式实施后，民营企业对"一带一路"沿线国家的项目数量占比迅速上升而国有企业表现出下降趋势，民营企业相较国有企业在项目数量占比上的优势不断扩大；2020 年，民营企业和国有企业对"一带一路"沿线国家的投资项目数量占比分别为 67.93% 和 20%，两类企业在投资项目数量占比上的差距达到峰值为 47.93%。在对外直接投资金额占比上，国有企业在 2010 年之前相较民营企业均保持 75% 左右的领先优势；2010 年至 2016 年，国有企业和民营企业对"一带一路"沿线国家的投资金额占比分别呈波动式下降和波动式上升趋势，两类企业在投资金额占比上的差距整体呈缩小趋势且在 2016 年民营企业实现对国有企业的反超；2018 年至 2019 年民营企业投资金额占比快速上升而国有企业快速下降；2019 年，民营企业投资金额占比达到峰值为 68.77% 且已与国有企业形成 40.83% 的差距；在 2020 年这一差距缩小至 28.95%，两类企业的投资金额占比分别为 61.84% 和 32.89%。

表 5-3-1 2005—2020 年中国不同所有制企业对"一带一路"
对外直接投资项目数量和金额汇总表

年份	不同所有制企业对"一带一路"海外直接投资							
	项目数量（件）				金额（亿美元）			
	民营	国有	港澳台资	外资	民营	国有	港澳台资	外资
2005	50	61	4	3	18.61	129.99	2.39	0.87
2006	45	64	5	6	18.33	180.98	1.86	12.96
2007	51	88	5	6	27.35	233.75	4.45	0.69
2008	62	80	11	6	25.27	254.94	12.40	1.13
2009	63	94	12	10	14.68	450.85	13.77	0.53

续表

年份	不同所有制企业对"一带一路"海外直接投资							
	项目数量（件）				金额（亿美元）			
	民营	国有	港澳台资	外资	民营	国有	港澳台资	外资
2010	73	72	15	10	49.40	141.20	7.66	3.20
2011	73	96	13	6	108.70	181.69	4.74	0.24
2012	81	71	9	9	43.91	63.64	0.24	1.76
2013	78	76	14	6	86.79	167.60	4.42	0.04
2014	122	85	14	11	85.90	227.15	2.76	2.51
2015	217	139	19	14	296.31	446.63	6.04	5.19
2016	295	143	21	30	549.33	515.60	34.58	6.11
2017	292	117	14	18	408.10	1734.77	12.21	5.16
2018	399	175	26	32	359.48	515.02	5.60	30.98
2019	339	107	22	35	416.10	169.03	7.34	12.58
2020	197	58	16	19	263.69	140.25	11.40	11.05
合计	2437	1526	220	221	2771.95	5553.09	131.87	95.01

表 5-3-1 反映了 2005 年至 2020 年中国不同所有制企业对"一带一路"沿线国家海外直接投资项目数量及金额的变化情况。从表中可以得出，港澳台资企业和外资企业对沿线国家的投资项目数量和金额均较小且波动幅度较小，国有企业和民营企业是中国企业对"一带一路"沿线国家海外直接投资的主导力量。

在"一带一路"倡议之前，民营企业和国有企业对沿线国家的投资项目数量和金额均整体表现出波动上升的发展趋势；国有企业在对沿线国家投资金额上占据主导地位，国有企业在 2005 年至 2013 年对"一带一路"沿线国家的投资金额占比为 79.46%。在 2013 年"一带一路"倡议提出后，民营企业和国有企业对沿线国家的投资项目数量均以 2018 年为分界点，呈现出先快速上升后快速下降的发展趋势。民营企业和国有企业对沿线国家的投资金额分别以 2016 年和 2017 年为转折点同样呈现出先快速上升后快速下降的变化特征。

总体上看，自 2013 年"一带一路"倡议提出后，民营企业在对沿线国家的投资项目数量上始终保持领先，民营企业在 2005 年至 2020 年对沿线国家投资数量的合计占比为 55.34%。在对沿线国家的对外直接投资金额上，尽管国有企业在总体上仍占据优势，但国有企业在 2014 年至 2020 年期间对沿线国家的对外直接投资金额占比已经由 2005 年至 2013 年期间的 79.46% 下降至 59.68%，并且民营企业在 2019 年后相较国有企业在对"一带一路"沿线国家的投资金额上均保持一定领先。综上，民营企业在中国企业对"一带一路"沿线国家的海外直接投资过程中发挥着日益重要的作用，"一带一路"倡议对于民营企业积极开拓海外市场、不断增强自身国际竞争力也具有深远影响。

二、不同所有制企业"一带一路"对外直接投资指数

（一）"一带一路"OFDI 综合指数

基于本书序章有关中国民企 OFDI 综合指数的算法，对中国不同所有制企业对"一带一路"沿线国家海外直接投资分别测算出相应的 OFDI 综合指数，通过对比分析中国不同所有制企业在 2005 年至 2020 年对"一带一路"沿线国家的海外直接投资发展趋势及现状得出相应结论。

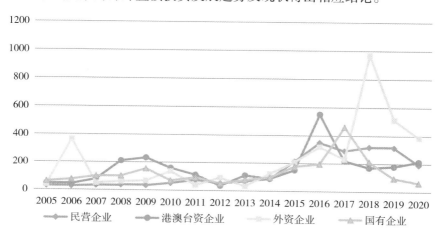

图 5-3-2　2005—2020 年中国不同所有制企业"一带一路"OFDI 综合指数变化图

表 5-3-2　2005—2020 年中国不同所有制企业"一带一路"OFDI 综合指数汇总表

年份	"一带一路"OFDI 综合指数			
	民营	国有	港澳台资	外资
2005	29.38	62.56	47.32	38.56
2006	27.07	75.90	43.73	365.36
2007	33.33	100.88	79.22	50.44
2008	37.31	101.48	210.16	61.58
2009	33.49	154.04	232.68	68.06
2010	51.83	71.03	159.61	136.57
2011	75.68	93.19	112.22	38.83
2012	53.13	52.65	35.91	94.12
2013	69.06	79.24	111.42	33.51
2014	87.96	97.76	88.64	124.21
2015	214.18	177.16	151.80	209.33
2016	350.09	195.17	551.05	319.86
2017	291.98	461.72	218.42	230.38
2018	319.27	212.17	171.19	969.00
2019	315.77	96.17	180.48	513.10
2020	192.30	63.31	214.59	386.87

　　2005 年至 2020 年中国四种所有制企业对"一带一路"沿线国家的海外直接投资综合指数的发展趋势分别如图 5-3-2 和表 5-3-2 所示。"一带一路"倡议正式提出之前，中国四种所有制企业"一带一路"OFDI 综合指数整体未表现出明显发展趋势且处于较低水平。"一带一路"倡议正式实施后，不同所有制中国企业"一带一路"OFDI 综合指数表现出差异化特征；其中，民营企业"一带一路"OFDI 综合指数在 2014 年至 2020 年呈"倒 U 形"发展趋势，并在 2016 年达到峰值；国有企业"一带一路"OFDI 综合指数以 2017 年为转折点呈现先上升后下降的"倒 V 形"发展趋势，并在 2017 年达到峰值；港澳台资企业"一带一路"OFDI 综合指数在 2015 年至 2016 年直线上升并在 2016 年达到峰值，在 2017 年至 2018 年直

线下降，2019 年至 2020 年缓慢上升；外资企业"一带一路"OFDI 综合指数以 2016 年为转折点先小幅上升后小幅下降，随后以 2018 年为转折点先较大幅度上升后紧接着较大幅度下降，从而在 2016 年取得较小的极大值，在 2018 年达到一个非常大的峰值。

（二）"一带一路"对外直接投资项目数量及金额指数

2005 年至 2020 年中国不同所有制企业"一带一路"海外直接投资项目数量及金额指数的发展历程及现状如图 5-3-3 所示。

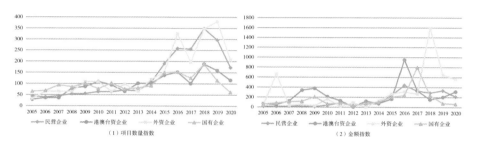

（1）项目数量指数　　　　　　　　　（2）金额指数

图 5-3-3　2005—2020 年中国不同所有制企业对"一带一路"
对外直接投资项目数量及金额指数变化图

在项目数量指数上，2005 年至 2013 年，在"一带一路"倡议实施之前，中国不同所有制企业对"一带一路"沿线国家海外直接投资项目数量指数均整体呈缓慢上升趋势；2014 年至 2016 年，中国不同所有制企业项目数量指数在"一带一路"倡议推动下均快速上升，其中外资企业和民营企业上升幅度更加明显；2017 年至 2018 年，除民营企业项目数量指数在 2017 年出现小幅下降并在 2018 年大幅回升外，其他三种所有制企业项目数量指数均表现出先大幅下降后大幅上升的"V 形"发展趋势，其中外资企业项目数量指数波动幅度最大；2019 年，受到国际贸易壁垒增多的影响，除外资企业项目数量指数小幅上升外，其他三种所有制企业项目数量指数均明显下降；2020 年面对对外直接投资阻碍因素不断增多以及新冠肺炎疫情的双重冲击，中国不同所有制企业项目数量指数均直线下降，尤其以外资企业和民营企业的下降趋势更为显著。

在金额指数上，在"一带一路"倡议提出之前，除外资企业金额指数在 2006 年达到极大值以及港澳台资企业在 2008 年、2009 年取得较大值外，中国不同所有制企业金额指数在 2005 年至 2013 年均整体呈水平调整状态且整体保持在较低水平；在"一带一路"倡议实施后，中国不同所有制企业金额指数在 2014 年至 2016 年均快速上升，其中港澳台资企业和民营企业上升趋势更加明显且两类企业金额指数均在 2016 年达到峰值；2017 年至 2020 年，中国不同所有制企业金额指数表现出差异化的发展趋势，其中，民营企业金额指数整体呈缓慢下降趋势，港澳台资企业金额指数以 2018 年为转折点先直线下降后迅速回升，国有企业和外资企业整体上分别以 2017 年和 2018 年为分界点呈现先直线上升后直线下降的"倒 V 形"发展特征。

整体来看，2020 年新冠肺炎疫情对国际生产进而对全球经济产生冲击，加大了国际贸易自由化进程受阻对不同所有制中国企业对"一带一路"沿线国家海外直接投资所造成的消极影响，其中中国不同所有制企业对"一带一路"沿线国家海外直接投资项目数量指数的下降趋势尤为显著。

三、从投资模式别看不同所有制企业"一带一路"对外直接投资

本小节以 2005 年至 2020 年中国不同所有制企业对"一带一路"沿线国家的海外直接投资数据为基础，通过对外直接投资项目数量占比、投资金额占比、投资项目数量指数、投资金额指数等指标，对比分析不同投资模式下中国不同所有制企业对"一带一路"沿线国家海外直接投资所具有的特征及差异。

（一）不同投资模式下"一带一路"对外直接投资项目数量及金额的占比

由图 5-3-4 表示的中国不同所有制企业对"一带一路"沿线国家不同海外直接投资方式的项目数量占比变化图，对于并购和绿地两种投资方式，港澳台资企业和外资企业对外直接投资项目数量占比均较小且不具有明显变化趋势，国有企业和民营企业在对"一带一路"沿线国家的两种方

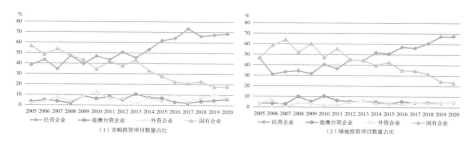

图 5-3-4　2005—2020 年中国不同所有制企业对"一带一路"
对外并购、绿地投资项目数量占比变化图

式的对外直接投资中均占有主导地位。在并购投资方面，2013 年之前，民营企业和国有企业项目数量占比均保持水平调整状态且两类企业项目数量占比始终比较接近；2014 年至 2020 年，民营企业和国有企业在项目数量占比上分别呈现迅速上升和迅速下降趋势，两类企业在并购投资项目数量占比上的差距整体呈扩大趋势；2020 年，民营企业与国有企业项目数量占比分别为 68.48% 和 17.93%，两类企业在并购投资项目数量占比上的差距为 50.55%。在绿地投资项目数量占比方面，2010 年至 2020 年民营企业和国有企业项目数量占比分别整体呈上升趋势和下降趋势，2013 年之后，民营企业项目数量占比实现对国有企业的反超且民营企业相较国有企业的领先优势整体呈不断扩大趋势；2020 年，民营企业与国有企业的绿地投资项目数量占比分别为 66.98% 和 23.58%，两类企业在绿地投资项目数量占比上的差距为 43.40%。

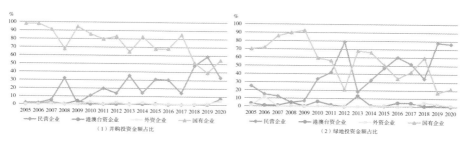

图 5-3-5　2005—2020 年中国不同所有制企业对"一带一路"
对外并购、绿地投资金额占比变化图

2005 年至 2020 年中国不同所有制企业采用不同投资方式对"一带一路"沿线国家海外直接投资金额占比的变化情况如图 5-3-5 所示。与两种投资方式的投资项目数量占比相比，港澳台资企业和外资企业对"一带一路"沿线国家在两种对外直接投资方式下的投资金额占比数值和波动幅度均较小且同样未呈现特定的发展趋势，民营企业和国有企业使用两种投资方式对"一带一路"沿线国家的投资金额占比中的主导地位更加明显。并购投资金额占比方面，在 2018 年以前，国有企业相较民营企业整体保持 50% 以上的领先优势；在 2018 年，随着国有企业投资金额占比和民营企业投资金额占比分别快速下降和快速上升，2018 年两类企业的投资金额占比十分接近；2019 年和 2020 年，民营企业和国有企业的投资金额占比交替上升且两类企业之间差距不大；总体上看，国有企业仍然是对沿线国家并购投资金额占比最多的企业类型，国有企业在 2005 年至 2020 年对沿线国家的并购投资金额占比为 76.08%。在绿地投资金额占比方面，2005 年至 2009 年，国有企业相对民营企业整体保持 50% 以上的巨大优势；2010 年至 2012 年，民营企业投资金额占比迅速上升，而国有企业投资金额占比迅速下降；此后，两类企业在 2013 年至 2018 年呈现此消彼长的发展趋势；民营企业投资金额占比在 2019 年直线上升以及国有企业投资金额占比在同期的直线下降，使民营企业相较国有企业占据较大的领先优势，两类企业在绿地投资金额占比上的差距拉大至 60.41%；尽管在 2020 年，民营企业与国有企业在投资金额占比上的差距略微减小，但仍然保持在 54.55%。

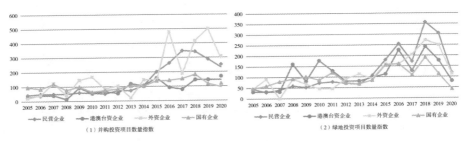

图 5-3-6 2005—2020 年中国不同所有制企业对"一带一路"
对外并购、绿地投资项目数量指数变化图

（二）不同投资模式下四种所有制企业"一带一路"对外投资项目数量及金额指数

根据图 5-3-6 表示的 2005 年至 2020 年中国不同所有制企业对"一带一路"沿线国家不同海外直接投资方式所对应的项目数量指数的变化趋势，在并购投资项目数量指数方面，"一带一路"倡议正式提出之前，中国四种所有制企业项目数量指数均整体呈水平调整状态；"一带一路"倡议正式实施后，不同所有制企业项目数量指数呈现出差异化的发展趋势；民营企业在 2014 年至 2017 年迅速上升并在 2017 年达到峰值为 346.15，在 2018 年至 2020 年整体呈快速下降趋势；国有企业在 2014 年至 2018 年缓慢上升并在 2018 年达到峰值为 180.79，在 2019 年至 2020 年呈现下降调整趋势；港澳台资企业在 2014 年至 2020 年相较其他三种企业波动幅度较小，在 2015 年达到峰值为 157.89；外资企业项目数量指数在 2014 年至 2016 年整体呈直线上升趋势，随后在 2017 年直线下降、2018 年和 2019 年直线上升后达到峰值为 500，2020 年又直线下降。在绿地投资项目数量指数方面，不同所有制企业项目数量指数在 2005 年至 2018 年均整体呈波动上升趋势并同时在 2018 年达到峰值，其中民营企业和外资企业的上升趋势更加明显；2019 年至 2020 年由于对外直接投资阻碍因素的增加，中国不同所有制企业项目数量指数均大幅度下降至较低水平。

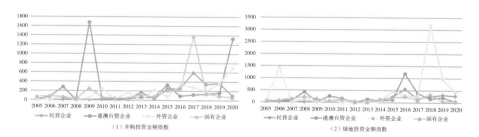

图 5-3-7　2005—2020 年中国不同所有制企业对"一带一路"
对外并购、绿地投资金额指数变化图

2005 年至 2020 年中国不同所有制企业使用不同投资方式对"一带一路"沿线国家的投资金额指数发展趋势如图 5-3-7 所示。在并购投资金额指数方面，民营企业和国有企业整体发展趋势较为接近，2005 年至 2014 年两类企业投资金额指数均始终保持在较低水平；2015 年至 2017 年，两类企业投资金额指数均快速上升并均在 2017 年达到峰值分别为 596.48 和 1381.34，但国有企业上升幅度更大；在 2018 年至 2020 年，两类企业投资金额指数均迅速下降至相近的较低水平且国有企业下降幅度更大。港澳台资企业除在 2009 年达到极大峰值为 1677.59、在 2020 年直线上升外，在大部分年份里表现为水平波动状态。外资企业在 2013 年"一带一路"倡议提出之前，整体呈水平调整状态；2013 年至 2020 年，外资企业整体呈上升趋势。在绿地投资金额指数方面，除港澳台资企业在 2016 年达到峰值为 1182.60、外资企业分别在 2006 年和 2018 年达到极大值 1414.73 和极大峰值 3160.31 外，四种所有制企业在 2005 年至 2020 年的大部分年份里均表现为水平调整状态且均保持在较低水平。

本章小结

本章通过对不同所有制企业在 2005 年至 2020 年海外直接投资的总体概况分析，以投资模式、投资方来源地、投资标的国（地区）、投资标的行业为切入点的分视角研究，分析得出民营、国有、港澳台资和外资四类所有制企业海外直接投资的共性与差异。此外，为深入分析"一带一路"倡议对于推进中国企业有序开展 OFDI、优化 OFDI 结构及提高 OFDI 效率的重要作用，对不同所有制企业对"一带一路"沿线国家海外投资的总体发展现状、不同投资模式的数量和金额状况进行深入探究。

一、民营企业在不同所有制企业对外直接投资中整体呈现领先优势

在一系列海外投资扶持政策及配套设施进一步完善、民营企业产品竞争力和生产经营绩效不断提升的推动作用下，民营企业在不同所有制企业海外投资中所发挥的关键作用正日益凸显且在不同视角下均有所体现。

（一）不同所有制企业 OFDI 项目数量占比和金额占比——基于总体视角

从整体看，近年来民营企业在 OFDI 项目数量占比和金额占比方面均占据了主导地位，其中民营企业在 OFDI 项目数量占比上的领先优势更加显著。在项目数量占比方面，2020 年，民营企业 OFDI 项目数量占比升至 68.10%，国有企业 OFDI 项目数量占比下降至 19.41% 左右，两类企业在 OFDI 项目数量占比上的差距拉大至 50% 左右。就金额占比而言，到 2020 年，民营企业 OFDI 金额占比为 64.09%，国有企业 OFDI 金额占比为 29.86%，两类企业在 OFDI 金额占比上的差距为 34.23%。

（二）不同所有制企业 OFDI 项目数量占比和金额占比——基于投资模式视角

截至 2020 年，在并购投资项目数量占比方面，民营企业和国有企业分别为 69.39% 和 17.48%，两类企业在项目数量占比上的差距拉大至 51.91%。在并购投资金额占比方面，2020 年，民营企业对国有企业形成一定的领先优势为 32.78%，民营企业和国有企业的金额占比分别为 63.21% 和 30.43%。

在绿地投资项目数量占比方面，2020 年民营企业和国有企业分别为 64.94% 和 24.16%，两类企业在项目数量占比上的差距扩大为 40.78%。在绿地投资金额占比方面，2020 年民营企业和国有企业分别为 67.19% 和 27.83%，两类企业在金额占比上的差距为 39.36%。

（三）不同所有制企业 OFDI 项目数量和金额状况——基于投资方来源地视角

来自不同区域的民营企业和国有企业在本区域不同所有制企业海外直接投资项目数量和金额上均保持主导地位，并且除环渤海地区企业海外直接投资金额外，民营企业相较国有企业在近年来呈现出更加积极的发展趋势。2020 年，五大投资方来源地民营企业在海外直接投资项目数量上，长三角和珠三角地区民营企业在海外直接投资金额上较国有企业均保持优势地位，其中，长三角和珠三角地区民营企业 2014 年至 2020 年的海外直接投资金额分别为 356300.4 百万美元和 210671.7 百万美元，分别是同地区国有企业海外直接投资金额的 1.95 倍和 1.68 倍；2020 年，环渤海地区、中西部地区民营企业与国有企业相比在海外直接投资金额上的差距不大。

由此反映出，民营企业在不同地区中国企业海外直接投资发展中的重要性呈不断加强的发展趋势。与民营企业和国有企业相比，各区域外资企业和港澳台资企业海外直接投资项目数量和金额均较小且未表现出明显的发展趋势。

（四）不同所有制企业 OFDI 项目数量和金额状况——基于投资标的国（地区）视角

外资企业和港澳台资企业对三类投资标的国（地区）的海外直接投资项目数量和金额均整体保持在较低水平且波动幅度不大。民营企业和国有企业在对三类投资标的国（地区）的海外直接投资中均占据主导地位。在对外直接投资项目数量方面，近年来民营企业相较国有企业整体保持领先，其中民营企业在对发达经济体和发展中经济体海外直接投资上的优势更加明显，民营企业在 2013 年至 2020 年对发达经济体和发展中经济体的海外直接投资项目数量分别占同时期中国不同所有制企业对发达经济体和发展中经济体海外直接投资项目总数的 67.48% 和 65.85%。在海外直接投资金额方面，2015 年至 2020 年，民营企业在对发达经济体的海外直接投资金额上较国有企业保持一定的优势地位；国有企业在对发展中经济体的对外直接投资金额上较民营企业整体保持领先地位，但在 2020 年民营企业实现对国有企业的小幅反超；在对转型经济体的对外直接投资方面，民营企业与国有企业自 2016 年以后呈现此消彼长的发展趋势。综上，从投资数量和金额两方面看，民营企业较国有企业在对不同投资标的国（地区）的海外直接投资上表现出更加积极的发展态势。

（五）不同所有制企业 OFDI 项目数量和金额状况——基于投资标的行业视角

1. 制造业和非制造业层面

外资企业和港澳台资企业对制造业和非制造业的海外直接投资项目数

量和金额均保持在较低水平且波动幅度不大，增长趋势不明显。国有企业和民营企业在对制造业和非制造业的海外直接投资中占据主导地位，其中民营企业在近年来相较国有企业表现出更加积极的发展势头。

在对外直接投资项目数量方面，民营企业在制造业和非制造业相较国有企业均保持优势地位，民营企业在 2005 年至 2020 年对制造业和非制造业的对外直接投资项目数量分别为 3292 件和 7613 件，分别占中国不同所有制企业对制造业和非制造业对外直接投资项目总数的 59.39% 和 59.50%。

就对两类行业的海外直接投资金额而言，在制造业方面，2005 年至 2016 年国有企业均领先于民营企业；但之后民营企业在 2017 年实现对国有企业的反超并拉开一定差距，并且这一差距在 2020 年随着民营企业对制造业的海外直接投资金额直线上升至 108374.6 百万美元而达到最大值为 93242.14 百万美元。在对非制造业的对外直接投资金额方面，国有企业整体保持对民营企业的领先优势；但在 2018 年至 2020 年，由于受到国际贸易与跨境投资中阻碍因素的共同影响，两类企业对非制造业的海外直接投资金额均下降至非常接近的水平。

2. 不同技术水平制造业层面

港澳台资企业和外资企业对不同技术水平制造业的海外直接投资项目数量和金额均处于较低水平且未呈现出明显的发展趋势。国有企业和民营企业在对不同技术水平制造业的海外直接投资中表现活跃且均占据主导地位，民营企业在近年来对不同技术水平制造业的海外直接投资项目数量和金额上均整体保持领先。

在对外直接投资项目数量方面，2005 年至 2020 年民营企业对高技术制造业、中高技术制造业和低技术制造业的海外直接投资较国有企业均整体保持领先；2014 年至 2020 年，民营企业相较国有企业在对中低技术制造业的海外直接投资中整体保持领先；总体上看，2005 年至 2020 年，民营企业是对不同技术水平制造业投资项目数量最多的企业类型，民营企业对高技术制造业、中高技术制造业、中低技术制造业和低技术制造业的投资项目数量分别为 951 件、1265 件、499 件和 577 件，各自占对不同技术水平制造业投资项目总数的 65.18%、56.57%、51.07% 和 66.25%。

在对外直接投资金额方面，2020 年，国有企业和民营企业对高技术制造业的投资金额均较小且非常接近，分别为 1844.05 百万美元和 2912.44 百万美元。对于中高技术制造业海外直接投资，随着民营企业对中高技术制造业的海外直接投资金额在 2020 年直线上升而国有企业增幅较小，两类企业在中高技术制造业投资金额上的差距被迅速拉大，两类企业对中高技术制造业的投资金额分别为 87350.9 百万美元和 12715.25 百万美元。在对中低技术制造业海外直接投资方面，2020 年，国有企业对中低技术制造业的投资金额直线下降至 571.17 百万美元，民营企业对中低技术制造业对外直接投资金额小幅上升至 16410.45 百万美元，两类企业在中低技术制造业投资金额上的差距迅速拉大到 15839.28 百万美元。

3. 对服务业对外投资层面

港澳台资企业和外资企业对服务业的海外直接投资项目数量和金额始终保持在较低水平且未表现出明显的增长趋势；与国有企业相比，民营企业在不同所有制企业对服务业的海外直接投资中发挥更加积极的主导作用。在对外直接投资项目数量方面，在 2005 年至 2020 年，民营企业是对服务业海外直接投资项目数量最多的企业类型，其对服务业的海外直接投资项目数量为 6828 件，占全部中国企业对服务业投资项目数量的 62.91%。

在对外直接投资金额方面，2020 年，民营企业与国有企业对服务业的投资金额由于国际贸易保护主义抬头以及新冠肺炎疫情对国际间要素配置的不利影响而均保持在较低水平且相差不大，两类企业对服务业的投资金额分别为 25405.98 百万美元和 18236.11 百万美元。

二、近年来中国不同所有制企业对外直接投资受内外综合因素影响表现出一定下行趋势

2017 年至 2020 年期间随着全球经济下行所带来的企业利润水平下降、国际贸易保护主义抬头对海外直接投资限制的增多、国内产业结构优化升

级对中国企业海外直接投资的规范和引导、加之新冠肺炎疫情扰乱了国际生产分工及要素配置的正常开展，中国不同所有制企业海外直接投资规模均出现一定幅度缩小。

（一）不同所有制企业 OFDI 综合指数

2017 年至 2020 年，三类非国有企业 OFDI 综合指数均整体呈现出下降调整趋势，但仍然保持在较高水平。2015 年至 2020 年，国有企业 OFDI 综合指数整体呈现快速下降趋势；2020 年，国有企业 OFDI 综合指数与其他三类非国有企业相比处于较低水平。

（二）不同所有制企业对外直接投资项目数量及金额指数

2019 年至 2020 年，受国际贸易形势的影响，尽管外资企业 OFDI 项目数量指数和港澳台资企业 OFDI 项目数量指数分别在 2019 年和 2020 年呈现小幅上升趋势，中国不同所有制企业 OFDI 项目数量指数整体上均呈下降趋势。

2017 年至 2020 年，中国不同所有制企业 OFDI 金额指数均整体呈下降趋势，民营企业下降趋势较明显，而外资企业和港澳台资企业 OFDI 金额指数呈现波动式下降。

三、民营企业和港澳台资企业较其他所有制企业更加偏好制造业对外直接投资

根据 2005 年至 2020 年四种所有制企业在对制造业海外直接投资项目数量和金额在本类企业总投资中的占比情况分析，民营企业在多数年份较其他三类企业在制造业投资金额占比方面保持较高水平；并且民营企业在 2005 年至 2020 年对制造业投资金额在本类企业总投资中所占比例为 41.00%，明显高于其他三类企业；反映出民营企业海外直接投资对制造业的偏好程度要高于其他三类企业。

2005 年至 2020 年，港澳台资企业的制造业投资项目数量占比整体呈现波动上升趋势，2005 年港澳台资企业的制造业投资项目数量占比在四类企业中处于最低水平为 12.82%，但港澳台资企业在 2005 年至 2020 年对制造业的投资项目数量合计占比跃升至四种所有制企业首位，达到 30.99%。

由此得出港澳台资企业对外直接投资过程中更加倾向于制造业的结论。

综上，与民营企业和港澳台资企业偏好制造业对外直接投资相比，国有企业和外资企业在海外直接投资中并未表现出对制造业的明显偏好。

四、民营企业和国有企业较其他所有制企业在制造业投资中更加偏好较高技术水平制造业

根据对 2005 年至 2020 年中国不同所有制企业对较高技术水平制造业的海外直接投资项目数量占比和金额占比的发展趋势的对比分析，民营企业和国有企业对较高技术制造业的投资项目数量占比和金额占比在大多数年份均较外资企业和港澳台资企业保持优势地位；从民营企业和国有企业对较高技术水平制造业的投资项目数量合计占比和金额合计占比，也能看出民营企业和国有企业具有一定领先优势；这反映出相较外资企业和港澳台资企业，民营企业和国有企业在制造业投资中更加偏好较高技术水平制造业。

五、非国有企业较国有企业在非制造业投资中更加偏好服务业

根据 2005 年至 2020 年中国不同所有制企业对服务业的海外直接投资项目数量和金额在本类企业对非制造业海外直接投资中所占比例的发展趋势，在大多数年份里，三类非国有企业相较国有企业在对服务业海外直接投资项目数量占比和金额占比上均保持领先，且三类非国有企业在投资金额占比上的优势更加明显；反映出三类非国有企业与国有企业相比在对非制造业的海外直接投资中更加倾向服务业。通过对比三类非国有企业与国有企业在 2005 年至 2020 年对服务业海外直接投资项目数量合计占比和金额合计占比，也能得出同样结论。

六、民营企业随着"一带一路"倡议的全面开展在对沿线国家对外直接投资中逐渐占据优势

民营企业作为贯彻落实国家"一带一路"倡议的重要组成部分，自

"一带一路"倡议全面实施及配套政策设施不断完善以来，民营企业凭借自身产品竞争力和生产经营效率的不断提升，在对沿线国家的海外直接投资中表现出迅猛的追赶趋势；截至2020年，民营企业在不同所有制企业对"一带一路"沿线国家的海外直接投资中发挥着中流砥柱的关键作用。

（一）不同所有制企业对沿线国家OFDI项目数量占比和金额占比——基于总体视角

整体上看，自"一带一路"倡议全面实施后，民营企业在对沿线国家的投资项目数量上始终保持领先，民营企业在2005年至2020年对沿线国家投资项目数量的合计占比为55.34%。在对沿线国家的海外直接投资金额上，尽管国有企业在总体上仍占据优势，但国有企业在2014年至2020年对沿线国家的海外直接投资金额占比已经由2005年至2013年期间的79.46%下降至59.68%；并且民营企业在2019年后相较国有企业在对沿线国家的投资金额上均保持一定领先，2020年两类企业在金额占比上的差距为28.95%，两类企业的投资金额占比分别为61.84%和32.89%。

（二）不同所有制企业对沿线国家OFDI项目数量占比和金额占比——基于投资模式视角

在海外投资项目数量占比和金额占比两方面，对于并购和绿地两种投资方式，港澳台资企业和外资企业占比均较小且不具有明显变化趋势；民营企业相较国有企业在对沿线国家的两种方式的海外直接投资项目数量占比和金额占比中整体占据领先地位。

对于海外投资项目数量占比，2020年，民营企业与国有企业的并购投资项目数量占比分别为68.48%和17.93%，两类企业在并购投资项目数量占比上的差距为50.55%。在绿地投资项目数量占比方面，2020年，民营企业与国有企业在投资项目数量占比上的差距为43.40%，两类企业的投资项目数量占比分别为66.98%和23.58%。

在海外投资金额占比方面，2019年至2020年，民营企业和国有企业的并购投资金额占比交替上升且两类企业之间的差距不大。对于绿地投资金额占比，民营企业投资金额占比在2019年的直线上升以及国有企业投资金额占比在同期的直线下降，使民营企业相较国有企业形成 60.41% 的较大差距；尽管在 2020 年，民营企业与国有企业在投资金额占比上的差距略微减小，但仍然保持在 54.55%。

七、不同所有制企业对"一带一路"沿线国家对外直接投资在近年来均出现一定下滑

随着近年来全球经济增长缺乏动力以及部分国家推行贸易保护主义政策对企业开展海外投资及投资收益率的不利影响，产业结构优化升级及供给侧结构性改革对中国企业海外直接投资领域及方式的进一步规范，加之新冠肺炎疫情对企业利润水平及全球价值链的冲击，使得部分企业适度延缓海外投资计划，从而引起中国企业海外投资项目数量和金额均出现一定幅度的下降。

（一）"一带一路" OFDI 综合指数

2013 年"一带一路"倡议正式提出后，不同所有制中国企业"一带一路" OFDI 综合指数表现出差异化特征；其中，民营企业"一带一路" OFDI 综合指数在 2014 年至 2020 年呈"倒 U 形"发展趋势，并在 2016 年达到峰值；国有企业"一带一路" OFDI 综合指数以 2017 年为转折点呈现先上升后下降的"倒 V 形"发展趋势，并在 2017 年达到峰值；港澳台资企业"一带一路" OFDI 综合指数在 2015 年至 2016 年直线上升并在 2016 年达到峰值、在 2017 年至 2018 年直线下降、2019 年至 2020 年缓慢上升；外资企业"一带一路" OFDI 综合指数以 2016 年为转折点先小幅上升后小幅下降，随后以 2018 年为转折点先较大幅度上升后紧接着较大幅度下降，从而在 2016 年和 2018 年分别达到极大值和峰值。

（二）"一带一路"对外直接投资项目数量及金额指数

在项目数量指数上，2019 年，受到境外投资阻碍因素增多的影响，除外资企业项目数量指数小幅上升外，其他三种所有制企业项目数量指数均明显下降；2020 年加之新冠肺炎疫情对国际生产分工及企业海外投资计划的巨大冲击，中国不同所有制企业项目数量指数均直线下降，尤其以外资

企业和民营企业的下降趋势更为显著。

在投资金额指数上，2017 年至 2020 年，不同所有制企业投资金额指数表现出差异化的发展趋势，其中，民营企业金额指数整体呈缓慢下降趋势，港澳台资企业金额指数以 2018 年为转折点先直线下降后有所回升，国有企业和外资企业整体上分别以 2017 年和 2018 年为分界点呈现先直线上升后直线下降的"倒 V 形"发展特征。

（三）不同投资模式下"一带一路"对外投资项目数量及金额指数

在海外投资项目数量指数方面，对于并购投资，"一带一路"倡议正式提出后，不同所有制企业项目数量指数呈现出差异化的发展趋势；民营企业项目数量指数在 2014 年至 2017 年迅速上升并在 2017 年达到峰值为 346.15，在 2018 年至 2020 年整体呈快速下降趋势；国有企业项目数量指数在 2014 年至 2018 年缓慢上升并在 2018 年达到峰值为 180.79，在 2019 年至 2020 年呈现下降调整趋势；港澳台资企业项目数量指数在 2014 年至 2020 年相较其他三种企业波动幅度较小，在 2015 年达到峰值为 157.89；外资企业项目数量指数在 2020 年直线下降。对于绿地投资，中国不同所有制企业项目数量指数在 2019 年至 2020 年均大幅度下降至较低水平。

在海外投资金额指数方面，对于并购投资，民营企业和国有企业整体发展趋势较为接近，在 2018 年至 2020 年，两类企业投资金额指数均迅速下降至相近的较低水平且国有企业下降幅度更大。在绿地投资金额指数方面，除港澳台资企业在 2016 年达到峰值为 1182.60、外资企业分别在 2006 年和 2018 年达到极大值 1414.73 和峰值 3160.31 外，中国四种所有制企业投资金额指数在 2005 年至 2020 年的大部分年份里均表现为水平调整状态且均保持在较低值。

第六章 中国企业 OFDI 与宏观经济指标的协动性分析

企业海外直接投资与母国宏观经济之间有着密不可分的相关性。本章将中国宏观经济环境分为七大类，分别是（1）宏观经济增长；（2）国民经济运行与宏观政策；（3）消费、投资和储蓄；（4）结构变化；（5）人力资本与科研投入；（6）对外经济与贸易；（7）国际政治与经济。其中每一大类又细分为若干子项，合计 45 个宏观经济指标（详见表 6-1-1）。

为具体分析中国企业 OFDI 特别是中国民营企业 OFDI 与中国宏观经济环境之间存在的协动关系，本章通过能够反映宏观经济总体现状的上述主要经济指标与中国企业 OFDI 综合指数以及中国民营企业 OFDI 综合指数之间的相关性分析，探究中国企业 OFDI 尤其是中国民营企业 OFDI 发展背后的潜在影响因素，从而有助于总结归纳中国企业 OFDI 和中国民营企业 OFDI 发展的主要路径和提升空间，并对未来中国企业 OFDI 的持续协调发展提供一些参考。

第一节 协动性检验

表 6-1-1 具体列明了 2005—2020 年中国企业 OFDI 综合指数、中国民营企业 OFDI 综合指数与以上 45 个宏观经济指标①的 Pearson 相关系数和

---

① 由于截至本节写作时间，45 个宏观经济指标中的"制造业就业占比""一二线城市商品房平均价格""中国整体形象得分"这三项指标数据仅更新至 2019 年，因此在做相关性分析时，所使用的这三项指标的时间跨度为 2005—2019 年，其余 42 项指标的时间跨度均为 2005—2020 年。

Spearman 相关系数；其中，相关系数在显著性水平内越接近于 1，表明该宏观经济指标与中国企业 OFDI 综合指数（或中国民营企业 OFDI 综合指数）的正向协动关系越强；反之，相关系数在显著性水平越接近于−1，表明该宏观经济指标与中国企业 OFDI 综合指数（或中国民营企业 OFDI 综合指数）的反向协动关系越强。

表 6-1-1　中国企业 OFDI 综合指数、中国民营企业 OFDI 综合指数与中国主要宏观经济变量的相关性检验结果

宏观经济指标		中国企业 OFDI 综合指数与各指标相关性		中国民营企业 OFDI 综合指数与各指标相关性	
		Pearson 相关系数	Spearman 相关系数	Pearson 相关系数	Spearman 相关系数
宏观经济增长	实际 GDP（亿元）	0.813***	0.8529***	0.868***	0.9118***
	实际 GDP 年增长率（%）	−0.660***	−0.8265***	−0.709***	−0.8853***
	人均 GDP（元）	0.797***	0.8529***	0.852***	0.9118***
	工业用电量（亿千瓦时）	0.795***	0.8618***	0.819***	0.9029***
	铁路货运总发送量（百万吨）	0.446*	0.5706**	0.422	0.5971**
	银行本外币中长期贷款（亿元）	0.707***	0.8529***	0.801***	0.9118***
国民经济运行与宏观政策	居民消费价格指数 CPI	0.806***	0.8471***	0.842***	0.9147***
	工业生产者出厂价格指数 PPI	0.297	0.3941	0.196	0.4088
	货币和准货币（M2）（亿元）	0.790***	0.8529***	0.862***	0.9118***
	贷款利率（%）	−0.689***	−0.6125**	−0.803***	−0.7078***
	一般公共预算支出（亿元）	0.812***	0.8529***	0.874***	0.9118***
	社会融资规模（亿元）	0.649***	0.8176***	0.700***	0.8559***
消费、投资和储蓄	内需（亿元）	0.794***	0.8529***	0.851***	0.9118***
	社会消费品零售总额（亿元）	0.828***	0.8559***	0.885***	0.9147***
	居民人均可支配收入（元）	0.797***	0.8529***	0.861***	0.9118***
	全社会固定资产投资（亿元）	0.848***	0.8529***	0.891***	0.9118***
	实际利用外商直接投资金额（万美元）	0.789***	0.8471***	0.800***	0.9088***
	国民储蓄率（%）	−0.620**	−0.5588**	−0.766***	−0.6353***

续表

宏观经济指标		中国企业 OFDI 综合指数与各指标相关性		中国民营企业 OFDI 综合指数与各指标相关性	
		Pearson 相关系数	Spearman 相关系数	Pearson 相关系数	Spearman 相关系数
结构变化	规模以上工业企业营业收入（亿元）	0.866 ***	0.9559 ***	0.833 ***	0.9324 ***
	制造业增加值占 GDP 比重（%）	−0.751 ***	−0.8118 ***	−0.877 ***	−0.8735 ***
	制造业就业占比（%）	−0.478 *	−0.550 **	−0.582 **	−0.5893 **
	第三产业产值占 GDP 比重（%）	0.842 ***	0.8441 ***	0.922 ***	0.8882 ***
	平均每年实际工资指数	0.788 ***	0.8529 ***	0.852 ***	0.9118 ***
	一二线城市商品房平均价格（元/平方米）	0.846 ***	0.8714 ***	0.878 ***	0.9357 ***
	主要城市工业用地价格成本（元/平方米）	0.918 ***	0.9176 ***	0.911 ***	0.9735 ***
人力资本与科研投入	大专及以上学历人口所占比例（%）	0.784 ***	0.8471 ***	0.844 ***	0.9029 ***
	平均受教育年限（年/人）	0.770 ***	0.8176 ***	0.782 ***	0.8794 ***
	中国每十万人拥有律师数（人）	0.676 ***	0.8382 ***	0.783 ***	0.8941 ***
	研发经费支出占 GDP 比重（%）	0.783 ***	0.8529 ***	0.809 ***	0.9118 ***
	每万人口发明专利拥有量（件）	0.666 ***	0.8214 ***	0.790 ***	0.8929 ***
对外经济与贸易	出口总额（亿元）	0.768 ***	0.8441 ***	0.790 ***	0.8765 ***
	进口总额（亿元）	0.698 ***	0.7441 ***	0.688 ***	0.7706 ***
	贸易收支（亿元）	0.715 ***	0.6941 ***	0.828 ***	0.7588 ***
	经常项目借方（万美元）	−0.801 ***	−0.8412 ***	−0.784 ***	−0.8706 ***
	经常项目贷方（万美元）	0.801 ***	0.8412 ***	0.779 ***	0.8676 ***
	经常项目账户（万美元）	−0.313	−0.2647	−0.337	−0.3029
	资本和金融项目账户（万美元）	0.700 ***	0.7382 ***	0.773 ***	0.8618 ***
	美元兑离岸人民币汇率（人民币/美元）	0.535	0.3333	0.840 ***	0.8333 ***
	外汇储备（亿美元）	0.673 ***	0.6853 ***	0.558 **	0.5941 **

续表

宏观经济指标		中国企业 OFDI 综合指数与各指标相关性		中国民营企业 OFDI 综合指数与各指标相关性	
		Pearson 相关系数	Spearman 相关系数	Pearson 相关系数	Spearman 相关系数
国际政治与经济	人民币国际化指数 RII	0.617**	0.6713**	0.737***	0.7273***
	中国智库数量（家）	0.124	0.7127***	0.267	0.7597***
	经济政策不确定性指数 EPU	0.479*	0.6971***	0.630***	0.8059***
	中国整体形象得分	0.780**	0.2	0.841**	0.5455
	世界平均 GDP 年增长率（%）	−0.382	−0.4735*	−0.427*	−0.4824*
	美国十年期国债收益率（%）	−0.615**	−0.6873***	−0.649***	−0.7403***

注1.　*** 表示在 0.01 水平（双侧）上显著相关，** 表示在 0.05 水平（双侧）上显著相关，* 表示在 0.10 水平（双侧）上显著相关。

注2.　部分指标解释：①内需（亿元）以最终消费与资本形成总额之和来衡量；②国民储蓄率（%）用 1 与最终消费率（即：居民消费与政府消费总和占按照支出法计算的国内生产总值的比重）的差值衡量①；③制造业就业占比（%）用各类单位或企业制造业就业量之和占各类单位或企业总就业量的比值衡量；④一二线城市商品房平均价格（元/平方米）由国家统计局公布的 35 个大中城市商品房平均销售价格衡量；⑤主要城市工业用地价格成本（元/平方米）为 45 个主要城市在 2005 年至 2020 年期间工业用地的平均价格；⑥大专及以上学历人口所占比例（%）根据国家统计局数据整理统计得到；⑦平均受教育年限（年/人）参考第七次全国人口普查中有关平均受教育年限的计算方法，通过对国家统计局数据的计算分析得到；⑧中国每十万人拥有律师数（人）基于国家统计局数据计算整理得到；⑨每万人口发明专利拥有量（件）来源于国家知识产权局数据的整理；⑩EPU 指数为基于 "Economic Policy Uncertainty in China" by Scott Baker，Nicholas Bloom，Steven J. Davis and Sophie Wang（2013）的经济政策不确定性指数（EPU 指数）取 2005 年至 2020 年每个年度的算数平均数，以此作为衡量中国在相应年份经济政策不确定性的指标，即：经济政策不确定性指数（EPU 指数）。

数据来源：国家统计局；国家外汇管理局；国家能源局；国家知识产权局；中国电力企业联合会；中经网统计数据库；中国地价信息服务平台；万得（Wind）数据库；中国人民大学历年《人民币国际化报告》；当代中国与世界研究院《中国国家形象全球调查报告》；世界银行 WDI 数据库；CEIC 经济数据库；美国宾夕法尼亚大学"智库研究项目"（TTC-SP）编《全球智库报告》；"Economic Policy Uncertainty in China" by Scott Baker，Nicholas Bloom，Steven J. Davis and Sophie Wang（2013）at www. Policy Uncertainty. com。

---

①　国民储蓄率的计算方法参考李扬、殷剑峰：《中国高储蓄率问题探究——1992—2003 年中国资金流量表的分析》，《经济研究》2007 年第 6 期。

第二节　协动性分析

本节基于表 6-1-1 所示的中国企业 OFDI 综合指数、中国民营企业 OFDI 综合指数与各宏观经济指标之间的相关系数及其显著性，对七大类 45 个宏观经济指标与中国企业 OFDI 综合指数、中国民营企业 OFDI 综合指数的协动关系作出以下具体分析。

一、宏观经济增长与中国企业 OFDI 综合指数、中国民营企业 OFDI 综合指数的协动性分析

该类宏观经济指标共有 6 项指标，分别是实际 GDP（亿元）、实际 GDP 年增长率（%）、人均 GDP（元）、工业用电量（亿千瓦时）、铁路货运总发送量（百万吨）、银行本外币中长期贷款（亿元）。测算结果显示：

（1）实际 GDP 与中国企业 OFDI 综合指数、中国民营企业 OFDI 综合指数均在 1% 的显著性水平上呈正向协动关系，证明了随着综合国力的增强我国 OFDI 也在不断增加。

（2）实际 GDP 年增长率在 1% 的显著性水平上呈反向协动关系以及人均 GDP 在 1% 的显著性水平上呈正向协动关系符合邓宁的"对外直接投资阶段论"，说明伴随着我国进入中高收入发展阶段之后尽管经济增速开始下降，但 OFDI 势头逐渐增强。

（3）工业用电量、铁路货运量、银行贷款被称为"克强指数"，在 2020 年政府所提出的以国内循环为主的双循环格局下仍然不失为衡量宏观经济运行的一个重要指标，整体上看"克强指数"代表宏观经济增长水平和国民经济运行状况，同时与我国 OFDI 呈现出同步良性互动。分开看，工业用电量和银行贷款均在 1% 的显著性水平上呈正向协动关系，说明国内良好的经济运转态势以及市场对当前国内经济的强烈信心对 OFDI 起到积极促进作用；铁路货运总发送量与中国企业 OFDI 综合指数、中国民营企业 OFDI 综合指数的 Spearman 相关系数在 5% 的显著性水平上为正，这

反映出铁路货运发送量的增加在一定程度上代表着社会各经济部门生产经营规模不断扩大，由此带来中国企业产品销售量以及利润水平的不断提高，促进中国企业通过 OFDI 改善技术和管理模式以实现集约化生产经营、充分利用各地资源优势、不断扩大国际市场占有率。

二、国民经济运行与宏观政策与中国企业 OFDI 综合指数、中国民营企业 OFDI 综合指数的协动性分析

该类宏观经济指标共有 6 项，分别是居民消费价格指数 CPI、工业生产者出厂价格指数 PPI、货币和准货币（M2）（亿元）、贷款利率（%）、一般公共预算支出（亿元）、社会融资规模（亿元）。针对 OFDI，该 6 项指标又可以分为 2 类，CPI 和 PPI 主要代表国内消费和生产的宏观经济环境；而其余 4 项则是指国内的金融货币市场的环境。测算结果显示：

（1）CPI 与中国企业 OFDI 综合指数、中国民营企业 OFDI 综合指数在 1%的显著性水平上呈现出正向协动关系；而与之相反，PPI 却并不相关。一般 CPI 和 PPI 的上升会将价格传导至工资水平和生产成本，进而影响企业 OFDI 决策。而由于我国 PPI 大部分时间处于低迷状态，因此导致其与企业"走出去"之间的相关系数并未呈现显著性。

（2）货币和准货币（M2）与社会融资规模的稳定增长以及一般公共预算支出的增加，在 1%水平上显著，说明它们促进了中国企业 OFDI 尤其是中国民营企业 OFDI 的进一步发展，特别是与降低中国民企融资成本、缓解融资约束问题有着正向相关关系。同时，贷款利率显著为负也显示了宽松的融资环境有助于更多企业进行 OFDI。

三、消费、投资和储蓄与中国企业 OFDI 综合指数、中国民营企业 OFDI 综合指数的协动性分析

该类宏观经济指标共包含 6 项，分别是内需（亿元）、社会消费品零售总额（亿元）、居民人均可支配收入（元）、全社会固定资产投资（亿元）、实际利用外商直接投资金额（万美元）、国民储蓄率（%）。本章通

过对来自国家统计局公布的最终消费和资本形成总额进行加总作为衡量内需的指标；将 1 与最终消费率（即：居民消费与政府消费总和占按照支出法计算的国内生产总值的比重）的差值作为度量国民储蓄率的指标①。测算结果显示：

（1）指标内需和代表内需内容的社会消费品零售总额、全社会固定资产投资、实际利用外商直接投资金额三项指标，以及代表居民消费购买力的居民人均可支配收入均在 1% 的显著性水平上存在正相关关系，说明随着我国消费和投资的增长，OFDI 也相应增长。

（2）国民储蓄率与中国企业 OFDI 综合指数、中国民营企业 OFDI 综合指数分别在 5% 和 1% 的显著性水平上呈现出负相关性，与我国经济发展阶段相符。日本学者南亮进（2002）② 认为，在经济发展初期，储蓄率有上升倾向，随着经济的成熟而逐渐下降。中国的国民储蓄率在 2010 年达到51.8% 的历史高点，之后开始趋势性下降。而几乎同期，我国 OFDI 开始大幅增长。

四、结构变化与中国企业 OFDI 综合指数、中国民营企业 OFDI 综合指数的协动性分析

该类宏观经济指标包含 7 项指标，分别是规模以上工业企业营业收入（亿元）、制造业增加值占 GDP 比重（%）、制造业就业占比（%）、第三产业产值占 GDP 比重（%）、平均每年实际工资指数、一二线城市商品房平均价格（元/平方米）、主要城市工业用地价格成本（元/平方米）。其中，本章选取《中国统计年鉴》中公布的 35 个大中城市商品房平均销售价格作为度量一二线城市商品房平均销售价格的指标，选取包括各省级行政单位特别是沿海地区 45 个主要城市在各年份工业用地价格的平均数作为衡量中国主要城市工业用地价格成本的指标。测算结果显示：

---

① 国民储蓄率的计算方法参考李扬、殷剑峰：《中国高储蓄率问题探究——1992—2003年中国资金流量表的分析》，《经济研究》2007 年第 6 期。

② ［日］南亮进：《日本的经济发展》（第 3 版），东洋经济新报社 2002 年版。

（1）规模以上工业企业营业收入的相关系数在 1% 水平上显著为正，说明中国企业实力的增强与 OFDI 成正比关系。

（2）制造业增加值占比和制造业就业占比的相关系数显著为负，第三产业产值占 GDP 比重的相关系数显著为正，说明伴随着制造业占比和就业占比的趋势性下降，我国 OFDI 在逐步加大海外"走出去"的进程。一般而言，经济发展进入到一定阶段之后（一般是后工业化时代），制造业占比和就业占比达到峰值之后会逐步下降，第三产业比重会逐步提高[①]，同时企业 OFDI 步伐也会加速。我国的制造业占比和就业占比分别在 2006 年和 2013 年达到峰值。

（3）平均每年实际工资指数、一二线城市商品房平均价格以及主要城市工业用地价格成本的相关系数均在 1% 水平上显著为正，显示国内企业运营成本的不断提高迫使部分企业加速推进 OFDI。

五、人力资本与科研投入与中国企业 OFDI 综合指数、中国民营企业 OFDI 综合指数的协动性分析

该类宏观经济指标包括了 5 项指标，分别是大专及以上学历人口所占比例（%）、平均受教育年限（年/人）、中国每十万人拥有律师数（人）、研发经费支出占 GDP 比重（%）、每万人口发明专利拥有量（件）。其中，（1）参考第七次全国人口普查中有关平均受教育年限的计算方法，按照小学＝6 年、初中＝9 年、高中（含中专）＝12 年、大专及以上＝16 年的受教育年限折算标准以计算出中国在 2005 年至 2020 年期间各年份的平均受教育年限；（2）以研发经费支出占 GDP 比重作为度量研发投入强度的指标，通过研发投入强度与中国企业 OFDI 综合指数、中国民营企业 OFDI 综合指数之间的相关系数分析研发投入强度与中国企业 OFDI、中国民营企业 OFDI 之间的协动关系；（3）2006 年每万人口发明专利拥有量数据根据国家知识产权局公布的 1985 年 4 月至 2006 年 12 月国内发明专利有效量除以

---

① 请参考配第克拉克定理。

总人口计算得出；2007 年至 2020 年每万人口发明专利拥有量数据来自国家知识产权局；由于国家知识产权局未公布有关 2005 年每万人口发明专利拥有量数据以及 2005 年国内发明专利有效量数据，故无法计算得出 2005 年每万人口发明专利拥有量。因此，本部分以 2006 年至 2020 年中国每万人口发明专利拥有量与中国企业 OFDI 综合指数、中国民营企业 OFDI 综合指数之间的协动性分析探究每万人口发明专利拥有量提高对中国企业 OFDI、中国民营企业 OFDI 的潜在推动作用。

计算结果显示：代表人力资本的大专及以上学历人口所占比例、平均受教育年限和每十万人拥有律师数 3 个指标，以及代表我国研发投入的研发经费支出占 GDP 比重和每万人口发明专利拥有量 2 个指标，与中国企业 OFDI 综合指数、中国民营企业 OFDI 综合指数在 1% 的显著性水平上均为正向相关，显示伴随着我国人力资本提高以及研发投入的增强，我国"走出去"水平也不断提升。同时，由于 OFDI 具有逆向溢出效应，计算结果表明我国 OFDI 水平的提升有助于促进国内科研创新活动。

六、对外经济与贸易与中国企业 OFDI 综合指数、中国民营企业 OFDI 综合指数的协动性分析

该类宏观经济指标包括了 9 项指标，分别是出口总额（亿元）、进口总额（亿元）、贸易收支（亿元）、经常项目借方（万美元）、经常项目贷方（万美元）、经常项目账户（万美元）、资本和金融项目账户（万美元）、美元兑离岸人民币汇率（人民币/美元）、外汇储备（亿美元）。其中，人民币汇率使用万得（Wind）数据库中公布的 2012 年至 2020 年美元兑离岸人民币汇率年末收盘价。

在中国，一般认为国际收支平衡表上的"经常账户项目顺差+资本和金融项目顺差—外汇储备增量＝0"。经常项目借方（贷方）金额的减少（增加）反映一国在商品、服务、收入和经常转移上外汇净收入的变化；资本和金融项目差额是一国对外资本输出入与金融交易收支的汇总差额。中国央行的官方外汇储备＝经常账户+资本和金融账户−境内私人持有外币

现金，其中，经常账户是我国的净出口加上该国从外国挣得的净收入，资本和金融账户则是流入我国的资本（短期资本、外国直接投资和对外借款）减去流出的资本（短期资本、对外投资和对外放贷），即我国的资本净流入。

计算结果显示：

（1）出口、进口、贸易收支、经常项目借方（贷方）、资本和金融项目账户这 6 个指标均在 1% 的水平上显著相关，外汇储备与中国企业 OFDI、中国民营企业 OFDI 分别在 1% 和 5% 的水平上表现出相关性，其中经常项目借方为负向相关。一般认为，我国迄今为止的进出口贸易顺差以及在此基础上积累的雄厚外汇储备为我国 OFDI 奠定了坚实的基础。

（2）特别需要关注的是，相关系数显示经常项目账户与中国企业 OFDI 不存在显著相关关系。从国际收支表看，中国长期以来一直在输出资本，尽管中国的海外净资产是正的，但是投资收入却是逆差①。这种"净债权、投资收益为负"的对外资产—负债结构也许正是导致上述 OFDI 与经常项目账户不相关的原因所在，但是其相关具体原因有待我们在今后研究中进一步分析。

（3）美元兑离岸人民币汇率与中国民营企业 OFDI 综合指数之间在 1% 的水平上显著正向相关，而与中国企业 OFDI 综合指数之间的相关系数虽然为正但不显著。这说明民企相较其他所有制类型企业比较遵循市场经济规律进行 OFDI，究其原因可能与国有企业在对外投资特别是对"一带一路"沿线国家过程中具有一定的国家政策投资导向有关。

七、国际政治与经济与中国企业 OFDI 综合指数、中国民营企业 OFDI 综合指数的协动性分析

该类宏观经济指标包含 6 项指标，分别是人民币国际化指数（RII）、中国智库数量（家）、经济政策不确定性指数（EPU）、中国整体形象得

---

① 余永定：《近 1.3 万亿美元海外资产下落不明 钱去哪了？》，深圳创新发展研究院官网 2018 年 1 月 29 日。

分、世界平均 GDP 年增长率（%）、美国十年期国债收益率（%）。其中，（1）RII 采用中国人民大学国际货币研究所历年《人民币国际化报告》中的 2009 年至 2020 年各年份第四季度的人民币国际化指数；（2）中国智库数量（家）使用美国宾夕法尼亚大学"智库研究项目"（TTCSP）研究编写的《全球智库报告》中统计的 2008 年至 2020 年中国智库数量作为衡量中国智库发展现状及趋势的指标；（3）EPU 指数采用对斯科特·贝克等人在《南华早报》上自 1995 年 1 月直至本书写作时间每个月份与"中国经济政策不确定性"相关的文章数目占比计算出的 EPU 指数取 2005 年至 2020 年每个年度的算数平均数作为衡量中国在相应年份经济政策不确定性的指标；（4）中国整体形象得分指标引自当代中国与世界研究院公布的《中国国家形象全球调查报告》。

计算结果显示：

（1）RII 分别在 5% 和 1% 的显著性水平上与中国企业 OFDI 和中国民营企业 OFDI 成正相关协同关系，显示两者相辅相成。

（2）中国智库数量与中国企业 OFDI 综合指数、中国民营企业 OFDI 综合指数的 Spearman 相关系数在 1% 的显著性水平上表现出正相关性，而相应的 Pearson 相关系数同样为正但均不显著。由于 Pearson 评估的是两个变量的线性关系，而 Spearman 评估的两变量的单调关系，且 Spearman 相关系数对于数据错误和极端值的反应不敏感，因此该结果也可以理解为我国的智库在"走出去"过程中并未发挥应有的作用，今后的智库建设和服务水平仍需要进一步加强。

（3）除 EPU 指数与中国企业 OFDI 的 Pearson 相关系数只在 10% 的显著性水平上正向相关外，EPU 指数与中国企业 OFDI 综合指数的 Spearman 相关系数、EPU 指数与中国民营企业 OFDI 综合指数的相关系数均在 1% 的显著性水平上呈现出正向协动关系；其中 EPU 指数对中国民营企业 OFDI 的影响作用更加显著。由于 EPU 代表"中国经济政策不确定性"，EPU 指数与 OFDI 成正向相关反映了在中国经济在快速发展的同时，企业特别是民营企业如何看待和应对他们所面临的诸多的政策不确定性。提醒各级政府今后还需不断在改善营商环境、进一步提高政策透明度等方面下功夫。

（4）中国整体形象得分与中国企业 OFDI 综合指数、中国民营企业 OFDI 综合指数的 Pearson 相关系数在 5% 的显著性水平上显著为正，而相应的 Spearman 相关系数同样为正但并不显著。中国整体形象的好坏关乎"走出去"企业的初始投资的顺利程度以及落地之后的可持续发展等方方面面。根据结果，中国整体形象的稳定提升对中国企业 OFDI、中国民营企业 OFDI 具有带动作用，但这种带动作用由于中国整体形象得分数据时间跨度较小①而未完全呈现。

（5）世界平均 GDP 年增长率与中国企业 OFDI 综合指数的 Spearman 相关系数、世界平均 GDP 年增长率与中国民营企业 OFDI 综合指数的相关系数仅在 10% 的显著性水平上呈现出负向协动关系。说明近年我国强劲的 OFDI 并不注重国际经济形势的波动，反而利用了一些国家经济形势不太明朗的有利时机，无论是对发达国家的投资还是"一带一路"沿线国家都积极地推进 OFDI。

（6）除美国十年期国债收益率与中国企业 OFDI 综合指数之间的 Pearson 相关系数在 5% 的显著性水平上保持负相关性外，美国十年期国债收益率的降低在 1% 的显著性水平上对中国企业 OFDI、中国民营企业 OFDI 均起到了显著推动作用。说明美国在全球经济中的重要地位以及美元在国际货币体系中所发挥的巨大作用，具有"金融资产的锚"之称的美国十年期国债收益率不仅会影响全球资本流动以及汇率走势，它还可以通过一系列传导机制引起包括中国在内的世界其他国家和地区利率水平的变动，利率水平的升降直接影响我国企业尤其是民营企业的融资问题。

---

① 当代中国与世界研究院自《中国国家形象调查报告 2012》起连续推出系列报告，故从该系列报告中得出的中国整体形象得分数据时间跨度为 2013 年至 2020 年。

第七章 中国企业 OFDI 2021—2022 年预测及展望

——基于 2005—2020 年 OFDI 金额的趋势分析

从第六章的协动性分析可看出，中国经济增速变化、国民经济运行状况、政府政策调控程度等反映中国宏观经济指标的变化影响着中国企业 OFDI 的开展。那么在中国宏观经济调控的过程和变幻莫测的国际局势影响下，中国企业 OFDI 将会如何发展变化呢？科学合理地判断 OFDI 变化趋势对于政府部门政策措施的制定以及企业自身调整战略布局而言均具有重要参考价值。本章基于此考虑，以 2005—2020 年中国企业 OFDI 金额为基础，通过构建计量模型对中国企业在 2021—2022 年 OFDI 规模进行预测，展望中国 OFDI 可能的发展变化，以期在对中国企业 OFDI 未来发展趋势有初步推断的基础上为中国企业更好更快"走出去"提供科学依据。

第一节 中国企业 OFDI 预测模型的构建

一、模型设定

本节参考马里奥等人[①]对于影响海外直接投资的主要因素的选择，基于中国的基本国情，构建如下面板计量模型：

$$OFDI_{cjt} = \beta_0 + \beta_1\, CNGDP_{ct} + \beta_2\, CR_{ct} + \beta_3\, FGDP_{jt} + \beta_4\, FTA_{cjt} + \beta_5\, BIT_{cjt} + \beta_6\, CL_j + \beta_7 CB_j + \beta_8\, D_j + \beta_9\, EI_{ct} + \varepsilon_{cjt}$$

---

① Mario L., Anderson J. E and Yotov Y. V., "Trade Liberalization, Growth, and FDI: A Structural Estimation Framework", *Annual Conference 2017* (*Vienna*): *Alternative Structures for Money and Banking*, 2017 (14).

其中，下标 c 代表中国，j 代表东道国，t 为年份。被解释变量 $OFDI_{cjt}$ 表示第 t 年中国企业对 j 国的海外直接投资金额规模。解释变量可划分为中国宏观经济指标、投资标的宏观经济指标、经贸投资协议的签订、生效和升级、语言和地理因素、重大经济事件影响五类：（1）中国宏观经济指标包括 $CNGDP_{ct}$、CR_{ct}，分别代表第 t 年中国的国内生产总值、消费占收入的比例；（2）$FGDP_{jt}$ 表示 t 年标的国（地区）的国内生产总值，用来衡量投资标的国（地区）的经济发展状况；（3）FTA_{cjt} 代表中国与标的国（地区）在 t 年双边或多边经贸协议的生效状态，BIT_{cjt} 则表示中国与标的国（地区）在 t 年双边投资协议及补充协议的生效状态；（4）CL_j、CB_j 和 D_j 分别代表中国与 j 国的官方语言是否相同、与 j 国是否接壤以及与 j 国的地理距离；（5）EI_{ct} 表示影响中国企业"走出去"进程的重大经济事件，本章所包括的重大事件分为三种：①2013 年"一带一路"倡议的提出（BRI_{ct}）；②2015 年国家三部委联合出台的《推动共建丝绸之路经济带和 21 世纪海上丝绸之路的愿景与行动》（$VAJBBRI_{ct}$，以下简称《愿景与行动》）；③2018 年中美贸易摩擦（TW_{ct}）。ε_{cjt} 则表示随机扰动项。

二、数据来源

本节中预测模型使用的是 2005—2020 年国家层面的面板数据，东道国包括了 NK-GERC 数据库中中国企业海外投资的所有标的国家和地区。

其中：（1）被解释变量 $OFDI_{cjt}$ 来自 NK-GERC 数据库，单位为百万美元；（2）$CNGDP_{ct}$ 来自中国国家统计局公布的国民总收入年度数据，单位为十亿人民币；（3）CR_{ct} 为每年国家统计局公布的人均居民消费水平乘以当年度总人口后与 GDP 的比值；（4）$FGDP_{jt}$ 来源于世界银行以及 IMF 公布的 *World Economic Outlook*，单位为十亿美元①；（5）FTA_{cjt}、BIT_{cjt} 和 EI_{ct} 均为

---

① 由于截至本节写作时间，世界银行数据库中仍缺失部分国家 2019 年、2020 年的 GDP 数据，对于这些 GDP 数据，本节使用 2021 年 3 月 IMF 公布的 *World Economic Outlook* 中提出的 GDP 预测值进行替换，除这些缺失的数据外，其他国家（包括 2019 年、2020 年缺失 GDP 数据国家）的各年份 GDP 数据均来源于世界银行。

年份虚拟变量，协议生效或者经济事件发生的当年以及之后年份取值为 1，之前年份取值为 0，其中：自由贸易协定和双边投资协定的生效年份根据中国商务部网站的数据整理得到；（6）CL_j、CB_j 和 D_j 整理自 CEPII 网站的数据。

三、模型估计

本节先后选取全样本民营企业和国有企业 OFDI 数据，使用随机效应模型对上述计量模型进行面板回归，回归结果如表 7-1-1、表 7-1-2 和表 7-1-3 所示[①]。

表 7-1-1　随机效应模型的全国面板数据估计结果

解释变量		系数	标准差	t 值	P 值	显著水平
中国宏观经济指标	CNGDP	0.7958894	469.5515	0.999	−919.5081	
	CR	24.27094	215.6493	0.91	−398.394	
标的国（地区）宏观经济指标	FGDP	1167.979	187.4033	0	800.6755	***
经贸投资协议	经贸协议生效 FTA	−118.2358	395.6899	0.765	−893.7738	
	投资协议生效 BIT	−1108.531	586.9345	0.059	−2258.901	*
语言与地理因素	CL	1048.719	1302.719	0.421	−1504.563	
	CB	2676.855	2139.749	0.211	−1516.976	
	D	0.0592338	0.0948583	0.532	−0.126685	
重大经济事件	BRI	2079.854	776.1957	0.007	558.5383	***
	VAJBBRI	85.84053	950.6241	0.928	−1777.349	
	TW	−1472.304	887.6427	0.097	−3212.052	*
常数项		−4837.723	11173.89	0.665	−26738.14	

注：*** 表示在 1% 的显著水平内相关；** 表示在 5% 的显著水平内相关；* 表示在 10% 的显著水平内相关。

从表 7-1-1 的回归结果中可看出，投资标的国 GDP 的提高、双边投资协定的生效、"一带一路"倡议的提出以及 2018 年中美贸易摩擦的出现

---

① Hausman 检验结果指出随机效应模型比固定效应模型更适用于本模型的面板数据，由于篇幅限制省略 Hausman 检验结果。各国 GDP 数据均加一并取对数。

在 10% 的显著水平内对于中国企业 OFDI 产生影响。其中：（1）标的国（地区）GDP 越高，表明标的国（地区）经济发展势头良好，有着相对完善的制度和金融体系，对于企业 OFDI 产生较大的吸引力；（2）中国与标的国（地区）所签订的双边投资协定生效为企业提供了良好的投资环境，激励企业对标的国（地区）开展海外投资活动；（3）"一带一路"倡议的提出为中国企业"走出去"提供了良好的政策环境，大量中国企业响应号召导致 OFDI 显著增加；（4）2018 年中美贸易摩擦的出现使得中国企业在"走出去"过程中面临着较大的风险和不确定性，潜在的沉没成本阻碍企业境外投资。

表 7-1-2　随机效应模型的民营企业面板数据估计结果

解释变量		系数	标准差	t 值	P 值	显著水平
中国宏观经济指标	CNGDP	16.7753	112.1562	0.15	0.881	
	CR	16.91016	51.68531	0.33	0.744	
标的国（地区）宏观经济指标	FGDP	346.2218	63.69482	5.44	0	***
经贸投资协议	经贸协议生效 FTA	33.57094	100.3805	0.33	0.738	
	投资协议生效 BIT	−203.1379	184.6924	−1.1	0.271	
语言与地理因素	CL	330.0267	459.4278	0.72	0.473	
	CB	1029.486	751.8606	1.37	0.171	
	D	0.0187555	0.0330633	0.57	0.571	
重大经济事件	BRI	394.2686	185.9885	2.12	0.034	**
	VAJBBRI	889.2034	227.2072	3.91	0	***
	TW	−646.953	212.0754	−3.05	0.002	***
常数项		−2138.915	2704.382	−0.79	0.429	

注：*** 表示在 1% 的显著水平内相关；** 表示在 5% 的显著水平内相关；* 表示在 10% 的显著水平内相关。

从表 7-1-2 的回归结果中可看出，投资标的国（地区）GDP 的提高、"一带一路"倡议的提出、《愿景与行动》的出台以及 2018 年中美贸易摩擦的出现在 10% 的显著水平内对于中国企业 OFDI 产生影响。该回归结果很大程度上接近全样本 OFDI 的回归结果，但是又有细微差别。一方面，以下结论及相应解释与全样本 OFDI 一致：（1）标的国（地区）GDP 的提升对促进民营企业 OFDI 产生较大的吸引力；（2）"一带一路"倡议的提出导致 OFDI 显著增加；（3）2018 年中美贸易摩擦阻碍企业境外投资。另一方面，又有以下区别：（1）对于全样本 OFDI 显著的双边投资协议生效状态，对于民营企业样本不再显著，可能是因为双边投资协议倾向国家战略规划，而民营企业的 OFDI 决策更多考虑的是企业个体的经营发展，因而民营企业 OFDI 对双边投资协议生效的响应不明显；（2）对全样本 OFDI 不显著的《愿景与行动》，对民营企业样本非常显著，可能是因为《愿景与行动》更强调市场运作和新兴产业合作，对民营企业而言更加投其所好，因而《愿景与行动》对民营企业 OFDI 的推动作用明显大于对全样本 OFDI 的推动作用。

表 7-1-3　随机效应模型的国有企业面板数据估计结果

解释变量		系数	标准差	t 值	P 值	显著水平
中国宏观经济指标	CNGDP	−29. 34207	453. 6736	−0. 06	0. 948	
	CR	5. 961916	204. 9637	0. 03	0. 977	
标的国（地区）宏观经济指标	FGDP	802. 8966	150. 0575	5. 35	0	***
经贸投资协议	经贸协议生效 FTA	−163. 931	365. 1594	−0. 45	0. 653	
	投资协议生效 BIT	−896. 7629	482. 1162	−1. 86	0. 063	*
语言与地理因素	CL	428. 4225	978. 1367	0. 44	0. 661	
	CB	1474. 556	1678. 082	0. 88	0. 38	
	D	0. 0142617	0. 0724097	0. 2	0. 844	
重大经济事件	BRI	1736. 705	741. 552	2. 34	0. 019	**
	VAJBBRI	−757. 2416	907. 668	−0. 83	0. 404	
	TW	−963. 263	848. 8139	−1. 13	0. 256	
常数项		−2166. 801	10635. 67	−0. 2	0. 839	

注：*** 表示在 1%的显著水平内相关；** 表示在 5%的显著水平内相关；* 表示在 10%的显著水平内相关。

从表 7-1-3 的回归结果中可看出，投资标的国（地区）GDP 的提高、双边投资协定的生效和"一带一路"倡议的提出在 10% 的显著水平内对于中国企业 OFDI 产生影响。对于国有企业，一方面，以下结论及相应解释与全样本 OFDI 一致：（1）标的国（地区）GDP 正向促进国有企业 OFDI；（2）中国与标的国（地区）签订双边投资协定的生效激励企业对标的国（地区）OFDI；（3）"一带一路"倡议的提出推动国企 OFDI 显著增加。另一方面，又有一个区别：对全样本 OFDI 显著的 2018 年中美贸易战，对国有企业样本不再显著，可能是国有企业更易得到国内财政支持和策略引导，在贸易战的恶劣环境下也有足够的资金和明晰的策略进行 OFDI，因此中美贸易战对国有企业 OFDI 的影响不显著。

四、模型的拟合程度检验及差异分析

为判断预测模型的解释能力，本节将表 7-1-1、表 7-1-2、表 7-1-3 使用随机效应模型估计出的系数代入所设定的模型中，最终得到中国企业 OFDI 预测模型，同时测算出中国企业在 2005—2020 年 OFDI 的拟合值，并将拟合值与 NK-GERC 数据库中实际统计的中国企业 OFDI 金额进行比较，从而检验本预测模型的解释效果。为探寻中国企业对"一带一路"沿线国家的境外投资变动特点，本节还以"一带一路"沿线国家为样本对"一带一路"OFDI 进行估计。OFDI 拟合值与实际值的比较如图 7-1-1 所示。

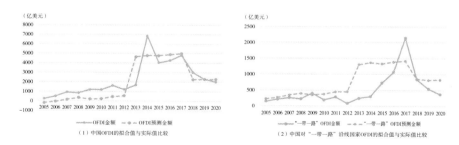

图 7-1-1　2005—2020 年中国 OFDI、对"一带一路"国家 OFDI 的拟合值与实际值比较

从图 7-1-1、图 7-1-2 和图 7-1-3 中可以看出，不论是全样本、民营企业还是国有企业 OFDI，不论是针对全世界的投资还是针对"一带一路"沿

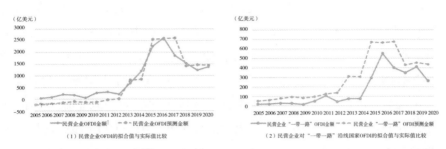

图 7-1-2　2005—2020 年民营企业 OFDI、对"一带一路"国家 OFDI 的拟合值与实际值比较

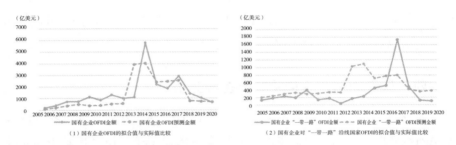

图 7-1-3　2005—2020 年国有企业 OFDI、对"一带一路"国家 OFDI 的拟合值与实际值比较

线国家的投资，本章所构建的 OFDI 预测模型得到的 OFDI 金额拟合值与实际投资值变动趋势基本保持一致，且在某些年份拟合值几乎等于实际值。

根据图 7-1-1 的图（1），中国企业 OFDI 实际值围绕拟合值上下波动，说明本模型较好地反映了中国企业 OFDI 的变动趋势。中国企业 OFDI 拟合值和实际值在 2005—2020 年间总体呈增长趋势，特别是在 2013—2014 年间出现高速扩张，随后的三年间增长变化趋缓，企业 OFDI 呈稳定发展态势，进入 2018—2019 年 OFDI 规模逐步缩减，且 2018 年波动幅度高于 2019 年。图 7-1-2 的图（1）与图 7-1-1 的图（1）大致相同，区别在于民营企业 OFDI 的高速增长期是 2013—2016 年，持续时间更长，且最明显的增长是出台《愿景与行动》的 2015 年，而不是提出"一带一路"倡议的 2013 年。图 7-1-3 的图（1）显示，国有企业 OFDI 的高速增长期是 2014 年，持续时间更短，且于 2015 年迅速下降，这可能是因为国有企业积极响应 2015 年抑制非理性投资的政策。不论是中国全样本、民营企业还是国有企业 OFDI，拟合值与实际值均存在一定偏差，这是因为除了本文的解释变量以外，还有其他多方面因素影响中国企业 OFDI。随着中国经济全球化进程的深入，影响企业"走出去"的因素更为复杂，国内政策调整、世界主要国家之间关系紧张、全球经济不确定程度提高等多种因素的存在导致中国企业 OFDI 波动明显。部分因素由于缺乏数据支持、无法观测或政策滞后效应等客观原因的存在，不能被精确地纳入 OFDI 预测模型中，影响对企业 OFDI 预测值的估算准确度，因此使用预测模型得到的 OFDI 拟合值与实际值存在一定的差异。比如图 7-1-1 的图（2）OFDI 拟合值在 2013 年"一带一路"倡议提出之后立即大幅度提高，OFDI 实际值于 2014 年快速增长，主要可能源于从"一带一路"倡议提出到企业开始制定或重新调整境外投资战略存在一个过程，并非所有的企业都能够根据政策信号对投资活动进行及时的规划安排。再者如图 7-2-2 的图（2），2013 年后的拟合值对实际值有较明显的高估，原因可能是在响应和参与"一带一路"倡议的过程中，民营企业在获取信息、融资和其他多种资源方面优势不足，相较国有企业尤其如此，一定程度上导致民营企业对"一带一路"沿线国家的 OFDI 实际值低于拟合值。图 7-1-3 的图（2）与图 7-1-1 的图（2）类似，2013 年 OFDI 没有马上提高，可能是由于调整战略规划的过程。

　　总体而言，本节基于中国企业 OFDI 预测模型所估计的 OFDI 金额能够相对有效地反映中国企业 OFDI 的发展趋势，具有科学性和一定的参考价值。

第二节　中国企业 2021—2022 年 OFDI 预测及趋势展望

　　为进一步判断中国企业 OFDI 在未来年份的发展趋势，本节基于上一部分所构建的中国企业 OFDI 预测模型，在合理的估计和假定 2021—2022 年与预测模型解释变量相关的数据后，对 2021—2022 年中国企业 OFDI 金额进行预测。根据图 7-1-1、图 7-1-2 和图 7-1-3，"一带一路"沿线国家的 OFDI 拟合值和实际值偏差较大，为提高预测的准确性，以下省略对"一带一路"沿线国家 OFDI 的预测。

一、关于 2021—2022 年解释变量的数据处理

由于在解释变量中，除语言和地理因素不随时间发展改变外，其余解释变量均为时变变量，因此本节对此类解释变量在 2021—2022 年的数据作如下估计和假定：

（1）本节对中国 2021 年 GDP 的预测值根据中科院预测中心 2021 年 1 月发布的 GDP 增长率预测值 8.5% 测算①；对中国 2022 年 GDP 的预测值根据 IMF 在 *World Economic Outlook* 中发布的 GDP 增长率预测值 5.6% 测算；世界各国 2021—2022 年 GDP 的预测值等于 IMF 在 *World Economic Outlook* 中对各标的国（地区）2021—2022 年的 GDP 预测值。

（2）本节对中国 2021 年消费的预测值根据中科院预测中心 2021 年 1 月发布的最终消费增长率预测值均值 11.2% 测算②；本节预测 2022 年消费总额增长率为 2016—2020 年消费总额增长率的平均值，并根据该值和 2021 年消费预测值测算 2022 年消费总额。

（3）经贸投资协议相关安排以及重大经济事件因素（FTA_{cjt}、BIT_{cjt} 和 EI_{ct}）一旦实施便不会轻易变动，能够长期影响企业海外投资，因此本节假定 2021—2022 年 FTA_{cjt}、BIT_{cjt} 和 EI_{ct} 在各投资标的国（地区）对应的取值仍延续 2020 年前的状态。

二、中国企业 2021—2022 年 OFDI 趋势预测及展望

本节将上节估计的 2021—2022 年时变性解释变量代入中国企业 OFDI 预测模型中，计算出 2021—2022 年中国企业在世界范围内 OFDI 预测值，

---

① 数据来自中科院预测科学研究中心 2021 年 1 月举行的 2021 中国经济预测发布与高端论坛发布的预测报告，下同。

② 中科院预测 2021 年中国最终消费同比名义增速在 10.7% 至 11.7% 之间。

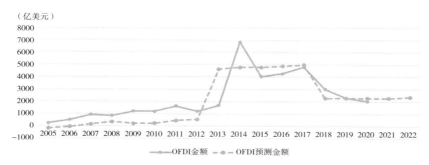

图 7-2-1　2005—2022 年中国企业 OFDI 预测值变化

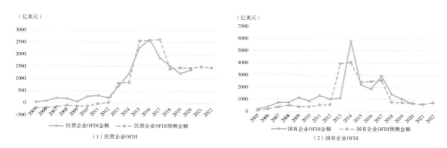

（1）民营企业 OFDI　　　　　　　　（2）国有企业 OFDI

图 7-2-2　2005—2022 年中国民营企业在全世界和"一带一路"沿线国家 OFDI 预测值变化

预期变化趋势如图 7-2-1 和图 7-2-2 所示。在 2021—2022 年中国各项经贸投资协议安排持续完善、"一带一路"倡议运行正常以及中美贸易摩擦仍然存在的假定下，随着新冠肺炎疫情逐渐得到控制和全球经济逐步恢复运转，2021 年中国企业 OFDI 预计较 2020 年增加 12.55% 至 2283.47 亿美元，2022 年 OFDI 继续小幅增长 4.08% 至 2376.53 亿美元，但仍将显著低于金融危机后 2014—2017 年间全球经济复苏阶段的投资水平；2021 年民营企业 OFDI 预计较 2020 年增加 9.61% 至 1509.16 亿美元，2022 年 OFDI 小幅下降 2.81% 至 1466.68 亿美元；2021 年国有企业 OFDI 预计较 2020 年下降 6.77% 至 614.63 亿美元，2022 年 OFDI 增加 23.39% 至 758.36 亿美元。本节将从以下几方面分析 2021—2022 年中国企业 OFDI 预期出现图 7-2-1 和图 7-2-2 趋势的原因。

（一）新冠肺炎疫情得到有效控制后的经济复苏

2020 年初新冠肺炎疫情突然暴发后，中国和世界其他各国经济遭到较大冲击。中国政府树立了疫情管控的典范，随着中国国内疫情逐步得到控制、复工复产逐步推进，疫情对中国经济的负面冲击也在逐步减弱，甚至很有可能在后疫情时代出现经济反弹效应。因此，中科院预测中心 2021 年 1 月发布报告，预测中国 2021 年的 GDP 增长率为 8.5%。中国经济的回暖对致力于"走出去"的企业将传递出积极信号，企业海外投资的下降势头逐步减弱甚至出现逆转。2021 年随着新冠疫苗的出现和世界各国经济回归正常轨道，全球经济进一步复苏，IMF 预测 2021 年世界产出增长率达到 6.0%，2022 年达到 4.4%，企业对外投资在经济复苏中趋于稳定。

（二）西方国家对中国投资的警戒和限制

随着中国国际地位的提升和国际影响力的扩大，"中国威胁论"甚嚣尘上，西方国家对中国的态度日渐消极。以美欧日为代表的西方势力对中国经济"走出去"的态度逐渐转向警戒和排斥，给中国企业 OFDI 造成了较大的阻碍。2018 年 8 月，时任美国总统特朗普签署的《外国投资风险评估现代化法案》（FIRRMA）增加了对中国的歧视性条款，对后续中国企业对美 OFDI 产生了长期而持续的阻力①。2020 年 6 月，日本全面施行修订的《外汇及对外贸易法》，以扩张国际影响力的中国等国家为防范对象，加强对外国投资者对日本上市企业的出资限制，旨在阻止技术外流。2021 年 5 月，欧洲议会高票通过冻结中欧投资协定批准程序。2021 年 7 月，美国众议院批准《保护美国土地免受外国干涉法》修正案，禁止中国企业投资美国农田，提出者 Chip Roy 称中国企业 OFDI 对美国的生活方式"构成重大威胁"，必须采取"严肃行动"阻止中国"永远控制"美国具有战略价值的国内资产。在各种冲突和不确定因素的影响下，不排除西方国家进一步组建联盟孤立中国，对中国进一步脱钩的可能。这在很大程度上阻碍了中国企业"走出去"。

① 李柯娴：《〈外国投资风险评估现代化法案〉对中国企业赴美投资的影响》，《河北企业》2020 年第 7 期。

（三）全球价值链重构促进部分 OFDI

新一轮产业革命、各种双边和多边贸易和投资协定的签订、部分国家的单边主义和逆全球化推动了全球价值链的分解和重构。全球价值链的重构促进了中国的产业外迁现象，促进了中国的部分 OFDI。从行业角度看，比较典型的例子是制造业的外迁，且制造业的外迁可能导致相关的生产型服务业同时外迁[①]，进一步促进 OFDI。从所有制角度看，外资企业和港澳台资企业的外迁也增加了 OFDI。从国内发展战略角度看，中美贸易摩擦引发一系列贸易和投资转移效应，对全球供应链和产业链产生冲击，而中国可以通过产业结构调整等方式实现价值链地位攀升，其中一种策略就是通过 OFDI 主导构建"一带一路"价值链和区域价值链[②]。因此，全球价值链的重构可能成为 2021—2022 年 OFDI 的推动因素，使 OFDI 呈现增长趋势。

（四）中国政府对企业境外投资管控升级

首先，随着中国海外直接投资规模的迅速扩大，一些企业的非理性投资行为也为中国经济的稳定运行带来了风险隐患。政府自 2017 年起接连出台相关政策措施限制企业对房地产、酒店、影城、娱乐业、体育俱乐部等行业的非理性投资，并针对民营企业的海外直接投资的经营行为制定规范，引导民企合理开展境外投资，防范风险。政府加强对企业海外直接投资行为的审查和监管，符合现阶段政府对于实现中国经济高质量、稳增长目标的规划安排，由此推测在中国不断融入经济全球化的未来时期内，这种对于企业境外投资的监管仍将持续，并且深入、扩展到更多行业和领域，企业投资将愈发理性化，投资稳健性也会增强。另外，伴随着外储下降以及人民币贬值压力增加，相信一段时间内我国对用于 OFDI 的外汇使用也会更加趋紧。因为 OFDI 需要消耗一定的外汇储备，外汇储备的减少

[①]　刘振中：《制造业外迁对生产性服务业的影响及其机理研究：以广东省为例》，《宏观经济研究》2020 年第 9 期。

[②]　吕越、马嘉林、田琳：《中美贸易摩擦对全球价值链重构的影响及中国方案》，《国际贸易》2019 年第 8 期。

将对 OFDI 造成一定的约束。同时，人民币贬值使得同样一笔人民币资金能兑换的外币资金减少，这也增加了中国企业 OFDI 的成本。

（五）投资互惠协议的签订及鼓励性政策推动

自 2013 年"一带一路"倡议提出以来，中国企业 OFDI 金额出现快速增长，特别是在"一带一路"沿线国家体现显著，投资互惠协定的签订以及税收优惠等政策的出台加强了中国企业与"一带一路"沿线国家的合作关系，即使在新冠肺炎疫情影响下，2020 年一季度中国企业对"一带一路"沿线的 52 个国家非金融类 OFDI 同比增长 11.7%，占同期投资总额的 17.3%[①]。为进一步促进企业 OFDI，中国政府正在通过积极谈判，逐步深化投资双边或多边的互惠协议，如 2020 年 6 月中欧领导人会晤中重申了 2020 年达成投资协定的决心。投资互惠协定的制定和完善，以及鼓励性政策的出台对于降低企业投资门槛、提高企业投资便利化水平具有重要作用，为中国企业走出国门提供机遇，激励中国企业参与海外投资活动。特别值得一提的是，《区域全面经济伙伴关系协定》（简称"RECP"）于 2021 年 3 月在中国正式核准，2021 年 4 月中国向东盟秘书长 RCEP 核准书，向中国对外投资企业释放积极信号，鼓舞了企业加强在该区域内的 OFDI。

综上，在疫情暴发、国内外投资环境恶化和政府限制性政策的影响下，中国企业海外投资面临着一系列的挑战，但伴随中国国际地位的提高以及政府对企业"走出去"的大力支持，又为企业参与境外投资带来机遇，因此本节预测 2021—2022 年间中国企业 OFDI 将在下滑后趋于稳定。

然而国际经济格局是不断发展变化的，未来一段时期内大国之间政治经济方面的博弈导致世界经济秩序和规则存在重新调整的可能，同时疫情能否在全球范围内得到有效遏制等问题仍未可知，这些均可能造成本节所预测的 2021—2022 年企业 OFDI 的变化趋势与未来的实际发生值出现差

---

① 商务部新闻办公室：《商务部合作司负责人谈 2020 年一季度我国对外投资合作情况》，2020 年 4 月 21 日，见 http：//www. mofcom. gov. cn/article/ae/sjjd/202004/20200402957267. shtml。

异。但在现有条件下，本节通过上述方法所预测出的 2021—2022 年中国企业 OFDI 变化趋势不失为一种判断企业在未来年份"走出去"状况的重要参考依据。

第三部分

关于"全球创新保护新形势下的
我国民营企业对外直接投资对策
研究"的专题分析篇

（一） 国际直接投资的创新效应专题

第八章 "引进来"与创新：服务业外资开放与制造业企业创新①

本章利用历年《外商投资产业指导目录》（以下简称《指导目录》）和中国工业企业数据库考察了我国上游服务业外资开放对下游制造业企业创新的影响。研究结果表明：服务业外资开放显著促进了下游制造业企业创新水平的提升；基于企业、行业和地区层面的异质性分析发现，这一促进作用主要集中在民营企业、新生企业、接近国际技术前沿行业和高市场化水平地区的企业中；最后，从影响机制来看，服务业外资开放有效降低了下游制造业企业的生产和交易成本，从而促使企业进行研发创新，同时也会吸引更多下游企业进入市场，通过竞争效应引发企业创新。

第一节 引　言

自加入 WTO 以来，中国按照入世承诺不断加快服务业的市场开放进程。历年的《指导目录》显示，不受外资准入限制的服务行业数占总服务行业数的比重已从 1998 年的 39% 上升到了如今的 76%。服务业开放是否促进了中国经济的高质量发展？具体而言，它能否推动制造业企业的创新呢？鉴于制造业创新在经济增长中的重要地位以及服务业开放所面临的压

---

① 本章内容已见刊。苏二豆、薛军：《服务业外资开放与制造业企业创新》，《中南财经政法大学学报》2019 年第 6 期。

力与挑战，对该问题的直接回答不仅有助于明确政策效果，同时也将对下一步开放的方向提供重要参考。

服务是制造业企业不可或缺的一种中间投入。众多研究表明，服务业外资开放能通过投入产出关系显著提高下游制造业企业的生产率。Arnold等利用捷克 1998—2003 年的微观企业数据研究发现，服务业外资开放扩大了国内服务供应商的数量，增加了下游制造业企业投入的服务中间品种类，进而提高了其生产率。来自印度的微观分析也证实，服务业开放程度每增加一个标准差，下游制造业企业的生产率将提高 11.7%。既有研究同时发现，服务业开放的生产率效应还取决于制造业企业本身的生产率，以及企业的服务需求特征和产品的可替代性。

与上述文献类似，本章也重点关注服务业开放对制造业企业的潜在影响。然而，与这些文献不同的是，我们主要考察的是对创新而非对全要素生产率的影响。全要素生产率是指资本、劳动和中间投入转化为最终产出的总体效率，它包含了所有不能被投入要素解释的产出增加。因此，生产率的提升既可能是企业创新的结果，也可能与创新完全无关，而是因为技术转移抑或生产资源实现了重新配置。服务业开放引致的制造业生产率增加是否是创新的结果需要进一步分析。此外，从理论上看，无论是对于企业自身还是全球经济的发展而言，创新都有着极为深远的积极意义。从企业的角度来看，众多研究表明，创新是企业生存的根本，能够克服企业因为生产要素投入增加致使的要素边际报酬递减趋势的影响，是企业获取长期稳定利润、提升竞争优势的源泉。从全球经济的角度来看，如果企业能够积极创新，并逐步参与到全球的创新活动中，将助力拓展全球生产力边界，促进全球经济增长。而仅仅来源于技术转移或生产资源重新配置的生产率的提升不具有持续性，对于企业和全球经济的积极影响也同样不可持续。因此，本章将研究重点放在服务业开放对企业创新能力的影响上。

与已有研究相比，本章的边际贡献集中表现在以下几个方面：第一，本章基于微观企业层面的数据系统考察了服务业外资开放对中国下游制造业企业创新行为的影响。服务业开放对下游制造业企业绩效的影响研究已成为了解发展中国家经济增长微观决定因素的关键。尽管近几年已有少数文献开始关注服务业外资开放与制造业创新之间的内在联系，如沙文兵和汤磊、于诚等，但这些研究均是基于行业宏观层面的数据进行的讨论，他们将诸多同行业内的企业视为一个整体，缺乏对微观行为主体——企业决策的分析，无法解释服务业外资开放对同一行业不同企业创新效应的影响差异。第二，本章利用企业所有制类型、行业技术距离和省份市场化程度等指标系统分析了服务业开放对企业创新行为的异质性影响以及作用机制。这不仅在理论上深化了我们对开放与创新的理解，同时也具有鲜明的政策启示意义。

第二节 理论分析

一、"资金流效应"与企业创新

服务作为制造业重要的中间投入，其开放程度的扩大有利于降低下游企业的生产和交易成本。首先，从生产成本的角度来看。外资服务流入会加剧行业内市场竞争，引发国内中间品市场上服务价格的下降、质量的提升以及种类的扩张。服务价格下降直接降低了使用服务中间投入的制造业企业的生产成本。而质量更高、种类更多的服务也为制造业企业提供了更多可能，促使原本由企业内部经营服务的制造业企业转而使用性价比更高的外部专业化服务，使得企业可以将有限资源配置到效率更高的生产环节，进而间接减少了企业的生产成本。其次，从交易成本的角度来看。外资企业往往在管理经验、生产技术等方面较东道国企业具有明显的优势，外商投资的大量流入能通过示范效应、员工流动、技术转移等有效改善本地服务供应商的技术水平和管理效率，这将促使下游制造业企业与服务厂商签订合同所花费的时间更短、手续更简化、效率更高，降低了制造业企业的交易费用。

生产和交易成本的下降，增加了企业可用的内源资金，促使企业研发创新。创新是一项对未知领域进行探索的过程，能否成功以及期限长短均无法预测，需要足够的资金支持其不断地尝试。面对创新的资金难题，有不少学者进行了相关研究。Myers 和 Majluf 提出的融资次序理论指出，管理层和投资者之间存在的信息不对称会使企业面临较高的外部融资成本，因此在为新项目融资时，企业优先考虑的是内源资金，其次才是外源资金。Himmelberg 和 Petersen 基于美国制造业企业数据的研究发现，内源融资是企业研发投入所选择的首要融资渠道。鞠晓生等基于中国的数据同样发现，企业的研发投入与其拥有的内部资金显著正相关。因此，内源资金的多寡是影响企业创新活动能否获得稳定资金支持的重要因素，而服务业开放引致的生产和交易成本下降节约了企业的内源资金。由此，我们可以认为，服务业开放能够通过"资金流效应"而直接促进企业研发创新。

二、"竞争效应"与企业创新

服务业开放还会对下游制造业行业内市场竞争产生影响，即通过"竞争效应"影响企业创新。在既有的技术条件下，服务投入成本的下降意味着更低的进入成本，将吸引更多制造业企业进入市场，通过加大行业内市场竞争而影响企业创新。竞争与创新之间的联系在既有文献中还存在争议。熊彼特认为市场竞争加剧会削弱企业的预期收益，进而阻碍创新。Arrow 则认为市场竞争会提高市场效率、增加创新激励，进而促进创新。不过，在 Aghion 等看来，创新与竞争之间并非简单的线性关系，而是存在"倒 U 形"关系：在总体竞争程度较低时，企业利润会因竞争程度的增大而下降，为改善盈利企业会进行创新，即"逃离竞争效应"（escape competition effect）；在总体竞争程度较高时，企业预期的创新收益较少，远不及投入的高额研发成本，于是企业将减少创新，即市场竞争的"熊彼特效应"（schumpeterian effect）。基于中国情境下的有关研究大多支持这一结论。朱恒鹏发现，一定程度的市场力量能促进中国企业创新，随着市场力量的扩大，这种促进效应会有所减弱；聂辉华、寇宗来和高琼等同样发现市场竞争与中国企业创新之间有"倒 U 形"关系。如果将这些结论应用到服务业开放的案例中，我们发现服务业开放所引起的"竞争效应"对制造业创新的影响也存在类似的逻辑。适度的竞争可能有利于制造业创新，但是服务开放导致配套制造业企业过度进入则会阻碍创新。

综上可知，服务业开放对下游制造业企业创新行为的影响并不明确，更精确的结论需要通过实证检验来得出。

第三节　数据说明、指标构建与模型设定

一、数据说明

本章所使用的数据主要有两套：一套来自国家发展和改革委员会与商务部联合发布的《指导目录》。另一套来自 1998—2007 年中国国家统计局公布的工业企业数据库。在使用该数据库时本章做了如下处理：首先，删除了非制造业企业样本；其次，本章参考 Cai 和 Liu、谢千里等的做法，剔除了符合以下任何一项条件的观测值：（1）总资产、总产出、固定资产净值、销售额、雇员数量中任何一项为缺失值；（2）企业雇员数量小于 8（缺乏可靠的会计系统）；（3）满足企业流动资产大于总资产、总固定资产大于总资产、固定资产净值大于总资产中的任何一项（不符合会计总则）。

二、指标构建

本章涉及的主要变量的构建思路如下：

（一）被解释变量：创新水平（*innovation*）

常见的衡量创新水平的指标有研发支出（R&D）、专利申请数目和新产品种类数。尽管已有不少文献采用研发支出和专利数作为衡量企业创新水平的指标，但这两个指标均存在一定的缺陷。首先，研发支出只是企业进行创新活动的一种可观察到的特定投入，其转化为创新产出具有不确定性，并不能代表创新活动的质量。其次，采用专利作为衡量指标将低估企业实际的创新能力，原因有以下几点：一是并非所有新产品均会申请专

利，因为申请专利的要求较高，有些改良式创新将无法通过申请专利体现；二是有部分企业为了防止信息泄露，基于战略因素考虑特意不对创新产出申请专利。基于上述考虑，本章借鉴已有文献，将使用新产品产值占工业总销售产值的比重作为企业创新能力的代理变量。后文也讨论了以其他指标作为代理变量的结果，以供比较。

（二）核心解释变量：制造行业上游服务业外资开放指数（ser）

本章实证的关键之一在于对制造行业上游服务业外资开放指数的测度。我们借鉴 Bourlès 等对上游市场管制程度的度量，首先测算 j 服务行业在 t 年的外资开放程度指标 $PSER_{jt}$，然后将该指标与中国 2002 年 122 个部门的投入产出表相结合，按照式（1）对中国各四分位制造行业上游服务业的开放指数 ser_{ct} 进行计算。

$$ser_{ct} = \sum_j PSER_{jt} \nu_{jc} \tag{1}$$

式（1）中，ν_{jc} 表示四分位制造行业 c 总的服务投入品中 j 服务行业作为中间投入所占的比重，度量了下游制造行业 c 与上游服务行业 j 之间的投入产出关系。

关于服务业外资开放程度（$PSER$），本章借鉴孙浦阳等对外资自由化的度量思路，采取对《指导目录》中各服务项目类别打分的方式进行测度，具体步骤为：首先，我们根据各年《指导目录》中对外资服务业开放程度大小的分类标准，对鼓励类、限制类、禁止类服务业依次赋值为 1 分、-1 分、-2 分。其次，将《指导目录》中的各服务产业与 2002 年《国民经济行业分类》中的四分位服务行业（共 339 个）按照各行业定义匹配。接下来，我们将四分位服务行业 s 的开放程度得分用指标 $PSER1_{st}$ 表示。鉴于投入产出表中的各个服务行业部门与国民经济四分位行业的划分标准不一致，我们对每个投入产出表下的服务行业 j 的开放程度得分都进行了均值处理，即 $PSER_{jt} = (\sum_s PSER1_{st})/n$，$n$ 为与 j 服务行业对应的四分位服务行业 s 的个数。

三、模型设定

我们使用以下模型来探讨服务业开放对下游制造业企业创新的影响：

$$innovation_{it} = \alpha_0 + \alpha_1 ser_{ct} + X'_{it}\beta + IND'_{ct}\eta + \mu_c + \mu_p + \mu_t + \varepsilon_{it} \qquad (2)$$

式（2）中，下标 i、t、c、p 分别表示企业、年份、行业（CIC4）、地区。因变量 $innovation_{it}$ 代表企业 i 在年份 t 的创新水平（度量方法详见指标构建）。核心解释变量为 ser_{ct}，代表第 t 年制造行业 c 的上游服务业开放指数。X_{it} 表示企业层面的特征变量向量，包括：资本密集度（$lnkl$），采用固定资产与员工人数比值的对数值衡量；出口虚拟变量（$export$），如果企业 i 在 t 年的出口额大于 0 则取 1，否则取 0；外资份额（$foreign$），使用实收资本中港澳台资本和外商资本之和所占的比重表示；企业年龄（$lnage$）以及企业年龄的平方（$lnage^2$），企业年龄使用当年年份与企业成立年份的差值加 1 取对数表示。IND_{ct} 表示行业层面的特征变量向量，包括：国有企业改革（SOE），使用四分位行业内国企数量占总企业数量的比重来测度；最终品关税（$OutputTariff_{ct}$）和中间品关税（$InputTariff_{ct}$），参考 Brandt 等的方法进行测算。μ_c、μ_t、μ_p 分别为行业、年度、地区固定效应。

第四节　经验估计结果及分析

一、基准估计结果及分析

表 8-4-1 报告了模型（2）的估计结果。从第（6）列的回归系数可知，在其他条件不变的情况下，ser 每增加 1 个单位，制造业企业的创新水平会提高约 18.79 个百分点。借鉴 Li 等的思路可以得出如下经济含义，在中国制造业对上游服务业依赖程度不变的情况下，相对于平均新产品产值比 0.0362 而言，2002 年的服务业开放政策使得制造业企业新产品产值比上升了 37.57%（=0.0136/0.0362）。

表 8-4-1 基准估计结果

	（1）	（2）	（3）	（4）	（5）	（6）
ser	0.0658***	0.2015***	0.2004***	0.1924***	0.0589***	0.1879***
lnkl		0.0064***	0.0072***	0.0094***	0.0073***	
export			0.0331***	0.0376***	0.0371***	0.0376***
foreign				−0.0174***	−0.0218***	−0.0174***
lnage				−0.0261***	−0.0253***	−0.0260***
lnage²				0.0063***	0.0063***	0.0062***
SOE					0.0053	0.0122**
InputTariff						−0.0007
OutputTariff						0.0005
年度/行业/地区	否	控制	控制	控制	控制	控制
样本量	976997	976930	971689	965446	965512	965446

注：***、**、*分别表示 1%、5% 和 10% 的显著性水平，估计的标准误为稳健聚类标准误，本章聚类到了行业—年份层面，限于篇幅，没有报告标准误，下表同此注。

二、异质性分析

（一）企业性质

在中国市场上，不同所有权属性特征的企业在生产经营方面存在显著的差异。国有企业往往是涉及国计民生的大型垄断企业，从成立之初就获得了政府的政策保护和资金支持，不仅如此，中国的四大商业银行在向企业提供信贷时也倾向国有企业，政府的保护以及外部融资渠道的多样性使得国有企业的创新行为一般不受市场竞争及自身现金流变化的影响，即服务业开放带来的成本下降很可能不会促进国有企业创新。而民营企业不仅难以得到政府庇护，而且由于可抵押资产少、经营风险大，在创新活动过程中面临着严重的融资困境，其创新行为主要依靠自身现金流，因此，服务业开放很可能会显著影响民营企业创新。鉴于此，本章参考聂辉华等一文，将国有资本占实收资本比例大于 50% 的归为国有企业，个人资本占实收资本比例大于 50% 的归为民营企业，对这两类企业进行分样本估计。表

8-4-2（1）（2）列汇报了回归结果。可以看到，服务业开放显著促进了民营企业创新水平提升，与我们的预期一致。但对国有企业的创新不仅没有促进作用，反而产生了阻碍作用，这很可能是因为服务业开放后，民营企业通过创新夺走了原本属于国有企业的市场份额，面临利润下降的情形，国有企业的创新动力有所下降。经由费舍尔组合检验（fisher's permutation test）得到的经验 p 值进一步证实了上述差异在统计上的显著性。

（二）企业生命周期

已有不少研究表明，企业的创新活动与所处的生命周期有关。本章将企业年龄大于中位数的定义为成熟企业，小于中位数的定义为新生企业，进行分样本检验，表 8-4-2（3）（4）列的回归结果显示，ser 的估计系数均显著为正，这表明服务业开放对制造业企业创新的促进作用在新生企业和成熟企业中均显著存在。从估计系数的大小来看，服务业开放对制造业企业创新的积极效应在新生企业样本中作用更为明显。经验 p 值证实了上述差异在统计上的显著性。

（三）行业技术距离

已有文献表明，市场竞争对企业创新的影响与技术距离有关，远离技术前沿的企业即使创新成功也不一定能够战胜进入企业，创新动力相对较弱，而接近技术前沿的企业通过创新能够逃离新进入企业带来的竞争威胁，故创新动力相对较强。因此，我们可以推测，服务业开放对接近技术前沿行业的企业创新行为影响更大。本章参考 Aghion 等对技术距离的测度方式，将美国制造行业的生产率水平视为世界技术前沿水平，然后与同期工业企业数据库中的中国制造行业生产率水平相结合，对各年度四分位行业的技术距离进行测度。由表 8-4-2（5）（6）列可以看出，服务业开放显著促进了接近国际技术前沿行业的企业创新水平，而对远离技术前沿行业的企业作用并不明显。

（四）区分省份市场化水平

相关研究表明，中国作为转型期的发展中国家，企业创新效率高低会受到外部市场化环境的约束。本章进一步考察了服务业开放对制造业企业创新的促进作用在不同市场化水平省份的差异化影响。具体地，本章引入樊纲等测度的中国省级层面市场化指数来表示各地区市场化水平，以各省份市场化指数中位数为界，将企业所在地区划分为高市场化水平省份和低市场化水平省份，分别进行回归估计。由表 8-4-2 的（7）（8）列可知，在高市场化水平省份 *ser* 的估计系数显著为正，而在低市场化水平省份中 *ser* 的估计系数不显著。

表 8-4-2　异质性检验

	企业性质		企业生命周期		技术距离		省份市场化水平	
	（1）国有	（2）民营	（3）新生	（4）成熟	（5）大	（6）小	（7）低	（8）高
ser	-0.1044 **	0.2300 ***	0.2553 ***	0.1347 ***	0.0756	0.2565 **	0.0583	0.1674 **
控制变量	控制	控制	控制	控制	控制	控制	控制	控制
年度/行业/地区	控制	控制	控制	控制	控制	控制	控制	控制
样本量	115324	353615	416193	549253	197489	182922	514380	450862
系数差异	0.3344 ***	-0.1205 ***	0.1809 ***	0.1092 ***				
经验 p 值	（0.0000）	（0.0000）	（0.0000）	（0.0000）				

注："系数差异"为组间 *ser* 系数差值；"经验 p 值"用于检验组间 *ser* 系数差异的显著性，通过抽样（Bootstrap）1000 次得到。

三、机制分析

（一）"资金流效应"的渠道检验

首先，关于交易成本（cost_ T），已有文献主要采用企业财务费用、管理费用和销售费用之和或三者之和占总资产比重、三者之和占总利润比重来度量。本章为了直观起见，采用三种费用之和占企业总销售额的比重表示，即企业每成功销售一元产品所承担的交易成本。将本章构建的服务业开放指标对其回归。其次，关于生产成本（cost_ P），本章将主营业务成本与企业总销售额的比值作为生产成本的代理变量，同样使用本章构建的服务业开放指标回归。表 8-4-3 的第（1）（2）列显示，*ser* 的估计系数均显著为负，说明下游企业的交易和生产成本随着上游服务业开放指数的上升而降低。如上文所述，企业的创新活动主要依赖内部资金，而交易和生产成本的下降能够直接增加企业自身现金流，这将促使企业加大研发投入，进而提升创新水平。本章使用企业研发支出加 1 的对数值作为研发投入（ rd ）的代理变量，使用服务业开放指标对其回归，表 8-4-3 第（3）列的结果显示，服务业开放显著提高了制造业企业的研发投入水平。由于研发支出为非缺失值的样本中有 83.3%（ = 570931/685183 ）的观测个体的研发支出数据为 0，本章采用 Tobit 模型对上述结果进行了验证，结论依旧不变。上述结论验证了服务业外资开放通过"资金流效应"提升制造业创新水平的渠道。

（二）"竞争效应"的渠道检验

交易和生产成本的下降将吸引更多企业进入市场，加剧制造业行业内市场竞争，进而促进企业创新。本章使用 EG 指数衡量市场竞争结构。具体而言：

$$EG_{ct} = \frac{\sum_{p=1}^{M} (a_{pt} - b_{pt})^2 - (1 - \sum_{p=1}^{M} b_{pt}^2) HHI_{ct}}{(1 - \sum_{p=1}^{M} b_{pt}^2)(1 - HHI_{ct})} \qquad (3)$$

式（3）中，a_{pt} 表示 p 省份 c 四分位行业 t 年的销售产值占该行业该年份全国销售产值的比重；b_{pt} 表示 p 省份 t 年的工业销售产值占全国总工业销售产值的比重，全国共有 M 个省份。HHI_{ct} 为赫芬达尔指数，计算公式为 $HHI_{ct} = \sum_{i=1}^{N} (X_{ict}/X_{ct})^2$，$X_{ict}$ 为第 i 个企业 t 年的工业销售产值，X_{ct} 为企业 i 所在的行业 c 在 t 年的工业总销售产值，N 表示该行业中的企业个数。EG 指标涵盖了企业市场规模、地域乃至行业方面的信息，能够进行跨行业、跨年份、跨省份的比较。该指标越大，代表行业垄断势力越大，市场竞争越小。表 8-4-3 第（5）列的回归结果显示，核心解释变量 ser 的系数显著为负，表明服务业开放加剧了行业内市场竞争。第（6）列是我们在回归式（2）中引入 EG、$ser \times EG$ 之后的回归结果，$ser \times EG$ 的系数显著为负，说明市场竞争加剧将促进企业创新，从而验证了服务业外资开放通过"竞争效应"提升制造业创新水平的渠道。

表8-4-3　服务业开放的影响机制检验

	资金流效应				竞争效应	
	（1） cost_T	（2） cost_P	（3） rd(ols)	（4） rd(Tobit)	（5） EG	（6） innovation
ser	−1.3624*	−4.6083**	2.5146**	27.1317***	−22.1939*	0.1811***
ser × EG						−0.0013***
EG						−0.00005**
控制变量	控制	控制	控制	控制	控制	控制
年度/行业/地区	控制	控制	控制	控制	控制	控制
样本量	1103177	1103315	678645	678645	1103315	965446

本章小结

自加入WTO以来，中国服务业外资开放政策不断推进，其产生的经济效果逐渐成为学术界关注的一个重点话题。本章基于上下游产业关系的视角，使用1998—2007年中国工业企业微观数据考察了这种开放政策的实施对中国制造业企业创新行为的影响。研究发现：总体而言，服务业外资开放显著促进了下游制造业企业创新水平的提高；但服务业开放效果在不同性质、不同生命周期、不同行业及不同地区企业间存在差异。具体表现为，民营企业、新生企业、与国际技术前沿差距小的行业、省份市场化水平较高地区企业从服务业开放中获益更大；从影响机制上看，服务业开放能够降低下游制造业企业的交易和生产成本。成本的下降，一方面对增加制造业企业内源资金、提高其研发投入起到了积极作用；另一方面降低了下游企业进入成本，促使更多企业进入市场，通过竞争效应促进企业创新。

　　本章的发现不仅丰富了国内外关于服务业外资开放与制造业企业生产行为关系的研究，也有助于理解近年来中国"引进外资"战略的经济绩效和制造业企业创新的动力来源。此外，本章还有重要的政策含义。首先，鉴于外资服务业在激发中国制造业企业创新活力中的积极作用，中国政府应继续拓宽服务业外资开放领域，这便需要相关部门严格执行 2019 年 3 月通过的《中华人民共和国外商投资法》中的相关规定，提高外商投资政策的透明度、保障外资企业平等参与市场竞争、加强外商投资服务、依法保护外资企业知识产权、建立外资企业投诉工作机制等，切实改善国内投资环境，增强外商投资者信心。同时，应重视引资质量，通过引导高质量外资服务流入来强化服务业开放对中国制造业企业创新的积极效应。其次，本章研究还发现，服务业外资开放对制造业创新的影响具有明显的异质性，为了更好地发挥服务业开放对制造业创新的促进作用，一方面，从企业性质来看，政府要进一步深化国资国企市场化改革，为国有企业和民营企业营造公平公正的外部竞争环境，从而充分发挥不同所有制企业在推动中国经济发展中的重要作用。另一方面，在大力引进外资服务业的过程中，政府应重视本国制造业竞争力的构建，通过制定合理的政策制度促进本土制造业创新水平的提升，缩小其与世界技术前沿之间的差距，从而更好地发挥外资服务业开放在下游企业创新中的正向促进作用。此外，政府应进一步深化地区市场化改革，通过提高要素市场和产品市场交易的透明度、减少政府在信贷投放和市场进入等方面的过度干预，降低市场化环境对企业创新效率的约束。

第九章 "走出去"与创新 I：对外直接投资如何影响中国企业创新

本章采用 2010—2017 年中国上市企业数据，考察了对外直接投资对企业创新的影响。研究发现：对外直接投资对中国企业创新产生显著的正向影响。这种影响推动了中国企业的实质性创新且在更换被解释变量、更换样本选择范围后，研究结论依然稳健。异质性检验表明，这种促进效应主要集中于国有企业、专利密集型行业企业以及投资于高创新水平国家的企业。基于有调节的中介效应模型进行机制检验发现，对外直接投资主要通过市场竞争效应和技术溢出效应两个作用渠道来促进中国企业创新，而人力资本水平的提升对市场竞争这一中介变量发挥了显著的正向调节作用。

第一节 引 言

为避免许多不必要的贸易壁垒与摩擦，形成企业竞争新优势，实现产业升级与技术进步，中国政府相继出台系列方针政策推动中国企业高质量地"走出去"。《2018 年度中国对外直接投资统计公报》显示，截至 2017 年末，中国对外直接投资存量 18090.4 亿美元，较上年末的 13573.9 亿美元上升了 33.3%，中国对外直接投资增加值占当年全球对外直接投资增加值的 9.7%。2017 年中国对外直接投资存量规模占全球比重的 5.9%，较上年上升了 0.7 个百分点，位列全球第二。中国持续增长的对外直接投资对全球外商直接投资的影响力进一步扩大，而对中国跨国企业的经济成效究竟如何？企业是否通过对外直接投资实现了预期的创新能力提升？尤其是当前新冠肺炎疫情席卷全球,"逆全球化"趋势抬头以及多国实行严格但缺乏公开透明的准入审查等,加剧了企业"走出去"的融资风险和经营风险(李泳,2009)。面对错综复杂的国际投资环境,中国企业应如何"走出去"以及如何客观评价中国企业对外直接投资行为的创新效应,不仅是学术界广泛关注的议题,也是企业界普遍关心的现实问题。

已有不少文献探讨了对外直接投资对母国的经济效应。与本章紧密相关的一支文献则是评估 OFDI 的逆向技术溢出效应或技术进步效应。最早将对外直接投资引入国际技术溢出模型的是 Potterie 和 Lichtenberg (2001),他们采用美国、日本和欧盟等 11 个国家及地区的数据研究发现,对外直接投资对母国产生显著的正向逆向技术溢出效应。在其基础上,Driffield 和 Love (2003) 利用英国制造业数据检验了逆向技术溢出效应的存在性,研究发现,东道国对跨国企业的逆向技术溢出效应主要发生在研发密集型部门,且这种溢出效应受产业空间集中度的影响。与之不同的是,Bitzer 和 Kerekes (2008) 采用 OECD 国家产业层面的数据检验了双向 FDI 逆向技术溢出效应的存在性,但发现 OFDI 的逆向溢出效应不显著。这些研究是在国家层面或产业层面展开的,且多为对发达经济体对外直接投资的研究。与之相比,我国的 OFDI 起步较晚,尤其 2004 年《境外投资项目核准暂行管理办法》发布以来,中国企业对外直接投资才初登舞台,面临与发达国家不同的 OFDI 环境,成效自然不同。基于发展中国家的企业数据,Pradhan 和 Singh (2008) 采用印度汽车企业数据研究了对外直接投资活动的研发绩效作用,但仅针对汽车行业企业,忽视了行业异质性。

有关中国对外直接投资成效的研究愈加丰富,部分学者聚焦宏观层面,李梅和柳士昌 (2012) 使用省级数据检验发现 OFDI 的逆向技术溢出效应表现出地区差异性;欧阳艳艳 (2010) 采用国家层面数据考察了中国 OFDI 逆向技术溢出效应的影响因素。赵伟等 (2006) 在系统梳理外向 OFDI 显著促进投资母国技术进步的作用机理的基础上,并进行了检验。后期研究逐渐从企业微观层面展开,李泳 (2009) 实证研究了中国企业 OFDI 的产出增长效应和技术提升效应,但并未发现海外投资与国内投资相比在产出增长和技术提升效应上的差异。肖慧敏和刘辉煌（2014）、贾妮莎等（2020）以及毛其淋和许家云（2014）基于企业数据发现 OFDI 推动了中国企业进行创新活动。

虽然这些文献在一定程度上能够反映出中国对外直接投资的创新成效，但已有研究涉及的样本期间较早，难以反映近期现状。为此，本章在系统评估对外直接投资影响中国企业创新的基础上，进一步探讨了作用机制，并考虑了人力资本的调节作用，以期为深化"走出去"提供有益的政策启示。

第二节　理论机制与研究假设

一、对外直接投资与企业创新

对外直接投资是企业应对市场变化而快速获取国际创新资源的有效途径。尤其是近年来人工智能、云计算、大数据以及机器人在越来越多的领域或行业铺陈开来，这就促使企业跨领域跨行业跨国界的整合创新资源，涌现出大批企业通过 OFDI 的方式实现产业升级与技术进步。那么，对外直接投资究竟对企业创新产生何种影响？Liu 和 Buck（2007）基于中国高科技行业数据研究发现，跨国企业在东道国进行的研发活动在考虑吸收效应的条件下显著影响了国内企业创新。冼国明和明秀南（2018）使用上市企业数据实证研究后发现，海外并购持续提升企业创新水平，但效果逐年下降；陈爱贞和张鹏飞（2019）同样基于上市企业数据得出类似的研究结论。跨国企业通过并购或新建企业的方式嵌入东道国当地市场，对当地创新领先企业的技术内涵消化吸收，在此基础上进行模仿和创新。据此提出假说1：对外直接投资推动了中国企业创新具有显著促进效应。

二、市场竞争和技术溢出的中介作用渠道

决定创新的因素不仅与创新主体的要素禀赋息息相关，还与其所处的

环境紧密相连（吴延兵和刘霞辉，2009）。随着"走出去"的不断推进，越来越多的中国企业为规避国内资源限制和贸易壁垒而进行 OFDI，OFDI 对于跨国企业提升自身国际竞争力具有重要影响。跨国企业的进入打破了东道国市场现有的平衡，增加了跨国企业与当地企业之间的竞争，跨国企业为了生存以及保护其市场份额，被迫对其产品及其生产工艺进行创新（李泳，2009）。因此，对外直接投资带来的国际市场竞争会对跨国企业的创新产出产生正向激励。据此提出假说 2：对外直接投资的国际市场竞争效应对跨国企业的创新产出产生正向影响。

除了市场竞争效应外，跨国企业还会通过 OFDI 获取东道国的技术溢出进而影响企业的创新产出。Pradhan 和 Singh（2009）基于印度汽车企业数据研究发现，对外直接投资活动通过潜在的跨境知识流动对研发强度产生正向影响。Branstetter（2006）基于国际技术溢出框架实证检验了日本跨国企业在美国直接投资的逆向技术溢出效应，发现 OFDI 对日本企业的逆向技术溢出效应明显。董有德和孟醒（2014）考察了 OFDI 逆向技术溢出与国内企业创新能力之间的关系，他们指出，在海外设立的研发、制造和营运机构是 OFDI 逆向技术溢出的主要渠道。跨国企业通过 OFDI 进入国际市场，为企业提供接近国外创新型竞争者、研发基础设施、知识中心和研发成果的平台（蒋冠宏，2017），降低研发成本和海外经营风险，这有助于企业通过逆向技术溢出促进其产品升级与技术进步。据此提出假说 3：对外直接投资通过技术溢出效应对跨国企业的创新产出产生正向影响。

三、人力资本的调节作用

人力资本是技术、知识、研发等创新资源整合的重要载体。Benhabib 和 Spiegel（1994）理论分析了人力资本、教育和创新之间的关系，在劳动者受教育程度与技术追赶及扩散速度相关时，人力资本投入会对创新产生显著正效应。作为实现企业创新的关键要素（Howitt，1999），人力资本对技术吸收和扩散产生了重要影响（吴延兵和刘霞辉，2009）。人力资本是企业提升国际竞争力的重要因素，丰富的人力资本有助于跨国企业深入了解国外引资、税收等方面的制度，了解国际市场需求及技术创新前沿信息等，降低了企业海外经营风险，增强其市场竞争力。据此提出假说4：人力资本水平的提高增强了对外直接投资企业市场竞争效应对企业创新的促进作用。

第三节　研究设计

一、样本选取与数据来源

选取 BvD-Zephyr 数据库中发生海外并购投资和 fDi-Market 数据库中发生绿地投资的中国企业作为研究对象，选择的样本时间跨度为 2010—2017 年。通过手动筛选确定上市企业，并与 Wind 数据库、CMSAR 数据库和 CCER 数据库进行对应年份匹配，获得相关指标数据。为保证样本数据的准确性，剔除了平均工资、营业收入等为负值或 0 的样本数据。

二、模型设计

为研究对外直接投资如何影响企业创新，首先，研究对外直接投资是否影响企业创新，建立以下计量模型：

$$Innovation_{it} = c + \alpha_1 ofdi_{it} + \alpha_2 Firm_{it} + \theta_j + \delta_t + \eta_p + \varepsilon_{it} \qquad (1)$$

其中，$Innovation_{it}$ 为企业 i 第 t 年的创新；$ofdi_{it}$ 为企业 i 第 t 年的对外直接投资；$Firm_{it}$ 为企业层面的控制变量；θ_j 为行业固定效应；η_p 为地区固定效应；δ_t 为时间固定效应；ε_{it} 为随机误差项。

三、变量选择

被解释变量：由于专利申请的审批周期比较长，审批流程严格复杂，申请投入较高，因此专利申请数量更能体现企业的核心创新能力，因此本章选取专利申请量作为企业创新的衡量指标。

解释变量：对外直接投资（$ofdi$）。本章引入对外直接投资的虚拟变量，发生对外直接投资，取值为 1，反之，取值为 0。为避免重复记录，即发生并购投资又发生绿地投资的企业，只记录最先发生的一次。

控制变量：资本密集度（lncapital），用固定资产净值取对数表示；企业规模（size），用企业员工人数总数取对数表示；平均工资（lnwge），用应付职工薪酬除以企业员工总数取对数表示；机构投资者持股比例（shareholding）；企业的资本结构，用资产负债率衡量（roa）；劳动生产率（lnlaborpro），用营业收入除以员工总人数表示，营业收入用工业出厂价格指数进行平减；企业存续期（life），用当前年份减去企业成立年份所得。本章还控制了时间、行业和省份固定效应。

第四节　基本回归结果分析

一、基准回归结果

根据表 9-4-1 第（1）和（2）列的回归结果，核心解释变量（ofdi）不论是否加入控制变量，估计系数均在 1% 的水平上显著为正。表 9-4-1 第（3）列进一步控制了时间、行业和地区固定效应后，ofdi 的估计系数依然在 1% 的水平上显著为正。这说明对外直接投资对企业创新具有显著的正向促进效应，对外直接投资每增加一个单位，企业的创新产出则增加 97.919。

表 9-4-1　对外直接投资与企业创新的估计结果

	（1）	（2）	（3）
ofdi	142.173***	105.506***	97.919***
	（6.03）	（6.032）	（28.94）
lncapital		−1.661	−1.432
		（1.29）	（3.15）
size		34.666***	33.621***
		（1.25）	（7.86）
lnwge		3.648***	3.124

	（1）	（2）	（3）
		（1.22）	（3.23）
shareholding		−0.145 **	−0.086
		（0.06）	（0.10）
profitincom		−0.0478	−0.052
		（0.057）	（0.06）
roa		−0.255 ***	−0.151
		（0.06）	（0.119）
ln*laborpro*		17.641 ***	24.073 ***
		（1.81）	（7.46）
life		−0.520 *	−0.049
		（0.27）	（0.62）
常数项	19.757 ***	−380.092 ***	−480.997 ***
	（1.51）	（19.57）	（125.06）
时间、行业、地区固定效应	Y	N	Y
观测值	18951	18951	18951
R−squared	0.029	0.072	0.088

注：括号内为回归系数的稳健标准误，统一聚类到企业层面，*** $p<0.01$，** $p<0.05$，* $p<0.1$，如无特别说明，下文同。

二、分组检验结果

（一）基于所有制的分组检验

创新活动是企业重要的人力和物质资本投资行为，因此理论上也会受产权结构的影响（聂辉华等，2008）。将样本分为民营企业和国有企业样本，分组检验对外直接投资与企业创新的关系。表9-4-2第（1）列为国有企业回归结果，发现 *ofdi* 的估计系数在5%的水平上显著为正，说明对外直接投资显著促进了国有企业创新。表9-4-2第（2）列为民营企业回归结果，*ofdi* 的估计系数在1%的水平上显著为正，但民营企业 *ofdi* 的估计系数小于国有企业 *ofdi* 的估计系数，这进一步说明对外直接投资对国有企业带来的创新效应更为显著。

（二）基于行业差异的分组检验

由于不同行业企业的技术条件、资金投入以及资源需求等的显著不同，因此，对外直接投资的动机也会千差万别，这将会对企业创新产生重要影响。基于此，本章根据国家知识产权局出版的专利密集型产业目录（2016）（试行），将样本划分为专利密集型行业企业和非专利密集型行业企业。表9-4-2第（3）—（4）列为相关回归结果。结果显示，专利密集型行业企业和非专利密集型行业企业的对外直接投资对企业创新均具有显著的正向影响，但专利密集型行业企业中 $ofdi$ 的估计系数显著高于非专利密集型行业企业的估计系数，这说明专利密集型行业企业的对外直接投资所带来的创新效应更为明显。

（三）基于东道国创新水平的分组检验

本章将样本进一步分为对高创新水平东道国的投资与对低创新水平东道国的投资进行分组检验。其中高创新水平东道国是参照世界经济论坛2017—2018年度《全球竞争力报告》中创新指标排名前10的国家划分的，包括：瑞士、美国、德国、日本、瑞典、荷兰、芬兰、以色列、英国、丹麦。表9-4-2第（5）—（6）列为对不同创新水平东道国投资的回归结果。通过以上检验结果发现无论是对创新水平高的国家投资还是对其他国家投资都会对企业创新产生正向影响。对高创新水平国家投资带来的创新效应明显高于对低创新水平国家的投资。

表9-4-2 分组检验结果

	国有企业（1）	民营企业（2）	专利密集型行业（3）	非专利密集型行业（4）	高创新水平国家（5）	低创新水平国家（6）
$ofdi$	94.300 **	87.002 ***	108.740 ***	85.995 ***	100.202 ***	96.971 ***
	（38.20）	（28.86）	（37.81）	（25.27）	（29.80）	（28.37）
控制变量	Y	Y	Y	Y	Y	Y
时间固定效应	Y	Y	Y	Y	Y	Y

续表

	国有企业 （1）	民营企业 （2）	专利密集 型行业 （3）	非专利密集 型行业 （4）	高创新水 平国家 （5）	低创新水 平国家 （6）
行业固定效应	Y	Y	Y	Y	Y	Y
地区固定效应	Y	Y	Y	Y	Y	Y
常数项	−490.49***	−476.70***	−602.73***	−333.68***	−496.99***	−476.84***
	（146.55）	（155.39）	（190.88）	（89.28）	（130.15）	（121.66）
观测值	6894	10540	10793	8158	18121	18612
R−squared	0.081	0.094	0.099	0.081	0.090	0.087

第五节　影响机制检验

一、中介效应模型

在本部分，将通过中介效应模型验证对外直接投资影响企业创新的传导机制，据此，我们引入两个中介变量：竞争效应（ mpc ）、技术溢出效应（ $\ln tfp$ ），为此构造计量方程如下：

$$cInnovation_{it} = c + \beta_1 ofdi_{it} + \beta_2 x_{it} + \theta_j + \delta_t + \eta_p + \varepsilon_{ijpt} \tag{2}$$

$$cmpc_{it} = c + \varphi_1 ofdi_{it} + \varphi_2 x_{it} + \theta_j + \delta_t + \eta_p + \varepsilon_{ijpt} \tag{3}$$

$$c\ln tfp_{it} = c + \omega_1 ofdi_{it} + \omega_2 x_{it} + \theta_j + \delta_t + \eta_p + \varepsilon_{ijpt} \tag{4}$$

$$cInnovation_{it} = c + \alpha_1 ofdi_{it} + \alpha_2 cmpc_{it} + \alpha_3 c\ln tfp_{it} + \alpha_4 x_{it} + \theta_j + \delta_t + \eta_p + \varepsilon_{ijpt} \tag{5}$$

其中，对外直接投资（ $ofdi_{it}$ ）、控制变量（ X_{it} ）、 θ_j 、 δ_t 、 η_t 以及 ε_{ijpt} 与前文一致。运用垄断租金（ mpc_{it} ）衡量企业的市场竞争效应。借鉴已有文献对垄断租金的定义对其进行核算，具体核算公式为：垄断租金（ PMC ）＝（息税前利润＋折旧＋财务费用−资本总额×加权平均资本成本）÷销售总额。选择全要素生产率（ $\ln tfp_{it}$ ）作为企业对外直接投资技术溢出效应的衡量指标。

式（2）为中心化处理后的基准回归模型，即对外直接投资对中国企业创新的影响；式（3）为对外直接投资对企业竞争效应的影响；式（4）为对外直接投资对企业技术溢出效应的影响；式（5）为在基准回归的基础上加入中介变量的模型，$\varphi_1 \times \alpha_2 + \omega_1 \times \varphi_3$ 为企业竞争效应和技术溢出效应的中介效应，即对外直接投资通过上述变量对企业创新的影响。

二、中介效应作用机制

表 9-5-1 为对外直接投资影响中国企业创新的作用机制检验结果。其中，表 9-5-1 第（1）列为式（2）的估计结果，第（2）列为式（3）的估计结果，第（3）列为式（4）的估计结果，第（4）—（5）列为将中介变量 mpc 和 $lntfp$ 分别引入公式（2）的估计结果，第（6）列为同时引入两个中介变量的估计结果。

根据表 9-5-1 的回归结果可知，方程（2）、方程（3）和方程（4）中的核心解释变量的估计系数 β_1、φ_1 和 ω_1 均显著，方程（5）中核心解释变量和中介变量的估计系数 α_1、α_2 和 α_3 也均显著，且 α_1 与 $\varphi_1 \times \alpha_2 + \omega_1 \times \varphi_3$ 的取值同为正向。由结果可知，对外直接投资促进企业创新的总效应为 97.9186，直接效应为 96.2571，加入竞争效应和技术溢出效应两个中介变量后，对外直接投资促进企业创新的中介效应为 1.6615，中介效应占总效应的百分比为 1.70%。

就竞争效应的中介效应而言，表 9-5-1 第（2）列可以看出，对外直接投资对企业竞争效应的估计系数显著为负，表明企业在海外投资，不仅面临着不熟悉东道国经济、社会、法律、文化条件等不利因素，还同时面临着与当地企业竞争的劣势，激烈的国际市场竞争格局使得跨国企业的垄断利润降低。表 9-5-1 第（6）列中竞争效应前的估计系数显著为负，表明企业的垄断利润越低，面临的市场竞争越激烈时，企业的创新产出也就越多。就技术溢出的中介效应而言，表 9-5-1 第（3）列估计结果显示，对外直接投资对企业技术溢出效应的估计系数显著为正，这说明对外直接投资为企业带来正的技术溢出效应，跨国企业可以在具有技术领先优势的东道国或在东道国创新领先的企业附近投资设厂或建立研发中心，从技术溢出中增强企业竞争力。表 9-5-1 第（6）列中 ln*tfp* 的估计系数显著为正，意味着吸收的技术溢出效应越多，企业的创新产出也就越多。因此，随着企业在"走出去"过程中竞争效应的不断增强以及吸收的技术溢出效应越来越多，越有利于促进创新。

表 9-5-1　中介效应作用渠道

变量名	patent（1）	mpc（2）	ln*tfp*（3）	patent（4）	patent（5）	patent（6）
ofdi	97.919***	-2.860***	0.116***	96.862***	97.013***	96.257***
	(28.94)	(0.40)	(0.03)	(28.72)	(16.5024)	(16.29)
mpc				-0.370***		-0.327***
				(0.14)		(0.11)
ln*tfp*					7.778**	6.234*
					(3.61)	(3.32)
控制变量	Y	Y	Y	Y	Y	Y
时间固定效应	Y	Y	Y	Y	Y	Y
行业固定效应	Y	Y	Y	Y	Y	Y
地区固定效应	Y	Y	Y	Y	Y	Y
常数项	-481.00***	-89.86***	-8.02***	-509.92***	-418.66***	-456.65***
	(125.06)	(10.28)	(0.35)	(132.43)	(118.66)	(130.23)
观测值	18951	18951	18951	18951	18951	18951
R-squared	0.088	0.212	0.599	0.089	0.089	0.090

三、有调节的中介效应作用机制

为进一步探讨人力资本在上述中介效应中起到的调节效应，本章在此基础上构建了有调节的中介效应模型进行检验。为此，引入人力资本，构建计量方程如下：

$$cInnovation_{it} = c + \beta_1'ofdi_{it} + \beta_2'x_{it} + \beta_3'ofdi_{it} \times edu_{it} + \beta_4'edu_{it} + \theta_j' + \delta_t' +$$

$$\eta_p{}' + \varepsilon_{ijpt} \tag{6}$$

$$cmpc_{it} = c + \varphi_1{}'ofdi_{it} + \varphi_2{}'x_{it} + \varphi_3{}'ofdi_{it} \times edu_{it} + \varphi_4{}'edu_{it} + \theta_j{}' + \delta_t{}' + \eta_p{}' +$$

$$\varepsilon_{ijpt} \tag{7}$$

$$c\ln tfp_{it} = c + \omega_1{}'ofdi_{it} + \omega_2{}'x_{it} + \omega_3{}'ofdi_{it} \times edu_{it} + \omega_4{}'edu_{it} + \theta_j{}' + \delta_t{}' +$$

$$\eta_p{}' + \varepsilon_{ijpt} \tag{8}$$

$$cInnovation_{it} = c + \alpha_1{}'ofdi_{it} + \alpha_2{}'cmpc_{it} + \alpha_3{}'c\ln tfp_{it} + \alpha_4{}'ofdi_{it} \times edu_{it} +$$

$$\alpha_5{}'cmpc_{it} \times edu_{it} + \alpha_6{}'\ln tfp_{it} \times edu_{it} + \theta_j{}' + \delta_t{}' + \eta_p{}' + \varepsilon_{ijpt}$$

$$\tag{9}$$

其中,人力资本对中介效应存在四条可能的调节路径,分别是对对外直接投资影响企业创新的调节、对对外直接投资影响企业市场竞争的调节、对对外直接投资影响企业技术溢出的调节以及对市场竞争和技术溢出影响企业创新的调节,四条调节路径依次对应方程式(6)—(9)。

表9-5-2为人力资本调节对外直接投资影响企业创新的中介效应的估计结果。其中,表9-5-2第(1)—(3)列为式(6)—(8)的估计结果,表9-5-2第(6)列为式(9)的估计结果。为了结果的稳健性,分别将中介变量引入式(6),表9-5-2第(4)—(5)列为相关回归结果。根据Muller、Judd和Yzerbyt(2005)及温忠麟和叶宝娟(2014)的研究,我们只需要证明公式(10)与edu相关,即若$\varphi_1{}' \neq 0$且$\alpha_5{}' \neq 0$或者$\alpha_2{}' \neq 0$且$\varphi_3{}' \neq 0$或者$\varphi_3{}' \neq 0$且$\alpha_5{}' \neq 0$,至少有一组成立,则可证明市场竞争这一对外直接投资影响企业创新的中介效应受到人力资本的调节作用。若$\omega_1{}' \neq 0$且$\alpha_6{}' \neq 0$或者$\omega_3{}' \neq 0$且$\alpha_3{}' \neq 0$或者$\omega_3{}'$且$\alpha_6{}' \neq 0$,至少有一组成立,则可证明技术溢出这一中介效应受到人力资本的调节作用。

$$(\varphi_1{}' + \varphi_3{}'edu_{it}) \times (\alpha_2{}' + \alpha_5{}'edu_{it}) + (\omega_1{}' + \omega_3{}'edu_{it}) \times (\alpha_3{}' + \alpha_6{}'edu_{it})$$

$$\tag{10}$$

根据表9-5-2第(1)列估计结果可知,对外直接投资正向影响企业创新,对外直接投资与人力资本的交互项对企业创新的预测作用不显著。第(2)列中$ofdi \times edu$的估计系数通过显著性检验,同时表9-5-2第(6)列中mpc的估计系数显著为负,即满足$\alpha_2{}' \neq 0$且$\varphi_3{}' \neq 0$的条件,竞争效应对企业创新的主效应显著，这一结果可证明对外直接投资、市场竞争、人力资本和企业创新四者构成了有调节的中介效应模型，市场竞争在对外直接投资与企业创新之间具有中介效应，其中人力资本只在对外直接投资与市场竞争之间起到调节作用。人力资本在对外直接投资与技术溢出之间的调节作用不明显。

表 9-5-2　有调节的中介效应作用渠道检验结果

变量名	patent（1）	mpc（2）	lntfp（3）	patent（4）	patent（5）	patent（6）
ofdi	91.531***	-2.949***	0.117***	90.521***	90.670***	89.945***
	(26.38)	(0.72)	(0.03)	(16.60)	(16.55)	(16.37)
edu	0.318**	-0.115***	0.001**	0.292*	-0.510	0.259
	(0.13)	(0.01)	(0.00)	(0.14)	(2.10)	(0.16)
mpc				-0.349**		-0.307***
				(0.1381)		(0.12)
lntfp					7.380**	4.929***
					(3.12)	(1.60)
ofdi × edu	2.473	0.049*	-0.010	2.488*	2.424*	2.433*
	(1.90)	(0.03)	(0.00)	(1.25)	(1.20)	(1.19)
edu × mpc				-0.001		-0.002
				(0.00)		(0.00)
edu × lntfp					0.161	0.170
					(0.15)	(0.16)
控制变量	Y	Y	Y	Y	Y	Y
时间固定效应	Y	Y	Y	Y	Y	Y
行业固定效应	Y	Y	Y	Y	Y	Y
地区固定效应	Y	Y	Y	Y	Y	Y
常数项	-445.885***	-84.679***	-7.943***	-475.189***	-385.917***	-423.617***
	(124.55)	(1.97)	(0.35)	(146.40)	(114.29)	(125.27)
观测值	18951	18951	18951	18951	18951	18951
R-squared	0.093	0.164	0.600	0.094	0.094	0.094

本章小结

本章的研究目的在于客观评价对外直接投资对企业创新的影响，在此基础上，深入探讨这种影响背后的作用机制，以期为研究对外直接投资对中国企业的创新成效提供一份可靠的微观经验证据。基于以上研究目的，本章主要得到以下几点研究结论：第一，对外直接投资是推动中国企业创新的重要因素。第二，竞争效应和技术溢出效应是对外直接投资促进企业创新的两个重要作用渠道。其中，人力资本对企业对外直接投资所带来的市场竞争效应具有重要的调节作用，即企业人力资本水平越高，越有利于提升企业在国际化活动中的竞争力，进而促进企业创新。第三，若投资企业为国有企业、专利密集型行业企业或投资于高创新水平国家的企业，对外直接投资对企业创新的促进作用更为显著。

基于本章的研究结论，提出以下几点政策建议：第一，政府和企业应充分重视对外直接投资对企业创新的促进效应。第二，开发国际合作的人力资本培训机制，提高企业对国际知识以及逆向技术溢出的吸收能力。第三，为国有企业和民营企业的经营发展创造公平的竞争环境。第四，搭建多层次多元化的海外投资、创新以及市场信息资源共享机制。

第十章 "走出去"与创新 II：对外绿地投资与中国企业创新[①]

本章基于中国微观企业数据，考察了中国对外绿地投资对国内企业创新的影响及作用机制。结果表明：中国对外绿地投资显著促进了国内企业创新，投资金额越多，企业的创新效应越明显。在考虑了创新概念的重新界定、替换绿地投资金额指标及内生性问题以后，该结论依然稳健。这种促进效应是通过吸收东道国的专业化要素及增加研发投入两个中介渠道产生的。从所有制、行业和东道国差异来看，非国有企业绿地投资的创新效应及研发中介效应高于国有企业，技术创新型企业绿地投资的创新效应及研发中介效应高于技术稳健型企业，对发达经济体投资的创新效应及研发投入效应高于发展中经济体，但对发达国家投资的专业化要素吸入这一中介效应弱于对发展中经济体的投资。

第一节 引 言

创新活动对企业核心竞争力有重要意义。近年来，中国政府出台了一系列关于促进企业自主创新的政策文件，并取得了突出成果。世界银行统计发现，中国居民专利申请总量已远超美日等发达国家，2010—2017 年稳居世界第一，2017 年更是达到了 1245709 件。中国自主创新能力的不断提升，引起美国等西方技术强国的广泛关注。2018 年 3 月以来，中美贸易摩

---

① 本章内容已见刊。薛军、常露露、李磊：《中国企业对外绿地投资与企业创新》，《国际贸易问题》2021 年第 5 期。

擦不断加剧，美国在新一代信息技术产业、高档数控机床和机器人、航空航天装备、新材料等领域对中国多维度的打压与制裁。从中兴华为事件到对中国制造业跨国企业展开的"337"系列调查与封锁，均对中国企业自主创新能力体系的构建提出新的挑战，因此在中美贸易摩擦不断加剧的背景下，探究中国企业自主创新的议题显得尤为重要与迫切。

随之而来的一个问题是，如何有效促进中国企业创新？国际技术溢出是实现技术进步的重要途径，而对外直接投资（OFDI）是重要的国际技术溢出渠道。通过 OFDI 可以利用国外先进技术与研发经验、人力资本资源以及创新环境等提升我国企业的技术水平（蒋冠宏等，2013），促进跨国企业的技术创新。对外直接投资作为一项具有战略发展意义的经济行为，无论是在发展中国家还是在发达国家的经济发展历程中均发挥着重要作用。中国作为赶超型的超级大国，其目的旨在吸收先进技术，学习独特的管理经验和方法，有效利用国外的专业化资源，提高企业经营效率，实现企业创新。

联合国贸发会议（UNCTAD）发布的《2017 年世界投资报告》统计，2017 年中国对外直接投资分别占全球当年流量、存量的 11.1% 和 5.9%，流量位列全球国家（地区）排名的第 3 位，存量由 2016 年的第 6 位跃升至第 2 位，占比提升 0.7 个百分点。2005—2016 年中国对外绿地投资资金规模呈现高速增长趋势（薛军，2018），由 2005 年的 84 亿美元飙升到 2016 年的 1103 亿美元。可见，中国对外绿地投资在全球外国直接投资中的影响力不断扩大。

随着对外直接投资规模的不断扩大，有关 OFDI 的相关研究也铺陈开来，主要聚焦其对国内经济活动是替代效应（Chuang 和 Lin，1999）抑或互补效应（Braconier 和 Ekholm，2000；Desai 等，2008）。企业对外直接投资进入东道国的方式主要有跨国并购和绿地投资两种。其中，绿地投资是跨国企业在国外设立新的企业或研发中心，形成新的生产力，加大对国外先进技术的吸收。尽管过去 10 年间绿地投资规模不断扩大，但是研究绿地投资的文献并不多，有限的研究仍然集中于企业是选择跨国并购还是绿地投资的 OFDI 进入模式（Nocke 和 Yeaple，2007；蒋冠宏等，2018）。有部分文献关注到并购投资有利于先进技术的引进与使用，显著促进了跨国企业创新（Bena 和 Li，2014；邵新建等，2012）。但对外绿地投资的创新效应却大多被忽略了。进行绿地投资的企业比跨国并购企业更具生产效率（Nocke 和 Yeaple，2004），那么绿地投资究竟能否促进中国跨国企业创新？其表现如何，背后可能的影响机制是什么？这些是本章要研究的核心问题。

本章试图在以下三个方面有所创新：第一，在研究视角上，本章从绿地投资对企业创新的作用机理深入探讨二者的内在逻辑关系。跨国并购和绿地投资作为两种不同的 OFDI 进入模式，在技术传导路径上存在显著差异。本章基于中国对外绿地投资规模不断扩大的特征事实，系统探讨了绿地投资对中国企业创新的微观效应，不仅丰富了有关绿地投资与企业创新关系的文献，还为理解中国企业创新提供了新思路。第二，从机理分析上，本章不仅分析了绿地投资对中国企业创新的影响，还在此基础上通过引入中介效应模型进行影响机制检验，我们发现专业化要素吸入和增加研发投入是对外绿地投资促进企业创新的两个重要渠道，从而深化了对绿地投资与中国企业创新之间关系的理解。第三，考虑到绿地投资对中国企业创新可能存在的异质性影响，文章还考察了不同所有制性质、行业类型以及投资东道国对企业创新的异质性影响，这对如何提高中国企业对外绿地投资的创新效应具有重要的启示作用。

第二节　理论机制

一、绿地投资与企业创新

自熊彼特创新理论提出以来，对企业创新行为的研究一直是国内外研究者关注的焦点和热点。相继有更多文献基于不同的视角从理论和实证层面深入探讨影响企业创新活动的重要因素（Arkolakis 等，2011；李春涛和宋敏，2010；秦华英，2018；孟庆斌等，2019）。后期研究中，企业异质性理论的提出，为企业国际化行为研究提供新的理论解释与框架基础。Helpman 等（2004）在 Melitz（2003）模型的基础上将企业异质性理论扩展到对外直接投资领域，认为生产率最高的企业选择对外直接投资。那么，对外直接投资对母国企业技术进步影响如何？境外投资企业内部的逆向技术溢出成为国家创新能力提升的基础，学者们开始从微观企业层面出发探讨 OFDI 的生产率效应、创新效应及逆向技术溢出效应。Chen 和 Ku（2000）以及 Branstetter（2006）等评估了对外直接投资对企业生产率的影响，均认为对外直接投资显著提高了企业生产率水平。对外直接投资与企业创新之间的关系也引起了部分学者的关注，如毛其淋和许家云（2014）运用企业数据研究发现，OFDI 对企业创新的促进作用具有持续性，这一效应受 OFDI 类型的影响，赵宸宇和李雪松（2017）使用上市公司数据也得到了一致结论。此外，部分学者进一步探讨了跨国公司海外并购与企业创新的关系，Bena 和 Li（2014）及邵新建等（2012）研究发现跨国并购有利于先进技术的引进与使用，推动中国企业创新。考虑到绿地投资与跨国并购在成本投入、建设周期以及对创新资源的整合风险等方面存在显著差异，二者对中国企业创新也会产生不同的影响。如 Nitsch 和 Makino（1996）基于对日本 173 家跨国公司的数据研究发现，相较于跨国并购与合资企业，绿地投资子公司的绩效最好。Hakanson 和 Nobel（2001）研究了瑞典 17 家跨国公司的海外研发机构，认为跨国公司的当地嵌入度高，绿地投资子公司的内部嵌入度高，但内部嵌入与当地嵌入对母公司的技术溢出效应有着差异化影响，因此绿地投资相比于跨国投资的技术溢出效应更强。据此提出假说 1：对外绿地投资显著促进中国企业创新。

二、对外绿地投资促进企业创新的机制

中国企业的对外绿地投资主要分布在发达国家或发展中国家的技术创新型行业，通过在技术集聚的国家建立研发机构，近距离接触东道国的研发资源，进而获取东道国的技术溢出。绿地投资资金投入量大，投资周期

长，失败风险大。企业置身竞争激烈的海外市场，为增强市场势力进行技术升级，避免落入低利润水平的竞争（Bustos，2011），会激励企业增加研发投入，提高对外投资的创新效应。Potterie 和 Lichtenberg（2001）利用国家层面的数据不仅证实了 OFDI 存在逆向技术溢出效应，而且研发投入越多对外直接投资流量越大，逆向技术溢出效应越明显。Desai 等（2008）在理论解释的基础上经验检验了对外直接投资也会通过扩大国外市场需求来影响跨国企业的研发投入，以应对需求冲击带来的新挑战。据此提出假说 2：对外绿地投资通过增加研发投入的渠道促进企业创新。

除了研发效应外，国际市场参与还会通过人力资本要素的流动促进企业创新。Nelson 和 Phelps（1966）的技术扩散模型本质上认为人力资本在促进世界各国运用新技术方面发挥着不可或缺的作用，反过来又提高了生产率，实现了经济增长。为获取外部前沿的科技信息以及把握市场动向，企业通过绿地投资的方式进入东道国，利用当地的人力资源和技术资本，提升企业的研发能力。可见，一国新技术的涌现不仅与现有的技术条件以及在东道国新建企业获得的东道国非自愿的逆向技术溢出有关，还与对东道国人力资本的吸入有关。因此，从东道国的角度看，当地的人力资本资源越丰富，跨国企业越有机会吸入当地的经理人和熟练工人，越容易实现更多的创新产出（赖明勇，2005）。据此提出假说 3：对外绿地投资通过吸收东道国的人力资本资源促进企业创新。

第三节　数据来源与计量模型设定

本章样本来源于英国《金融时报》的绿地投资数据库、万德数据库和经济金融数据库。

为研究对外绿地投资对企业创新的影响，构建如下模型：

$$patentaa_{it} = c + \alpha 1 investment_{it} + \alpha_2 x_{it} + \mu_j + \mu_k + \mu_t + \varepsilon_{it} \tag{1}$$

其中，下标 i、j、k 和 t 分别表示企业、行业、地区和年份，因变量 $patentaa_{it}$ 是专利申请量，对其加 1 并取自然对数。核心解释变量为

$investment_{it}$，即绿地投资金额，对其加 1 并取自然对数。同时，本章在回归过程中加入时间、行业和地区虚拟变量，并采用聚类到企业层面的标准误。ε_{it} 是误差项。

方程中 x_{it} 是其他影响企业创新的控制变量，包括：企业规模（$size$），以企业员工总人数的自然对数计算；资本密集度（lnk），用企业固定资产合计除以企业员工总人数表示；企业生命期（age），用当年与企业注册成立年的差值表示；平均工资（$lnwage$），用应付职工薪酬除以员工总人数的自然对数值计算；现金比率（$cash$）；资产负债率（$assetliabi$）；机构投资者持股比例（$insitown$）。

本部分将通过中介效应模型验证绿地投资影响企业创新的传导机制，据此，引入两个中介变量：专业化要素吸入（$jobss_{it}$）、研发投入（$lnrd_{it}$），为此构造计量方程如下：

$$patentaa_{it} = c + \beta_1 invest_{it} + \beta_2 jobss_{it} + \beta_3 lnrd_{it} + \beta_4 x_{it} + \mu_j + \mu_k + \mu_t + \varepsilon_{it}$$
$$(2)$$

$$jobss_{it} = c + r_1 invest_{it} + r_2 x_{it} + \mu_j + \mu_k + \mu_t + \varepsilon_{it} \qquad (3)$$

$$lnrd_{it} = c + \eta_1 invest_{it} + \eta_2 x_{it} + \mu_j + \mu_k + \mu_t + \varepsilon_{it} \qquad (4)$$

绿地投资对企业创新总效应的方程见公式（1）。其中对东道国专业化要素的吸入（$jobss_{it}$）用绿地投资企业对东道国创造的就业岗位来衡量，研发投入（$lnrd_{it}$）用企业的研发投入金额衡量。

第四节　计量结果估计与分析

一、绿地投资是否促进了企业创新

本部分重点研究中国企业对外绿地投资是否能促进企业创新。基本的计量结果见表 10-4-1。表 10-4-1 中前 3 列是固定效应模型的回归结果，3 列中绿地投资的估计系数均在 1% 的水平上显著为正，这表明对外绿地投资显著促进了企业创新。表 10-4-1 第（4）—（6）列提供了面板负二项回归的估计结果作为参照，估计结果同样支持了研究结论。

表 10-4-1　对外绿地投资对企业创新的影响

	（1）	（2）	（3）	（4）	（5）	（6）
greenvalue	0.047***	0.040***	0.022***	0.011***	0.006**	0.003*
	（0.00）	（0.01）	（0.01）	（0.00）	（0.00）	（0.00）
控制变量	N	Y	Y	N	Y	Y
固定效应	N	Y	Y	N	Y	Y
Constant	2.253***	0.569*	−8.941***	−0.917***	−1.998***	−1.661***
	（100.01）	（1.85）	（−14.34）	（0.01）	（0.49）	（0.52）
N	15379	15370	15370	15379	15370	15370
R^2	0.002	0.030	0.046			

注：表中对应的括号中数值为对应变量估计系数聚类到企业层面的标准误，下同。*** $p<0.01$，** $p<0.05$，* $p<0.1$，表 10-4-1 中的固定效应是时间、行业、地区层面的固定效应，下同。

二、机制检验

对外绿地投资究竟是通过何种渠道促进了企业创新的？从本章的理论分析框架可以看出，跨国企业绿地投资的创新效应一方面来源于国内的研发投入，另一方面来源于对东道国的专业化要素吸入。值得一提的是，在所有对外绿地投资的样本中，虽然48%的样本是投资到发展中经济体，但大部分企业是技术创新型行业企业，所以雇佣的东道国员工也会是受过专业训练或是高学历的技术及管理人员，同时投资到发展中国家的人力资本成本低于发达国家的人力资本成本，在成本较低的基础上又吸入专业化要素，有利于促进企业创新。

所以跨国企业绿地投资的创新绩效与（1）企业的研发投入（2）对东道国专业化要素的吸收密切相关。

表 10-4-2   机制检验结果

变量	（1） patentaa	（2） jobss	（3） patentaa	（4） lnrd	（5） patentaa
jobss			0.124*		
			(0.05)		
lnrd					0.247***
					(24.64)
investments	0.028***	0.236***	−0.002	0.036***	0.019***
	(0.00)	(0.00)	(0.01)	(0.00)	(4.06)
控制变量	Y	Y	Y	Y	Y
常数项	−9.026***	−0.050***	−9.020***	1.704	−9.447***
	(1.78)	(0.30)	(1.77)	(1.40)	(1.74)
固定效应	Y	Y	Y	Y	Y
N	15370	15370	15370	15370	15370
R^2	0.046	0.869	0.143	0.345	0.175

以专业化要素的吸入渠道为例进行中介效应说明。参照温忠麟和叶宝娟（2014）的做法，计量估计结果如表 10-4-2 所示。第（1）列中 investments 的估计系数为对外绿地投资对企业创新的总效应。第（2）和（4）列中 investments 的估计系数分别为对外绿地投资对专业化要素吸入（jobss）及研发投入（lnrd）两个中介变量的效应。第（3）和（5）列中 jobss 和 lnrd 的估计系数是在控制了对外绿地投资的影响后，中介变量对企业创新的影响，investments 的估计系数则是在控制了中介效应的影响后，对外绿地投资对企业创新的直接效应。表 10-4-2 报告的结果中，首先看吸入东道国的专业化要素作为中介变量的检验结果，第（1）列中总效应 investments 的估计系数在 1% 的水平上显著为正，第（2）列中 investments 的估计系数在 1% 的水平显著为正，第（3）列中 jobss 的估计系数在 10% 的水平上显著为正。Bootstrap 法检验的间接效应系数为 0.0293，95% 的置信区间为 [0.0004，0.0583]，不包含 0，根据估计结果，对外绿地投资促

进跨国企业创新，吸收东道国专业化要素的中介效应是存在的。但中介效应与直接效应的符号相反，说明存在遮掩效应。依据温忠麟和叶宝娟（2014）中介效应的检验步骤，要看间接效应与直接效应比例的绝对值，即 | 0.0293∕（-0.0015）| = 19.53，绝对值大于1，这一结果说明虽然总效应中出现了遮掩效应，但比较小，中介效应依旧明显。对东道国的专业化要素吸入这一中介变量存在遮掩效应可能的解释是：跨国企业在吸入东道国专业化要素，促进企业创新的同时，也需要支付一定的吸入成本，尤其在发达国家的市场环境中，可能面临更高昂的雇佣成本，专业化要素吸入的成本效应在一定程度上对跨国企业绿地投资的创新效应存在一定程度的遮掩效应，但成本效应显著弱于创新效应。研发投入的中介效应分析类似。表 10-4-2 第（4）列中 *investments* 的估计系数以及第（5）列中 *investments* 和 lnrd 的估计系数均在1%的水平上显著为正。*Bootstrap* 法检验的间接效应系数为 0.009，95% 的置信区间为［0.0057，0.0122］，不包括 0，所以，对外绿地投资通过研发投入这一中介效应显著促进了企业创新。

第五节 异质性分析

一、不同所有制企业对外绿地投资的创新效应

为进一步考察不同所有制企业绿地投资对企业创新的异质性影响，我们根据企业注册登记类型将企业划分为国有、非国有企业。估计结果如表 10-5-1 第（1）—（2）列所示，国有企业和非国有企业对外绿地投资对企业创新均有显著的正向影响，国有企业的估计系数略小于非国有企业。

本章进一步探讨不同所有制企业对外绿地投资促进企业创新的两个中介效应。研究发现国有企业对企业创新的促进作用主要是通过增加研发投入产生的，对专业化要素吸入的中介效应不明显。非国有企业对外绿地投资对企业的创新效应存在专业化要素吸入和研发投入两个中介效应，且国有企业的中介效应小于非国有企业。国有企业研发投入的中介效应为

0.019；非国有企业的两个中介效应分别为 0.413、0.025。与前文全样本机制检验的结果一致，专业化要素吸入这一中介变量对于国有企业的创新效应不明显，一方面可能是由于样本期内对外绿地投资的国有企业占少数，造成专业化要素的吸入不足；另一方面可能是由于国有企业在研发资源方面的独特优势对企业的自主创新发挥了重要作用。对于非国有企业，由于吸收专业化要素需要支付要素成本而存在一定的遮掩效应，非国企专业化要素吸入的间接效应与直接效应比值的绝对值为 1.252，这表明专业化要素吸入的成本效应显著弱于其产生的创新效应。

表 10-5-1 分组检验的基本结果

变量	（1）国有企业	（2）非国有企业	（3）技术创新型企业	（4）技术稳定型企业	（5）对发达国家投资	（6）对发展中国家投资
investments	0.021 **	0.023 ***	0.026 ***	0.023 **	0.102 **	0.084 **
	(0.01)	(0.01)	(0.01)	(0.01)	(0.05)	(0.04)
control	Y	Y	Y	Y	Y	Y
Constant	−5.461 ***	−10.885 ***	−8.908 ***	−3.742 ***	−8.271 ***	−8.914 ***
	(1.11)	(0.70)	(0.66)	(0.77)	(0.57)	(0.63)
固定效应	Y	Y	Y	Y	Y	Y
N	4769	10601	9807	5563	15146	15135
R^2	0.281	0.223	0.244	0.147	0.124	0.126

表 10-5-2 不同所有制企业的机制检验

变量	（1）国有企业机制检验	（2）	（3）	（4）	（5）非国有企业机制检验	（6）	（7）	（8）
	jobss	*lnrd*	*Patentaa*	*Patentaa*	*jobss*	*lnrd*	*Patentaa*	*Patentaa*
jobss			0.15				0.33 ***	
			(0.09)				(3.64)	
lnrd				0.17 ***				0.23 ***
				(0.02)				(13.24)

续表

变量	（1）	（2）	（3）	（4）	（5）	（6）	（7）	（8）
	国有企业机制检验				非国有企业机制检验			
	jobss	lnrd	Patentaa	Patentaa	jobss	lnrd	Patentaa	Patentaa
investments	1.07***	0.07**	−0.08	0.07	1.25***	0.11***	−0.34***	0.04
	(0.05)	(0.03)	(0.11)	(0.05)	(0.04)	(0.02)	(0.04)	(0.04)
control	Y	Y	Y	Y	Y	Y	Y	Y
Constant	−0.70***	4.46***	−5.46***	−6.28***	−0.37***	3.29***	−9.31***	−10.71***
	(0.19)	(1.23)	(1.11)	(1.06)	(0.14)	(0.67)	(0.60)	(0.14)
固定效应	Y	Y	Y	Y	Y	Y	Y	Y
N	4769	4769	4769	4769	10,601	10,601	10,601	10,601
R^2	0.910	0.428	0.281	0.323	0.926	0.302	0.224	0.268

二、不同行业企业对外绿地投资的创新效应

本章根据国家知识产权局出版的专利密集型产业目录（2016）（试行）将专利密集型的行业划分为技术创新型行业，将非专利密集型行业划分为技术稳定型行业。按照技术创新型行业和技术稳定型行业将样本区分为两大样本进行回归。估计结果如表 10-5-1 第（3）—（4）列所示，技术创新型行业和技术稳定型行业企业绿地投资均对企业创新产生正向促进作用，均通过 1% 水平上的显著性检验。技术创新型行业企业的估计系数大于技术稳定型行业企业的估计系数，一是因为专利密集型行业经济拉动能力强，极具创新活力和市场竞争优势；二是专利密集型产业研发经费投入强度（R&D 经费内部支出与主营业务收入的比重）达到 1.3%，远高于所有工业产业 0.7% 的平均水平；三是专利密集型行业企业对技术型人才的要求更高，专业化要素的吸收能力更强，但也需要支付高昂的要素成本，所以创新效应比技术稳定型行业企业略低。

通过进一步的机制检验发现，技术创新型企业和技术稳定型企业均通过吸收专业化要素和增加研发投入两条路径显著促进了企业创新，且技术

创新型企业的研发投入中介效应更明显，这与前文全样本机制检验的结果基本保持一致。技术稳定型企业多为成型的企业，研发密度低；而技术创新型企业研发密度高，科研投入多，技术知识占比高，创新速度快。

表 10-5-3 不同行业企业的机制检验

变量	（1）	（2）	（3）	（4）	（5）	（6）	（7）	（8）
	技术创新型企业机制检验				技术稳定型企业机制检验			
	jobss	*lnrd*	*Patentaa*	*Patentaa*	*jobss*	*lnrd*	*Patentaa*	*Patentaa*
jobss			0.21 **				0.26 ***	
			(0.09)				(0.09)	
lnrd				0.250 ***				0.172 ***
				(0.04)				(0.02)
investment	1.23 ***	0.09 ***	−0.14	0.09 **	1.06 ***	0.11 ***	−0.21 *	0.04
	(0.04)	(0.03)	(0.11)	(0.04)	(0.05)	(0.02)	(0.11)	(0.05)
control	Y	Y	Y	Y	Y	Y	Y	Y
Constant	−0.59 ***	5.05 ***	−8.89 ***	−10.12 ***	−0.12	10.22 ***	−3.78 ***	−5.55 ***
	(0.14)	(0.59)	(0.66)	(0.65)	(0.13)	(0.85)	(0.77)	(0.79)
固定效应	Y	Y	Y	Y	Y	Y	Y	Y
N	9807	9807	9807	9807	5563	5563	5563	5563
R^2	0.910	0.376	0.245	0.314	0.939	0.148	0.145	0.191

注：表中固定效应是时间、地区固定效应。

三、对不同东道国绿地投资的创新效应

本章依据联合国《世界投资报告 2018》对不同经济体的划分标准，将企业绿地投资的目标国划分为发达经济体和发展中经济体，不同国家的资源禀赋、市场竞争环境、技术创新水平、制度安排等都存在一定差异，进而会对跨国公司的技术创新产生不同影响。估计结果如表 10-5-1 第（5）—（6）列所示，对两种经济体国家的绿地投资均对企业创新产生正向促进作用，均通过 1%水平的显著性检验。本章进一步进行相关的机制

检验。检验结果如表 10-5-4 所示，前 4 列为对发达经济体进行绿地投资的机制检验结果，后 4 列为对发展中经济体绿地投资的机制检验结果。不难发现，对不同国家进行绿地投资会通过不同的渠道显著促进跨国企业创新。对发达经济体绿地投资主要是通过增加研发投入而促进企业创新，专业化要素吸入的中介效应不明显。专业化要素吸入和研发投入是跨国企业绿地投资于发展中经济体进而促进企业创新的两个中介变量。中介效应分别为 0.328、0.02。显然对发达经济体绿地投资的专业化要素吸入这一中介效应显著弱于对发展中经济体绿地投资的中介效应，可能的原因是发达经济体的专业化要素吸入成本高于发展中经济体，相对的高成本效应稀释了发达经济体专业化要素的部分创新效应。对发达经济体绿地投资的研发投入这一中介效应与对发展中经济体绿地投资的中介效应几乎相同。技术附加值高的企业需要更多的研发投入以促进产品的不断更新换代及新技术的更迭。可能由于样本期内跨国企业对发展中经济体的绿地投资多集中于技术创新型行业，技术附加值高，所以研发投入相对也较多。

表 10-5-4　对不同东道国绿地投资的创新效应的机制检验

变量	(1)	(2)	(3)	(4)	(5)	(6)	(7)	(8)
	对发达经济体投资的机制检验				对发展中经济体投资的机制检验			
	jobss	ln*rd*	*Patentaa*	*Patentaa*	*jobss*	ln*rd*	*Patentaa*	*Patentaa*
jobss			0.14				0.29 ***	
			(0.09)				(0.08)	
ln*rd*				0.24 ***				0.25 ***
				(0.01)				(0.01)
investments	1.21 ***	0.15 ***	−0.07	0.07	1.13 ***	0.08 ***	−0.24 **	0.07 *
	(0.04)	(0.04)	(0.12)	(0.05)	(0.05)	(0.02)	(0.09)	(0.04)
control	Y	Y	Y	Y	Y	Y	Y	Y
时间、行业固定效应	Y	Y	Y	Y	Y	Y	Y	Y
Constant	−0.23 ***	6.27 ***	−8.24 ***	−10.01 ***	−0.25 ***	4.68 ***	−8.83 ***	−9.52 ***
	(0.06)	(0.67)	(0.56)	(0.51)	(0.08)	(0.70)	(0.62)	(0.55)

变量	（1）	（2）	（3）	（4）	（5）	（6）	（7）	（8）
	对发达经济体投资的机制检验				对发展中经济体投资的机制检验			
	jobss	lnrd	*Patentaa*	*Patentaa*	*jobss*	lnrd	*Patentaa*	*Patentaa*
N	15146	15146	15146	15146	15135	15135	15135	15135
R^2	0.90	0.34	0.29	0.16	0.93	0.33	0.24	0.17

本章小结

一、研究结论

本章首先基于已有文献从理论上分析了对外绿地投资对企业创新的微观作用机制，随后采用 2010—2018 年企业数据经验验证了理论分析结果。研究结果表明：第一，从整体上看，对外绿地投资显著促进了企业创新。第二，对外绿地投资的创新效应主要是通过吸入东道国专业化要素及增加国内研发支出两个中介渠道实现的。第三，按所有制类型、行业类型以及投资东道国将样本具体划分为国有企业和非国有企业、技术创新型企业和技术稳定型企业以及对发达经济体投资和对发展中经济体投资等几类，经验分析发现不同样本下对外绿地投资的创新效应存在显著差异性。

二、政策启示

本章的研究结论启示，中国对外绿地投资对企业创新的促进作用是毋庸置疑的。因此，政策建议如下：第一，政府应在不削减海外并购热度的同时，关注并创造对外绿地投资的机会，制定更加明确和具体的绿地投资政策，引导技术创新型民营企业到技术前沿的发达国家进行绿地投资，吸收专业化要素，雇佣东道国的高素质科研人员和熟练工人，增强企业竞争力。第二，跨国投资企业有必要加大研发投入力度，增强企业间的技术互补性，降低专业化要素吸入成本，更大限度地从绿地投资中获益。第三，政府在注重发挥国有企业对外绿地投资过程中创新引领效应的同时，应加强扶持民营企业科研成果的转化，增强民营企业自主创新能力。为有潜力的技术创新型企业搭建海外合作平台，打通技术引进与知识学习渠道，提高企业核心竞争力。

第十一章　"引进来"和"走出去"与创新：
双向 FDI 对中国区域创新的影响①

双向 FDI 作为全面开放新格局的一个重要方面，对中国区域创新具有深刻的影响。本章使用中国 286 个地级及以上城市 2005 年至 2016 年的面板数据，在厘清双向 FDI 影响区域创新机制的基础上，探究双向 FDI 与中国区域创新之间的关系。研究发现：（1）中国对外直接投资的逆向技术溢出效应弱于中国外商直接投资的技术溢出效应；（2）中国外商直接投资通过"贸易促进效应"和"人力资本提升效应"对区域创新产生积极影响，但中国的对外投资受限于投资结构仅能通过"人力资本提升效应"促进区域创新；（3）中国双向 FDI 与区域创新的关系在不同发展阶段和是否资源型城市层面具有显著的异质性。本章的研究结论可能为推进中国形成全面开放新格局、推动中国成为创新型国家提供启示。

第一节　引　言

外商直接投资（FDI）和对外直接投资（OFDI）是国际资本流动的主要方式和国际技术溢出的重要载体，对一个国家或地区的经济社会发展具有深刻的影响。当前，中国在面临美国技术封锁的背景下坚持更深层次的对外开放，厘清双向 FDI 与中国区域创新之间的关系，有助于推进中国形成全面开放新格局、推动中国成为创新型国家。

---

① 本章内容已见刊。李金永、薛军、冯帆等：《双向 FDI 与中国区域创新》，《经济与管理研究》2021 年第 9 期。

一般理论认为外商直接投资具有技术溢出效应，可以提高东道国的创新能力和生产效率，如凯勒和耶普尔（2003）对美国制造业企业的研究、赵文军和于津平（2011）对中国 30 个工业行业的研究、王华等（2012）对中国工业企业的研究等。但已有的一些实证研究也得出了不一致的结论，如艾特肯和哈里森（1999）发现委内瑞拉的外商直接投资在全国范围内存在普遍的负溢出效应；波特尔斯伯格和利希滕伯格（2001）认为来自研发密集国家的外商直接投资并不存在技术溢出。另一方面，关于对外直接投资的逆向技术溢出效应，学术界也未取得一致的观点。波特尔斯伯格和利希滕伯格（2001）、衣长军等（2015）、蒋冠宏（2017）和吴瑞兵（2019）认为对外直接投资存在显著的逆向技术溢出效应，而比泽尔和克里克斯（2008）和白洁（2009）的研究并不支持这一结论。因此，关于双向 FDI 与中国区域创新之间的关系并没有明确的结论，还需要进一步深入研究。

第二节　理论机制分析

内生经济增长理论在确立技术进步作为经济增长内生动力的同时，也引入了技术具有外部性的重要假设，而这也成为中国一系列政策制定的依据。克雷斯波和丰托拉（2007）总结了 FDI 技术扩散渠道，认为外商直接投资通过跨国公司示范效应、劳动力流动效应、出口促进效应、竞争促进效应等方式实现技术扩散。另一方面，已有的研究表明，对外直接投资（OFDI）的逆向技术溢出主要通过"接近效应""联系效应""竞争效应"等方式实现。鉴于已有文献关于双向 FDI 溢出效应的机制分析基于微观企业，从区域层面出发，结合中国区域外商直接投资和对外直接投资的特征，总结出"贸易促进效应"和"人力资本提升效应"两个机制。

一、贸易促进效应

佩内洛普·帕切科·洛佩斯（2005）认为外商直接投资和进出口之间

存在双向创造效应。一方面，出口使本土企业对外国的市场、经济、社
会、政治等加深了解，从而有助于创造本土企业对于国外市场的直接投
资。随着外商直接投资的到来，额外的资本、新技术和更好的管理有助于
东道国扩大出口。另一方面，本土市场对于某一商品的大量进口可能会吸
引该商品的外国产商直接在本土进行投资，从而消除贸易成本，而在本土
设厂的跨国企业为了满足国际市场对于产品质量标准的要求，需要从外国
进口部件或原材料。因此，外商直接投资在一定程度上可以促进进出口。
然而，发展中国家的对外直接投资不同于发达国家，其起步和发展远远落
后。吴等（2013）使用引力模型分析马来西亚进出口和双向 FDI 之间的关
系，发现 FDI 能够促进进出口，而 OFDI 却和进出口没有显著关系，可能
的原因是马来西亚 70% 的 OFDI 存量来自服务部门，而服务部门的不可贸
易性带来的是有限的贸易促进效应。中国和马来西亚同属于发展中国家，
其对外直接投资中与服务相关的占比超 50%①，因此，中国的对外直接投
资的贸易创造效应有限。

关于贸易与技术进步之间的关系，大量的文献表明贸易可以促进技术
进步。周经和刘厚俊（2011）运用省级面板数据实证发现通过国际贸易和
知识产权保护产生的技术溢出对创新有促进作用。张化尧（2012）认为进
口贸易、出口贸易带来了积极的技术外溢。英普利蒂和利坎德罗（2018）
发现贸易开放导致生产率最低的企业退出市场并促使幸存企业加大创新力
度。因此，笔者提出研究假设 1：中国外商直接投资通过"贸易促进效应"
对区域创新产生积极影响，但中国的对外直接投资受限于投资结构无法通
过"贸易促进效应"对区域创新产生影响。

二、人力资本提升效应

克雷斯波和丰托拉（2007）指出，劳动力流动是外商直接投资技术溢

---

① 笔者利用 fDi-Markets 和 BvD-Zephyr 整理得出，从投资项目数量上看，2010 年至
2018 年，中国对外直接投资与服务业相关的投资占比分别为 60.63%、56.33%、57.19%、
58.54%、51.99%、57.37%、60.99%、60.91%、62.03%。

出效应的一个重要渠道。福斯福里等（1998）构建了一个外商直接投资通过劳动力流动实现技术溢出的模型，强调了东道国企业雇佣跨国公司前员工从而将技术知识带给国内企业的模式。因此，在理论上，无论是对外直接投资还是外商直接投资都能在一定程度上提高当地的人力资本水平。

人力资本提升能够促进技术进步这一关系已经得到了许多经济学家的认可。台航和崔小勇（2019）认为，人力资本积累仍是影响经济体技术进步的重要因素，在测算 1970 年至 2010 年世界各国（或地区）人力资本结果数据的基础上，发现不同类型的人力资本结构对技术效率变化和技术变化的影响存在异质性。孙等（2020）利用世界银行对中国制造业企业的调查数据，指出人力资本指标在影响专利申请中起着重要作用。因此，笔者提出研究假设 2：中国外商直接投资和对外直接投资可以通过"人力资本提升效应"对区域创新产生积极影响。

综上所述，笔者提出研究假设 3：鉴于中国对外直接投资起步晚和服务行业占比高的特征，中国对外直接投资的逆向技术溢出效应弱于中国外商直接投资的技术溢出效应。

第三节　模型与变量

一、模型设定

（一）基准模型

参考陈继勇和盛杨怿（2008）对计量模型的选择，本章采用带个体固定效应的变截距模型进行拟合，具体设定如下：

$$inno_{i,\,t} = c + c_i + shock_t + \alpha fdi_{i,\,t} + \beta odi_{i,\,t} + \gamma X_{i,\,t} + \mu_{i,\,t} \tag{1}$$

（二）中介效应模型

借鉴温忠麟等（2004）、毛其淋和许家云（2016）关于中介效应模型的设定，引入进口（import）、出口（export）和人力资本（hcapital）这三个中介变量来构造中介效应模型，以此来考察双向 FDI 影响区域创新的传导机制差异。

二、变量与度量

（一）被解释变量：城市创新（inno）

本章采用发明专利、实用新型专利和外观专利的申请量之和来表示城市创新指标，具体设置为三种专利申请量之和加一，然后取对数。数据来源为大为 Innojoy 专利检索数据库。

（二）关键解释变量：双向 FDI（fdi 和 ofdi）

地级及以上城市的外商直接投资流量数据来源于《中国城市统计年鉴》，具体设定为：当年实际利用外资额（单位：万美元），取对数。考虑到地级及以上城市的对外投资额并没有相关年鉴予以公布，本章采用在中国海外并购投资方面具有代表性的 BvD-Zephyr 数据库和研究海外绿地投资具有代表性的英国《金融时报》的 fDi-Markets 数据库进行汇总统计。

三、控制变量

借鉴余泳泽等（2019）的研究，本章引入城市规模（scale）、城市工业化水平（industry）和城市信息化水平（info）三个控制变量。其中，对于城市规模，本章以各地级及以上城市的年末户籍人口（单位：万人）除以全市土地面积（单位：平方千米）作为衡量指标；对于城市工业化水平，本章选取第二产业占总产业的比重进行测度；对于城市信息化水平，本章以地级及以上城市移动电话数量（单位：万户）除以全市年末户籍人口（单位：万人）作为衡量指标。

四、中介变量

在中介效应模型中，本章引入中介变量：进口、出口和人力资本水平。具体设定为：对于进口，本章以各地级及以上城市当年货物进口额（单位：万美元）取对数作为衡量指标，数据来源为《中国区域统计年鉴》；对于出口，本章以各地级及以上城市当年货物出口额（单位：万美元）取对数作为衡量指标，数据来源为《中国区域统计年鉴》；对于人力资本水平，本章从就业结构的角度出发，以每万人从事科学研究技术服务和地质勘查业人数取对数来衡量城市人力资本水平，数据来源为《中国城市统计年鉴》。

第四节　实证结果及经济学解释

一、基准回归结果

表 11-4-1　基准模型回归结果

	混合 OLS			2SLS			GMM		
	(1) inno	(2) inno	(3) inno	(4) inno	(5) inno	(6) inno	(7) inno	(8) inno	(9) inno
scale	14.48	14.32	13.64	9.325	6.108	4.350	9.325	6.108	4.350
	(1.93)	(1.83)	(1.82)	(1.61)	(0.91)	(0.74)	(1.94)	(1.20)	(0.81)
industry	−0.166	0.549	0.0122	−1.762***	0.835	−0.760	−1.762***	0.835	−0.760
	(−0.45)	(1.65)	(0.03)	(−3.72)	(1.79)	(−1.36)	(−4.89)	(1.94)	(−1.55)
info	0.764***	0.794***	0.743***	0.799***	0.886***	0.687***	0.799***	0.886***	0.687***
	(6.16)	(6.31)	(6.07)	(5.93)	(5.96)	(5.40)	(19.62)	(17.46)	(12.40)
fdi	0.144***		0.143***	0.483***		0.467***	0.483***		0.467***
	(6.34)		(6.37)	(8.18)		(7.89)	(11.30)		(10.17)
ofdi		0.0494***	0.0486***		0.248**	0.263**		0.248**	0.263**
		(4.90)	(4.95)		(2.84)	(3.06)		(3.25)	(3.29)
shock	1.272***	1.322***	1.246***	1.060***	1.137***	0.966***	1.060***	1.137***	0.966***
	(20.93)	(20.92)	(21.82)	(17.25)	(18.85)	(15.92)	(25.60)	(23.42)	(18.35)
_cons	2.642***	2.479***	2.597***	2.978***	2.501***	2.721***	2.978***	2.501***	2.721***
	(9.24)	(8.75)	(9.28)	(9.80)	(8.91)	(8.88)	(10.07)	(8.12)	(8.36)
个体效应	√	√	√	√	√	√	√	√	√

续表

	混合 OLS			2SLS			GMM		
	(1) inno	(2) inno	(3) inno	(4) inno	(5) inno	(6) inno	(7) inno	(8) inno	(9) inno
工具变量 过度识别 检验				—	—	—	—	—	—
工具变量 识别不足 检验				√	√	√	√	√	√
弱工具 变量检验				√	√	√	√	√	√
N	3421	3421	3421	3138	3138	3138	3138	3138	3138

注：*** 表明在 0.1% 显著性水平上拒绝原假设，** 表明在 1% 显著性水平上拒绝原假设，* 表明在 5% 显著性水平上拒绝原假设。下表同。

为了克服可能存在的内生性问题，本章采用了混合 OLS、两阶段最小二乘法（2SLS）和广义矩估计（GMM）三种方法估计基准模型。其中，两阶段最小二乘法和广义矩估计以 fdi 和 ofdi 的一阶滞后项作为工具变量。另外，为了检验工具变量的有效性，本章汇报了工具变量过度识别检验、工具变量识别不足检验和弱工具变量检验（见表11-4-1）。

表 11-4-1 为基准模型的回归结果，模型（1）、模型（2）、模型（4）、模型（5）、模型（7）和模型（8）估计了单向国际直接投资对于城市创新的影响，结果表明，无论是外商直接投资还是对外直接投资都显著地促进了城市的创新。值得注意的是，通过比较，我们发现外商直接投资的回归系数明显大于对外直接投资。

二、中介效应模型的回归结果

为了验证双向 FDI 对于城市创新影响的机制差异，本章引入进口、出口和人力资本水平三个中介变量进行检验。鉴于前文提到的可能存在的内生性问题，本章在 2SLS 基础上使用中介效应模型，使用 fdi 和 ofdi 的一阶滞后项作为工具变量，并引入稳健标准差。

表 11-4-2 外商直接投资影响城市创新的中介效应模型结果

	（10）inno	（11）export	（12）import	（13）hcapital	（14）inno
fdi	0.483***	0.284***	0.279**	0.115***	0.333***
	(8.18)	(3.91)	(2.97)	(6.09)	(4.45)
scale	9.325	17.83**	2.680	0.521	6.069
	(1.61)	(3.06)	(0.26)	(0.26)	(1.22)
industry	−1.762***	3.898***	1.979**	−1.090***	2.816***
	(−3.72)	(7.30)	(2.83)	(−6.97)	(4.68)
info	0.799***	0.127**	0.216***	0.198***	0.485***
	(5.93)	(2.97)	(3.54)	(7.00)	(4.88)
shock	1.060***	0.346***	0.538***	0.127***	0.583***
	(17.25)	(7.94)	(10.31)	(7.43)	(14.89)
export					0.172***
					(4.38)
import					0.111***
					(4.66)
hcapital					0.343**
					(2.92)
_ cons	2.978***	4.723***	3.699***	2.775***	−1.719***
	(9.80)	(17.27)	(8.80)	(29.23)	(−3.64)
个体效应	√	√	√	√	√
工具变量过度识别检验	—	—	—	—	—
工具变量识别不足检验	√	√	√	√	√
弱工具变量检验	√	√	√	√	√
N	3138	2273	2241	3138	2238

表 11-4-3　对外直接投资影响城市创新的中介效应模型结果

	（15）inno	（16）export	（17）import	（18）hcapital	（19）inno
ofdi	0.248**	−0.408	−0.908	0.0914**	−0.497
	(2.84)	(−0.78)	(−0.77)	(2.60)	(−0.64)
scale	6.108	21.54*	11.15	−0.866	9.338
	(0.91)	(2.30)	(0.64)	(−0.44)	(0.84)
industry	0.835	4.582***	2.117	−0.357	3.400**
	(1.79)	(5.36)	(1.24)	(−1.86)	(2.79)
info	0.886***	0.315**	0.507	0.204***	0.711***
	(5.96)	(2.59)	(1.93)	(6.44)	(3.30)
shock	1.137***	0.527***	0.840**	0.133***	0.791**
	(18.85)	(3.74)	(2.71)	(6.59)	(3.23)
export					0.224***
					(4.76)
import					0.108**
					(2.83)
hcapital					0.272
					(1.21)
_cons	2.978***	4.723***	3.699***	2.775***	−1.719***
	(9.80)	(17.27)	(8.80)	(29.23)	(−3.64)
个体效应	√	√	√	√	√
工具变量过度识别检验	—	—	—	—	—
工具变量识别不足检验	√	√	√	√	√
弱工具变量检验	√	√	√	√	√
N	3138	2273	2241	3138	2238

外商直接投资影响城市创新的中介效应模型结果见表11-4-2。回归模型（11）、（14）表明，外商直接投资通过促进出口对城市创新产生显著的正向影响；回归模型（12）、（14）显示，外商直接投资通过拉动进口促进

城市创新；回归模型（13）、（14）表明，外商直接投资通过提升城市的人力资本水平显著促进城市创新。

对外直接投资影响城市创新的中介效应模型结果见表 11-4-3。回归模型（16）、（17）、（18）显示，对外直接投资对进出口无显著影响，但能显著提升城市人力资本水平；回归模型（19）中出口、进口和人力资本水平对城市创新都有正向影响，但人力资本水平的影响并不显著。为了进一步检验中介效应的存在性，本章采用 Sobel 根据一阶 Taylor 展开得到的近似公式进行检验，结果表明，对外直接投资无法通过贸易创造效应促进城市创新，但可以通过提升城市人力资本水平对区域创新产生正向影响。

综上所述，正如研究假设 1 和研究假设 2 所言，中国外商直接投资通过"贸易促进效应"和"人力资本提升效应"对区域创新产生积极影响，而中国对外直接投资起步晚且投资结构中服务业相关的投资占比过重的特征导致了中国对外直接投资无法通过进出口贸易促进区域创新，但存在"人力资本提升效应"正向影响区域创新的作用机制。

三、异质性检验

Dunning（1982）认为处于不同发展阶段的国家，其所有权优势、内部化优势和区位优势不同，对双向 FDI 有着直接的影响。本章以人均 GDP 作为区域发展水平衡量指标，将样本近似三等分。结果如表 11-4-4 所示，外商直接投资在中低发展水平区域可以显著促进区域创新，在高发展水平区域虽然有正向影响但并不显著；相对地，对外直接投资只在高发展水平区域对区域创新产生显著的积极影响。

除了不同发展阶段可能影响双向 FDI 与中国区域创新之间的关系之外，李江龙和徐斌（2018）发现资源丰裕城市会挤出科技研发投入和对外贸易，那么资源型城市和非资源型城市在双向 FDI 影响中国区域创新方面是否有差异？为了回答这个问题，本章根据 2013 年 11 月中国国务院发布的《全国资源型城市可持续发展规划（2013—2020 年）》将 286 个地级及以上城市进行划分，其中资源型城市为 115 个，非资源型城市为 171 个。

表 11-4-4 的结果表明，无论是资源型城市还是非资源型城市，外商直接
投资都可以促进区域创新，但对外直接投资只在非资源型城市对区域创新
产生显著正向影响。这一结果主要和资源型城市的对外直接投资发展缓慢
及其产业结构固化单一有关。

表 11-4-4　双向 FDI 影响中国区域创新的异质性检验

	低发展水平	中等发展水平	高发展水平	资源型城市	非资源型城市
	（26） inno	（27） inno	（28） inno	（29） inno	（30） inno
fdi	0.415**	0.456***	0.149	0.406***	0.383***
	(3.12)	(3.36)	(1.43)	(4.44)	(5.06)
ofdi	0.0422	-0.0770	0.297**	0.113	0.363**
	(0.34)	(-0.65)	(2.72)	(0.68)	(3.27)
控制变量	控制	控制	控制	控制	控制
个体效应	√	√	√	√	√
金融危机冲击	√	√	√	√	√
N	915	1095	1125	1265	1873

本章小结

当前，新冠肺炎疫情的冲击、中美贸易战和美国实施科技封锁等不利
的外部条件摆在中国面前，中国依旧坚持"推动形成全面开放新格局"。
双向 FDI 作为对外开放的一个重要方面，更是国际技术溢出的重要载体。
研究如何利用双向 FDI 协调发展促进中国区域创新具有十分重大的意义。
通过对实证结果的分析和研究，发现：

第一，中国外商直接投资通过"贸易促进效应"对区域创新产生积极
影响，但中国对外直接投资受限于投资结构无法通过"贸易促进效应"对
区域创新产生影响；第二，中国外商直接投资和对外直接投资可以通过

"人力资本提升效应"对区域创新产生积极影响；第三，中国对外直接投资的逆向技术溢出效应弱于中国外商直接投资的技术溢出效应；第四，外商直接投资在中低发展水平区域可以显著促进区域创新，在高发展水平区域虽然有正向影响但并不显著，相对地，对外直接投资只在高发展水平区域对区域创新产生显著的积极影响；第五，无论是资源型城市还是非资源型城市，外商直接投资都可以促进区域创新，但对外直接投资只在非资源型城市对区域创新产生显著正向影响。

基于上述结论，本章提出如下切实可行的政策建议：首先，要继续坚持更大力度、更大质量的全面对外开放新格局；其次，要针对不同发展阶段的区域实施不同的对外开放政策，对处于中低发展阶段的区域更多地鼓励资本"引进来"，而对处于高发展阶段的区域更多地鼓励资本"走出去"；最后，相对于非资源型城市可以通过双向 FDI 实现区域创新，资源型城市应该加大"引进来"的步伐，通过外商直接投资改变资源型城市依赖资源发展的格局，促进产业结构升级，从而摆脱可能存在的"资源诅咒"。

（二）创新保护专题

第十二章　基于创新保护综合指数的
问题提出及分析

　　适宜的创新保护强度不仅激励本国企业积极从事研发创新活动，同时也促进了国际贸易和外商直接投资活动背后的研发溢出（沈国兵和袁征宇，2020）。因此，界定和量化创新保护具有非常重要的现实意义。本章在界定创新保护体系的基础上，结合相关数据构建创新保护综合指数，从广义的视角理解和量化创新保护。

第一节　创新保护体系的界定

　　不同于已有研究将创新保护界定为知识产权法保护的做法（马旭东，2013；沈国兵和袁征宇，2020），本章从广义的角度定义创新保护体系，具体包括知识产权、产业政策及与创新有关的要素保障和制度环境三个维度。

　　一是知识产权。知识产权，一般是指人类智力劳动产生的智力劳动成果所有权。它是依照各国法律赋予符合条件的著作者、发明者或成果拥有者在一定期限内享有的独占权利，一般认为它包括版权（著作权）和工业产权。版权（著作权）是指创作文学、艺术和科学作品的作者及其他著作权人依法对其作品所享有的人身权利和财产权利的总称；工业产权则是指包括发明专利、实用新型专利、外观设计专利、商标、服务标记、厂商名称、货源名称或原产地名称等在内的权利人享有的独占性权利。知识产权保护是创新保护体系的核心，受到了中国政府的高度重视。2019 年 11 月，中共中央办公厅、国务院办公厅印发了《关于强化知识产权保护的意见》，明确指出，加强知识产权保护是完善产权保护制度最重要的内容，也是提高我国经济竞争力的最大激励。

二是产业政策。产业政策保护可以视为创新保护活动在产业层面的具象化，主要针对未来具有巨大发展潜力或对中国未来经济发展与产业定位具有战略影响的行业进行相应的保护、扶植和鼓励。世界各国均不同程度地采用产业政策激励和保护国内创新，但对中国这个正在崛起的大国而言，产业政策的空间更大，作用也更为显著。

三是与创新有关的要素保障和制度环境。这是创新保护的外在必要条件，包括创新发展战略、创新人才培养、创新基地建设、创新服务体系建设、激励创新的良好环境、与创新相关的体制改革等。

第二节　创新保护体系的量化

本章从知识产权、产业政策及与创新有关的要素保障和制度环境三个方面界定创新保护体系，相应的从上述三个方面量化创新保护体系。

首先是知识产权。借鉴孟猛猛等（2021）和李莉等（2014）的观点，本章采用技术市场成交额与 GDP 的比值来测度知识产权保护程度，数据来源为《中国统计年鉴》。相比 Ginarte-Park 方法，"技术转让规模指标"能更直接反映地区知识产权保护的结果，即如果一个国家的知识产权保护水平较高，知识产权的复制、侵占行为就会得到控制，企业只有通过在技术市场进行合法的交易来获得知识产权的所有权或使用权。（见表 12-2-1）

其次是产业政策。参考余明桂等（2016）利用中共中央"五年规划"对一般鼓励和重点鼓励产业规划的信息构建产业政策指标的方法，本章从国家"十五"计划、"十一五"规划、"十二五"规划和"十三五"规划文件中选取重点鼓励的行业，即如果规划（计划）中提到大力发展时，则认为是重点鼓励行业。本章将采用重点鼓励行业个数来测度产业政策保护

强度。（见表 12-2-1）

最后是与创新有关的要素保障和制度环境。2010 年 4 月，中国科学技术部发布了《科学技术部关于进一步推进创新性城市试点工作的指导意见》，明确提出创新型城市试点工作的主要任务为确立城市创新发展战略、加快经济发展方式转变、促进经济社会协调可持续发展、大力增强企业自主创新能力、加强创新人才培养和创新基地建设、加强创新服务体系建设、营造激励创新的良好环境、推进体制改革和管理创新。鉴于城市是区域经济社会发展的中心，是国家经济产出最重要的基地，是各类创新要素和资源的聚集地，因此，本章采用创新型城市试点数量来测度与创新相关的要素保障和制度环境。创新型城市试点的具体历程为：2008 年，深圳市；2009 年，大连市、青岛市、厦门市、沈阳市、西安市、广州市、南昌市、南京市、杭州市、合肥市、长沙市、苏州市、无锡市、烟台市；2010 年，北京市海淀区、天津市滨海新区、唐山市、包头市、哈尔滨市、上海市杨浦区、宁波市、嘉兴市、济南市、洛阳市、武汉市、重庆市沙坪坝区、成都市、兰州市、海口市、昌吉市、石河子市；2011 年，长春市、连云港市、沈阳市、西宁市、秦皇岛市、呼和浩特市；2012 年，郑州市、南通市、乌鲁木齐市；2013 年，宜昌市、扬州市、泰州市、盐城市、湖州市、萍乡市、济宁市、南阳市、襄阳市、遵义市；2018 年，吉林市、徐州市、绍兴市、金华市、马鞍山市、芜湖市、泉州市、龙岩市、潍坊市、东营市、株洲市、衡阳市、佛山市、东莞市、玉溪市、拉萨市、汉中市。（见表 12-2-1）

表 12-2-1　创新保护体系量化及创新综合指数构建

年份	知识产权保护	产业政策保护	与创新有关的要素保障和制度环境	创新综合指数
2001	0.71	8	0	42.69
2002	0.73	8	0	43.39
2003	0.79	8	0	45.50
2004	0.82	8	0	46.55

年份	知识产权保护	产业政策保护	与创新有关的要素保障和制度环境	创新综合指数
2005	0.83	8	0	46.90
2006	0.83	15	0	62.46
2007	0.82	15	0	62.11
2008	0.83	15	1	63.50
2009	0.87	15	15	79.48
2010	0.95	15	32	100.00
2011	0.98	13	38	102.86
2012	1.20	13	41	113.70
2013	1.26	13	51	126.22
2014	1.33	13	51	128.68
2015	1.43	13	51	132.19
2016	1.53	17	51	144.59
2017	1.61	17	51	147.39
2018	1.93	17	68	176.33
2019	2.27	17	68	188.26
2020	2.78	17	68	206.15

　　鉴于创新保护体系三个维度量化时的数据量纲并不一致，本章将 2010 年作为基年（基准＝100）构建创新保护综合指数。具体构建方法如下：首先，以 2010 年为基年，将创新保护体系三个维度的测度进行标准化；其次，给予每一个维度三分之一的权重进行加总，得到创新综合指数。通过分析创新保护体系量化指标创新综合指数，我们发现：第一，总体上，中国创新保护体系在不断强化和完善。第二，创新保护体系的不同维度存在明显的异质性，具体表现为：知识产权保护及与创新有关的要素保障和制度环境在持续优化，但产业政策保护并没有随时间推进而在不断增强；创新型城市试点个数测度与创新有关的要素保障和制度环境在 2001 年至 2020 年变动程度最大。第三，本章构建的创新保护综合指数中，与创新有关的要素保障和制度环境优化对创新保护体系改善的贡献程度最大。

第十三章　世界主要国家创新保护
体系的演化进程

第一节　美国创新保护体系的演化进程

国家创新保护体系的建立和完善对创新能力的提升起到正向促进作用，美国国家创新保护体系的建设是美国科学技术获得巨大发展的重要保障，也是其取得重大科技成就的关键。美国的成功经验为：美国政府是科技创新活动的重要组织载体，通过立法和制定相关政策措施，高度重视创新型人才的培养和引进，将科技创新战略作为国家的基本战略等为科技创新提供制度保障和支持。

技术革命引发的经济周期是引发国家创新体系演化的深层次因素。自1780年以来，全球共发生了5次技术革命，每次技术革命构成一次康德拉季耶夫波，持续50年左右。以康德拉季耶夫波周期理论为背景，结合美国科技创新活动的实际特点，可将美国国家创新保护过程分为5个阶段[①]。

一、奠定基础阶段：19世纪至20世纪初

在经历了以纺织、机械为代表的第一次技术经济周期和以蒸汽、铁路为代表的第二次技术经济周期后，美国经济快速实现了工业化。19世纪中期开始，美国经济保持快速增长，经济总量先后超越法国、德国和英国，成为世界第一。美国快速工业化的过程既是经济规模扩张、经济结构调

---

① 胡志坚：《信息技术革命的演化趋势》，《科技中国》2020年第1期。

① 胡志坚：《信息技术革命的演化趋势》，《科技中国》2020年第1期。

整、人口增长的过程，也是新技术引进、开发和应用的过程①。

在创新要素保障方面，资本、劳动力、技术等要素的结合引发了生产能力和生产效率持续增长，为美国国家创新体系的萌发提供了丰厚的土壤，也引发了个人发明向企业发明的重要转变。在这个阶段，美国政府在高关税、反垄断、专利保护和基础设施建设等方面的措施间接促进了美国产业的发展，维持了市场竞争，也刺激了企业从引进技术向研发技术的转型。

在知识产权保护方面，美国在 1790 年颁布了世界上第一部现代意义的《专利法》和《版权法》，以促进科学和实用技术的进步。1836 年美国《专利法》颁布并实施后，专利局也得以建立，专利制度作为一项财产权制度在法律中正式确立。此后，包括专利和版权在内的知识产权保护成为美国政治和经济领域的重要组成部分。

二、自发成长阶段：20 世纪初至 1940 年

1890 年至 1940 年间，美国作为核心区域，经历了以钢铁、电力、重化工等为代表的第三次技术经济周期。在此背景下，工业研究实验室和研究型大学这两个美国国家创新体系的重要支柱开始快速发展。据统计，1900 年前美国有 6 个工业研究实验室，1920 年 296 个，1927 年 1000 个，1950 年 2500 个，1975 年 6900 个，到了 1994 年已经达到了 13000 个②。1900 年，美国大学协会成立，创始成员都是美国在世界上的顶尖研究型大学，开始逐渐培养大量本土科学家。1920 年左右，世界科学中心开始向美国转移，尤其在两次世界大战期间，大量来自欧洲的优秀学者和科学家移民美国，开放多元和相对稳定的研究环境激发了他们的创造力，助推美国

---

① 李哲、杨晶、朱丽楠：《美国国家创新体系的演化历程、特点及启示》，《全球科技经济瞭望》2020 年第 12 期。
② 刘则渊、王海山：《近代世界哲学高潮和科学中心关系的历史考察》，《科研管理》1981 年第 1 期。

在 20 世纪 30 年代开始迅速崛起为世界科学中心①。

在产业政策方面，受古典自由主义思想影响，美国政府这一阶段对科技仍然采取了不过多干涉的态度，仅在国家和社会需求领域（以农业为主）提供支持。这一轮技术经济周期结束后，经济萧条随之而来。1914 年第一次世界大战爆发，摧毁了全球经济秩序，进而引发了 20 世纪 30 年代大萧条和第二次世界大战。

三、国防主导阶段：1940 年至 1965 年

1940 年左右，以石油、汽车和大规模生产为代表的第四次技术经济周期源自美国，并扩散到其他工业化国家。这一期间，第二次世界大战成为美国国家创新体系演进的分水岭。为替代自由主义全球化的发展途径，美国等西方国家选择了凯恩斯主义道路，政府的作用得到加强并采取扩张性的经济政策。在此背景下，美国政府在国家创新体系演化中发挥了主导作用。第二次世界大战之前，美国的基础研究薄弱，联邦政府仅基于应用导向资助科学研究。在第二次世界大战中，联邦政府的研究费用翻番，开始转变为国家科技发展的重要支持者，这一倾向在战后逐渐延续下来②。

在创新要素保障方面，1945—1957 年，美国联邦政府机构开始承担资助高校科研的责任。例如，能源部的前身原子能委员会、国立卫生研究院等机构相继开始通过与大学签订合同来支持科学研究、扶持科研课题。同时，美国在 1958 年组建了美国国家航空航天局，制定和实施美国的太空计划并开展太空科学研究。整个 60 年代，联邦政府在资金、人力和资源方面全面投入，支持实施阿波罗登月计划。这一期间，美国政府加强了对科学研究的统一规划和领导，1957 年正式成立总统科学顾问委员会（PSAC），以加强政府对科学事务的决策能力；20 世纪 50 年代末，美国相继通过

---

① 李哲、杨洋、蔡笑天等：《实现重大原创科技突破需要大幅提高开放水平》，《科技中国》2019 年第 7 期。

② 樊春良：《建立全球领先的科学技术创新体系——美国成为世界科技强国之路》，《中国科学院院刊》2018 年第 5 期。

《国家防卫教育法案》《美国 2000 年教育战略》等法案和报告，大力加强政府对科学教育和人才培养的支持。1965 年，联邦政府总预算中，研发经费占比达 12%，这一历史峰值约 50% 为国防研发支出[①]。

四、经济转向阶段：1965 年至 1990 年

在这一时期，第四次技术经济周期进入了后半段，技术扩散应用的效率（而非新科学发现和技术发明）成为各国竞争的焦点。20 世纪 70 年代，随着欧洲一体化进程加快、日本创造经济奇迹以及国际上第三世界的兴起，美国日益面临外界的各种竞争与挑战。在钢铁、汽车、电子设备领域，美国在与日本等国的市场竞争中节节败退。在此背景下，美国政府相对更关注科技的经济绩效，国家创新体系发展的重心转向提高经济竞争力。

在知识产权保护和创新要素保障方面，20 世纪 70 年代，始于发达国家的经济衰退席卷全球，贸易保护主义抬头。在此背景下，1979 年，时任美国总统卡特正式将知识产权战略作为一项国家发展战略，开始对原有的知识产权政策进行了大幅度改革。首先，美国不断强化国内知识产权保护的广度和深度，对本国传统知识产权法律体系进行大幅度修改。其次，美国加强了创新成果转化方面的立法，促进了政府与知识产业界的密切合作，为高校、研究机构和实验室在专利申请、技术转移、创办高新技术企业等方面产学研合作活动的开展排除了政策障碍。从 1980 年的《拜杜法案》以及同年颁布的《史蒂文森—怀特勒创新法》，到 1982 年的《小企业创新研究法案》，在知识产权保护、税收减免以及研发创新等方面全方位支持创新。同时，美国确立了以联邦巡回上诉法院为核心的专利司法制度[②]。通过这一系列举措，极大激发了美国科技企业和研发人员的创新热情，并有效提高了科技成果的转化。以 R&D 经费投入为例，从 1980 年到

[①] 田杰棠：《美国国家创新体系的趋势性变化及启示》，《中国经济时报》2017 年 5 月 4 日第 5 版。

[②] 王金强：《知识产权保护与美国的技术霸权》，《国际展望》2019 年第 4 期。

1990 年，美国 R&D 经费从 706 亿美元大幅增长到 1661 亿美元，增长幅度
达到 135%。

五、信息化转型阶段：1990 年至今

在苏联解体，日本、欧洲等老牌劲敌面临内部问题的背景下，IT 经济
发展、硅谷崛起等种种机遇帮助美国成为世界领先的技术大国。但 2000 年
后，美国的工业创新和竞争力受到了来自国际的新挑战，美国失去了超过
三分之一的制造业工作岗位。美国从 2000 年的高技术产品带来的贸易顺差
变为十年后的 1000 亿美元赤字。为了应对各类型的挑战，美国政府采取了
一系列措施，如奥巴马政府提出了一些倡议，包括建立国家制造业创新网
络，特朗普政府采取科技贸易战等。在克林顿政府时期，1993 年美国宣布
启动"信息高速公路"计划，把研究和建设信息高速公路作为美国科技战
略的关键任务。这一计划确定了美国国家创新体系在这个阶段最重要的创
新方向。此后，"美国竞争力行动计划"、《美国国家创新战略》等陆续出
台，将创新视为应对世界金融危机、解决国内外经济社会挑战的关键途
径，这一时期创新保护战略由保守主义转向务实主义。在出口政策方面，
美国对尖端高技术出口采取封锁和限制政策，对外国企业收购美国高技术
企业进行严格控制。

在知识产权保护方面，美国因时而变保护相关产业发展，注重将自身
的发展情况与国际相关法规相结合，并在不同时期及时完善法律以维护国
家利益。《专利法》《商标法》《版权法》的修订将计算机、纳米技术、数据
库、生物工程等技术纳入知识产权保护范围，以促进生物技术、电子信息
等产业发展①。同时，美国的知识产权战略贯穿对外贸易领域。《综合贸易
竞争法》将知识产权保护作为美国贸易政策的核心部分之一，此后美国大
量运用"特殊 301 条款"和"337 条款"对相关产业进行贸易保护。1994
年在美国的积极推动下，《与贸易有关的知识产权协议》（TRIPS）正式签

---

① 包海波：《美国知识产权保护制度的特点及发展趋势》，《科技与经济》2003 年第
6 期。

署，建立起发达国家的保护网。

第二节 英国创新保护体系的演化进程

一、英国创新保护体系的演化进程

第一次工业革命以来，英国高效的国家创新保护体系在国际竞争力中发挥了重要作用。其优秀的科学文化传统是其创新体系建设的重要根基。联合国世界知识产权组织（WIPO）等联合发布的 2019 年全球创新指数报告显示英国位居第五，其创新人才培养发挥的作用不可忽视。

（一）萌芽与探索时期：自发性、内生性为主

18 世纪 60 年代英国开始进行工业革命以后，实现了生产力的巨大飞跃和生产制度的根本性变革。在社会生产中，企业成为重要的创新主体，以解决社会生产中的实际问题。此时的创新具有明显的内生性、自发性。企业与其他创新主体例如政府、创新机构等缺乏有效互动。

19 世纪后，其他国家在国际竞争中经济实力增强，英国经济增长放缓。英国加强了政府、高校与科研机构各创新主体之间的互动。高校与科研机构等创新主体积极融入创新体系建设。并且，政府提高了财政支持创新力度，例如拨款建设国家实验室支持创新活动。

（二）形成与发展阶段：各创新主体有效互动

20 世纪 90 年代以前，贸易与工业部承担重要的科技工作。私人资金占英国科研资助总经费的 50%以上。在 20 世纪 90 年代后电子工业与科学技术飞速发展的背景下，英国政府高度重视科技在创新体系培育中的作用。1993 年英国政府发布《实现我们的潜能：科学、工程和技术战略》白皮书，将科技创新上升为国家战略，并强调加强政府在促进创新体系建设中的引领作用，同时加大对技术创新研究的经费支持，政府开始介入企业"面向市场"的研究。同年，设立科技预测推动委员会，分析未来科技重大领域对经济社会发展的影响，为英国政府科技创新政策规划制定提供指

引。1995 年英国政府科技办公室（OST）启动以经济发展为导向的前瞻性科技政策计划，加强了各创新主体之间的联系。

（三）改革与创新阶段：领先世界的科技战略

进入 21 世纪，在经济全球化与知识经济背景下，为提高国家综合国力与竞争力，英国进一步调整和完善国家创新体系。2001 年英国政府启动公共部门研究开发基金和高等教育创新基金计划，旨在促进科研成果的开发与转化。2004 年英国在贸工部下成立技术战略理事会，处理重大科技发展战略、科技资源配置等问题。同年，英国政府发布《科学与创新投资框架（2004—2014 年）》，明确提出政府需加大科技创新投入力度，提高科研能力，建设创新型国家。2007 年成立英国创新署，设立弹射中心，实施知识转移伙伴计划（KTP）、小企业创新项目（SBRI）等加强成果转化，服务英国科技发展战略，从国家层面推动创新活动。2018 年，新成立了英国研究与创新署（UKRI）。之后，英国政府一直坚持加强科技创新保持经济平稳运行、提高国际竞争力。2021 年 7 月 22 日，英国商业、能源和产业战略部公布《英国创新战略：创造未来以引领未来》，努力通过加速创新提高英国经济生产率，带动就业，从而使其从新冠肺炎疫情中得到恢复。

二、英国国家创新体系的架构

英国智库国家科学、技术和艺术基金会（NESTA）以企业创新为中心，加强各创新主体的互动，从知识和创新等不同维度促进知识的创造与开发，完善创新保护体系，推动科技创新发展。

（一）政府管理机构与创新管理体系

英国政府科技管理机构一直在不断调整。例如，19 世纪 60 年代至今，颁布一系列法案或设立机构，不断加强科技与工业、商业和教育的结合。1965 年颁布了《科学技术法案》；1992 年成立科技办公室；2007 年英国政府重组贸工部和教育技能部，成立创新、大学与技能部（DIUS）；2009 年英国政府再次对政府机构进行改革重组，成立商业、创新与技能部（BIS），负责科技创新工作。2016 年英国首相特蕾莎·梅上台，调整组建商业、能源与产业战略部（BEIS）。由此可见，英国政府不断调整和完善政府科技创新管理体系，提高管理能力，推动创新发展。

（二）高等院校与其他研究机构

要促进知识创造与促进生产力发展，必须发挥科研机构的优势和能力。英国拥有具有国际优势的高等院校，长期保持世界一流的高等教育水平。2019 年《泰晤士高等教育》（THE）世界大学排名中显示：牛津大学、剑桥大学位居前二，并且有三所大学位居前十。并且，努力设立国家大学和产业合作中心（NCUB），提供产学结合的平台。英国拥有近百个科技创新聚集区，如剑桥科学园、哈维尔科技创新园等。此外，英国仍加强学术界、产业界和政府部门的互动交流，群策群力，共促创新。

并且，英国政府加强对科技相关政府部门（如国防部，健康部，环境、食品、农村部等）和 7 大理事会所属的研究机构的支持力度。如 STFC 所属的卢瑟福阿普尔顿实验室、达斯伯里核物理实验室等。卢瑟福阿普尔顿实验室位于英国，其历史可以追溯到 1921 年，由多个实验室陆续合并而成，是国际著名的大型核物理、同步辐射光源、散列中心源，多学科应用研究中心，汇聚了各种世界一流科研人才。

（三）高端智库与知识产权保护

英国高端智库在推动创新发展中发挥重要作用，其中以英国皇家学会、社科院、皇家工程院、医学科学院为典型代表。英国皇家学会是世界上历史最悠久的科学团体，为英国议会、政府相关科技议题开展高水平咨询。英国皇家工程院是英国工程技术界的学术荣誉机构，颁发菲利普亲王奖、马克罗伯特奖、特殊成就奖、麦克法兰爵士奖等奖项奖章激励各类人才。国家科学、技术和艺术基金会致力于慈善资助、创新研讨交流等工作。英国医学科学院致力于生物医学和临床医学等，是英国五大学术院之一。

在知识产权保护方面，英国 1852 年成立国家专利局；1984 年废除《发明开发法》，打破科研成果的经营垄断，使大学等研究单位更多地承担起公共资金资助的科研活动工作，促进成果转化。2020 年英国下调企业税至 17%，在 G20 国家中税率最低，为企业研发创新减负，形成良好的创新环境。

（四）国际合作

英国政府积极建设开放创新的经济体系，在合理利用国际资源的基础上，加强国际创新交流合作。与美欧等发达国家，建立密切联系，深化科研合作。2007—2013 年，"第七框架"计划英国获得了 88 亿欧元的欧盟科研资金；2019 年 5 月，发布《国际研究和创新战略》，搭建国家创新交流平台。"地平线 2020"计划中，英国获得了 15% 的资金。

第三节　德国创新保护体系的演化进程

创新保护体系的建立和完善对创新能力的提升起到重要的促进和保障作用。德国一直重视与时俱进地变革相关创新保护体系，并因此深度影响了欧洲乃至世界创新保护体系的发展，为德国和欧洲科技和工业革命发挥了难以估量的孕育和呵护作用，更使德国迄今仍牢牢占据着世界科技强国的地位。结合德国科技创新发展的历史特点，可将德国国家创新体系的演化大体分为 4 个阶段。

一、奠定基础阶段：19 世纪至 20 世纪初

经历了以蒸汽机的发明和应用为标志的第一次工业革命和以电气化为标志的第二次工业革命后，德国经济高速发展。自然科学开始同工业生产紧密地结合起来，科学创新在推动生产力发展方面发挥更为重要的作用。

在创新有关的要素保障方面，创立柏林大学，将教学与科研相结合，倡导学术自由，从而创造了近代大学的模式。工业革命、电力革命使产业结构发生了深刻变化。电力、电子、化学、汽车、航空等一大批技术密集型产业兴起，使生产更加依赖科学技术的进步，技术从机械化时代进入了电气化时代，为德国国家创新体系的萌发提供了支持。

在立法保护方面，尽管英国、法国在 18 世纪就已经颁布了一系列知识

产权法律，但德国由于尚未完成统一，迟迟不能颁布统一的知识产权法。随着 1871 年德国统一，统一专利保护法的呼声也不断加大，在第二次工业革命期间，国家政策理论，经济和法律的统一，钢铁制造和机械制造的高速发展以及有利的国际经济地位都推动了创新保护体系的建立。1870 年至 1877 年期间，在德国掀起了立法高潮。在此期间，德国连续出台了一系列知识产权法，包括《专利法》《实用新型法》《著作权法》《版权法》《商标法》《外观设计法》在内的一系列法律，为建立创新保护体系打下了基础。并且在 1903 年，德国加入了《保护工业产权巴黎公约》。

二、成长发展阶段：20 世纪初至 1940 年

德国政府在自由竞争、反垄断、知识产权保护等方面的措施促进了德国工业产业的发展，积极实施了以企业为主体、以专利为重点的知识产权战略，刺激了个人发明向企业发明转变，企业发明从引进技术向研发技术转型，成为世界科学中心。纳粹掌权后，通过兴建公共工程、完成军事订货，生产资料的生产在经济结构中占据主导地位，德国在世界工业生产中重新取得了重要地位。生产设备充分利用，失业现象逐步消除。在工业产量方面仅次于美国和苏联，重新占据世界第三位。

在立法保护方面，德国于 1922 年、1925 年和 1928 年分别加入了有关国际商标注册的《马德里条约 MMA》、反对商标标志欺诈和误导产地来源的《马德里条约 MHA》和有关工业样品的国际保存的《海牙条约 HMA》。并对《专利法》《著作权法》《商标法》进行了一系列补充修改工作，成为德国政治和经济领域的重要组成部分。

三、战后恢复振兴阶段：1945—1990 年

第二次世界大战使德国遭到重大破坏。战后，联邦德国百废待兴，德国科技界的首要任务是，尽快恢复高等院校，重建科学自治机构、科研机构和科研基础设施，逐步恢复正常的科研和创新保护秩序。

在体系建设方面，政府加强了对科技的调控作用，重新调整科技主管

部门，成立科学、空间等领域研究委员会，以及专司科技政策与规划的联邦教育与研究部等部门；进一步完善科研体系，先后在物理、生物技术等主要领域组建了16个大型国立研究中心，建立了一支由政府直接管理的基础研究骨干队伍；大力扶持工业企业创新，建立工业企业，鼓励工业企业研究机构开发新产品和新技术，保护自由竞争的经济秩序；建设科技园区和创新中心，推动德国技术创新和成果转移转化。

在立法保护方面，德意志联邦共和国沿用了之前的知识产权法，颁布了从属的法律，包括《专利律师规章》《雇员发明法》等。并根据法律规定，于1970年成立联邦和州教育和研究促进委员会，它是专司协调联邦政府与州政府之间的科技政策和规划的常设机构。1974年，联邦德国又设立了由联邦总理和各部部长组成的内阁教育、科学和技术委员会，负责协调联邦政府内各职能部门间的科技相关法规政策。

四、信息化转型阶段：1990年至今

在全球化新一轮科技革命挑战汹涌而至，以及冷战结束背景下，德国开始积极推进其"工业4.0"战略。更注重对促进基础科学向技术转化的知识产权制度的研究和构建，比以往更重视对颠覆性创新及其运用和保障的研究。

在体系建设方面，德国的科技创新体系具有研发机构多种类型、经费资助多且来源广泛、社会组织力量强大等特点。德国的研究机构主要包括大学、非营利、联邦所属和企业等类型。在大学研究机构方面，德国有超过400所高等教育机构，并有针对性地制定卓越计划和区域创业计划，鼓励创新创业和科技成果转化为产品。在非营利研究机构方面，代表性的有马克斯·普朗克科学促进学会、亥姆霍兹国家研究中心联合会、弗劳恩霍夫应用研究促进协会和莱布尼茨科学联合会等机构。联邦政府下属的研发机构同样开展相关非应用的基础性研究，并为转移项目提供支持。德国企业是研发的主力军，也是众多技术转移的最终接受者，承担了七成以上的研发投入，与政府、大学等在应用研究领域有着密切的合作。除政府机构

和主要研发机构外，在德国创新体系中，还有一批服务科技决策咨询和科技项目管理的社会机构全面参与到科技创新活动中，覆盖业务范围非常广泛，在整个社会创新活动中发挥着重要作用①。

在立法保护方面，近年来，为适应社会的进步和科技的发展，德国知识产权法的修订更为频繁，已经形成了一套较为成熟的"企业主体、国家支持、员工努力"的知识产权战略管理和法律保护体系。国家在知识产权立法、司法和行政等方面予以强有力的支持：知识产权法律体系完备、知识产权诉讼案处理相对高效、在科技创新方面投资巨大。

第四节　日本创新保护体系的演化进程

在信息通信技术飞速发展的当今世界，促进创新、保护创新已经是各国共同关注的重要话题，政府都力求打造出最适合本国发展的创新体系。日本创新体系的雏形最早可以追溯到明治维新时代，而成体系化的发展主要开始于第二次世界大战之后，并逐渐成熟，日本政府对创新的引导与保护是其战后经济高速增长的动因之一。本节将日本创新保护体系的演化进程分为三个阶段：技术追赶阶段（1945—1994 年）、技术领先阶段（1995—2009 年）、开放创新阶段（2010 年至今）。

一、技术追赶阶段：1945—1994 年

第二次世界大战后到 20 世纪 80 年代中期，日本创新体系的核心战略是"技术追赶"。在此阶段，政府提出强干预政策，通过改良海外技术以及企业中央研究所引进实现技术创新，并对国内创新活动大力扶持。这一阶段的主要特征为政府主导、企业推进、科研部门实现技术升级和供给专业人才。

具体来看，这一阶段分成三步走：

---

① 贾国伟、刘笑宇、李宇航等：《德国创新体系建设与创新人才培养研究》，《创新人才教育》2020 年第 1 期。

（1）第二次世界大战后到 20 世纪 50 年代末期重建日本创新体系。政府通过发布《经济自立五年计划》、制定《技术士法》、修改《专利法》等完善相关法律法规，通过设立科学技术厅、工业技术厅、科学技术信息中心、金属材料技术研究所等政府机构和研究院所搭建体系框架，为之后科技创新发展奠定基础。

（2）20 世纪 60 年代初到 60 年代末发展科技，缩小差距。政府发布《以十年后为目标的振兴科学技术综合基本方针》《关于振兴科学技术综合基本方针的意见》《国民收入倍增计划》等，旨在推动民间创新行为，加强科技人才培养，实现科技发展的系统化与综合化。形成了以改良海外技术和企业中央研究所引进为主的技术追赶体系，政府对技术引进实现有效的宏观调控，有针对性地引进适合本国的科学技术和器械设备，对较为薄弱的国内科研力量有明显的补充作用。

（3）20 世纪 70 年代初到 90 年代前期重视基础研究，提高财政投入。政府发布了《新形势下发展科学技术的长远基本方针》《七十年代综合科学技术政策的基本方针》《综合科学技术政策的长期展望》等，提高财政投入，实施重要技术研发补助金制度，推行基础技术开发促进税制使得社会创新向基础研究倾斜，努力创造新价值，减少"只引进，不创造"的搭便车行为。

二、技术领先阶段：1995—2009 年

为适应与各国在创新领域的竞争，1995 年，日本政府发布《科学技术基本法》，正式提出"科技立国"战略，标志着日本从技术追赶阶段发展至技术领先阶段，科技创新成果化、高新技术产业化为技术领先阶段的重点。同时，日本正处于经济泡沫破灭后的发展停滞期，创新体系的调整与改革也是势在必行。这一阶段的主要特征为中小企业入局、基础研究占比上升、强化产学合作。

具体来看，这一阶段分成两步走：

（1）20 世纪 90 年代中期到 90 年代末期促进合作与国际化。政府发布

《科学技术基本法》以及第一期《科学技术基本计划》《研究交流促进法》，制定并实施《关于大学等技术研究成果向民间产业转移促进法》，进一步提高财政对研发尤其是基础研究的支持，1997 年日本政府研发投入占GDP 比例首次突破 3%，足见"科技立国"战略下，政府对自主创新的高度关注。政府也将政策支持逐渐向中小企业倾斜，设立中小企业技术创新制度，推出对新建企业的税务免除制度等，为中小企业创新营造了良好的生存环境。强化了产、学、政府的有机联系，对技术转移代理机构提供补贴和费用减免，允许科研人员到企业兼职等，极大地促进了学研成果向产业转移的进程，形成了产学间的合作网络。同时，与各国研究机构积极展开合作，促进创新国际化。

（2）21 世纪第一个十年改善科研环境，提高国际竞争力。政府发布第二期、第三期《科学技术基本计划》，改革科技管理体制，成立文部科学省、综合科学技术会议，进行国立大学法人化、独立行政法人化改革，对专利采取强力的保护措施，鼓励开创性发明，在社会层面提高了国民对发明创新与发明者的尊重。

三、开放创新阶段：2010 年至今

经过技术追赶、技术领先两个阶段，日本形成了成熟的创新体系，科技创新实力、科研环境、国际竞争力都得到明显提升和改善。2010 年至今，为进一步完善科技创新体制，解决国家发展过程中的实际问题，如人口老龄化、人口少子化、能源短缺、恐怖主义等，并为应对未来创新发展的要求做准备，政府发布了第四期、第五期《科学技术基本计划》，出台了《日本再兴战略》《科学技术创新综合战略》，将重点放在了投资环境、流动性、循环体制、中介桥梁等方面。即提高开放创新型研发活动的税收优惠力度，营造良好的投资环境；提高产、学、研间流动性，如在大学、公共研究机构内部，实施交叉任职、派遣、实习、考核跨部门流动经历等制度，打造人才、知识、资金良性循环的创新体系，实现物尽其用，人尽其才；提高企业的开放创新意识，扩大贸易自由化，鼓励不同行业在交叉

融合的研究领域进行产学合作研究；强化国立研发法人机构在研究成果转化过程中的中介桥梁作用。

同时，政府将继续推进国立大学和独立行政的法人化改革，放宽行政管制，对综合科学技术创新会议进行重组。这一阶段的主要特征为：鼓励创新、欢迎创新、实现开放创新，努力将日本建设成为全球创新的沃土。

第五节　中国创新保护体系的演化进程

创新保护体系主要是指通过充分保障知识产权、实施鼓励创新的产业政策、完善创新要素保障机制以及优化创新制度环境等措施的有机结合以促进全社会自主创新意识和自主创新能力提升的一系列政策及制度安排。下面，将依次全面梳理以知识产权保护为核心的中国创新保护体系的演化进程及发展成果，讨论有关中国创新保护的典型案例，并对比分析中国与美国、英国、德国、日本等主要国家在创新保护体系上存在的差异。

一、中国创新保护体系演化进程

（一）中国知识产权保护演化进程

1. 法律制度的体系化

1950 年，新中国成立初期，我国制定颁布了《保障发明权与专利权暂行条例》《商标注册暂行条例》等知识产权法规，开始探索实施专利、商标制度的方法路径。

1978 年，我国的知识产权制度在以改革开放为标志的重大历史转折点开始建立并迅速发展。

1979 年，专利法起草小组先于中国专利局成立。由于我国之前尚无专利法的相关立法经验加之立法时间紧迫，增加了专利法起草工作的困难。

1980 年，国家知识产权局的前身中国专利局成立，我国也在这一年正式加入世界知识产权组织。

1982 年，第五届全国人民代表大会常务委员会第二十四次会议审议并通过了《商标法》，成为我国知识产权领域的第一部法律。

1984 年，邓小平作出"专利法以早通过为好"的决策，推动了我国专利制度的建立和快速发展。

1984 年 3 月 12 日，第六届全国人大常委会第四次会议表决通过了《专利法》，并于 1985 年 4 月 1 日起实施。

改革开放后，我国相继加入了专利、商标、版权等领域的多个知识产权国际公约，使得我国知识产权制度迅速与国际标准接轨。

1992 年，我国与其他相关国家签署了关于保护知识产权的谅解备忘录，作为履行相关条款的承诺，我国先后对专利法、商标法、著作权法进行修订。

1998 年 3 月，中国专利局更名为中国国家知识产权局，并成为国务院直属机构。体现出我国对知识产权保护工作的高度重视，标志着我国知识产权保护事业进入了一个崭新的发展阶段。

2000 年前后，为符合世界贸易组织关于《与贸易有关的知识产权协定》的规定，我国又对相关知识产权法律制度进行了修订完善。

作为对美国对华"337"调查中对中国知识产权保护法律制度不完善等相关问题指责的回应，中国于 2018 年根据行业发展现状，对《奥利匹克标志保护条例》以及《中华人民共和国电子商务法》重新修订；而《反不正当竞争法》《专利法修正案》《著作权法修正案》等的制定或修改则体现了在中美知识产权保护争端中，中国为进一步完善国内知识产权保护体系作出的积极努力。

2. 政策体系和机构设置的优化完善

2008 年 6 月 5 日，伴随着《国家知识产权战略纲要》的出台，我国将知识产权上升为国家战略。此后，国务院常务会议研究建立了知识产权战略实施工作部际联席会议制度，批准成立了全国打击侵犯知识产权和制售假冒伪劣商品工作领导小组，批复同意建立推进使用正版软件工作部际联席会议制度。

党的十八大以来，习近平总书记多次对知识产权工作作出重要指示。

习近平总书记在博鳌亚洲论坛 2018 年年会、首届中国国际进口博览会等重大场合，以及在向 2018 年"一带一路"知识产权高级别会议所致贺信中，均阐明了中国在知识产权工作上的一贯立场，指出"加强知识产权保护是完善产权保护制度最重要的内容，也是提高中国经济竞争力最大的激励"，为我国知识产权保护工作的深入开展提供了坚实保障。

2018 年，党的十九届三中全会作出深化党和国家机构改革的决定，通过了《深化党和国家机构改革方案》，进一步明确了知识产权保护工作的管理体系。同年，全国两会后，我国组建了国家市场监督管理总局，重组了国家知识产权局，完善了版权管理体制，不仅实现了商标、专利、原产地地理标志的集中统一管理，也实现了对商标、专利的综合执法。

2020 年，十三届全国人大常委会第二十二次会议 17 日表决通过修改后的专利法。新法将法定赔偿额上限提高至五百万元（人民币）、下限提高至三万元（人民币），于 2021 年 6 月 1 日起施行。专利违法侵权赔偿额随着经济发展的提高也彰显出我国加强知识产权保护工作的坚定决心。

目前，我国已经成为几乎所有主要的知识产权国际公约的缔约国。我国知识产权保护工作的战略目标、管理体系以及政策效果日益完善，有力推动了全社会的自主创新能力和知识产权意识不断增强。

（二）中国创新相关产业政策演化进程

改革开放以来我国创新相关的产业政策的发展演变可分为：改革开放初期（1978—1991 年）、全面改革时期（1992—2001 年）、深化改革时期（2002—2011 年）和全面深化改革时期（2012 年至今）等四个阶段。

改革开放初期（1978—1991 年），由于我国产业结构不合理和技术水平相对落后，我国在该阶段将加快引进国外先进技术和发展高附加值产业作为战略核心。通过开办高新技术开发区等方式加快引进外资和国外先进技术，推动以电子产业为代表的高新技术产业迅速发展。

全面改革时期（1992—2001 年），在通过引进国外先进技术以促进国内高新技术产业发展的基础上，我国产业政策的重点是加强对高新技术产业的应用研究。1999 年颁布的《中共中央、国务院关于加强技术创新，发展高科技，实现产业化的决定》对高新技术产业的自主创新和高新科技成果产业化提出具体明确的要求；为激励高新技术产业研究成果的实际应用，财政部根据该《决定》针对高新技术产业出台相应的优惠政策。

深化改革时期（2002—2011 年），进入 21 世纪后，我国已基本掌握通过引进外资所带来的先进技术，因此我国在该阶段的产业政策旨在增强我国在高端技术领域的自主创新能力。为激励全社会自主创新意识和能力的不断增强，我国接连提出了建设创新型国家战略，《国家中长期科学和技术发展规划纲要（2006—2020 年)》《国家产业技术政策》《关于进一步支持企业技术创新的通知》等战略举措，通过明确提升全社会自主创新能力的战略部署、实施计划、具体方针以及扶持政策以不断强化政府对企业增强自主创新能力的要素供给和服务作用，密切企业与科研机构之间的研发合作，提高企业自主创新意识和能力。

全面深化改革时期（2012 年至今），随着我国国民经济的飞速发展，进一步增强自主创新能力、优化产业结构成为决定我国经济能长期持续发展的关键因素；为此，我国实施创新驱动发展战略。

党的十八大报告强调科技创新是提高社会生产力和综合国力的战略支撑，并提出要实施创新驱动发展战略，深化科技体制改革，建设国家创新体系，实施国家科技专项，突破重大技术瓶颈。针对党的十八大对创新驱动发展作出的战略部署，我国先后提出《关于深化科技体制改革加快国家创新体系建设的意见》《深化科技体制改革实施方案》《中共中央、国务院关于深化体制机制改革加快实施创新驱动发展战略的若干意见》《国家创新驱动发展战略纲要》《"十三五"国家科技创新规划》等具体的实施政策，进一步明确了增强创新主体的自主创新意识和能力的实现路径。

通过不同时期与创新相关的产业政策的不断调整，使企业自主创新意识和能力不断增强，产业结构更加合理，经济发展更可持续。

（三）中国创新要素保障机制演化进程

全社会自主创新意识和能力的增强依赖健全的创新要素保障机制。1985—1994 年期间，我国实施专利法和建立技术交易规则，建立技术要素市场。在《专利法》实施不到半年的时间里，国家专利局受理专利申请达10751件。1988年，我国颁布《技术合同法》及相关实施条例，制定技术交易规则和免税政策，推动全社会技术合同成交额不断增加。同年，我国开始批准建立国家高新技术开发区，通过给予区内企业在自主创新方面的扶持补贴以降低企业自主创新成本。

2006年为加强全社会科研投入的增加以及企业创新要素的积累，国家出台了《国家中长期科学和技术发展规划纲要（2006—2020年)》。2012年，全社会R&D经费突破1万亿元，企业R&D投入占全社会的74%。全国财政科技支出年均增幅超过20%，地方财政科技支出超过中央财政支出。R&D强度从2006年的1.42%提高到2013年的2.09%，居发展中国家首位。

2013年后，我国实施的创新驱动发展战略的重点在于加强科研机构与企业等生产机构在技术研发创新领域的密切合作，提升各类科研成果的应用转化，促进创新要素在全社会范围内的合理利用和高效配置。

（四）中国创新制度环境演化进程

良好的创新制度环境在我国创新保护体系中发挥着基础性作用，我国创新制度环境的发展历程可分为四个阶段：第一阶段为改革开放至1991年，该阶段我国在经济体制上成功实现了由计划经济转向社会主义市场经济，资源配置方式以政府主导为主，开始进行科技体制改革；第二阶段为1992年至2005年，我国继续深入推进经济体制改革和科技体制改革，国家提出实施科教兴国战略，政府在资源配置中的主导地位逐渐降低，市场机制在资源配置的作用不断增强；第三阶段为2006年至2011年，党的十七大将提高自主创新能力、建设创新型国家作为国家发展战略的核心，我国不断完善知识产权保护体系；第四阶段为2012年至今，党的十八大提出实施创新驱动发展战略，以企业为核心的技术创新体系逐渐完善。

创新制度环境的不断优化，有效增强了我国企业的自主创新意识和能力，产业结构更加均衡，产品竞争力不断增强。

二、中国创新保护体系发展成果

1985 年 4 月 1 日，在新中国实施《专利法》的第一天，中国专利局共收到国内外专利申请 3455 件，刷新了当时世界专利史上的日申请纪录。

2017 年，我国专利相继实现了两个 100 万件的重大突破：一是年发明专利申请量突破了 100 万件；二是有效发明专利拥有量突破 100 万件，我国所拥有的知识产权在全世界范围内占有重大份额。

2018 年，中国累计设立外商投资企业超过 96 万家，实际使用外资 2.1 万亿美元。2013 年至 2018 年，国外申请人在华申请发明专利累计超过 79.8 万件，年均增长 3.9%；申请商标累计超过 108.8 万件，年均增长 10.5%。外商投资企业及其知识产权数量的快速增长体现了我国营商环境和知识产权保护体系的不断优化。

2019 年，我国 PCT 国际专利申请量跃居全球第一，马德里国际商标申请量居全球第三。

2020 年，我国国内（不含港澳台）每万人口发明专利拥有量达到 15.8 件，有效商标注册量达到 3017.3 万件，均为 2012 年的 4 倍多；世界领先的 5000 个品牌中，中国占 408 个，总价值达 1.6 万亿美元。中国品牌的自主创新能力和中国产品在国际市场上的竞争力正不断增强。

2019 年至 2021 年，我国共办理专利侵权纠纷行政裁决案件 8.1 万件；建成 40 家知识产权保护中心和 22 家快速维权中心；建成国家海外知识产权纠纷应对指导中心和 10 家地方分中心，指导海外维权案件 300 多件。为各类知识产权主体依法全面维护自身知识产权合法权益提供了坚实保障。

2021 年 2 月 1 日，习近平总书记在《全面加强知识产权保护工作 激发创新活力推动构建新发展格局》中进一步强调知识产权保护的重要意义上，并提出创新是引领发展的第一动力，保护知识产权就是保护创新。进一步明确了我国深入开展知识产权保护工作的一贯立场。

国内调查显示，我国知识产权保护社会满意度由 2012 年的 63.69 分提高到 2018 年的 76.88 分；中国在世界知识产权组织发布的《2019 年全球

创新指数》报告中名列第 14 位；中国营商环境在世界银行发布的《2019
年营商环境报告》中的全球排名从 2017 年的第 78 位迅速上升至 2018 年的
第 46 位。这些统计数据充分展现出我国知识产权保护工作的快速发展及由
此带来的企业自主创新能力的不断增强和营商环境的不断优化。

三、关于中国创新保护的典型案例分析

美国"337"调查是根据美国《1930 年关税法》第 337 节及相关修正
案的规定，对进口产品侵犯美国知识产权的行为以及进口贸易中的其他不
公平竞争进行的有关调查，其目的是为了保护本国优势产业，促进美国在
全球高附加值产业分工中始终保持竞争优势。与为了保障美国知识产权能
够有效进入国外市场的"特别 301 报告"相互对应，"337"调查则是针对
外国公司的反倾销与反补贴而进行的调查，其主要目的是保护本国知识产
权领域的合法权益。2001 年美国首次对中国发起了"337"调查，随着中
美双边贸易的快速发展，中国高新技术产品出口比例的不断提升，美国在
知识产权领域对中国企业进行的"337"调查不断增加。因此，本节就美
国对中国企业发起的"337"调查以及中国企业的应对举措进行案例分析。

（一）美国对华"337"调查的数量、行业及原因展开分析

1. 美国对华"337"调查的数量分析

相关统计数据显示，除 2015 年外，2012 年至 2018 年期间，涉及中国
企业的"337"调查数量在"337"调查总量中始终在 30% 以上；随着近年
来中美贸易摩擦的增加，这一比例在近年来呈现逐步上升的发展趋势。中
国企业频繁成为"337"调查对象，一方面体现出美国为改变对华贸易逆
差而将保护本国知识产权作为贸易保护的重要理由，另一方面也反映出我
国企业知识产权保护意识有待进一步增强。

2. 美国对华"337"调查的行业分析

关于被调查的中国企业的行业领域，机电行业和轻工业是美国对中国
企业发起"337"调查的重点领域。随着中国企业自主创新能力和产品竞
争力的不断增强，美国对中国企业发起的"337"调查更加集中于高附加

值行业；这也提醒中国企业在加大研发投入以增强产品核心竞争力的同时，更应注意保护好自身和他人的知识产权。

3. 美国对华"337"调查的原因分析

美国针对中国的"337"调查的理由绝大部分集中在知识产权保护领域；具体原因涉及专利侵权和商标、商业外观侵权、虚假来源标识、虚假宣传等。随着中国企业国际市场份额的不断提高，建立起全面完善的知识产权保护体系成为决定中国企业未来发展的关键因素。

（二）案例分析

其次，选取 2017 年后解决的碳钢与合金钢案（337-TA-1002）进行具体的案例分析。

1. 案例梳理

2016 年 5 月 26 日，美国国际贸易委员会对中国输美碳钢及合金钢产品发起"337"调查。此案申请人为美国钢铁公司，被申请人为包括中国宝武钢铁公司、武汉钢铁有限公司、鞍钢集团有限公司、首钢集团有限公司等 11 家中国大型钢铁集团企业以及 9 家钢铁经销商在内的共计四十余家实体企业，涉案的碳钢与合金钢几乎包括了中国向美国出口的所有钢铁产品。

申请人美国钢铁公司分别就（1）中国钢铁企业依靠中国钢铁协会"合谋操纵"产品价格和出口量；（2）标记"虚假"原产地以规避美国双反税令；（3）中国钢铁企业通过所谓中国政府黑客攻击而"窃取"原告先进高强钢的技术秘密等三个诉点，提请诉讼。诉讼指控中国碳钢及合金钢铁产品的生产和销售企业存在不公平贸易行为，并要求美国国际贸易委员会对相关产品签发普遍排除令，禁止中国违法钢铁企业的碳钢及合金钢产品进入美国市场，且对被诉钢铁企业及其子公司、关联企业和代理商发布禁止令。

宝钢作为中国钢铁行业的应诉代表对于美钢的诉讼全部应诉，并主动联系、配合律所进行针对反垄断诉点及协调反规避诉点的应诉。截至 2018 年 3 月 19 日，美国国际贸易委员会终裁中国应诉钢铁企业反垄断诉点胜诉并终止本案"337"调查，至此，中国钢铁企业最终赢得了所有三个诉点的全面胜诉。

2. 案例意义

在该案例中，中国企业的积极应诉和胜诉反映出中国企业知识产权保护工作的不断完善以及自主创新能力的不断增强，对更多中国企业强化自身知识产权保护意识和提高自主创新能力起到了典型示范作用。

随着中国经济的高速增长以及中国出口产品技术含量的不断提升，美国为维护自身在经济贸易和产业竞争力上的主导权，就必然遏制中国；而针对中国知识产权保护领域不足进行的知识产权调查能够有效抑制中国高科技产品的出口以及某些行业的技术升级与进步，从而成为美国寻求阻碍中国发展的重要手段。我国在通过多边机制和做好相应的反制裁预案积极应对以美国"337"调查为代表的知识产权调查的同时，更应加快提升战略产业和新兴产业的自主创新能力，进一步完善知识产权保护体系建设，不断增强企业的自主创新能力和知识产权意识，最终消除美国利用中国知识产权保护体系不完善以打压中国企业发展的可能，促进中国企业产品竞争力和国际市场份额的不断提升。

四、中国与美国、英国、德国、日本等主要国家或地区在创新保护体系上存在的差异

由于各国在社会制度、政策出发点、政策实施方式等方面不完全相同，中国在创新保护体系上与美国、英国、德国、日本等主要国家或地区在创新保护体系上存在差异，这些差异具体表现在知识产权保护体系、创新相关的产业政策、创新要素保障机制以及创新相关的制度环境等方面，下面就中国在这四个方面与其他主要国家的差异进行具体分析。

（一）知识产权保护体系上的差异

知识产权保护体系作为创新保护体系的重要组成部分，与美国、英国、德国、日本等主要国家和地区相比，中国知识产权保护起步较晚，且在法律体系，知识产权保护意识，对知识产权保护方式、范围，知识产权相关国际条约与本国法律的关系上存在不同，中国的知识产权保护体系具有自身的特点，其与美国、英国、德国、日本等主要国家和地区在知识产

权保护体系上存在的差异可归纳为以下几点。

1. 中国知识产权保护体系稳定度高

由于我国实行大陆法系传统下的成文法体例，因此立法与司法解释较为稳定，但同时这也导致我国知识产权相关的立法和司法解释难以针对新型诉讼案件作出灵活调整，从而使得我国的知识产权保护体系无法充分发挥应有的作用。而与我国相比，美国在知识产权领域的立法和司法工作更加富有弹性。立法方面，美国知识产权立法紧紧围绕美国实际，体现出自身独具的特点，例如：美国专利法将专利氛围发明、植物专利、外观设计，而没有实用新型；美国通过议员推动制定成文法能够加快立法进度。在司法领域，由于美国采取判例法，能够将知识产权保护体系进行及时更新完善，以最大程度保障知识产权所有者合法权益。因此我国应加强知识产权立法和司法工作中的灵活性，根据新出现的各种知识产权相关案例，及时完善知识产权法律体系以发挥知识产权法律制度在保护知识产权所有者合法权益上的关键作用。

2. 中国知识产权保护意识有待进一步增强

企业作为知识产权保护的主体，企业知识产权保护意识的增强有助于提升企业自主创新能力进而优化我国整体产业结构。在我国，企业知识产权保护意识与发达经济体相比仍存在较大提升空间。我国的知识产权战略强调自主知识产权和自主创新，鼓励各类科研机构与企业等生产经营主体之间的技术研发合作，将司法保护和行政执法有机结合以营造浓厚的自主创新环境。而日本更加重视科研机构与生产经营机构积极参与知识产权保护，及时更新完善本国的知识产权标准。因此，我国应在进一步完善知识产权法律体系的基础上，通过密切企业与科研机构之间的合作，鼓励企业加大研发支出等措施切实提高企业自主创新能力；通过加大知识产权保护工作的宣传，在全社会营造积极的知识产权保护氛围，进一步提高全社会的知识产权保护意识。

3. 中国专利制度与其他国家存在一定差异

大多数国家的《专利法》仅将发明专利作为保护主体，而对实用新型专利和外观设计专利的保护另行制定法律。我国将发明专利、实用新型专利、外观设计专利都作为专利统一在《专利法》框架内进行保护。此外，中国的专利保护制度在专利申请原则、专利保护期限、专利申请主体、专利申请流程、专利授权文件修改、临时专利申请和本国优先权、专利申请费用上与其他国家相比也存在一定差异。

4. 中国知识产权保护制度发展较快，但尚存在提升空间

首先，是在知识产权法律制度上，由于中国知识产权法律体系发展起步较晚，新中国刚刚成立的三十年中，知识产权保护并没有被纳入法律框架内，只是在一些行政决议中有所涉及；1978 年改革开放后，我国开始制定《版权法》，随后颁布了《商标法》和《中华人民共和国商标法实施细则》《中华人民共和国专利法》，这标志着中国的知识产权保护制度逐渐建立起来。20 世纪 90 年代后，中国知识产权制度建设快速推进，建立了包括宪法、法律、行政法规、地方性法规及行政规章等五个层次的全国统一的法律体系。加入世贸组织之后，为迅速融入知识产权国际标准，我国对知识产权相关法律进行补充完善。但与发达国家相比，我国知识产权法律制度的整体性还有待提升，知识产权所有者的维权途径需进一步明确，知识产权保护法律机制的作用未能充分发挥。其次，关于知识产权政策工具，我国目前知识产权管理和保护工作主要依靠政府发挥引领性作用，各类知识产权保护发展政策和保护方针的专业性和适用度有待进一步提升；我国应在贯彻落实创新驱动发展战略的前提下，通过与知识产权主体和法律专家的合作交流以实施更加明确、富有针对性的知识产权发展纲要和保护政策，注重政策实施效果的调查与提升，充分发挥知识产权保护对产业结构和经济持续稳定增长的推动作用。最后，我国知识产权发展战略缺乏明确的阶段发展目标，我国应根据知识产权发展现状，结合各领域专家意见提出切实可行的知识产权阶段发展战略和目标。

5. 中国与其他国家在知识产权保护途径上存在一定差异

我国知识产权维权可通过司法和行政两种方式进行。当知识产权侵权行为发生时，知识产权主体可向市场监管部门、专利管理部门、版权管理

部门等行政管理机构申请制止相关侵权行为并给予处罚；权利人也可以通过司法途径依法维护自身合法权益。但由于我国知识产权行政管理部门众多，不同部门之间在知识产权保护的职权上存在规定不明确、职权重叠等问题，从而抑制了行政手段在知识产权保护中发挥的作用。而在司法工作方面，我国知识产权申请、审查、注册和授权以及授权后的有关法律程序比较复杂，从而在无形之中增加了知识产权主体在申请和保护自身知识产权中的成本。在这两方面的综合作用下，我国司法和行政相结合的知识产权保护体系的实际效果有待进一步提升。而美国的知识产权保护机构比较完善，不同部门之间职权划分明确，知识产权主体的维权主要借助司法手段。知识产权所有者在权利受到侵害时，可以直接向法院提起诉讼，但不能请求行政机关制止侵权行为。除了行政和司法途径外，各类知识产权社会保护组织和行业机构成为美国知识产权保护体系的重要部分，这些组织机构通过加强与政府机构之间的合作，组织集体活动等方式以维护知识产权所有者的相关合法权益。因此，我国在进一步明确各类知识产权管理部门之间职权划分与简化知识产权法律程序的前提下，应注重各类行业协会以及专业法律组织对于维护知识产权合法权益的重要作用。

6. 中国与其他国家在对知识产权保护范围的理解上存在差异

我国知识产权保护工作中不仅仅考虑知识产权权利人自身的合法权益，而更多的是基于对社会整体利益的考量，以保障市场秩序的稳定和国民经济的正常运转。在知识产权侵权赔偿额的确定上，我国根据对知识产权所有者合法权益的受损程度、侵权人通过实施侵权行为的非法牟利额，知识产权所有者通过使用自身知识产权所能获得的利益的综合考虑以确定知识产权侵权的赔偿额。

7. 中国与其他国家在知识产权相关国际条约与本国法律之间的关系上存在差异

由于中国知识产权保护发展较为滞后，长期以来我国知识产权法律体系都采取积极适应知识产权相关国际条约的发展理念，一般将签订的知识产权保护相关的国际条约直接纳入本国知识产权法律体系；当本国知识产权法相关规定与中国参加的与知识产权保护相关的国际条约出现争议时，除我国已经提出保留意见的以外，基本都主动适用知识产权相关国际条约中的有关规定。此外，对于知识产权相关的国际条约在国内的实施，除与规范政府行为相关的国际条约必须通过国内立法才能在国内实施外，与知识产权相关的国际条约可以不通过国内立法而在国内直接实施。与中国不同，在美国，由政府签订的国际条约在经过国会批准前均不具有法律效力；除此之外，美国国会在批准国际条约时明确规定：若国际条约与美国国内法冲突，适用美国法。中美两国在知识产权相关国际条约与本国法律之间关系上存在的巨大差异，使得两国在知识产权保护体系的发展路径上完全不同。中国以知识产权相关国际条约为重要前提，根据本国知识产权发展现状，建立有利于充分保护本国知识产权的知识产权制度；而美国推行国内法优先于知识产权相关国际条约的原则以最大化自身权益。

（二）创新相关的产业政策上的差异

1. 中国产业政策逐步实现向以横向政策为主、纵向政策为辅的过渡

在新中国成立初期，由于我国产业结构和经济基础较为薄弱，政府主导的纵向产业政策有助于将各类稀缺的生产要素集中于国家重点发展的领域，从而帮助我国实现了在国民经济和产业竞争力的飞速发展。但随着我国经济实力和产业竞争力发展到较高水平，由政府主导资源配置的纵向产业政策不能保障资源的最佳配置，无法充分发挥各类主体的生产经营积极性，从而使得全社会自主创新能力的发展受到一定抑制。因此，近年来，我国开始转向以横向政策为主、纵向政策为辅的新兴产业政策，最大程度地发挥市场在创新要素配置和创新发展路径中的决定性作用，深化科研机构与生产经营主体之间的技术研发合作，完善要素保障机制和扶持政策以强化企业的自主创新意识和能力，从而有助于我国经济稳定发展和产业竞争力的持续提升。

2. 中国产业政策由"技术引进"向"自主创新"转变

在我国技术水平和产业结构比较落后的新中国成立初期，我国通过吸引外商投资引进了相关技术，促进了自身产业结构和技术水平的提升。但

随着我国国际市场份额的提高，产业结构升级所需的关键技术无法通过引进外资的方式获得，这就需要我国着力提升自主创新意识和能力以实现在高新技术领域的突破。

因此，我国开始全面实施旨在增强自主创新意识和能力的产业政策，提出国家创新体系、创新驱动发展战略、建设创新型国家等发展目标，加大对各类创新平台的要素保障，进一步明确鼓励企业自主创新的扶持政策；并通过"大众创业，万众创新"等相关政策促进全社会自主创新意识和能力的提升。通过这些政策的全面实施，极大地降低了在技术研发创新领域对外资企业的依赖，并在相关高新技术领域达到了世界领先水平。

（三）创新要素保障机制上的差异

中国创新要素保障机制有待进一步提升。在我国，各类创新主体获取创新要素方面仍存在一定差异，从而导致无法获得足够创新要素的主体的自主创新意识和自主创新能力有待提升。因此，我国应通过切实增强各类创新扶持政策的普适性，保障各类创新主体平等获得各类创新要素，充分发挥市场在创新要素配置和创新发展路径中的决定性作用，以实现全社会自主创新意识和自主创新能力的全面提升。

（四）创新相关的制度环境上的差异

新形势对我国创新制度环境提出新的要求。随着我国经济实力和国际地位的提升，为促进我国产业结构不断优化和经济持续稳定发展，我国应进一步优化创新保护制度环境，充分发挥创新保护制度环境对增强企业自主创新意识和能力方面的积极作用。当前我国创新保护制度环境的不足主要体现在：基础研发投入偏低，科研成果应用成效不足，缺少共性关键技术平台。因此，为进一步优化创新保护制度环境以促进我国在自主创新能力增强和产业结构升级上取得长足进步，我国应通过扩大资金来源以提高基础研究投入，密切各类科研机构与生产经营部门的技术研发合作，加快构建共性关键技术平台。

第十四章　创新保护与资源配置效率

资源配置效率的改善依赖企业内生产率的提高和市场竞争机制的良好运行，而在技术创新促发展的时代，知识产权保护是影响企业生产率和市场竞争环境优化的重要制度保障。本章利用 1999—2006 年中国制造业企业微观数据，并基于企业动态演化过程探讨了知识产权保护对资源配置效率的影响及其作用机理。研究发现，知识产权保护水平的提高显著促进了资源配置效率的提升。本章进一步地通过将每年同一行业中的企业按照存活、新进入和退出状态进行动态分组，把行业生产率的增长按来源分为企业内生产率提高效应和企业间资源配置效应，结果表明知识产权保护一方面通过提高企业生产率引发企业内资源配置效率优化，另一方面通过带动企业间要素向高效率企业流动引发企业间资源配置效率优化，且企业间的资源优化效应主要体现在存活企业中。此外，知识产权保护的资源配置效率优化效应具有行业异质性，主要表现为更有利于高契约密集型行业、民营资本密集型行业资源配置效率的提高。

第一节　引　言

资源在企业内、企业间的有效配置不仅在微观上影响企业自身经营效益的改善，还在宏观上影响国家经济增长，研究表明资源配置效率的不同是国家间生产效率差异较大的主要原因（Hsieh 和 Klenow，2009；Jeong 和 Townsend，2007）。现有关资源配置效率影响因素的研究较为丰富：从企业内看，企业自身资源能被有效配置主要取决于企业生产效率的提高（李蕾蕾和盛丹，2018）；从企业间看，资源能否实现从低效率企业向高效率企业转移主要受到企业间要素投入扭曲程度和市场竞争机制的影响（祝继高等，2020；Banerjee 和 Moll，2010；李玉红等，2008）。而在知识经济时代，知识产权保护作为企业研发创新活动中的重要制度保障以及推动市场经济运行的重要组成部分，其对于资源配置效率的影响如何呢？现有研究鲜少从微观企业层面探究知识产权保护对于资源配置效率的影响。

从理论上看，知识产权保护水平的变化与企业内、企业间资源配置能力均存在紧密联系。一方面，知识产权保护通过改变企业研发创新激励，影响企业生产率的变化（Lin 等，2010），进而作用于企业内部资源配置效率；另一方面，知识产权保护通过约束市场中技术创新型企业面临的知识侵权和"敲竹杠"等行为，影响市场竞争环境的优化和巩固（樊纲等，2011），带来企业间资源配置效率的变化。为进一步从实际中反映知识产权保护与资源配置效率的关系，本章以中国制造业企业为样本，通过测算1999—2006 年除西藏外 30 个省（区、市）知识产权保护水平与资源配置效率指标，绘制了各省（区、市）知识产权保护与资源配置效率的散点关系图。其中，本章参考 Hsieh 和 Klenow（2009）对于资源配置效率的测算方法，使用各省份生产率离散度代表资源配置效率水平，生产率离散度越低的省份反映出该地区具有较高的资源配置能力。如图 14-1-1 所示，从整体来看，知识产权保护水平越高的省（区、市），资源配置效率也越高。综合理论和实际现象，本章认为知识产权保护水平的增强可能对于资源配置效率起到正向促进作用，即知识产权保护制度的发展完善可能通过促进企业生产率提高和企业间资源高效流动而改善资源配置水平。

鉴于此，本章以 1999—2006 年中国制造业企业数据为基础，根据企业动态演化过程，对知识产权保护与资源配置效率的关系及其作用机制进行实证检验。与以往研究相比，本章的创新之处在于：（1）研究视角不同：本章从知识产权保护视角探究了其对资源配置效率的影响，强调了新常态背景下知识产权保护对于中国经济转型升级的重要作用；（2）研究方法不同：现有关影响资源配置效率的研究中，大多着重对资源配置的静态效应进行分析，关注动态资源配置效应的文献较少（李蕾蕾和盛丹，2018），更少有针对知识

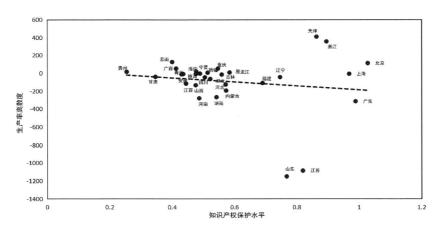

**图 14-1-1　1999—2006 年各省（区、市）（除西藏外）知识产权
保护水平与生产率离散度的关系散点图**

注：在计算 1999—2006 年各省（区、市）生产率离散度过程中，为避免行业结构对分析结果的影
响，本章首先测算出每年各省（区、市）二分位行业的生产率离散度，并以二分位行业产出
在该地区的产出作为权重，得到每年各省份的行业加权生产率离散度，并做对数化处理，然
后测算 1999—2006 年各省（区、市）的生产率离散度对数的平均值，作为纵轴；横轴为各省
（区、市）知识产权保护水平取对数后在 1999—2006 年的平均值。

产权保护对资源配置动态效应的分析，本章则在分析知识产权保护对静态资
源配置效率影响的基础上还基于企业动态演化过程，将行业生产率增长按来
源划分为企业内生产率提高效应和企业间资源配置效应两部分，从动态视角
对资源配置效率改善的原因进行分析，总结了知识产权保护对资源配置效率
发挥作用的机理；（3）本章考虑到不同类型行业面对知识产权保护水平变化
时的不同反应，进一步分析了知识产权保护对行业资源配置效率的异质性影
响，丰富了知识产权保护资源配置效应的研究结论。

第二节　研究假设

一、知识产权保护与资源配置效率

知识产权保护既可通过企业自主研发影响企业技术进步（Kanwar 和
Evenson，2003），又能通过国际贸易、对外直接投资和技术许可方式影响

国家间的技术转移（柴江艺和许和连，2012；Branstetter 和 Saggi，2007；Yang 和 Markus，2001）。技术创新作为国家经济增长的重要动力，又将知识产权保护与经济增长紧密联系在一起。因此目前国内外学者对知识产权保护的研究，也多集中在其与技术创新、经济增长的关系上，并未涉及资源配置效率层面。但现有关于知识产权保护经济效应及资源配置效率影响因素的研究结论表明，知识产权保护可能会对资源配置效率产生影响。

由于资源配置效率的变化体现在企业内和企业间两方面，本章也将从企业内、企业间两种途径对知识产权保护与资源配置效率的关系展开分析。

从企业自身看，知识产权保护可以通过影响企业研发创新的积极性和主动性来带动企业生产效率的进步（宋跃刚和吴耀国，2016）。由于企业的研发创新投入作为一种专用性资产，在不完全契约背景下存在被"敲竹杠"的风险，使得企业研发活动面临收益不确定、缔约成本高等问题，容易导致企业研发创新投入不足（Anton 和 Yao，2002）。而知识产权保护作为一种制度约束，能够有效缓解企业研发创新投入不确定的风险，增强企业对有形资产和无形资产的投入激励，促使企业增加研发投入（吴超鹏和唐菂，2016；Lin 等，2010），较强的企业研发投入进一步带来企业生产率的提升，对于企业内资源配置效率起到优化作用（吴延兵，2006）。因此，本章认为在企业内部，知识产权保护水平提高通过企业生产率进步效应带来企业内资源配置效率的改善。

从企业与企业间看，市场竞争环境的良好运行是企业间资源配置效率提高的主要原因。多数研究发现政策制度的出台和执行会影响市场竞争机制的运行，从而改变企业间资源配置能力。李玉红等（2008）认为中国企业私有化、取消企业进入和退出壁垒等降低市场摩擦措施的出台，有效地强化了市场竞争机制，最终推动了企业资源调整和配置能力的提升，且主要表现为加快国内新进入企业生产率的增长和低效率企业的退出。李蕾蕾和盛丹（2018）、宗慧隽和李真（2020）发现环境立法、最低工资标准的实施同样可以通过强化市场优胜劣汰机制来提高企业间的资源配置效率。

但并非所有政策措施都有利于市场竞争机制的良好运行，也有学者认为一些政策安排会对企业要素投入产生差异化的影响，因此引发的要素投入扭曲会弱化市场竞争机制，进而降低企业间的资源配置能力，如不同企业面临的差异化的政府补贴、增值税率和银行信贷支持等（蒋为和张龙鹏，2015；蒋为，2016；祝继高等，2020）。

然而，上述关于政策制度对资源配置效率的研究忽略了知识产权保护制度的影响。知识产权保护作为一种制度规范，能够有效地约束市场中企业间存在的知识侵权和"敲竹杠"行为，为以技术创新为主体的企业提供了一个良好的市场竞争环境。伴随着知识产权保护带来的企业生产率的提升，市场竞争环境的优化能够促进低效率企业加快转型升级步伐，部分落后的低效率企业被迫缩小生产规模，将资源转移至高效率企业，或者在较强的市场竞争环境中选择退出市场，同时在竞争加剧的市场环境中，高效率的企业才能获利更多，因此知识产权保护还能带来行业内企业生产率门槛的提高（林敢和陈廷贵，2020）。总体来看，在企业间，知识产权保护制度的实施和执行通过优化市场竞争环境使得企业间资源实现高效转移，由此引发企业间资源配置效率的提升。

综上分析，知识产权保护水平的提高在企业内和企业间均能发挥资源配置效率优化作用。因此提出假说1：知识产权保护水平的增强能够优化资源配置效率。

二、知识产权保护对资源配置效率影响的行业异质性

不同契约密集度行业对于契约依赖度不同。契约密集度越高的行业，企业与企业之间的交易更依赖于契约才能执行，而不是由市场化定价决定的（李俊青和苗二森，2018），这也导致契约密集度高的行业需要承受更多不完全契约带来的风险，契约执行效率的改善对于契约密集度高的行业更有利（Nunn，2007）。由于企业的研发投资具有资产专用性和投资收益不确定特点，在不完全契约下，与企业间研发投资活动有关的交易需要依靠知识产权保护制度的完善来提升预期收益、降低交易风险。因此，当知

识产权保护水平提升时，契约密集度高的行业内企业受到的研发激励更大，企业间竞争强度得到较大提高，带来的资源配置效率的改善效用更强。因此提出假说 2：知识产权保护水平的提高对于高契约密集度行业的资源配置优化作用更强。

不同所有制分布行业对知识产权保护的敏感度不同。敏感度越高的行业，知识产权保护水平的变化更有利于激发企业研发创新投入和生产效率的提升，对于行业内企业竞争环境的优化效果也更明显。从所有权类别来看，对于外资企业而言，外资背景使得企业的经营管理更具国际化，外资企业对国际环境的变化更敏感，反而对本地契约执行效率的依赖程度较弱（刘鹏飞和李俊青，2018），特别是外企通常在管理水平以及制度条款设计等方面拥有优势，自身产权保护意识也相对较强，在一定程度上能够抵御不完全契约所带来研发投入的风险，这也导致外企可能对本地知识产权保护水平的变化不敏感或者敏感度低于内资企业。在内资企业中，民企和国企对于知识产权保护的敏感度也不同。由于国企较民企更容易获取资金贷款支持，对于投资风险的抵抗能力较强，无论知识产权保护水平是否变化，国企的创新活动都可能是有利可图的。而在民营企业中，知识产权保护水平的增强会导致民企的创新活动相比知识产权保护水平变化前变得更加有利可图，因此民企较国企对知识产权保护的变化更敏感（史宇鹏和顾全林，2013）。综合来看，民营资本密集型行业对知识产权保护水平的变化的敏感度可能高于国有资本密集型行业，外资密集型行业的敏感度可能最低或不敏感。因此提出假说 3：知识产权保护水平的提高对于民营资本密集型行业的资源配置优化作用更强。

第三节　数据说明与模型设计

一、样本选择、数据来源及处理

由于知识产权保护对同行业中企业内、企业间的资源分配均可能产生影响，因此从行业层面实证检验知识产权保护的资源配置效用。在所构建的 1999—2006 年中国各省份四分位行业—年份面板数据中，数据来源主要分为以下两种：其一，本章采用 1999—2006 年中国工业企业微观数据库，参照 Syverson（2004）的做法测算各省份四分位制造行业资源配置效率指标，并根据企业数据计算其他四分位行业层面变量；其二，本章结合《中国统计年鉴》和中经网统计数据库，参考许春明和单晓光（2008）的方法对 1999—2006 年间中国各省份每年知识产权保护水平进行测算，并得到省份层面的控制变量。

数据筛选中，选择了行业代码在 1310—4320 之间的 482 类四分位制造业，并参考聂辉华等（2012）的方法对中国工业企业数据库进行处理，在剔除了生产率位于前后 1% 的异常值后，最终得到除西藏外中国 30 个省（区、市）四分位行业层面的样本 68333 个。另外，由于本章第五部分机制分析中需要以上一年为基年判断企业的存在模式，进而测段企业资源配置效率的动态变化，因此第五部分的被解释变量是对 1998—2007 年工业企业数据进行处理得到的。

二、模型设计

（一）基准计量模型设定

为讨论知识产权保护与资源配置效率的关系，验证本章提出的假说 1，构建如下面板计量模型：

$$\ln disp_{jpt} = \alpha_0 + \alpha_1 \ln IPR_{pt} + \alpha_3 X_{jpt} + \alpha_4 M_{pt} + \delta_j + \eta_p + \gamma_t + \mu_{jpt} \qquad （1）$$

式（1）中下标 j 表示四分位行业，下标 p 表示省份，下标 t 表示年份；被解释变量 $\ln disp_{jpt}$ 表示 t 年 p 省份中 j 行业内企业生产率分布离散度的对数值，用其来衡量行业的资源配置效率；核心解释变量 $\ln IPR_{pt}$ 表示 t 年中国各省（区、市）的知识产权保护水平的对数值；X_{jpt} 为行业层面控制变量，M_{pt} 为省份层面控制变量。除此之外，为避免回归过程中出现重要解释变量的遗漏问题，在面板回归中加入行业固定效应 δ_j、省份固定效应 η_p 和年份固定效应 γ_t。μ_{jpt} 表示残差项。

（二）变量测算

1. 被解释变量：各省份四分位行业生产率离散度

本章在进行实证研究中借鉴前人研究方法，用各省（区、市）四分位行业内企业生产率离散度指标代表资源配置效率。同行业中生产率离散程度越高，表明行业内存在扭曲越多，行业资源配置效率越低。首先根据中国工业企业数据库按照 OP 法测算企业生产率，随后根据 Syverson（2004）的研究，在基准回归中采用泰尔指数法、标准差系数法两种方法分别计算各省份四分位行业内企业生产率离散度。

2. 核心解释变量：各省份知识产权保护水平

本章参照许春明和单晓光（2008）对于中国各省（区、市）知识产权保护强度指标体系的构建方法，根据中国各地区知识产权保护的实际情况，从立法强度和执法强度两个维度综合测算中国各地区知识产权保护水平。其计算公式可以写为式（2）：

$$IPR_{pt} = GP_t \times F_{pt} \tag{2}$$

GP_t 表示中国在 t 年的知识产权保护的立法程度，由于知识产权立法主要由国家统一进行，所以各地区的立法强度可以看作统一值，因此直接采用 Ginarte 和 Park（1997）测算出的中国 GP 指数来代替；F_{pt} 表示 t 年中国各省（区、市）知识产权保护的执法强度水平，为各地区司法保护水平、行政保护水平、经济发展水平、国际监督水平以及社会公众意识五个指标的算术平均值，其中前四个指标的具体测算方法均与许春明和单晓光（2008）一致。但在评价"社会公众意识"指标得分情况时本章考虑到每年各省（区、市）的申请专利数相比成人识字率来说更能反映社会对于知识产权的保护意识，因此本章以 1999—2006 年各省份申请专利数为基础，通过对某省份在当年度申请的专利数量进行标准化处理得到该省份当年的社会公众意识水平得分。

3. 控制变量

本章将控制变量划分为行业控制变量和省（区、市）控制变量两部分。在行业层面：①行业集中度：作为衡量市场结构的重要指标，反映出市场竞争和垄断水平，本章用各省（区、市）四分位行业的赫芬达尔—赫希曼指数表示；②行业中企业的平均固定成本：本章参考孙浦阳等（2013）的做法，利用各省（区、市）四分位行业管理费用与行业增加值之比表示；③行业中企业的平均规模：平均企业规模越大的行业内企业的垄断势力较强，本章用各省（区、市）四分位行业内企业的平均雇佣员工数的对数值表示；④行业中企业的平均经营年限：本章用各省（区、市）四分位行业中企业自成立以来至样本数据年份间隔的平均值表示。在省（区、市）层面，本章采用各省（区、市）的实际人均 GDP 来表示经济发展水平，其中实际人均 GDP 是以 1998 年为基期，按照对应年份各地区的居民消费价格指数对名义人均 GDP 进行平减得到。

除此之外，为保证实证结果的稳健性，在后续稳健性检验中还加入三类省（区、市）层面控制变量：（1）各省（区、市）市场化水平：市场化高的地区内竞争机制相对较强，可能有利于企业在市场中的优胜劣汰，进而优化行业资源配置效率，本章采用樊纲等（2011）中所测算的各地区市场化综合指数来衡量；（2）各省（区、市）金融市场的有效性：各地区金融市场能否有效运行影响着企业的融资效率，完善的金融市场体制更能根据企业的市场需求为企业提供相应的融资信贷服务，有利于缓解企业面临的融资约束，提高要素市场的流动性，本章采用樊纲等（2011）中所测算的各地区金融市场化程度指数来表示；（3）各省（区、市）基础设施状况：本章使用各省（区、市）每万平方公里的公路里程代表各地区基础设施的发达程度，区域内基础设施的好坏影响资源要素流动的成本，进而可能影响着该地区资源配置效率的改善。

第四节　实证结果及分析

一、基准回归

表 14-4-1 汇报了对基准方程的回归结果。表 14-4-1 列（1）和列

（2）单独对知识产权保护水平这一核心解释变量进行回归，其中列（2）控制了大类行业、省（区、市）、年份固定效应。两列回归的系数均显示伴随着知识产权保护水平的提高，各省（区、市）行业生产率离散度呈现出下降趋势。列（3）和列（4）加入能够影响资源配置效率的行业和省（区、市）层面控制变量，$lnIPR$ 的系数依然在 1% 的显著水平内为负。可将列（4）加入固定效应后的结果描述为：地区知识产权保护强度每提高 1%，行业的生产率离散度将降低 3.24%，实证结果与假说 1 相符合。

表 14-4-1　基本回归结果

变量	（1） ln$disp$1	（2） ln$disp$1	（3） ln$disp$1	（4） ln$disp$1
知识产权保护	−1.150***	−3.369***	−3.388***	−3.238***
	(0.043)	(0.208)	(0.115)	(0.208)
行业集中度			−2.118***	−2.036***
			(0.050)	(0.050)
平均企业固定成本			0.434***	0.385***
			(0.022)	(0.021)
平均企业规模			0.324***	0.338***
			(0.015)	(0.014)
平均企业经营年限			0.020***	0.018***
			(0.001)	(0.001)
各省（区、市）经济发展状况			1.331***	1.363***
			(0.054)	(0.182)
常数项	−0.319***	3.433***	−12.705***	−11.696***
	(0.031)	(0.191)	(0.452)	(1.805)
行业固定效应	否	是	否	是
省（区、市）固定效应	否	是	否	是
年份固定效应	否	是	否	是
观测值	54,619	54,619	54,619	54,619
R^2	0.0004	0.123	0.083	0.188

注：(1) *、** 和 *** 分别表示 10%、5% 和 1% 的统计显著性；(2) 括号内为标准差。

二、知识产权保护对不同契约密集度行业资源配置的影响

在不完全契约背景下，认为知识产权保护对不同契约密集度行业的资源配置效率影响存在差异。为验证假说 2 成立，按照行业契约密集度的高低将样本划分为高契约密集度行业样本组和低契约密集度行业样本组分别进行回归检验。其中，行业契约密集度的划分参考 Nunn（2007）的划分方法①，他以美国 1997 年的投入产出表为基准，用测算得到的美国不同行业的中间投入中非市场化交易部分所占的比重代表行业的契约密集度。表14-4-2 列（1）和列（2）显示了分样本后的回归结果。结果显示不同样本组中知识产权保护水平的提高均有利于行业生产率离散度的下降，但高契约密集度行业资源配置的优化程度显著高于低契约密集度行业，这与假说 2 相一致。

三、知识产权保护对不同所有制分布行业资源配置的影响

表 14-4-2 的列（3）至列（5）考察了知识产权保护对不同所有制分布行业资源配置效率的差异性影响。根据中国工业企业数据库中对企业实收资本金的占比情况统计，将数据划分为国有资本密集型行业样本组、民营资本密集型行业样本组和外资密集型行业样本组。从回归结果来看，随着各省（区、市）知识产权保护水平的不断提高，国有、民营资本密集型行业的生产率离散程度均出现显著的缩小，且民营资本密集型行业资源配置效率优化程度更高，但知识产权保护对外资密集型行业资源配置效率的影响不显著。综上可见，在民营资本密集型行业中，知识产权保护的资源配置优化效应强于其他所有制分布行业，从而证实了假说 3。

---

① 本章首先将 Nunn（2007）计算出美国 ISIC REV. 2 三分位行业契约依赖度与中国 GB /T4754—2002 的四分位制造业行业进行匹配，然后再按照中位数将匹配好的四分位制造行业划分为高契约密集度行业和低契约密集度行业两个样本组。

表 14-4-2　知识产权保护对资源配置效率的行业异质性影响

变量	高契约密集度行业	低契约密集度行业	国有资本密集型行业	民营资本密集型行业	外资密集型行业
	（1） ln*disp*1	（2） ln*disp*1	（3） ln*disp*1	（4） ln*disp*1	（5） ln*disp*1
知识产权保护	−3.524***	−2.887***	−2.163***	−3.429***	0.056
	（0.296）	（0.293）	（0.706）	（0.268）	（0.587）
行业集中度	−2.117***	−1.963***	−2.264***	−2.018***	−2.048***
	（0.071）	（0.071）	（0.108）	（0.059）	（0.126）
平均企业固定成本	0.613***	0.312***	0.162***	1.203***	0.908***
	（0.042）	（0.025）	（0.030）	（0.046）	（0.089）
平均企业规模	0.300***	0.366***	0.424***	0.289***	0.322***
	（0.020）	（0.021）	（0.028）	（0.017）	（0.036）
平均企业经营年限	0.022***	0.015***	0.010***	0.014***	0.007
	（0.002）	（0.002）	（0.003）	（0.002）	（0.005）
各省（区、市）经济发展状况	1.305***	1.394***	2.746***	1.012***	−0.050
	（0.250）	（0.267）	（0.574）	（0.228）	（0.493）
常数项	−10.656***	−12.636***	−26.571***	−8.002***	−0.544
	（2.468）	（2.644）	（5.742）	（2.242）	（4.936）
行业固定效应	是	是	是	是	是
省（区、市）固定效应	是	是	是	是	是
年份固定效应	是	是	是	是	是
观测值	27,252	27,367	12,446	34,509	7,655
R^2	0.217	0.162	0.174	0.209	0.172

注：（1）*、** 和 *** 分别表示 10%、5% 和 1% 的统计显著性；（2）括号内为标准差。

四、稳健性检验

由于资源配置效率还与企业所在地区的市场环境、融资约束水平以及区域发展状况有关，这些因素的存在可能影响知识产权保护对资源配置的优化作用。考虑到上述问题，在原有基准回归基础上加入各省（区、市）的市场化水平、金融市场有效性和基础设施状况三个变量进行稳健性检验，考察知识产权保护对资源配置效率的影响是否因为地区的市场化水平等因素的存在而改变。表14-4-3的列（1）至列（4）汇报了该稳健性检验的结果，可见无论是三个变量依次加入回归还是同时加入回归，知识产权保护的系数及显著性均未发生明显变动。

　　另外，由于是否有效地衡量资源配置效率也对回归结果产生干扰，为保证实证结论的稳健性，本章用标准差系数法测算的各省（区、市）四分位行业生产率离散度代替基准回归中的被解释变量。实证结果如表14-4-3列（5）和列（6）所示。其中列（5）表明在更换测度方法后，知识产权保护强度每提高1%，各省（区、市）四分位行业的资源配置效率将提高1.62%，这一系数虽然低于基准回归结果，但仍然在1%显著水平内为正，与基本结论一致。列（6）进一步加入三类稳健性变量进行回归，实证结果依然显著。综上可见，知识产权保护对资源配置效率的优化作用是稳健的。

表14-4-3　稳健性检验结果

变量	（1）$\ln disp1$	（2）$\ln disp1$	（3）$\ln disp1$	（4）$\ln disp1$	（5）$\ln disp2$	（6）$\ln disp2$
知识产权保护	-3.242 ***	-3.205 ***	-3.282 ***	-3.236 ***	-1.616 ***	-1.621 ***
	(0.208)	(0.211)	(0.209)	(0.213)	(0.109)	(0.112)
市场化水平	-0.053			0.016		0.009
	(0.111)			(0.119)		(0.064)
金融市场有效性		-0.026		-0.039		-0.010
		(0.031)		(0.034)		(0.018)
基础设施状况			-0.132 *	-0.148 **		-0.051
			(0.069)	(0.071)		(0.037)
行业集中度	-2.036 ***	-2.036 ***	-2.036 ***	-2.037 ***	-0.879 ***	-0.880 ***
	(0.050)	(0.050)	(0.050)	(0.050)	(0.026)	(0.026)

续表

变量	（1） ln*disp*1	（2） ln*disp*1	（3） ln*disp*1	（4） ln*disp*1	（5） ln*disp*2	（6） ln*disp*2
平均企业固定成本	0.385 ***	0.385 ***	0.384 ***	0.384 ***	1.127 ***	1.126 ***
	(0.021)	(0.021)	(0.021)	(0.021)	(0.027)	(0.027)
平均企业规模	0.338 ***	0.338 ***	0.338 ***	0.338 ***	0.129 ***	0.129 ***
	(0.014)	(0.014)	(0.014)	(0.014)	(0.007)	(0.007)
平均企业经营年限	0.018 ***	0.018 ***	0.018 ***	0.018 ***	0.005 ***	0.005 ***
	(0.001)	(0.001)	(0.001)	(0.001)	(0.001)	(0.001)
各省（区、市）经济发展状况	1.373 ***	1.347 ***	1.415 ***	1.394 ***	0.725 ***	0.739 ***
	(0.183)	(0.183)	(0.184)	(0.187)	(0.096)	(0.098)
常数项	−11.697 ***	−11.529 ***	−12.080 ***	−11.875 ***	−5.943 ***	−6.040 ***
	(1.805)	(1.817)	(1.816)	(1.825)	(0.944)	(0.954)
行业固定效应	是	是	是	是	是	是
省（区、市）固定效应	是	是	是	是	是	是
年份固定效应	是	是	是	是	是	是
观测值	54,619	54,619	54,619	54,619	50,903	50,903
R^2	0.188	0.188	0.188	0.188	0.188	0.185

注：（1）*、** 和 *** 分别表示 10%、5% 和 1% 的统计显著性；（2）括号内为标准差。

五、内生性处理

由于资源配置效率的提升能够带动地区经济高质量发展，反过来可能会带动地区知识产权保护制度的完善，因此知识产权保护与资源配置效率之间存在互为因果的关系，可能导致回归中出现内生性。为解决内生性问题，本章使用 2SLS 法进行检验，选取李飞跃等（2019）测算的各省市在1937—1945 年所建立的抗日根据地的规模作为工具变量。以该指标作为工具变量的原因在于：在这一时期，各区域根据地规模越高表明中国共产党在该区域的基层治理能力较强，这也为后期各项司法制度的有效实施提供基础，因此抗日根据地规模越高的地区能够更好地实施知识产权保护，这满足了工具变量相关性的假定。

为确保所选取工具变量的有效性，本章对上述工具变量进行了弱工具变量检验，其中 Cragg-Donald Wald F 统计量显著拒绝弱工具变量假设，表明本章工具变量的选取是合适的。表 14-4-4 的列（1）和列（2）汇报了基准回归方程采用 2SLS 法的回归结果，表 14-4-4 列（3）和列（4）则在基准回归方程的基础上加入三个稳健性控制变量。从表 14-4-4 列（2）和列（4）的实证结果可看出，当采用工具变量法处理内生性问题后，核心解释变量系数的绝对值与基准回归出现差异，但知识产权保护强度的系数显著水平达到 1% 以内，且符号与预期一致。

表 14-4-4　内生性处理结果

变量	对基准回归的 2SLS 检验		对加入稳健性控制变量后的 2SLS 检验	
	（1） ln$disp$1	（2） ln$disp$1	（3） ln$disp$1	（4） ln$disp$1
	第一阶段	第二阶段	第一阶段	第二阶段
知识产权保护		-6.849***		-6.896***
		(0.220)		(0.285)
Base	0.029***		0.012***	
	(0.0009)		(0.001)	
行业集中度	-0.0414***	-2.226***	-0.017***	-2.141***
	(0.001)	(0.057)	(0.001)	(0.057)
平均企业固定成本	0.001	0.563**	0.004**	0.596**
	(0.001)	(0.257)	(0.002)	(0.272)
平均企业规模	0.003***	0.316***	0.003***	0.318***
	(0.0004)	(0.013)	(0.0004)	(0.013)
平均企业经营年限	-0.001***	0.006**	-0.0004***	0.009***
	(0.00004)	(0.003)	(0.00004)	(0.003)
各省（区、市）经济发展状况	0.371***	2.961***	0.337***	2.675***
	(0.0006)	(0.094)	(0.001)	(0.105)

续表

变量	对基准回归的 2SLS 检验		对加入稳健性控制变量后的 2SLS 检验	
	（1） ln*disp*1	（2） ln*disp*1	（3） ln*disp*1	（4） ln*disp*1
	第一阶段	第二阶段	第一阶段	第二阶段
市场化水平			0.144***	0.807***
			(0.003)	(0.089)
金融市场有效性			0.020***	−0.058*
			(0.001)	(0.033)
基础设施状况			−0.055***	0.023
			(0.002)	(0.044)
常数项	3.526***	−25.556***	−2.87***	−24.282***
	(0.266)	(0.742)	(0.202)	(0.873)
行业固定效应	是	是	是	是
省（区、市）固定效应	是	是	是	是
年份固定效应	是	是	是	是
观测值	53，167	53，167	54，619	53，167
R^2	0.934	0.064	0.944	0.068

注：（1）*、**和***分别表示 10%、5%和 1%的统计显著性；（2）括号内为标准差。

第五节　进一步机制检验

上述实证研究证实了本章的主要观点：伴随着知识产权保护水平的提升，各省（区、市）的行业资源配置效率出现显著优化。那么知识产权保护是如何影响资源配置效率呢？结合文献综述的分析可看出，其可能的途径在于知识产权保护的增强一方面通过缓解不完全契约带来的研发风险，激励企业加大研发投入，最终促进企业技术水平和生产率的提高；另一方面知识产权保护还强化了市场竞争机制，推动了同行业中企业间要素由低效率企业向高效率企业的转移。为进一步验证本章关于知识产权保护作用机制的分析，本章基于企业动态演化视角，将行业生产率变化按来源分为企业内生产率提高效应和企业间资源配置效应，分别检验了知识产权保护水平提升对两种效应的影响，其中企业内生产率提高效应代表企业生产率提高在行业平均生产率增长中的贡献，企业间资源配置效应代表企业间要素高效流动在行业平均生产率增长中的贡献。

本章参考杨汝岱（2015）的做法首先对每年企业的存在模式进行区分，选择上一年为基年对企业当年的存在模式划分为存活企业（S）、新进入企业（E）和退出企业（X）三组。然后根据 MP 模型将每年各省份四分位行业生产率的变化进行分解，具体分解如式（3）所示：

$$\Delta \Phi_t = (\Delta \bar{\varphi}_{St} + \Delta cov_{St}) + s_{Et}(\Phi_{Et} - \Phi_{St}) + s_{X(t-1)}(\Phi_{S(t-1)} - \Phi_{X(t-1)})$$

$$= (stfp_t + rs_t) + re_t + rx_t$$

$$= stfp_t + reallocation_t \tag{3}$$

其中，$\Delta \Phi_t$ 表示 t 年各省（区、市）四分位行业平均生产率的变化值；$stfp_t$（即 $\Delta \bar{\varphi}_{St}$）表示同行业中 t 年企业自身生产率提高对行业平均生产率增长的贡献，即 t 年企业内生产率提高效应；rs_t（即 Δcov_{St}）表示同行业中 t 年存活企业之间要素流动对于行业平均生产率变化的贡献，rs_t 越大代表存活的高生产率企业较上一年占据了更多的市场份额，存活企业之间要素得到更有效分配；re_t、rx_t 分别代表 t 年新进入企业、退出企业所引发的行业平均生产率的变动，re_t 越高代表 t 年新进入企业生产率门槛的提高，rx_t 越高代表 t 年有更多的低效率企业退出市场，两项的增大都表明同行业内企业间要素得到了更优的配置。rs_t、re_t、rx_t 三项之和 $reallocation_t$，衡量了 t 年同一行业中资源在企业间由低效率向高效率企业流动对行业平均生产率的总贡献，即 t 年企业间资源配置改善效应。

首先实证检验了知识产权保护与企业内生产率提高效应、企业间资源配置改善效应的关系。表 14-5-1 的列（1）至列（3）检验了知识产权保护对企业内生产率提高效应的影响，列（4）至列（5）检验知识产权保护与企业间资源配置效率的关系，回归结果显示无论是否加入控制变量、稳健性变量，知识产权保护水平的增强都显著促进了企业内生产率提高效应和企业间的资源配置效应，且对于企业内生产率提高效应的影响更强。该实证结果符合本章对于知识产权保护对资源配置效率发挥正向影响机理的推断。

表 14-5-1　知识产权保护与企业内生产率提高效应、企业间资源配置效应的实证检验

变量	企业内生产率提高效应			企业间资源配置效应		
	（1） stfp	（2） stfp	（3） stfp	（4） reallocation	（5） reallocation	（6） reallocation
知识产权保护	0.349 ***	0.355 ***	0.299 ***	0.235 ***	0.196 ***	0.230 ***
	(0.060)	(0.061)	(0.063)	(0.052)	(0.052)	(0.054)
X1	否	是	是	否	是	是
X2	否	否	是	否	否	是
常数项	-0.230 ***	0.570	0.368	-0.218 ***	0.008	0.182
	(0.049)	(0.521)	(0.526)	(0.043)	(0.445)	(0.448)
行业固定效应	是	是	是	是	是	是
省（区、市）固定效应	是	是	是	是	是	是
年份固定效应	是	是	是	是	是	是
观测值	68332	68280	68280	68332	68280	68280
R^2	0.007	0.008	0.008	0.025	0.037	0.037

注：（1）*、** 和 *** 分别表示 10%、5% 和 1% 的统计显著性；（2）括号内为标准差；（3）X1 表示基准回归中控制变量，X2 表示三种稳健性控制变量。

由于企业间资源的有效配置又可通过存活的高效率企业市场份额扩大、新进入企业生产率门槛提高和低效率企业退出三种渠道实现，本章还分别检验了知识产权保护对 rs、re、rx 的影响，实证结果如表 14-5-2 所示。从表 14-5-2 第（1）列可看出知识产权保护水平的提高显著有利于存活企业内要素流向高效率企业，该结果表明知识产权保护水平的提高通过优化市场竞争环境，迫使部分资源从低效率企业向存活的高效率流动，引发存活高效率企业市场份额的扩张。表 14-5-2 第（2）列和第（3）列知

识产权保护系数均不显著，即表明知识产权保护水平的提高对于新进入企业生产率门槛的提高和低效率企业退出市场的行为没有明显改善，出现这种现象的原因可能在于现阶段知识产权保护制度还不完善，对于企业间资源流动的影响比较局限在持续活跃在市场的存活企业中，市场中优胜劣汰机制对知识产权保护水平的变化并不敏感。

表 14-5-2　知识产权保护与企业间资源配置效应的三种来源的实证检验

变量	企业间资源配置效应		
	（1）存活企业 rs	（2）新进入企业 re	（3）退出企业 rx
知识产权保护水平	0.172***	−0.017	0.025
	(0.035)	(0.035)	(0.021)
X1	是	是	是
X2	是	是	是
常数项	−0.178	−0.289	0.772***
	(0.294)	(0.292)	(0.175)
行业固定效应	是	是	是
省（区、市）固定效应	是	是	是
年份固定效应	是	是	是
观测值	68,280	68,280	68,280
R^2	0.017	0.046	0.010

注：（1）*、**和***分别表示10%、5%和1%的统计显著性；（2）括号内为标准差；（3）X1表示基准回归中控制变量，X2表示三种稳健性控制变量。

本章小结

一、研究结论

本章借助中国微观制造业企业数据，并基于企业动态演化过程，从知识产权保护视角分析其对资源配置效率的影响及其作用机制，拓展了资源配置效率的优化路径，丰富了知识产权保护对资源配置效率的影响机理。本章的研究结论如下：第一，伴随着中国知识产权保护水平的提升，各省（区、市）的行业资源配置效率得到明显提高，其作用途径在于知识产权保护一方面通过缓解企业面临的研发不确定风险，激励企业研发投入，促进了企业内部生产率的提高，带动企业内资源优化配置，另一方面其作为一种重要的制度保障，通过规范市场竞争行为，促使企业间要素从低效率企业向高效率企业流动，且主要体现在存活企业中，而知识产权保护并没有明显改善企业进入、退出在资源配置效率优化中的贡献；第二，知识产权保护的资源配置效用具有行业异质性，知识产权保护水平的提高，更有利于契约密集度高的行业、民营资本密集型行业资源配置效率的优化。

二、政策启示

本章的研究结论证实了知识产权保护在资源配置效率优化过程中的重要性，在当前中国新的经济发展阶段和发展形式下对于政府如何推动企业转型升级的问题具有一定启示意义。首先，进一步健全完善与知识产权保护相关的法律法规，通过宣传、教育等手段强化民众和企业的知识产权保护意识，发挥主体在知识产权法制体系建设过程中的作用，同时降低区域之间知识产权保护水平之间的差距，促进知识产权保护法制体系在不同区域的协调统一；其次，提高知识产权保护法律法规的执行效力，特别对研发投入风险较大的行业加强监管力度，如技术研发比重高、民营资本密集等行业部门；最后，激励企业加大研发投入，推动企业技术创新水平，例如给予企业适当研发补贴，增强税收减免力度等。

第十五章　全球创新保护新形势下促进我国民企 OFDI 健康有序发展的政策建议

第一节　政府部门保障民企 OFDI 健康有序发展的政策建议

民营跨国企业是推动我国科技创新和转型升级的重要力量，从前文可知，对外直接投资是企业融入国际创新环境，充分利用国内外创新资源进而提升自身创新水平的重要途径。政府部门对内应当通过各项政策保障跨国企业通过 OFDI 逆向技术溢出获取先进技术，促进民营跨国企业的发展壮大；对外应当通过签订国际协定、参与国际组织等途径降低民营跨国企业的对外投资风险，保障民营跨国企业在海外的权益。

一、落实创新保护，守护民企创新成果

知识产权保护体系作为创新保护体系的重要组成部分，落实创新保护的首要任务是完善知识产权保护体系。具体而言应当从三个方面展开：一是及时修订知识产权保护相关法律。由于我国实行大陆法系传统下的成文法体例，立法与司法解释较为稳定，针对数字经济、人工智能等新领域新业态可能或缺乏灵活性。应当根据新领域新业态的特点，结合新出现的各种知识产权相关案例，及时完善知识产权法律体系以发挥知识产权法律制度在保护民营跨国企业合法权益上的关键作用。二是简化知识产权维权程序。民企跨国企业知识产权受到侵犯时可通过行政和司法两种途径进行维

权。具体而言，可通过法院对侵权者提起诉讼，也可向市场监管部门、专利管理部门、版权管理部门等行政管理机构申请制止相关侵权行为并给予处罚。然而，由于我国知识产权行政管理部门较多，不同部门之间在知识产权保护的职权上存在重叠等问题；司法维权则存在审理周期长、赔偿数额低、生效判决执行难等问题。因此，应当进一步明确各类知识产权管理部门之间的职权划分，同时简化知识产权司法程序，从行政和司法两个方面切实降低知识产权维权成本。三是提高知识产权保护意识。近年来，无论是企业还是个人，知识产权意识均有普遍提高，特别是大型企业在知识产权受到侵权时，往往会通过法律手段维护自己的合法权益。然而，总体来说，我国社会的知识产权意识与发达国家相比仍然存在差距，侵权事件时有发生。应通过加大对知识产权保护工作的宣传，在全社会营造积极的知识产权保护氛围，进一步提高全社会的知识产权保护意识。

二、实施创新激励，培养对外投资新动力

自我国实施"走出去"战略以来，服务型对外直接投资一直占据较高比重，"走出去"的动力主要来源于国内的要素价格优势、对国外先进技术的寻求等。然而，随着我国劳动力价格的逐渐提高，要素价格优势有所减弱，加之当前发达国家逆全球化趋势加剧，发达国家对中国技术寻求型直接投资的限制愈发明显，我国民企"走出去"的动力有所减弱。未来参与国际循环的必定是创新性强的企业，政府应当实施多维度的创新激励政策，激发民企的创新活力，使具备创新优势的民企能"走出去"与世界同行竞争。一是要进一步深化国资国企市场化改革，为国有企业和民营企业营造公平公正的外部竞争环境，从而充分发挥不同所有制企业在推动中国经济发展中的重要作用。二是建立产研融合平台，连接企业与高校等科研机构。一方面可以为企业提供人才支撑，另一方面也可以使得科研机构的研究更有效转化为生产力。三是通过税收优惠、补贴政策等鼓励企业提高研发投入，降低企业的研发成本。四是针对中小企业，应当引导其向"专精特新"的方向发展，助力其成为全球产业链中某一个零部件的佼佼者。

三、参与全球治理，保障民企对外权益

经过几十年的高速发展，中国不再像改革开放初期将生产集中在全球
价值链低端，在越来越多的领域已经与发达国家形成竞争关系。为阻碍中
国进一步向全球价值链高端跃迁，以美国为首的发达国家纷纷打压中国高
科技企业，华为、中兴等中国企业均受到了美国不公平对待。中国企业在
美国、德国和澳大利亚等国家的跨国并购也纷纷遇阻。为保障民营跨国企
业在海外的权益，我国应继续坚持更大力度、更高质量的全面对外开放新
格局，积极参与全球治理。一是签订或及时修订双边投资协定。通过签订
新的双边投资协定保障民营跨国企业在东道国享有与东道国企业同等的待
遇，对早期签订的双边投资协定，若无法满足当前两国发展新阶段的需要
则应及时修订。二是积极加入 CPTPP 等国际组织。当中国民营跨国企业在
东道国遭受不公平待遇时可以通过国际组织的争端解决机制化解争端。三
是继续拓宽服务业外资开放领域。提高外商投资政策的透明度、保障外资
企业平等参与市场竞争、加强外商投资服务、依法保护外资企业知识产
权、建立外资企业投诉工作机制等，切实改善国内投资环境，增强外商投
资者信心。同时，应重视引资质量，通过引导高质量外资服务流入来强化
服务业开放对中国制造业企业创新的积极效应，充分发挥外资服务业在激
发中国制造业企业创新活力中的积极作用。四是搭建多层次多元化的海外
投资、创新以及市场信息资源共享机制。为国内企业提供东道国法律法
规、市场需求等信息，降低民企因信息不对称带来的投资风险。

第二节　民营跨国企业面对全球创新
保护新形势的应对策略

一、匹配两国优势，汇聚全球创新要素

对外直接投资是推动民营企业创新的重要途径，民企通过对外直接投

资可以吸收国外的先进技术与研发经验，学习其独特的管理经验和方法，有效利用国外的专业化资源，提高企业经营效率，实现企业创新。在投资标的国（地区）的选择上，应考虑东道国与我国在人才培养、创新环境和自然资源等的差异，充分利用两国教育体制下不同人才的优势，服务企业的发展。针对不同特征的东道国，企业应结合自身的发展战略，选择适当的投资方式。在创新环境优良、创新要素丰富的东道国设立独立研发中心或联合研发中心，使企业的研发深度融入全球创新网络。当跨国并购遇阻时，可通过绿地投资绕开投资壁垒，吸收东道国专业化要素，雇佣东道国的高素质科研人员和熟练工人，增强企业竞争力。

二、开展跨国培训，优化人力资本积累

人力资本对企业对外直接投资所带来的市场竞争效应具有重要的调节作用，即企业人力资本水平越高，越有利于提升企业在国际化活动中的竞争力，进而促进企业创新。应定期进行跨国人才交流，提高企业对国际知识以及逆向技术溢出的吸收能力。一是建立国际合作的人力资本培训机制，引进国外先进技术或先进管理经验时，应及时开展相关培训，提高国内母公司员工对新技术新管理理念的认知和理解，以提高母公司对新技术新理论的吸收和改进能力。二是建立母、子公司人员的流动机制，鼓励核心员工在母公司和子公司之间轮岗。一方面可以加强母、子公司的交流，充分发挥母、子公司在国内和国际市场的合作，减少沟通不畅而导致各自为政。另一方面可以将母公司的技术在子公司快速改良以适应东道国的需要，同理，子公司开发的新技术反馈回母公司时也能得到及时改进以便在国内使用。

附　录

附录1　2020年中国民营企业对外直接投资
——投资方来源地别 TOP10

附表 1-1　2020 年中国民营企业对外直接投资——投资方来源地 TOP10

排序	投资方来源地	项目数量（件）	排序	投资方来源地	金额（百万美元）
1	北京	152	1	浙江	49943.85
2	深圳	120	2	山东	13125.78
3	上海	117	3	广东（不含深圳）	13097.224
4	浙江	113	4	上海	6236.40
5	广东（不含深圳）	84	5	福建	6231.80
6	江苏	71	6	深圳	5598.18
7	福建	46	7	江苏	5098.01
8	山东	31	8	北京	4715.10
9	天津	15	9	河北	1436.46
10	重庆	11	10	海南	1299.36

附表 1-2　2020 年中国民营企业对外并购投资——投资方来源地 TOP10

排序	投资方来源地	项目数量（件）	排序	投资方来源地	金额（百万美元）
1	北京	97	1	浙江	34928.85
2	上海	94	2	山东	12844.74
3	浙江	73	3	广东（不含深圳）	12089.26
4	深圳	73	4	上海	4726.70

排序	投资方来源地	项目数量（件）	排序	投资方来源地	金额（百万美元）
5	广东（不含深圳）	55	5	深圳	3992.33
6	江苏	54	6	北京	2450.28
7	福建	33	7	江苏	2049.82
8	山东	22	8	河北	1377.06
9	天津	15	9	海南	1299.36
10	重庆	11	10	天津	780.70

附表 1-3　2020 年中国民营企业对外绿地投资——投资方来源地 TOP10

排序	投资方来源地	项目数量（件）	排序	投资方来源地	金额（百万美元）
1	北京	55	1	浙江	15015.00
2	深圳	47	2	福建	5592.30
3	浙江	40	3	江苏	3048.19
4	广东（不含深圳）	29	4	北京	2264.82
5	上海	23	5	深圳	1605.85
6	江苏	17	6	上海	1509.70
7	福建	13	7	广东（不含深圳）	1007.964
8	山东	9	8	河南	366.19
9	湖南	6	9	山东	281.04
10	河南	3	10	湖南	91.50

附录 2　2020 年中国民营企业对外直接投资——投资标的国（地区）别 TOP10

附表 2-1　2020 年中国民营企业对外直接投资集中地 TOP10

排序	标的国（地区）	项目数量（件）	排序	标的国（地区）	金额（百万美元）
1	中国香港地区	169	1	德国	34846.72

排序	标的国（地区）	项目数量（件）	排序	标的国（地区）	金额（百万美元）
2	美国	139	2	瑞典	33597.42
3	开曼群岛	54	3	文莱	13650.00
4	英国	44	4	中国香港地区	7847.47
5	新加坡	41	5	百慕大群岛	7694.97
6	德国	38	6	印尼	5624.54
7	日本	25	7	美国	5442.74
8	印度	20	8	荷兰	3502.31
9	百慕大群岛	19	9	英国	2308.73
	英属维尔京群岛		10	开曼群岛	2197.66

附表 2-2　2020 年中国民营企业对外并购投资集中地 TOP10

排序	标的国（地区）	项目数量（件）	排序	标的国（地区）	金额（百万美元）
1	中国香港地区	167	1	瑞典	33389.17
2	美国	95	2	德国	32367.49
3	开曼群岛	54	3	中国香港地区	7818.87
4	新加坡	32	4	百慕大群岛	7694.97
5	英国	28	5	美国	4397.94
6	德国	23	6	荷兰	3473.21
7	百慕大群岛	19	7	开曼群岛	2197.66
	英属维尔京群岛		8	英国	2029.33
9	日本	18	9	安圭拉	1296.58
10	泰国	17	10	阿联酋	1091.5

附表 2-3　2020 年中国民营企业对外绿地投资集中地 TOP10

排序	标的国（地区）	项目数量（件）	排序	标的国（地区）	金额（百万美元）
1	美国	44	1	文莱	13650.00
2	英国	16	2	印尼	5220.90

排序	标的国（地区）	项目数量（件）	排序	标的国（地区）	金额（百万美元）
3	德国	15	3	德国	2479.23
4	西班牙	13	4	法国	1057.16
5	法国	11	5	美国	1044.80
	墨西哥		6	爱尔兰	1031.54
7	新加坡	9	7	加拿大	655.80
8	俄罗斯	9	8	墨西哥	654.90
9	阿联酋	8	9	俄罗斯	574.17
10	日本	7	10	澳大利亚	549.80

附录3 2020年中国民营企业对外直接投资——投资标的行业别TOP10

附表3-1 2020年中国民营企业对外直接投资行业别TOP10

排序	标的行业	项目数量（件）	排序	标的行业	金额（百万美元）
1	批发和零售业	165	1	其他机械设备	45333.21
2	信息传输、软件和信息技术服务业	148	2	汽车、挂车和半挂车	33693.75
3	金融业	73	3	焦炭、精炼石油产品及核燃料	13650.00
4	科学研究和技术服务业	63	4	其他电气机械和设备	8297.68
5	租赁和商务服务业	53	5	信息传输、软件和信息技术服务业	6858.62
6	其他机械设备	42	6	金融业	6286.99
7	医疗器械、精密仪器和光学仪器、钟表	34	7	批发和零售业	3870.47

排序	标的行业	项目数量（件）	排序	标的行业	金额（百万美元）
8	交通运输、仓储和邮政业	32	8	卫生和社会工作	2037.86
9	广播、电视和通信设备	28	9	租赁和商务服务业	1938.51
10	其他电气机械和设备	24	10	科学研究和技术服务业	1794.93

附表 3-2　2020 年中国民营企业对外并购投资行业别 TOP10

排序	标的行业	项目数量（件）	排序	标的行业	金额（百万美元）
1	信息传输、软件和信息技术服务业	113	1	其他机械设备	44612.27
2	批发和零售业	87	2	汽车、挂车和半挂车	33095.75
3	金融业	70	3	金融业	6210.19
4	科学研究和技术服务业	54	4	信息传输、软件和信息技术服务业	4348.09
5	医疗器械、精密仪器和光学仪器、钟表	30	5	批发和零售业	3051.59
6	其他机械设备	29	6	卫生和社会工作	2027.16
7	租赁和商务服务业	26	7	科学研究和技术服务业	1585.33
8	广播、电视和通信设备	25	8	租赁和商务服务业	1537.31
9	医药制造	19	9	基本金属和金属制品	1424.57
10	其他电气机械和设备	18	10	医药制造	1000.08

附表 3-3　2020 年中国民营企业对外绿地投资行业别 TOP10

排序	标的行业	项目数量（件）	排序	标的行业	金额（百万美元）
1	批发和零售业	78	1	焦炭、精炼石油产品及核燃料	13650
2	信息传输、软件和信息技术服务业	35	2	其他电气机械和设备	8037.2
3	租赁和商务服务业	27	3	信息传输、软件和信息技术服务业	2510.53
4	交通运输、仓储和邮政业	22	4	电力、热力生产和供应业	928.79
5	其他机械设备	13	5	交通运输、仓储和邮政业	853.7
6	其他非金属矿物制品	11	6	批发和零售业	818.88
7	科学研究和技术服务业	9	7	其他机械设备	720.94
8	电力、热力生产和供应业	7	8	汽车、挂车和半挂车	598
9	其他电气机械和设备	6	9	其他非金属矿物制品	474.79
10	医疗器械、精密仪器和光学仪器、钟表	4	10	食品、饮料和烟草	403.49

附表 3-4　2020 年中国民营企业对外直接投资制造业别 TOP10（项目数量）

排序	海外投资标的制造业行业	行业技术分类	项目数量（件）
1	其他机械设备	中高技术	42
2	医疗器械、精密仪器和光学仪器、钟表	高技术	34
3	广播、电视和通信设备	高技术	28
4	其他电气机械和设备	中高技术	24
5	医药制造	高技术	22
6	其他非金属矿物制品	中低技术	15
	基本金属和金属制品	中低技术	

排序	海外投资标的制造业行业	行业技术分类	项目数量（件）
8	汽车、挂车和半挂车	中高技术	14
	食品、饮料和烟草	低技术	
10	橡胶和塑料制品	中低技术	13

附表 3-5　2020 年中国民营企业对外直接投资制造业别 TOP10（金额）

排序	海外投资标的制造业行业	行业技术分类	金额（百万美元）
1	其他机械设备	中高技术	45333.21
2	汽车、挂车和半挂车	中高技术	33693.75
3	焦炭、精炼石油产品及核燃料	中低技术	13650
4	其他电气机械和设备	中高技术	8297.68
5	基本金属和金属制品	中低技术	1437.07
6	广播、电视和通信设备	高技术	1086.15
7	医药制造	高技术	1080.48
8	食品、饮料和烟草	低技术	836.12
9	橡胶和塑料制品	中低技术	824.99
10	医疗器械、精密仪器和光学仪器、钟表	高技术	722.66

附表 3-6　2020 年中国民营企业对外并购投资制造业别 TOP10（项目数量）

排序	海外投资标的制造业行业	行业技术分类	项目数量（件）
1	医疗器械、精密仪器和光学仪器、钟表	高技术	30
2	其他机械设备	中高技术	29
3	广播、电视和通信设备	高技术	25
4	医药制造	高技术	19
5	其他电气机械和设备	中高技术	18
6	基本金属和金属制品	中低技术	14
7	木材、纸浆、纸张、纸制品、印刷及出版	低技术	11
	食品、饮料和烟草	低技术	

续表

排序	海外投资标的制造业行业	行业技术分类	项目数量（件）
9	汽车、挂车和半挂车	中高技术	10
	化学品及化学制品（不含制药）	中高技术	

附表 3-7 2020 年中国民营企业对外并购投资制造业别 TOP10（金额）

排序	海外投资标的制造业行业	行业技术分类	金额（百万美元）
1	其他机械设备	中高技术	44612.27
2	汽车、挂车和半挂车	中高技术	33095.75
3	基本金属和金属制品	中低技术	1424.57
4	医药制造	高技术	1000.08
5	广播、电视和通信设备	高技术	729.59
6	医疗器械、精密仪器和光学仪器、钟表	高技术	652.96
7	橡胶和塑料制品	中低技术	450.69
8	食品、饮料和烟草	低技术	432.63
9	其他电气机械和设备	中高技术	260.48
10	其他制造业和再生产品	低技术	228.13

附表 3-8 2020 年中国民营企业对外绿地投资制造业别 TOP10（项目数量）

排序	海外投资标的制造业行业	行业技术分类	项目数量（件）
1	其他机械设备	中高技术	13
2	其他非金属矿物制品	中低技术	11
3	其他电气机械和设备	中高技术	13
4	医疗器械、精密仪器和光学仪器、钟表	高技术	6
5	汽车、挂车和半挂车	中高技术	4
	橡胶和塑料制品	中低技术	
	其他制造业和再生产品	低技术	
	医药制造	高技术	

续表

排序	海外投资标的制造业行业	行业技术分类	项目数量（件）
6	广播、电视和通信设备	高技术	3
	食品、饮料和烟草	低技术	

附表 3-9　2020 年中国民营企业对外绿地投资制造业别 TOP10（金额）

排序	海外投资标的制造业行业	行业技术分类	金额（百万美元）
1	焦炭、精炼石油产品及核燃料	中低技术	13650.00
2	其他电气机械和设备	中高技术	8037.20
3	其他机械设备	中高技术	720.94
4	汽车、挂车和半挂车	中高技术	598.00
5	其他非金属矿物制品	中低技术	474.79
6	食品、饮料和烟草	低技术	403.49
7	橡胶和塑料制品	中低技术	374.30
8	广播、电视和通信设备	高技术	356.56
9	木材、纸浆、纸张、纸制品、印刷及出版	低技术	186.20
10	其他制造业和再生产品	低技术	118.30

附录 4　2005—2020 年中国民营企业在世界四大资金中转地投资项目数量、金额排序

附表 4-1　2005—2020 年中国民营企业在世界四大资金中转地对外直接投资项目数量、金额排序

年份	地区	项目数量（件）	地区	金额（百万美元）
2005	中国香港地区	19	中国香港地区	1199.69
	百慕大群岛	9	英属维尔京群岛	35.59
	英属维尔京群岛	9	百慕大群岛	17.40
	开曼群岛	4	开曼群岛	13.96

年份	地区	项目数量（件）	地区	金额（百万美元）
2006	中国香港地区	26	中国香港地区	439.67
	英属维尔京群岛	16	英属维尔京群岛	141.62
	开曼群岛	13	开曼群岛	135.07
	百慕大群岛	8	百慕大群岛	21.34
2007	中国香港地区	32	中国香港地区	471.45
	开曼群岛	15	英属维尔京群岛	437.38
	百慕大群岛	14	开曼群岛	218.49
	英属维尔京群岛	8	百慕大群岛	113.09
2008	开曼群岛	57	中国香港地区	438.45
	中国香港地区	41	开曼群岛	428.00
	百慕大群岛	33	英属维尔京群岛	396.75
	英属维尔京群岛	19	百慕大群岛	245.00
2009	中国香港地区	41	英属维尔京群岛	593.16
	百慕大群岛	19	中国香港地区	465.53
	英属维尔京群岛	19	开曼群岛	371.79
	开曼群岛	18	百慕大群岛	340.03
2010	开曼群岛	45	开曼群岛	1092.96
	中国香港地区	36	中国香港地区	674.62
	英属维尔京群岛	24	百慕大群岛	567.59
	百慕大群岛	20	英属维尔京群岛	308.18
2011	中国香港地区	52	开曼群岛	2717.98
	英属维尔京群岛	24	中国香港地区	1734.99
	开曼群岛	23	百慕大群岛	388.40
	百慕大群岛	11	英属维尔京群岛	344.22
2012	中国香港地区	62	中国香港地区	1298.62
	开曼群岛	17	开曼群岛	971.29
	英属维尔京群岛	17	英属维尔京群岛	665.68
	百慕大群岛	13	百慕大群岛	456.05

续表

年份	地区	项目数量（件）	地区	金额（百万美元）
2013	中国香港地区	58	中国香港地区	8895.75
	英属维尔京群岛	24	开曼群岛	3783.81
	开曼群岛	21	英属维尔京群岛	869.59
	百慕大群岛	16	百慕大群岛	214.38
2014	中国香港地区	57	开曼群岛	7406.11
	开曼群岛	48	百慕大群岛	3079.90
	英属维尔京群岛	23	中国香港地区	2164.22
	百慕大群岛	14	英属维尔京群岛	1213.27
2015	中国香港地区	103	开曼群岛	22276.39
	开曼群岛	82	中国香港地区	8690.13
	百慕大群岛	30	百慕大群岛	4819.22
	英属维尔京群岛	16	英属维尔京群岛	3785.64
2016	中国香港地区	198	开曼群岛	33601.14
	开曼群岛	85	中国香港地区	12191.49
	英属维尔京群岛	43	英属维尔京群岛	5656.01
	百慕大群岛	16	百慕大群岛	1937.90
2017	中国香港地区	213	中国香港地区	14764.63
	开曼群岛	62	开曼群岛	12398.17
	英属维尔京群岛	27	英属维尔京群岛	2819.31
	百慕大群岛	13	百慕大群岛	1841.54
2018	中国香港地区	288	开曼群岛	20378.34
	开曼群岛	81	中国香港地区	19188.79
	英属维尔京群岛	32	百慕大群岛	8501.74
	百慕大群岛	22	英属维尔京群岛	3827.15
2019	中国香港地区	204	百慕大群岛	14155.59
	开曼群岛	59	开曼群岛	12135.08
	英属维尔京群岛	26	中国香港地区	7592.23
	百慕大群岛	13	英属维尔京群岛	2777.88

续表

年份	地区	项目数量（件）	地区	金额（百万美元）
2020	中国香港地区	151	百慕大群岛	7546.05
	开曼群岛	43	中国香港地区	6590.09
	英属维尔京群岛	19	开曼群岛	1093.85
	百慕大群岛	14	英属维尔京群岛	495.25

附表 4-2　2005—2020 年中国民营企业在世界四大资金中转地对外并购投资项目数量、金额排序

年份	地区	项目数量（件）	地区	金额（百万美元）
2005	中国香港地区	17	中国香港地区	1194.09
	百慕大群岛	9	英属维尔京群岛	35.59
	英属维尔京群岛	9	百慕大群岛	17.4
	开曼群岛	4	开曼群岛	13.96
2006	中国香港地区	22	中国香港地区	350.07
	英属维尔京群岛	16	英属维尔京群岛	141.62
	开曼群岛	13	开曼群岛	135.07
	百慕大群岛	8	百慕大群岛	21.34
2007	中国香港地区	26	英属维尔京群岛	437.38
	开曼群岛	15	中国香港地区	314.45
	百慕大群岛	14	开曼群岛	218.49
	英属维尔京群岛	8	百慕大群岛	113.09
2008	开曼群岛	57	开曼群岛	428
	百慕大群岛	33	英属维尔京群岛	396.75
	中国香港地区	33	中国香港地区	362.07
	英属维尔京群岛	19	百慕大群岛	245
2009	中国香港地区	30	英属维尔京群岛	593.16
	百慕大群岛	19	中国香港地区	390.03
	英属维尔京群岛	19	开曼群岛	371.79
	开曼群岛	18	百慕大群岛	340.03

续表

年份	地区	项目数量（件）	地区	金额（百万美元）
2010	开曼群岛	45	开曼群岛	1092.96
	中国香港地区	30	百慕大群岛	567.59
	英属维尔京群岛	24	中国香港地区	511.92
	百慕大群岛	20	英属维尔京群岛	308.18
2011	中国香港地区	49	开曼群岛	2717.98
	英属维尔京群岛	24	中国香港地区	1633.79
	开曼群岛	23	百慕大群岛	388.4
	百慕大群岛	11	英属维尔京群岛	344.22
2012	中国香港地区	47	中国香港地区	1072.22
	开曼群岛	17	开曼群岛	971.29
	英属维尔京群岛	17	英属维尔京群岛	665.68
	百慕大群岛	13	百慕大群岛	456.05
2013	中国香港地区	53	中国香港地区	8895.75
	英属维尔京群岛	24	开曼群岛	3783.81
	开曼群岛	21	英属维尔京群岛	869.59
	百慕大群岛	16	百慕大群岛	214.38
2014	中国香港地区	50	开曼群岛	7406.11
	开曼群岛	48	百慕大群岛	3079.9
	英属维尔京群岛	23	中国香港地区	1894.62
	百慕大群岛	14	英属维尔京群岛	1213.27
2015	中国香港地区	98	开曼群岛	22276.39
	开曼群岛	82	中国香港地区	8546.53
	百慕大群岛	30	百慕大群岛	4819.22
	英属维尔京群岛	16	英属维尔京群岛	3785.64
2016	中国香港地区	192	开曼群岛	33601.14
	开曼群岛	85	中国香港地区	12093.09
	英属维尔京群岛	43	英属维尔京群岛	5656.01
	百慕大群岛	16	百慕大群岛	1937.9

续表

年份	地区	项目数量（件）	地区	金额（百万美元）
2017	中国香港地区	199	中国香港地区	13970.93
	开曼群岛	62	开曼群岛	12398.17
	英属维尔京群岛	27	英属维尔京群岛	2819.31
	百慕大群岛	13	百慕大群岛	1841.54
2018	中国香港地区	261	开曼群岛	20378.34
	开曼群岛	81	中国香港地区	16531.29
	英属维尔京群岛	32	百慕大群岛	8501.74
	百慕大群岛	22	英属维尔京群岛	3827.15
2019	中国香港地区	200	百慕大群岛	14155.59
	开曼群岛	59	开曼群岛	12135.08
	英属维尔京群岛	26	中国香港地区	7565.23
	百慕大群岛	13	英属维尔京群岛	2777.88
2020	中国香港地区	149	百慕大群岛	7546.05
	开曼群岛	43	中国香港地区	6561.49
	英属维尔京群岛	19	开曼群岛	1093.85
	百慕大群岛	14	英属维尔京群岛	495.25

注：因 2005—2020 年中国民营企业仅对中国香港地区有绿地投资，故此附录不再对绿地投资情况进行排序。

附录 5　2020 年中国民营企业对外投资案件 TOP10

附表 5-1　2020 年中国民营企业对外投资案件 TOP10

排序	中国投资方企业名称	标的国（地区）	标的行业	交易金额（百万美元）
1	INVESTORS	瑞典	其他机械设备	26496.56
2	HAIER SMART HOME CO., LTD	百慕大群岛	其他机械设备	7506.81
3	MIDEA GROUP CO., LTD	瑞典	其他机械设备	6800.80

排序	中国投资方企业名称	标的国（地区）	标的行业	交易金额（百万美元）
4	SHANGHAI RAAS BLOOD PRODUCTS CO., LTD	美国	卫生和社会工作	1884.16
5	QINGDAO HAIER CO., LTD	中国香港地区	金融业	1304.31
6	HAINAN HNA INFRA-STRUCTURE INVESTMENT GROUP CO., LTD	安圭拉	金融业	1296.58
7	GF SECURITIES CO., LTD	中国香港地区	金融业	675.7
8	TIANJIN BOHAI LEASING CO., LTD	中国香港地区	金融业	627.88
9	HUAWEI TECHNOLOGIES CO., LTD	巴布亚新几内亚	信息传输、软件和信息技术服务业	615
10	LUXSHARE PRECISION IN-DUSTRY CO., LTD	中国香港地区	批发和零售业	454

附录6　2013—2020年中国民营企业在"一带一路"沿线国家对外直接投资TOP10

附表6-1　2013—2020年中国民营企业在"一带一路"沿线国家对外直接投资TOP10

2013年民企对"一带一路"沿线国家OFDI项目数量及金额TOP10					
排序	国家	项目数量（件）	排序	国家	金额（百万美元）
1	新加坡	19	1	俄罗斯	6173.67
2	马来西亚、波兰	6	2	塔吉克	1196.88
			3	新加坡	607.48
4	俄罗斯、印度	5	4	泰国	310.59
			5	罗马尼亚	98.65
			6	波兰	74.20

排序	国家	项目数量（件）	排序	国家	金额（百万美元）
7	以色列、罗马尼亚	4	7	印度	50.51
			8	哈萨克	48.10
9	泰国、乌兹别克	3	9	以色列	31.55
			10	乌兹别克	26.80

2013 年民企对"一带一路"沿线国家 OFDI 项目数量及金额 TOP10（表头见上）

排序	国家	项目数量（件）	排序	国家	金额（百万美元）
1	新加坡	17	1	印尼	2419.00
2	印度	12	2	俄罗斯	2270.00
3	以色列	9	3	新加坡	920.57
4	马来西亚	8	4	波黑	635.59
5	印尼	7	5	马其顿	400.00
6	俄罗斯、越南	6	6	印度	360.79
			7	越南	272.81
8	巴基斯坦、土耳其、罗马尼亚	4	8	马来西亚	260.89
			9	以色列	166.20
			10	巴基斯坦	139.88

2014 年民企对"一带一路"沿线国家 OFDI 项目数量及金额 TOP10

排序	国家	项目数量（件）	排序	国家	金额（百万美元）
1	印度	47	1	印度	9663.15
2	新加坡	28	2	印尼	6489.23
3	以色列	15	3	新加坡	1470.18
4	马来西亚、俄罗斯、泰国	13	4	俄罗斯	1433.16
			5	斯洛伐克	1400.00
			6	马来西亚	1351.52
7	捷克	11	7	捷克	1308.64

2015 年民企对"一带一路"沿线国家 OFDI 项目数量及金额 TOP10

续表

2015 年民企对"一带一路"沿线国家 OFDI 项目数量及金额 TOP10					
排序	国家	项目数量（件）	排序	国家	金额（百万美元）
8	印尼、哈萨克	9	8	土耳其	1030.80
			9	以色列	902.06
10	越南、阿联酋	6	10	泰国	897.98

2016 年民企对"一带一路"沿线国家 OFDI 项目数量及金额 TOP10					
排序	国家	项目数量（件）	排序	国家	金额（百万美元）
1	印度	59	1	埃及	21278.61
2	新加坡	44	2	印度	12160.49
3	以色列	24	3	马来西亚	3368.98
4	马来西亚	23	4	柬埔寨	2565.54
5	俄罗斯、泰国	15	5	阿联酋	2240.37
			6	印尼	2098.95
7	埃及	13	7	孟加拉国	2008.90
8	捷克	10	8	捷克	1680.00
9	阿联酋、波兰	9	9	泰国	1546.91
			10	新加坡	1328.53

2017 年民企对"一带一路"沿线国家 OFDI 项目数量及金额 TOP10					
排序	国家	项目数量（件）	排序	国家	金额（百万美元）
1	新加坡	53	1	俄罗斯	14810.77
2	印度	48	2	新加坡	5237.97
3	马来西亚	26	3	印度	4430.05
4	俄罗斯	25	4	印尼	3548.94
5	以色列	22	5	阿曼	2488.00
6	印尼	12	6	孟加拉国	2017.55
7	越南	10	7	巴基斯坦	1737.80
8	泰国	9	8	罗马尼亚	1006.50
9	埃及、阿联酋	8	9	捷克	1005.20
			10	斯洛伐克	1000.00

续表

2018 年民企对"一带一路"沿线国家 OFDI 项目数量及金额 TOP10					
排序	国家	项目数量（件）	排序	国家	金额（百万美元）
1	印度	75	1	新加坡	8464.43
2	新加坡	67	2	印度	5879.96
3	马来西亚	30	3	印尼	4306.48
4	泰国	24	4	菲律宾	3871.85
5	印尼	21	5	阿联酋	2432.10
6	以色列	20	6	埃及	1425.31
7	越南	18	7	马来西亚	1346.77
8	俄罗斯	17	8	塞尔维亚	1080.15
9	阿联酋	12	9	哈萨克	801.80
10	哈萨克、菲律宾	11	10	老挝	777.00

2019 年民企对"一带一路"沿线国家 OFDI 项目数量及金额 TOP10					
排序	国家	项目数量（件）	排序	国家	金额（百万美元）
1	印度	78	1	俄罗斯	12277.46
2	新加坡	46	2	新加坡	10528.23
3	越南	24	3	印度	5908.36
4	俄罗斯	23	4	越南	3064.95
5	马来西亚	22	5	波兰	2579.39
6	泰国	16	6	埃及	1764.60
7	阿联酋、塞尔维亚	13	7	阿联酋	1276.15
			8	沙特	1179.30
9	印尼	12	9	泰国	547.30
10	以色列、波兰	10	10	塞尔维亚	441.26

2020 年民企对"一带一路"沿线国家 OFDI 项目数量及金额 TOP10					
排序	国家	项目数量（件）	排序	国家	金额（百万美元）
1	新加坡	41	1	文莱	13650.00
2	印度	20	2	印尼	5624.54

续表

2020 年民企对"一带一路"沿线国家 OFDI 项目数量及金额 TOP10					
排序	国家	项目数量（件）	排序	国家	金额（百万美元）
3	泰国	19	3	新加坡	1273.75
4	马来西亚	18	4	阿联酋	1260.20
5	阿联酋	14	5	印度	1133.99
6	越南	13	6	俄罗斯	589.62
7	俄罗斯、印尼	11	7	以色列	433.55
			8	泰国	345.78
9	以色列	10	9	马来西亚	335.60
10	波兰	6	10	越南	321.12

附表 6-2　2013—2020 年中国民营企业在"一带一路"沿线国家并购投资情况

2013 年民企对"一带一路"沿线国家并购投资项目数量及金额 TOP10					
排序	国家	项目数量（件）	排序	国家	金额（百万美元）
1	新加坡	13	1	俄罗斯	6173.67
2	以色列、马来西亚	4	2	塔吉克	1196.88
			3	新加坡	587.48
4	波兰、印度、俄罗斯、塔吉克	2	4	印度	50.51
			5	哈萨克	48.1
			6	以色列	31.55
			7	巴基斯坦	19.97
8	保加利亚、蒙古、菲律宾、泰国、越南、巴基斯坦、斯里兰卡、塞尔维亚、白俄罗斯、哈萨克	1	8	马来西亚	15.93
			9	越南	4
			10	泰国	3.59
2014 年民企对"一带一路"沿线国家并购投资项目数量及金额 TOP10					
排序	国家	项目数量（件）	排序	国家	金额（百万美元）
1	新加坡	15	1	新加坡	919.77

续表

2014 年民企对"一带一路"沿线国家并购投资项目数量及金额 TOP10					
排序	国家	项目数量（件）	排序	国家	金额（百万美元）
2	以色列	8	2	以色列	145.5
3	马来西亚	6	3	哈萨克	122.4
4	印度、越南、哈萨克、罗马尼亚	3	4	土耳其	65
			5	越南	54.81
			6	文莱	48
			7	吉尔吉斯	29.46
8	俄罗斯	2	8	印度	21.14
9	捷克、爱沙尼亚、波兰、文莱、老挝、菲律宾、泰国、巴基斯坦、阿曼、土耳其、马其顿、阿塞拜疆、白俄罗斯、吉尔吉斯、乌兹别克	1	9	巴基斯坦	17.38
			10	泰国	5.12

2015 年民企对"一带一路"沿线国家并购投资项目数量及金额 TOP10					
排序	国家	项目数量（件）	排序	国家	金额（百万美元）
1	新加坡	21	1	印度	2408.33
2	以色列、印度	14	2	斯洛伐克	1400
			3	新加坡	1333.38
4	捷克	11	4	捷克	1308.64
5	哈萨克	7	5	俄罗斯	1100
6	马来西亚	5	6	土耳其	1000
7	阿联酋	4	7	以色列	895.56
8	泰国	3	8	哈萨克	670.45
9	波兰、罗马尼亚、埃及、蒙古、印尼、菲律宾、越南、巴基斯坦、白俄罗斯	2	9	马来西亚	386.63
			10	文莱	325.78

2016 年民企对"一带一路"沿线国家并购投资项目数量及金额 TOP10					
排序	国家	项目数量（件）	排序	国家	金额（百万美元）
1	新加坡	33	1	孟加拉国	2000.1

2016 年民企对"一带一路"沿线国家并购投资项目数量及金额 TOP10					
排序	国家	项目数量（件）	排序	国家	金额（百万美元）
2	以色列、印度	22	2	阿联酋	1798.47
			3	马来西亚	1702.95
4	马来西亚	11	4	捷克	1603.18
5	捷克	8	5	泰国	1012.79
6	印尼	6	6	印度	1012.19
7	阿联酋、泰国	5	7	新加坡	941.53
			8	俄罗斯	886.9
9	哈萨克	4	9	以色列	500.8
10	越南、波兰	3	10	印尼	292.44
2017 年民企对"一带一路"沿线国家并购投资项目数量及金额 TOP10					
排序	国家	项目数量（件）	排序	国家	金额（百万美元）
1	新加坡	39	1	俄罗斯	13247.87
2	印度	29	2	新加坡	4799.97
3	以色列	20	3	印度	3209.32
4	马来西亚	18	4	孟加拉国	2017.55
5	俄罗斯	10	5	罗马尼亚	1001
6	阿联酋	7	6	捷克、斯洛伐克	1000
7	印尼、泰国	6	8	阿联酋	898.87
9	越南	5	9	塔吉克	472.94
10	哈萨克、巴基斯坦	4	10	哈萨克	416.32
2018 年民企对"一带一路"沿线国家并购投资项目数量及金额 TOP10					
排序	国家	项目数量（件）	排序	国家	金额（百万美元）
1	新加坡	49	1	新加坡	7839.63
2	印度	33	2	印度	2848.85
3	马来西亚	20	3	阿联酋	2400

续表

2018 年民企对"一带一路"沿线国家并购投资项目数量及金额 TOP10					
排序	国家	项目数量（件）	排序	国家	金额（百万美元）
4	以色列	16	4	以色列	518.39
5	泰国	13	5	马来西亚	458.83
6	印尼	10	6	土耳其	438.74
7	越南、巴基斯坦	6	7	印尼	435.48
			8	捷克	295.7
9	阿联酋	4	9	巴基斯坦	265.62
10	哈萨克、土耳其	3	10	爱沙尼亚	175
2019 年民企对"一带一路"沿线国家并购投资项目数量及金额 TOP10					
排序	国家	项目数量（件）	排序	国家	金额（百万美元）
1	新加坡	34	1	新加坡	10226.23
2	印度	29	2	印度	2629.38
3	马来西亚	14	3	波兰	2530.81
4	以色列	10	4	阿联酋	530
5	泰国、越南	9	5	以色列	322.55
			6	越南	278.04
7	印尼、柬埔寨	6	7	马来西亚	101.37
			8	泰国	64.1
9	阿联酋、菲律宾、波兰、乌兹别克	4	9	印尼	55.49
			10	柬埔寨	53.9
2020 年民企对"一带一路"沿线国家并购投资项目数量及金额 TOP10					
排序	国家	项目数量（件）	排序	国家	金额（百万美元）
1	新加坡	32	1	阿联酋	1091.50
2	泰国	17	2	新加坡	987.95
3	马来西亚	14	3	印度	902.39
4	印度	13	4	以色列	433.55
5	以色列	10	5	印尼	403.64

续表

2020 年民企对"一带一路"沿线国家并购投资项目数量及金额 TOP10					
排序	国家	项目数量（件）	排序	国家	金额（百万美元）
6	印尼、越南	7	6	泰国	324.59
			7	捷克	260.00
8	阿联酋	6	8	老挝	140.00
9	柬埔寨	4	9	缅甸	94.50
10	缅甸	3	10	马来西亚	73.20

附表 6-3　2013—2020 年中国民营企业在"一带一路"沿线国家绿地投资情况

2013 年民企对"一带一路"沿线国家绿地投资项目数量及金额 TOP10					
排序	国家	项目数量（件）	排序	国家	金额（百万美元）
1	新加坡	6	1	泰国	307
2	波兰、罗马尼亚	4	2	罗马尼亚	98.65
			3	波兰	74.2
4	印度、俄罗斯、乌兹别克	3	4	乌兹别克	26.8
			5	新加坡、阿联酋	20
7	印尼、马来西亚、泰国	2	—	—	—
10	捷克、蒙古、缅甸、菲律宾、越南、巴林、土耳其、阿联酋、白俄罗斯、乌克兰	1	—	—	—
2014 年民企对"一带一路"沿线国家绿地投资项目数量及金额 TOP10					
排序	国家	项目数量（件）	排序	国家	金额（百万美元）
1	印度	9	1	印尼	2419
2	印尼	7	2	俄罗斯	2270
3	俄罗斯	4	3	波黑	635.59
4	越南、土耳其、阿联酋、巴基斯坦	3	4	马其顿	400
			5	印度	339.653
			6	马来西亚	258.79
			7	越南	218

<table>
<tr><td colspan="6" align="center">2014 年民企对"一带一路"沿线国家绿地投资项目数量及金额 TOP10</td></tr>
</table>

排序	国家	项目数量（件）	排序	国家	金额（百万美元）
8	匈牙利、立陶宛、新加坡、马来西亚、缅甸、菲律宾、泰国、科威特、沙特	2	8	巴基斯坦	122.5
			9	匈牙利	114.1
			10	菲律宾	73.7

排序	国家	项目数量（件）	排序	国家	金额（百万美元）

<table><tr><td colspan="6" align="center">2015 年民企对"一带一路"沿线国家绿地投资项目数量及金额 TOP10</td></tr></table>

排序	国家	项目数量（件）	排序	国家	金额（百万美元）
1	印度	33	1	印度	7254.82
2	俄罗斯	12	2	印尼	6358.5
3	泰国	10	3	马来西亚	964.89
4	马来西亚	8	4	泰国	851.82
5	印尼、新加坡	7	5	越南	442.5
			6	巴林	434.4
7	越南	4	7	巴基斯坦	355
8	乌兹别克	3	8	俄罗斯	333.16
9	巴林、巴基斯坦、阿联酋、哈萨克	2	9	尼泊尔	300
			10	塔吉克	288.71

<table><tr><td colspan="6" align="center">2016 年民企对"一带一路"沿线国家绿地投资项目数量及金额 TOP10</td></tr></table>

排序	国家	项目数量（件）	排序	国家	金额（百万美元）
1	印度	37	1	埃及	21278.5
2	俄罗斯	14	2	印度	11148.3
3	马来西亚	12	3	柬埔寨	2416.8
4	新加坡、埃及	11	4	印尼	1806.51
			5	马来西亚	1666.03
6	泰国	10	6	越南	1164.36
7	波兰	6	7	以色列	604.8
8	柬埔寨	5	8	泰国	534.12
9	越南、阿联酋、斯里兰卡	4	9	阿联酋	441.9
			10	新加坡	387

续表

2017 年民企对"一带一路"沿线国家绿地投资项目数量及金额 TOP10					
排序	国家	项目数量（件）	排序	国家	金额（百万美元）
1	印度	19	1	印尼	3311.8
2	俄罗斯	15	2	阿曼	2478
3	新加坡	14	3	俄罗斯	1562.9
4	马来西亚	8	4	巴基斯坦	1523.1
5	印尼	6	5	印度	1220.73
6	埃及、越南	5	6	马来西亚	672.8
			7	新加坡	438
8	泰国、塞尔维亚、阿曼	3	8	白俄罗斯	423.1
			9	哈萨克	271.9
			10	泰国	208.7

2018 年民企对"一带一路"沿线国家绿地投资项目数量及金额 TOP10					
排序	国家	项目数量（件）	排序	国家	金额（百万美元）
1	印度	42	1	印尼	3871
2	新加坡	18	2	菲律宾	3805.5
3	俄罗斯	15	3	印度	3031.11
4	越南	12	4	埃及	1425.2
5	印尼、泰国	11	5	塞尔维亚	1059.312
			6	马来西亚	887.94
7	马来西亚	10	7	哈萨克	701.5
8	菲律宾	9	8	老挝	637
9	埃及、波兰、阿联酋、哈萨克	8	9	泰国	626.4
			10	新加坡	624.8

2019 年民企对"一带一路"沿线国家绿地投资项目数量及金额 TOP10					
排序	国家	项目数量（件）	排序	国家	金额（百万美元）
1	印度	49	1	俄罗斯	12236.61
2	俄罗斯	20	2	印度	3278.98

2019 年民企对"一带一路"沿线国家绿地投资项目数量及金额 TOP10					
排序	国家	项目数量（件）	排序	国家	金额（百万美元）
3	越南	15	3	越南	2786.91
4	新加坡	12	4	埃及	1722.6
5	塞尔维亚	10	5	沙特	1177.3
6	阿联酋	9	6	阿联酋	746.146
7	马来西亚	8	7	泰国	483.2
8	泰国	7	8	塞尔维亚	427.24
9	印尼、波兰	6	9	印尼	309.8
			10	新加坡	302
2020 年民企对"一带一路"沿线国家绿地投资项目数量及金额 TOP10					
排序	国家	项目数量（件）	排序	国家	金额（百万美元）
1	俄罗斯、新加坡	9	1	文莱	13650
			2	印尼	5220.9
3	阿联酋	8	3	俄罗斯	574.17
4	印度	7	4	越南	291.22
5	越南、波兰	6	5	新加坡	285.8
			6	马来西亚	262.4
7	印尼、马来西亚	4	7	印度	231.6
			8	埃及	209.1
9	泰国、乌兹别克	2	9	阿联酋	168.7
			10	巴林	166.4

注：由于原始数据库数据缺失，2013 年除前六国外，民企对其他"一带一路"沿线国家的绿地投资金额均为 0。

附录7　2018—2020 年中国民营企业绿地投资为标的国（地区）创造就业 TOP10

附表 7-1　2020 年中国民营企业绿地投资为标的国（地区）创造就业 TOP10

排序	绿地投资标的国（地区）	创造就业数（人）
1	美国	5014
2	墨西哥	4046
3	印尼	3304
4	越南	3182
5	文莱	3000
6	德国	2551
7	印度	2271
8	法国	1888
9	俄罗斯	1511
10	乌兹别克	1400

附表 7-2　2019 年中国民营企业绿地投资为标的国（地区）创造就业 TOP10

排序	绿地投资标的国（地区）	创造就业数（人）
1	印度	30432
2	越南	15482
3	卢旺达	7500
4	俄罗斯	5973
5	美国	5641
6	巴西	5379
7	利比里亚	5000
8	玻利维亚	4975
9	塞尔维亚	4510
10	肯尼亚	4215

附表 7-3　2018 年中国民营企业绿地投资为标的国（地区）创造就业 TOP10

排序	绿地投资标的国（地区）	创造就业数（人）
1	印度	24040
2	美国	9579
3	几内亚	7012
4	中国香港地区	6986
5	越南	5606
6	俄罗斯	4693
7	菲律宾	4443
8	埃及	4072
9	英国	3954
10	塞尔维亚	3849

附录 8　2005—2020 年中国民营企业对外直接投资——融资模式别 TOP5

附表 8-1　2005—2020 年中国民营企业对外直接投资项目数量——融资模式别 TOP5

融资模式	并购项目（件）	并购金额涉及的并购项目（件）
增资—私人配售	1857	1761
增资	1813	1785
注资	1738	1722
私募股权	904	768
风险资本	899	748

附表 8-2　2005—2020 年中国民营企业对外直接投资金额——融资模式别 TOP5

融资模式	并购金额（百万美元）
杠杆收购	2643.3
杠杆	1800

融资模式	并购金额（百万美元）
增资—私人配售	1314.69
家族办公室	498.59
增资—公募	430.36

参考文献

一、中文

［1］国家统计局网站：http：//www.stats.gov.cn/。

［2］国家外汇管理局网站：http：//www.safe.gov.cn/。

［3］中国"一带一路"网：https：//www.yidaiyilu.gov.cn/。

［4］中经网统计数据库网站：https：//db.cei.cn/。

［5］国务院国有资产监督管理委员会、财政部：《企业国有资产交易监督管理办法》，见 http：//www.gov.cn/gongbao/content/2016/content_5115848.htm。

［6］全国人民代表大会：《中华人民共和国外商投资法》，2019 年 3 月 15 日，见 http：//www.npc.gov.cn/npc/c30834/201903/121916e4943f416b8b0ea12e0714d683.shtml。

［7］全国人民代表大会：《中华人民共和国外资企业法》，2000 年 10 月 31 日，见 http：//www.gov.cn/banshi/2005-08/31/content_ 69774.htm。

［8］中华人民共和国商务部：《境外投资管理办法》，2014 年 9 月 6 日，见 http：//www.mofcom.gov.cn/article/b/c/201409/20140900723361.shtml。

［9］国务院发展研究中心创新发展研究部：《我国创新体系的演进》，见 http：//cima.org.cn/nnews.asp？vid=32809。

［10］商务部新闻办公室：《商务部合作司负责人谈 2020 年一季度我国对外投资合作情况》，2020 年 4 月 21 日，见 http：//www.mofcom.gov.

cn/article/ae/sjjd/202004/20200402957267.shtml。

　　［11］国家知识产权局：《中华人民共和国成立 70 年来知识产权事业发展历程与成就》，见 https://www.cnipa.gov.cn/art/2019/9/27/art_ 499_ 134131.html。

　　［12］国家信息中心"一带一路"大数据中心：《"一带一路"大数据报告（2018）》，商务印书馆 2018 年版。

　　［13］刘伟、苏剑：《中国经济安全展望报告 2020：供求双萎缩下的经济形势与政策》，中国经济出版社 2020 年版。

　　［14］樊纲、王小鲁、朱恒鹏：《中国市场化指数：各地区市场化相对进程 2011 年报告》，经济科学出版社 2011 年版。

　　［15］薛军等：《2019 年度中国民营企业海外直接投资指数——基于中国民企 500 强的数据分析》，人民出版社 2020 年版。

　　［16］薛军等：《中国民营企业海外直接投资指数 2018 年度报告——基于中国民营企业 500 强的指数分析》，人民出版社 2019 年版。

　　［17］薛军等：《中国民营企业海外直接投资指数 2017 年度报告——基于中国民营企业 500 强的指数分析》，人民出版社 2017 年版。

　　［18］白洁：《对外直接投资的逆向技术溢出效应——对中国全要素生产率影响的经验检验》，《世界经济研究》2009 年第 8 期。

　　［19］陈爱贞、张鹏飞：《并购模式与企业创新》，《中国工业经济》2019 年第 12 期。

　　［20］陈继勇、盛杨怿：《外商直接投资的知识溢出与中国区域经济增长》，《经济研究》2008 年第 12 期。

　　［21］戴魁早、刘友金：《行业市场化进程与创新绩效——中国高技术产业的经验分析》，《数量经济技术经济研究》2013 年第 9 期。

　　［22］董有德、孟醒：《OFDI、逆向技术溢出与国内企业创新能力——基于我国分价值链数据的检验》，《国际贸易问题》2014 年第 9 期。

　　［23］樊纲、王小鲁、马光荣：《中国市场化进程对经济增长的贡献》，《经济研究》2011 年第 9 期。

［24］冯泰文：《生产性服务业的发展对制造业效率的影响——以交易成本和制造成本为中介变量》，《数量经济技术经济研究》2009 年第 3 期。

［25］侯欣裕、孙浦阳、杨光：《服务业外资管制、定价策略与下游生产率》，《世界经济》2018 年第 9 期。

［26］贾妮莎、韩永辉、雷宏振：《中国企业对外直接投资的创新效应研究》，《科研管理》2020 年第 5 期。

［27］江小涓：《服务业增长：真实含义、多重影响和发展趋势》，《经济研究》2011 年第 4 期。

［28］蒋冠宏：《我国企业跨国并购真的失败了吗？——基于企业效率的再讨论》，《金融研究》2017 年第 4 期。

［29］蒋冠宏：《我国企业跨国并购与行业内逆向技术溢出》，《世界经济研究》2017 年第 1 期。

［30］蒋冠宏、蒋殿春：《绿地投资还是跨国并购：中国企业对外直接投资方式的选择》，《世界经济》2018 年第 7 期。

［31］蒋冠宏、蒋殿春、蒋昕桐：《我国技术研发型外向 FDI 的"生产率效应"——来自工业企业的证据》，《管理世界》2013 年第 9 期。

［32］蒋为、张龙鹏：《补贴差异化的资源误置效应——基于生产率分布视角》，《中国工业经济》2015 年第 2 期。

［33］蒋为：《增值税扭曲、生产率分布与资源误置》，《世界经济》2016 年第 5 期。

［34］鞠晓生、卢荻、虞义华：《融资约束、营运资本管理与企业创新可持续性》，《经济研究》2013 年第 1 期。

［35］寇宗来、高琼：《市场结构、市场绩效与企业的创新行为——基于中国工业企业层面的面板数据分析》，《产业经济研究》2013 年第 3 期。

［36］赖明勇：《经济增长的源泉：人力资本、研究开发与技术外溢》，《中国社会科学》2005 年第 2 期。

［37］黎文靖、郑曼妮：《实质性创新还是策略性创新？——宏观产业政策对微观企业创新的影响》，《经济研究》2016 年第 6 期。

[38] 李春涛、宋敏：《中国制造业企业的创新活动：所有制和 CEO 激励的作用》，《经济研究》2010 年第 5 期。

[39] 李飞跃、张冬、刘明兴：《抗日战争的经济遗产：国家能力、经济转型与经济发展》，《南开经济研究》2019 年第 3 期。

[40] 李江龙、徐斌：《"诅咒"还是"福音"：资源丰裕程度如何影响中国绿色经济增长？》，《经济研究》2018 年第 9 期。

[41] 李俊青、苗二森：《不完全契约条件下的知识产权保护与企业出口技术复杂度》，《中国工业经济》2018 年第 12 期。

[42] 李蕾蕾、盛丹：《地方环境立法与中国制造业的行业资源配置效率优化》，《中国工业经济》2018 年第 7 期。

[43] 李兵、岳云嵩、陈婷：《出口与企业自主技术创新：来自企业专利数据的经验研究》，《世界经济》2016 年第 12 期。

[44] 李瑾：《日本科技创新决策机制和政策体系及启示》，《中国机构改革与管理》2021 年第 4 期。

[45] 李莉、闫斌、顾春霞：《知识产权保护、信息不对称与高科技企业资本结构》，《管理世界》2014 年第 11 期。

[46] 李梅、柳士昌：《OFDI 逆向技术溢出的地区差异和门槛效应——基于中国省际面板数据的门槛回归分析》，《管理世界》2012 年第 1 期。

[47] 李平、崔喜君、刘建：《中国自主创新中研发资本投入产出绩效分析——兼论人力资本和知识产权保护的影响》，《中国社会科学》2007 年第 2 期。

[48] 李泳：《中国企业对外直接投资成效研究》，《管理世界》2009 年第 9 期。

[49] 李玉红、王皓、郑玉歆：《企业演化：中国工业生产率增长的重要途径》，《经济研究》2008 年第 6 期。

[50] 林德明、王宇开、丁堃：《中日知识产权战略政策比较及对我国的启示》，见 https://www.cnipa.gov.cn/art/2018/9/4/art_ 1415_ 133034.ht-

ml。

[51] 林敢、陈廷贵：《对外直接投资对行业资源配置效率的影响：以农业加工产业为例》，《世界经济研究》2020 年第 7 期。

[52] 刘鹏飞、李俊青：《契约执行效率、契约依赖度与企业全要素生产率》，《财贸研究》2018 年第 5 期。

[53] 梁洪力、王海燕：《日本创新体系的演进特征及启示》，《中国国情国力》2014 年第 7 期。

[54] 刘戒骄、张小筠：《改革开放 40 年我国产业技术政策回顾与创新》，《经济问题》2018 年第 12 期。

[55] 罗雪英、雪雄：《日本国家创新体系的构建与启示——基于科技-产业-经济互动关系的分析》，《现代日本经济》2021 年第 1 期。

[56] 马旭东：《网络外部性、技术外溢与数字产品创新保护研究》，《软科学》2013 年第 9 期。

[57] 毛其淋、许家云：《中国对外直接投资如何影响了企业加成率：事实与机制》，《世界经济》2016 年第 6 期。

[58] 毛其淋、许家云：《中国企业对外直接投资是否促进了企业创新》，《世界经济》2014 年第 8 期。

[59] 孟猛猛、雷家骕、焦捷：《专利质量、知识产权保护与经济高质量发展》，《科研管理》2021 年第 1 期。

[60] 孟庆斌、李昕宇、张鹏：《员工持股计划能够促进企业创新吗？——基于企业员工视角的经验证据》，《管理世界》2019 年第 11 期。

[61] 聂辉华、江艇、杨汝岱：《中国工业企业数据库的使用现状和潜在问题》，《世界经济》2012 年第 5 期。

[62] 聂辉华、谭松涛、王宇锋：《创新、企业规模和市场竞争：基于中国企业层面的面板数据分析》，《世界经济》2008 年第 7 期。

[63] 欧阳艳艳：《中国 OFDI 逆向技术溢出的影响因素分析》，《世界经济研究》2010 年第 4 期。

[64] 柴江艺、许和连：《行业异质性、适度知识产权保护与出口技术

进步》，《中国工业经济》2012 年第 2 期。

［65］秦华英：《混合所有制改革影响国有企业创新的机制分析》，《管理世界》2018 年第 7 期。

［66］沙文兵、汤磊：《生产者服务业 FDI 对中国制造业创新能力的影响——基于行业面板数据的经验分析》，《国际商务（对外经济贸易大学学报）》2016 年第 1 期。

［67］邵新建、巫和懋、肖立晟等：《中国企业跨国并购的战略目标与经营绩效》，《世界经济》2012 年第 5 期。

［68］沈国兵、袁征宇：《互联网化、创新保护与中国企业出口产品质量提升》，《世界经济》2020 年第 11 期。

［69］史宇鹏、顾全林：《知识产权保护、异质性企业与创新：来自中国制造业的证据》，《金融研究》2013 年第 8 期。

［70］宋跃刚、吴耀国：《制度环境、OFDI 与企业全要素生产率进步的空间视角分析》，《世界经济研究》2016 年第 11 期。

［71］孙浦阳、蒋为、陈惟：《外资自由化、技术距离与中国企业出口——基于上下游产业关联视角》，《管理世界》2015 年第 11 期。

［72］孙浦阳、蒋为、张龑：《产品替代性与生产率分布——基于中国制造业企业数据的实证》，《经济研究》2013 年第 4 期。

［73］台航、崔小勇：《人力资本结构与技术进步——异质性影响分析及其跨国经验证据》，《南开经济研究》2019 年第 4 期。

［74］田正：《日本成为世界第二大经济体后的科学技术政策演变》，《日本章论》2020 年第 2 期。

［75］王碧珺、路诗佳：《中国海外并购激增，"中国买断全球"论盛行——2016 年第一季度中国对外直接投资报告》，《IIS 中国对外投资报告》2016 年第 1 期。

［76］王华、祝树金、赖明勇：《技术差距的门槛与 FDI 技术溢出的非线性——理论模型及中国企业的实证研究》，《数量经济技术经济研究》2012 年第 4 期。

［77］王玲：《浅析日本国家创新体系改革新动向》，《世界科技研究与发展》2018 年第 6 期。

［78］王钦、张崔：《中国工业企业技术创新 40 年：制度环境与企业行为的共同演进》，《经济管理》2018 年第 11 期。

［79］王永进、冯笑：《行政审批制度改革与企业创新》，《中国工业经济》2018 年第 2 期。

［80］王永中、徐沛原：《中国对拉美直接投资的特征与风险》，《拉丁美洲研究》2018 年第 3 期。

［81］王珏、祝继高：《劳动保护能促进企业高学历员工的创新吗？——基于 A 股上市公司的实证研究》，《管理世界》2018 年第 3 期。

［82］温忠麟、叶宝娟：《有调节的中介模型检验方法：竞争还是替补？》，《心理学报》2014 年第 5 期。

［83］温忠麟、叶宝娟：《中介效应分析：方法和模型发展心理》，《科学进展》2014 年第 5 期。

［84］温忠麟、张雷、侯杰泰等：《中介效应检验程序及其应用》，《心理学报》2004 年第 5 期。

［85］吴超鹏、唐苪：《知识产权保护执法力度、技术创新与企业绩效——来自中国上市公司的证据》，《经济研究》2016 年第 11 期。

［86］吴瑞兵：《制度距离、OFDI 逆向技术溢出与母国技术进步》，《统计与决策》2019 年第 9 期。

［87］吴延兵：《R&D 与生产率——基于中国制造业的实证研究》，《经济研究》2006 年第 11 期。

［88］吴延兵、米增渝：《创新、模仿与企业效率——来自制造业非国有企业的经验证据》，《中国社会科学》2011 年第 4 期。

［89］冼国明、明秀南：《海外并购与企业创新》，《金融研究》2018 年第 8 期。

［90］肖慧敏、刘辉煌：《中国企业对外直接投资的学习效应研究》，《财经研究》2014 年第 4 期。

［91］谢千里、罗斯基、张轶凡:《中国工业生产率的增长与收敛》,《经济学（季刊）》2008 年第 3 期。

［92］许春明、单晓光:《中国知识产权保护强度指标体系的构建及验证》,《科学学研究》2008 年第 4 期。

［93］薛军、魏玮:《中国民营企业海外直接投资与宏观经济的协动性分析》,《统计与决策》2019 年第 20 期。

［94］杨汝岱:《中国制造业企业全要素生产率研究》,《经济研究》2015 年第 2 期。

［95］杨挺等:《2019 年中国对外直接投资特征、趋势与展望》,《国际经济合作》2020 年第 1 期。

［96］衣长军、李赛、张吉鹏:《制度环境、吸收能力与新兴经济体OFDI 逆向技术溢出效应——基于中国省际面板数据的门槛检验》,《财经研究》2015 年第 11 期。

［97］于诚、胡晓曼、孙治宇:《服务业 FDI 对中国制造业技术创新的影响研究——基于上下游投入产出关系的分析》,《南京财经大学学报》2018 年第 6 期。

［98］余明桂、范蕊、钟慧洁:《中国产业政策与企业技术创新》,《中国工业经济》2016 年第 12 期。

［99］余明桂、钟慧洁、范蕊:《业绩考核制度可以促进央企创新吗?》,《经济研究》2016 年第 12 期。

［100］余泳泽、庄海涛、刘大勇等:《高铁开通是否加速了技术创新外溢?——来自中国 230 个地级市的证据》,《财经研究》2019 年第 11 期。

［101］张化尧:《基于多种外溢机制的国际贸易与我国技术进步关系分析》,《国际贸易问题》2012 年第 5 期。

［102］张杰、李勇、刘志彪:《出口促进中国企业生产率提高吗? ——来自中国本土制造业企业的经验证据:1999—2003》,《管理世界》2009 年第 12 期。

［103］张杰、刘元春、郑文平:《为什么出口会抑制中国企业增加值

率？——基于政府行为的考察》，《管理世界》2013 年第 6 期。

　[104] 张小筠、刘戒骄：《改革开放 40 年产业结构政策回顾与展望》，《改革》2018 年第 9 期。

　[105] 张璇、刘贝贝、汪婷等：《信贷寻租、融资约束与企业创新》，《经济研究》2017 年第 5 期。

　[106] 张有立：《美国知识产权保护概览》，《中国版权》2015 年第 3 期。

　[107] 赵宸宇、李雪松：《对外直接投资与企业技术创新——基于中国上市公司微观数据的实证研究》，《国际贸易问题》2017 年第 6 期。

　[108] 赵建春、毛其淋：《进口自由化如何影响中国制造业企业的创新活动？》，《世界经济研究》2015 年第 12 期。

　[109] 赵宸宇、李雪松：《对外直接投资与企业技术创新——基于中国上市公司微观数据的实证研究》，《国际贸易问题》2017 年第 7 期。

　[110] 赵伟、古广东、何元庆：《外向 FDI 与中国技术进步：机理分析与尝试性实证》，《管理世界》2006 年第 7 期。

　[111] 赵文军、于津平：《贸易开放、FDI 与中国工业经济增长方式——基于 30 个工业行业数据的实证研究》，《经济研究》2012 年第 8 期。

　[112] 周经、刘厚俊：《国际贸易、知识产权与我国技术创新——基于 1998—2009 年省际面板数据的实证研究》，《世界经济研究》2011 年第 11 期。

　[113] 朱恒鹏：《企业规模、市场力量与民营企业创新行为》，《世界经济》2006 年第 12 期。

　[114] 祝继高、岳衡、饶品贵：《地方政府财政压力与银行信贷资源配置效率——基于我国城市商业银行的研究证据》，《金融研究》2020 年第 1 期。

　[115] 宗慧隽、李真：《最低工资标准、劳动力市场分割与资源配置效率》，《产业经济研究》2020 年第 4 期。

　[116] 刘沛泽：《特朗普时期中美贸易战中的知识产权保护研究》，硕

士学位论文，华东师范大学，2020 年。

二、英文

[1] Bank for International Settlements 网站：https://www.bis.org/。

[2] BvD-Zephyr 数据库网站：https://zephyr.bvdinfo.com/。

[3] IMF（国际货币基金组织）网站：http://www.imf.org/external/index.htm。

[4] fDi Markets 数据库网站：https://www.fdimarkets.com/。

[5] IMF: World Economic Outlook, 见 https://www.imf.org/en/Publications/WEO/Issues/2020/04/14/weo-april-2020。

[6] OECD（经济合作与发展组织）网站：http://www.oecd.org/。

[7] OECD: ISIC REV.3 Technology Intensity Definition, 见 www.oecd.org/sti/inno/48350231.pdf。

[8] United Nations Conference on Trade and Development(UNCTAD): World Investment Reports, 见 http://unctad.org/en/pages/DIAE/World%20 Investment%20 Report/WIR Series.asp。

[9] Arrow K. J., Economic Welfare and the Allocation of Resources for Invention The Rate and Direction of Inventiven, Princeton: Princeton University Press, 1962.

[10] Schumpeter, J. A., *Capitalism, Socialism, and Democracy*, New York: Harper and Brothers, 1942.

[11] Aghion P., Bloom N., Blundell R., et al, "Competition and Innovation: an Inverted-U Relationship", *Quarterly Journal of Economics*, Vol.120, No.2, 2005.

[12] Aghion P., Blundell R., Griffith R., et al, "The Effects of Entry on Incumbent Innovation and Productivity", *Review of Economics & Statistics*, Vol. 91, No.1, 2009.

[13] Arnold J. M., Javorcik B. S., Lipscomb M., et al., "Services Reform

and Manufacturing Performance: Evidence From India", *Economic Journal*, Vol. 126, No.1, 2016.

［14］Arnold J. M., Javorcik B. S., MattooA., " Does Services Liberalization Benefit Manufacturing Firms? Evidence from the Czech Republic", *Journal of International Economics*, Vol.85, No.1, 2011.

［15］Autor D. H., Dorn D., "The Growth of Low−skill Service Jobs and the Polarization of the US Labor Market", *The American Economic Review*, Vol. 103, No.5, 2013.

［16］Balasubramanian N., Lee J., "Firm Age and Innovation", *Industrial and Corporate Change*, Vol.5, No.17, 2008.

［17］Banerjee A. V., Moll B., "Why does Misallocation Persist?", *American Economic Association*, Vol.2, No.1, 2010.

［18］Bena J., Li K., "Corporate Innovations and Mergers and Acquisitions", *Journal of Finance*, Vol.69, No.5, 2014.

［19］Benhabib J., Spiegel M. M., "The Role of Human Capital in Economic development: Evidence from Aggregate Cross−Country Data", *Journal of Monetary Economics*, Vol.34, No.2, 1994.

［20］Bitzer J., Kerekes M., "Does foreign direct investment transfer technology across borders?", *New evidence Economics Letters*, Vol.99, No.3, 2008.

［21］Bourlès R., Cette G., Lopez J., et al., "Do Product Market Regulations in Upstream Sectors Curb Productivity Growth? Panel Data Evidence for OECD Countries", *Review of Economics and Statistics*, Vol.95, No.5, 2013.

［22］Brandt L., Van Biesebroeck J., Wang L., et al., "WTO Accession and Performance of Chinese Manufacturing Firms", *American Economic Review*, Vol.107, No.9, 2017.

［23］Branstetter L., Saggi K., "Intellectual Property Rights, Foreign Direct Investment and Industrial Development", *The Economic Journal*, Vol.121, No.555, 2011.

［24］ Branstetter L., "Is foreign direct investment a channel of knowledge spillovers? Evidence from Japan's FDI in the United States", *Journal of International Economics*, Vol.68, No.2, 2006.

［25］ BUSTOS P., "Trade Liberalization, Exports, and Technology Upgrading: Evidence on the Impact of MERCOSUR on Argentinian Firms", *American Economic Review*, Vol.101, No.1, 2011.

［26］ Cai H., Liu Q., "Competition and Corporate Tax Avoidance: Evidence from Chinese Industrial Firms", *Economic Journal*, Vol. 119, No. 537, 2009.

［27］ CHEN T. J., KU Y. H., "The Effect of Foreign Direct Investment on Firm Growth: the Case of Taiwan's Manufacturers", *Japan and the World Economy*, No.12, 2000.

［28］ CHUANG Y-C., LIN C-M., "Foreign direct investment, R&D and spillover efficiency: Evidence from Taiwan's manufacturing firms", *Journal of Development Studies*, No.35, 1999.

［29］ Costas A., Ramondo N., RODRÌGUEZ-Clare A., et al., "Innovation and Production in the Global Economy", *American Economic Review*, Vol.108, No.8, 2018.

［30］ Crino R., "Employment effects of service offshoring: Evidence from matched firms", *Economics Letters*, Vol.107, No.2, 2010.

［31］ Crespo N., Fontoura M. P., "Determinant factors of FDI spillovers － What do we really know?", *World Development*, Vol.35, No.3, 2007.

［32］ Driffield N., Love J. H., "Foreign direct investment, technology sourcing and reverse spillovers", *The Manchester School*, Vol.71, No.6, 2003.

［33］ Duggan V., Rahardja S., Varela G. J., "Service Sector Reform and Manufacturing Productivity: Evidence from Indonesia Policy", *Research Working Paper*, Vol.63, No.49, 2013.

［34］ Dunning J., "Explaining the international direct investment position of countries: Towards a dynamic or developmental approach", *Weltwirtschaftliches Archiv*, Vol.117, 1981.

［35］Elhanan Helpman, Marc J. Melitz, Stephen R. Yeaple, "Export Versus FDI with Heterogeneous Firms", *American Economic Review*, Vol. 94, No. 1, 2004.

［36］Ellison G., Glaeser E., "Geographic Concentration in U.S. Manufacturing Industries: A Dartboard Approach", *Journal of Political Economy*, Vol.5, No.10, 1997.

［37］Fosfuri A., Motta M., Ronde T., "Foreign direct investment and spillovers through workers' mobility", *Journal of International Economics*, Vol. 53, No.1, 2001.

［38］Francois J., Hoekman B., "Services Trade and Policy Journal of Economic", *Literature*, Vol.48, No.3, 2010.

［39］Ginarte J.C., Park W.G., 1997, "Determinants of Patent Rights: A Cross-National Study", *Research Policy*, Vol.26, No.3, 1997.

［40］Goh S. K., Wong K.N., Tham S.Y., "Trade linkages of inward and outward FDI: Evidence from Malaysia", *Economic Modelling*, Vol. 35, No. 5, 2013.

［41］Hagedoorn J., Cloodt M., "Measuring Innovative Performance: Is There an Advantage in Using Multiple Indicators?", *Research Policy*, Vol.32, No.8, 2003.

［42］Hakansonl, Nobelr, "Organization Characteristics and Reverse Knowledge Transfer Management", *International Review*, Vol.41, No.4, 2001.

［43］Himmelberg C. P., Petersen B. C., "R&D and Internal Finance: A Panel Study of Small Firms in High-tech Industries", *The Review of Economics and Statistics*, Vol.76, No.1, 1994.

［44］Howitt P., "Steady endogenous growth with population and R. & D. inputs growing", *Journal of Political Economy*, Vol.107, No.4, 1999.

［45］ Hsieh C., Klenow P. J., "Misallocation and Manufacturing TFP in China and India", *The Quarterly Journal of Economics*, Vol.124, No.4, 2009.

［46］ Hsu P. H., Tian X., Xu Y., "Financial Development and Innovation: Cross-country Evidence", *Journal of Financial Economics*, Vol.112, No.1, 2014.

［47］ Hu, Albert G. Z., "Ownership, Government R&D, Private R&D, and Productivity in Chinese Industry", *Journal of Comparative Economics*, Vol. 29, No.1, 2001.

［48］ Impullitti G, Licandro O., "Trade, firm selection and innovation: The competition channel", *Economic Journal*, Vol.128, No.2, 2018.

［49］ Januszewski I.S., Jens K.K., Joachim K.W., "Product Market Competition, Corporate Governance and Firm Performance: An Empirical Analysis for Germany", *Research in Economics*, Vol.56, 2002.

［50］ Jeong H., Townsend R.M., "Source of TFP Growth: Occupational Choice and Financial Deepening", *Economic Theory*, Vol.32, No.1, 2007.

［51］ Jia N., Tian X., Zhang W., "The Real Effects of Tournament Incentives: The Case of Firm Innovation", *Kelley School of Business Research Paper*, No.16-21, 2016.

［52］ Kanwar S., Evenson R.E., "Does Intellectual Property Protection Spur Technological Change?", *Oxford Economic Papers*, Vol.55, No.2, 2003.

［53］ Keller W., Yeaple S., "Multinational enterprises, international trade, and productivity growth: Firm-level evidence from the United States", *National Bureau of Economic Research*, 2003.

［54］ Kemp M.C., "Foreign investment and the national advantage", *Economic Record*, 1962.

［55］ Li P., Lu Y., Wang J., "Does Flattening Government Improve Economic Performance?", *Journal of Development Economics*, Vol.123, 2016.

［56］ Lin C., Lin P., Song F., "Property Rights Protection and Corporate

R&D: Evidence from China", *Journal of Development Economics*, Vol.93, 2010.

［57］ Lin H., Yeh R.S., "The interdependence between FDI and R&D: an application of an endogenous switching model to Taiwan's electronics industry", *Applied Economics*, Vol.15, No.37, 2005.

［58］ Liu Q., Qiu L.D., "Intermediate Input Imports and Innovations: Evidence from Chinese Firms 'Patent Filings", *Journal of International Economics*, Vol.103, 2016.

［59］ Liu X., Buck T., "Innovation performance and channels for international technology spillovers: Evidence from Chinese high−tech industries", *Research Policy*, Vol.36, No.3, 2007.

［60］ MacDougall D., "The benefits and costs of private investment from abroad: A thepretical approach", *Economic Record*, 1962.

［61］ Mario L., Anderson J. E., Yotov Y. V., "Trade Liberalization, Growth, and FDI: A Structural Estimation Framework", Annual Conference 2017 (Vienna): Alternative Structures for Money and Banking, 2017.

［62］ Melitz M., "The Impact of Trade of Trade on Intra−industry Reallocations and Aggregate Industry Productivity", *Econometrica*, Vol.71, No.6, 2003.

［63］ Mihir A., Desai C. Fritz Foley, James R. Hines Jr., "Domestic Effects of the Foreign Activities of U. S. Multinationals", *American Economic Journal: Economic Policy*, Vol.1, No.1, 2009.

［64］ Muller D., Judd C. M., Yzerbyt V. Y., "When moderation is mediated and mediation is moderated", *Journal of Personality and Social Psychology*, Vol. 89, No.6, 2005.

［65］ Myers S. C., Majluf N. S., "Corporate Financing and Investment Decisions When Firms Have Information That Investors Do Not Have", *Journal of Financial Economics*, Vol.13, No.2, 1984.

［66］ Nitsch D., Makino B. S., "Entry Mode and Performance of Japanese FDI in Western Europe Mir Management", *International Review*, Vol.36, No.

1, 1996.

[67] Nunn N., "Relationship—Specificity, Incomplete Contracts, and the Pattern of Trade", *Quarterly Journal of Economics*, Vol.122, No.2, 2007.

[68] Pakes A., Griliches Z., "Patents and R&D at the Firm Level: A First Report", *Economics Letters*, Vol.5, No.4, 1980.

[69] Paniagua J., Erik F., Juan S.B., "Quantile regression for the FDI gravity equation", *Journal of Business Research*, Vol.68, No.7, 2015.

[70] Penelope Pacheco－López, "Foreign direct investment, exports and imports in Mexico", *World Economy*, Vol.28, No.8, 2010.

[71] Pradhan J. P., Singh N., "Outward FDI and knowledge flows: a study of the Indian automotive sector", *International Journal of Institutions and Economies*, Vol.1, No.1, 2008.

[72] Richard R. Nelson, Edmond S. Phelps, "Investment in Humans, Technological Diffusion, and Economic Growth Cowles", *Foundation Discussion Papers*, Vol.56, No.1－2, 1965.

[73] Solow R. M., "Technical Change and the Aggregate Production", *Review of Economics & Statistics*, Vol.39, No.3, 1957.

[74] Sun X., Li H., Ghosal V., "Firm－level human capital and innovation: Evidence from China", *China Economic Review*, Vol.59, 2020.

[75] Syverson C., "Product Substitutability and Productivity Dispersion", *Review of Economics and Statistics*, Vol.86, No.2, 2004.

[76] Volker Nocke, Stephen Yeaple., "Cross－border mergers and acquisitions vs. Greenfield foreign direct investment: The role of firm heterogeneity", *Journal of International Economics*, Vol.72, 2007.

[77] Volker Nocke, Stephen Yeaple, "An Assignment Theory of Foreign Direct Investment", *NBER Working Papers*, No.11003, 2004.

[78] Xu X., Sheng Y., "Are FDI Spillovers Regional? Firm－level Evidence from China", *Journal of Asian Economics*, Vol.23, No.3, 2012.

［79］ Yang G., Maskus K. E., "Intellectual Property Rights, Licensing, and Innovation in an Endogenous Product – Cycle Model", *Journal of International Economics*, Vol.53, No.1, 2001.

后 记

自 2017 年出版了第一本指数报告，至今已经是第五个年头，也是第五本了。我们始终秉持"国际唯一、统计年鉴型、可持续性"三大原则，努力打造一个高质量可信赖的"南开中国 OFDI 指数"品牌。支撑我和我的小伙伴们可持续发展的动力除了"诗和远方"之外，当属我们自建的对外直接投资数据库了。

我们能够坚持每年持续发布指数报告，保持和巩固在这个领域"国际唯一"的地位，该数据库功不可没。借助该数据库，我们团队首先针对指数报告不断完善和创新，这些突破也体现在本书中，比如常露露在申喆良的基础上重新设计了一个"绿地就业贡献指标体系"，再比如申喆良在李金永的基础上重新补充完善了"海外并购融资模式指标体系"（由原先的24 种增加到 35 种融资模式）。同时数据库也是团队中每个小伙伴迈向成功的开始，他们利用这个数据库不断开展和深耕各自的研究方向和课题，本书第三部分"创新保护与民企 OFDI"的大部分章节就是这种拓展的体现。

说到数据，还有一个鲜为人知的花絮回忆。其实对于我这个 20 世纪80 年代中后期的大学生来讲，当时没有数字的概念，提到数据也只是联想到各种统计数据尤其是各种统计年鉴。当时许多经济学专业的老师其实对统计数据也很陌生，即使毕业之后进入天津市政府研究室工作后，也发现周围的一些同事对统计数据处理和应用也没有足够的重视。1992 年，我到日本留学在一家书店打工时发现日本对各种数据趋之若鹜，一本《中国统计年鉴》可以卖到几百美金，于是我和几位朋友曾异想天开地想将各种正规出版发行的国内统计年鉴变换成电子文档形式销售，赚点零花钱，不过后来由于版权和成本等问题只能纸上谈兵了。现在每当和别人谈起我这段经历，大家都有些惋惜，甚至调侃地说如果当时我在美国有这个想法也许会付之行动，说不准还可能会赶上随后而来的互联网泡沫。

后来我很幸运地成为一名大学老师，我由衷地热爱教师这个职业。回国之后，我带领小伙伴们踩着数字经济时代的步伐紧跟数字革命，五年来我们不断更新完善的大数据变成各种代码创造其价值，我们也将数据库和指数报告当作一个大平台去实现小伙伴们的各种追求。感谢每一位小伙伴，其实是你们在引导着我走在通往未来数字经济时代的道路上，而我只不过是为大家提供了一个施展抱负的平台而已。

在大学这个象牙塔里，很荣幸能够和小伙伴们一道感悟并追求"为学日益，为道日损"的真谛，李飞跃老师将其具化为如下三个境界。第一个境界是熟练掌握相关基础知识，也许真正熟练掌握英语和三高等基础知识的学生在"985"和"211"高校中也只有 10%—20% 左右了；第二个境界是看懂各种模型，不过达到这个层次的就没什么人了；第三个境界是看懂现象，即数据背后的经济学含义，所谓"术精者近乎道"。也很喜欢何秋谷老师的那句话，无论作为一个学生抑或是学者都需要有一种"触摸学术边界"的态度。

本书由薛军负责总体设计、数据筛选整理具体安排、数据分析和文字写作以及书稿总纂，李婉爽和常露露协助，郭城希和解彤彤为数据筛选、图表整合和文字分析小组负责人，申喆良为数据处理小组和趋势预测分析小组负责人，苏二豆和陈晓林是书稿第三部分专题篇小组负责人。正文部分的文字分析初稿提供者分别是：曹宇（序章、第一章、第十三章第一节），郭城希（第二章、第三章第一至四节），申喆良（第三章第五节、第七章），解彤彤（第四章第一至四节、附录），张祎（第四章第五节），胡英伦（第五章、第六章、第十三章第五节），苏二豆（第八章），常露露（第九章、第十一章），李金永（第十章、第十二章），陆琪（第十三章第二节），罗云龙（第十三章第三节），杨名澈（第十三章第四节），常君晓（第十四章），陈晓林（第十五章），另外李金永和季建文参与协助了校对核准等工作。

感谢人民出版社的刘松弢编辑对本书的诸多指导、细致建议和辛勤付出，也感谢该社好友鲁静主任一如既往的大力支持！

薛　军

2022 年 6 月 13 日

于南开园